陈明远 林川 著

WENMING FUXIAO

文明拂晓

复合工具体系

语文出版社 ·北京·

图书在版编目（CIP）数据

文明拂晓 ：复合工具体系 / 陈明远，林川著. —
北京 ：语文出版社，2019.1
（明远工作室论丛. 历史观专辑）
ISBN 978-7-80241-906-3

Ⅰ. ①文… Ⅱ. ①陈… ②林… Ⅲ. ①原始社会—世界史—研究 Ⅳ. ①K11

中国版本图书馆CIP数据核字（2017）第020301号

责任编辑 冀丽萍
装帧设计 梁　明
出　　版 语文出版社
地　　址 北京市东城区朝阳门内南小街51号　100010
电子信箱 ywcbsywp@163.com
排　　版 北京杰瑞腾达科技发展有限公司
印刷装订 北京市科星印刷有限责任公司
发　　行 语文出版社　新华书店经销
规　　格 787mm × 1092mm
开　　本 1 / 16
印　　张 20.5
字　　数 332千字
版　　次 2019年1月第1版
印　　次 2019年1月第1次印刷
定　　价 59.00元

010-65253954（咨询）010-65251033（购书）010-65250075（印装质量）

致　谢

本书得到西安热处理研究所、西安福莱特热处理有限公司杨鸿飞先生的独资赞助。

This book is financially supported exclusively by Mr. Yang Hongfei, the Director of Xi'an Heat Treatment Research Institute, the Senior Engineer of Xi'an Flit Heat Treatment Co., LTD .

今有原中国科学院研究人员、北京语言大学陈明远和西安WS语言文化研究部研究员林川，提出史前“复合工具”和“火技术–陶冶体系”两个新概念。我认为，作为历史考古领域的一家之言，可以参加学术讨论，特此介绍。

石兴邦

2016年9月

我赞同提出对于历史考古学的“三分期理论”的质疑和修正意见。这是独立思考的创造发明，是真正做学问。社会发展第一就要独立思考，第二要创造，第三要发明；没有独立思考什么都没有了，社会就停下来了。我个人的经验是：学校最应该鼓励和培养学生独立思考。不应该只鼓励信仰，不鼓励思考；我以为没有独立思考就没有教育可言。

独立思考，要创造，要发明，要做学问。要做学问就要有质疑。

质疑是好的。“学问，学问，学中要问”，就是学业上必然也必须产生疑问；有了疑问，再一步步深入解决疑问，学业才能有进步，文化才能有发展、有突破、有创新。对于古代文明史的知识提出质疑，引起讨论，是好事情。

对于“历史考古学的三分期理论”的质疑和修正意见，希望大家展开认真的讨论，摆事实，讲道理，逐步获得真相和真知。真相是对于史料的要求，真知是对于史论的要求。现代科学的根本在于真相和真知，就是要发掘、揭露真相，破除假象，去伪存真，由真相求真知。真相、真知必须是可以反复验证的，必须是在逻辑上成立的。

世界文明的历史，跟“比较文字学”的关系很密切；也希望大家来普及世界文明史和比较文字学的知识，不断学习，不断质疑，不断讨论，发掘真相，探求真理。

周有光

2014年9月

1972 年春，陈明远在北京猿人遗址

前 言

我们研讨的主题是：人类史前史从蒙昧野蛮向文明过渡的阶段，着重于修正“石器 - 铜器 - 铁器的三分期学说”，成果分为两大部分——《文明拂晓：复合工具体系》和《现代系统论与世界体系：火技术与陶冶体系》。

为什么要用“文明拂晓”作为这本书的书名呢？

所谓拂晓，就是天快亮的时候，是夜与昼的过渡时段，一般在北京时间 4—6 时，也就是古传十二时辰的“寅、卯”时。随季节和地域不同而有差异。“文明拂晓”，意即人类从蒙昧野蛮向文明过渡的阶段。

《论语 · 子路》曰：“名不正则言不顺，言不顺则事不成。”让我们回顾历史学界对于“蒙昧、野蛮、文明”的正名。

蒙昧，指原始人类刚与类人猿分离，尚未开化、愚昧幼稚，以盲目顺应自然条件为特征的社会时期。最原始的人类以采集现成的天然产物为主，制造品主要是石块、木棍等，开始学会用火和人工取火，实行群居群婚，开始协同合作，初步学习使用复合工具。

野蛮，指原始人已开始产生简单的口语（有声语言），学会狩猎、饲养动物、放牧畜群、播种植物、重视血统、祭祀祖先、开创农业与草创“火技术”的高温陶冶技术的半开化时期，同时也较大规模地进行集体武斗，发展各种兵器。

文明，指人类进化到“真人”以后，不断进步，逐渐发明、运用并推广文字，建设城邦、城市国家，制定礼仪和宗教仪式，有计划地组织金属冶炼，等等。

雅斯贝尔（Karl Theodor Jaspers，1883—1969）对于“文明”的最新定义为：（1）文字与文献记载；（2）金属冶炼术（铜、铁等）；（3）城市国家（城邦）；（4）相关宗教礼仪。

对于“文明时代”摩尔根、恩格斯也认为：由于文字的发明和应用于文献纪录，而过渡到文明时代。这是人类学会对天然产物进一步加工的时期，是真正的工业和艺术产生的时期。文明时代的第一种社会形态是奴隶制，继之而来的是封建制和资本制。

本书的特色之一，就是运用现代系统论的结构—功能原则，全面具体分析“复合工具体系”和“火技术的陶冶体系”，由此视察、检验“蒙昧、野蛮、文明”逐步演化的真相。

本书的特色之二，就是力求发掘真相、获取真知。

历史学作为一门现代科学，它的生命、它的根本，在于什么呢？在于真相和真知：真相是对于史料的要求，真知是对于史论的要求。

学术研讨的宗旨，是将两种话语体系——古文献学传统话语和现代考古学诠释话语——有机地分析综合起来。古文献学传统话语，并非一时一地一次性形成的，而是经过历代各种人士“层累地造成古史”，是一层一层断续累积起来的。后人不断收集、增补、编撰、添加，甚或有意无意捏造新的材料，某些人（包括某些学者）在他们掌握话语权的范围内，不惜为了某些利益集团的私利和制造舆论宣传的目的而歪曲或编造“史实”；还有些情况，某些作者出于理想主义或浪漫主义的鼓动，或则“借古讽今”，或“托古改制”，或“以古讽今”，他们也要把“历史”当作是一个“可以随意打扮的小姑娘”而改写，真真假假、虚虚实实，这就给后代研究者增添了许多疑难和障碍。“信古、疑古、验古”之争，经久不息。

本书认为应区分“文化（culture）”和“文明（civilization）”这两个术语。“文化（culture）”的词根“cult-”意为“耕作”，这清楚地表明了“文化”这个概念的本义是与“农耕”相联系的；而“文明（civilization）”的词根“civ-”意为“市民”，这也同样清晰地表明了“文明”这个概念的本义是伴随“市民”而产生的与“城市”及工商业相联系的范畴。城市 city 这个词就是从词根“civ-”的变体“cit-”演绎而来。

全球各地进入“文明”的情况很不平衡：地中海周边的西亚两河流域跟北非古埃及，大约公元前 3500—前 3000 年出现最早的“文明”；公元前 3000 年，希腊爱琴地区进入青铜时代，公元前 2000 年在克里特—希腊半岛出现了最早的爱琴文明和国家，克里特出现了欧洲最早的文字，由音节符号演进为线形文字；公元前2500年前后，印度河流域出现高度发达的城市文明，先民开始使用文字。而古华夏各地区何时出现“文明”，迄今众说纷纭。西方学者多半不相信夏文明的存在，缘由多种多样，主观上由于“种族歧视”、文化纠纷，而客观上主要是迄今尚未发现夏代文字这一最基本要素。《夏商周断代工程成果报告（简本）》认为中国文明始于公元前2100年，但二里头文化的水平还不足以证明“文明”的形成，除非我们能够在二里头发现文字、青铜器工具或车辆等任何文明的标志，否则史前和历史时期的基本分界线仍为商代，而国际学术界认为商朝才是中国历史上第一个王朝。殷商文明开始于公元前1600年左右，中心在今河南安阳一带。考古依据：东亚最早的文字——甲骨文；较为成熟的青铜冶炼术及出土铸造的青铜器；国家形态已出现。

总而言之，一切论断孕育、产生于反复调查验证的结果，而不在于它的开头。本研究力求贯彻现代科学精神，克服传统思维的弊端。

多年以来，许多学者，特别是文史工作者一直探讨传统思维方式的弊端，可概括如下：

（1）未能严格定义概念的内涵、外延，措辞模糊、含混，语句不清；

（2）胡乱类比，从关联不明的表象或假象，就延伸出理由，甚至结论；

（3）不懂逻辑“充足理由律”，往往只摆出论点，缺乏充分可靠的论据，“不证而论”；

（4）以偏概全，滥用归纳推理，把个别、一时的现象当作普遍事物；

（5）以经典、权威作为论据的强制基础，似乎离开经典权威就难以立论。

现代科学的根本在于寻找真相，就是透过表象、破除假象以发掘揭露真相。真相必须是可以反复验证的，必须具备逻辑自洽（self-consistent，即形式系统相容性）。这种方法论的革命，从自然科学开始，影响到生命科学、语言科学，进一步影响到历史科学。本书就力求以这种现代科学精神，来省视历史。

近百年前，王国维、梁启超、胡适等先辈就曾确诊中国学术界的几个痼疾顽症——

（1）笼统：用语笼统混杂，往往产生歧义；思想笼统，最善于发表大而无当、不着边际的清谈空论。

（2）武断：没有核实充分的根据，缺乏逻辑严密的理由，蓄意选择几个例证就下判断，借题发挥，然后做出结论。

（3）虚拟：一方面，隐匿真相、曲解事实、杜撰伪证；另一方面，思想内容本无新意，却偏要故弄玄虚。

（4）因袭：缺乏辩证批评的能力，缺乏独立思考的精神，遵循权威话语，沿袭他人见解，甚至“代圣人立言”，东拼西凑，人云亦云。

本书在反复修改的过程中，非常注意努力克服这些遗传的痼疾顽症，也希望读者们多加针砭、斧正。

陈明远

2016年于北京中国科学院

目　录

缘　起

【提要】 对于“三分期学说”，本书作者从1972年考察“北京猿人”遗址开始仔细思考，并提出全面的质疑。看到猿人使用的1至5厘米长的石器，不由得产生了重大疑问：仅仅凭借短小、简陋的石器，怎样对付猛兽、猛禽？怎样狩猎？……应该注意到：大自然给予史前人类既有木头又有石头来制作工具的条件，先民必然同等使用“木与石”的资源。考古学和民族学资料可证明：原始社会的木质和石质工具本是同等重要、同时发展且经常并用的。可借取《红楼梦》里的“木石前盟”来比喻史前的木石工具共用。20世纪70年代，科学家开始发现：仅仅“能够劳动（会制造工具）”并不是人类独有的特征，那么就会产生一个最原则性的问题：人类跟猿人的根本区别究竟在哪里？本书给出一个确切的解答：根本区别在于“能否制造复合工具（Composite tool）”，因为黑猩猩、大猩猩等都不会把木与石有机地结合起来（如用胶粘、装柄、开槽、榫卯等办法）组成一个新的工具（复合工具）。本书强调指出：复合工具体系构成人类文明的坚实基础，这个范畴不仅包括木石复合工具，而且延伸到木石体系、木铜体系、木铁体系乃至舟船、车辆、渔具、衣物、兵器、纺织机、建筑等；从游牧业、农耕业到工矿业、机械制造业，"复合体系"的基本要素，一直持续影响到现代。

因此，"石器时代"这个片面的说法，容易导致人们忽视木质工具特别是"木石复合工具体系"在人类进化史上的重要作用，导致历史观念的偏斜。

（一）对于"三分期学说"质疑的由来、检验、论辩和修正

一百多年前，现代考古学创始人汤姆森提出"三分期学说"，把"史前史"分为三个时代：石器时代（Stone Age）、青铜器时代（Bronze Age）和铁器时代（Iron Age），奠定了现代历史学、考古学的理论基础。1848 年"三分期学说"英译文论著出版。从当时学术水平看来，它具有较强的科学性，所以陆续被全世界学者接受，对欧美、日本等学术界产生重大影响。"三分期学说"支持了达尔文进化论，从而在国际风行，并写进了大中学校的教科书。①

1901 年，梁启超提倡"新史学"，首次介绍了汤姆森的"三分期学说"。② 百年来，世界各国历史考古学界，都是在"三分期学说"的总体大框架内从事田野考古工作和历史理论研究，未曾逾越雷池一步。

---

① 关于"三分期学说"的系统论述可参看以下著作：［英］拉伯克（John Lubbock 又译为卢伯克）著：《史前时代：Prehistoric Times》，London，1885；［英］J.G.D. Clark（克拉克），World Prehistory: A New Outline, The Cambridge University Press，London，1961. 以及［英］G.D. Daniel（丹尼尔）：A Hundred and Fifty Years of Archaeology, Duchworth, London，1975.

② 梁启超在《中国史叙论·第五节·有史以前之时代》一文中写道："1847 年以来，欧洲考古学会专派人发掘地中遗物，于是有史以前之古物学遂成为一学派。近所订定而公认者，有所谓史前三期：其一石刀期；其二铜刀期；其三铁刀期。而石刀期又分为新旧两期，此进化之一定阶段也。虽各地长短久暂，诸地不同，然其次第则一定也。"

按照汤姆森三分期理论，人类历史的 99%即 300 万年之间，都处于“石器时代”，人们依靠石制工具进行渔猎采集维持生存。

从北京猿人遗址开始质疑

对于“三分期学说”，是如何产生质疑的呢？ 1963 年，陈明远大学毕业后分配到中国科学院从事科学研究，曾详细查询并思考探讨了“三分期学说”。1972 年，在亲友帮助下，陈明远数次赴北京远郊周口店，反复仔细观察“北京猿人（即中国猿人）”和“山顶洞人”遗址。几代专家都认为：这是世界上材料最丰富、最系统、最有价值的旧石器时代人类遗址。

周口店龙骨山北京猿人遗址，是距今大约 70 万至 23 万年前北京猿人、20 万至 10 万年前新洞人、3 万至 1 万年前山顶洞人先后断断续续生活过的地方。①

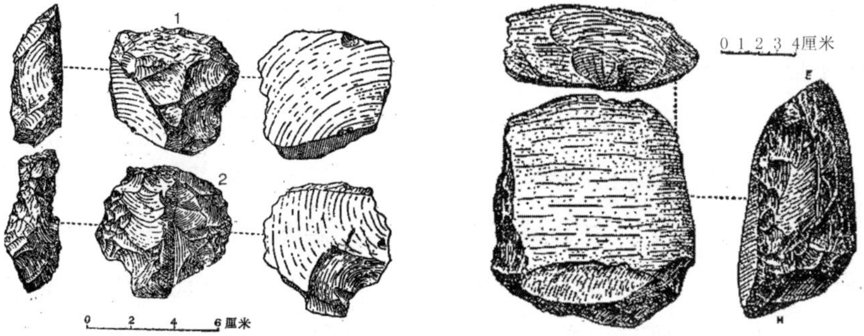

图 1-1 北京猿人使用过的燧石石器
（早期距今 70 万年，中期距今 40 万年，晚期距今 20 万年）

---

① 裴文中：《中国石器时代》第 16—20 页、第 31—37 页，中国青年出版社 1963 年；收入《裴文中科学论文集》，科学出版社 1990 年。又见于杜水生：《中国旧石器考古史上的两次大讨论》，载《文物春秋》2006 年第 6 期，第 1—6 页。

自从20世纪20年代以来，周口店龙骨山遗址先后考古发掘出27处地点（古人类文化遗址），都具有重大的学术价值。

距今大约70万—23万年之间的北京猿人化石，共出土头盖骨6件、头骨碎片12件、下颌骨15件、牙齿157枚及断裂的股骨、胫骨等，分属40多个男女老幼个体。[①]

考古学专家认为：石器是北京猿人文化的主要代表。迄今发现了数以万计的石器材料。北京猿人使用打制石器，打片方式有三种，主要是砸击法，生产的石片长约2—5厘米，常见者约3厘米，形态粗陋；工具分两大类，第一类包括锤击、砸击用的石锤和石钻，第二类有砍砸器、刮削器等。

北京猿人仅用石器狩猎？

参观过北京猿人遗址的人们，如果看到猿人使用的几厘米长的石器，就会产生这样的疑问：单凭这样短小、简陋的石器，怎样狩猎？怎样对付近距离的猛兽、猛禽？出土文物表明，北京猿人在距今约70万至23万年的漫长时期内陆续居住于周口店地区，过着以野外采集为主、狩猎为辅的生活。其早期距今约70万至40万年，中期距今约40万至30万年，晚期距今约30万至20万年。在这几十万年之间，北京猿人的生活习性、状态无显著变化。北京猿人若用简陋、粗短的石器，实在无法近距离对付猛兽、猛禽，他们必须以肉身搏斗，或使用长硬棒和尖木棍，在较远距离内打猎。在北京猿人洞穴里挖掘出土的动物有鹿（肿骨鹿、斑鹿）、野猪、羚羊、剑齿虎、老鼠、马、鬣狗、洞熊、水牛、猕猴、鸵鸟等，不下百种。最值得注意的是肿骨鹿和斑鹿的化石特别多，个体各有2000多头，加起来至少4000多头，而且这些骨头有烧过的痕迹。北京猿人肯定吃这些动物。此外，可食的野果、块根、嫩叶，以及昆虫、老鼠、鸟、蛙、蛇等小动物，是日常的食物来源。

---

① 一说发现了属于41个个体的直立人化石，包括6件较完整的头盖骨和13件下额骨，上万件石器和大量哺乳动物化石。参看黄培华、金嗣炤等：《北京猿人第一个头盖骨及其遗址堆积层年代的电子自旋共振(ESR)测年研究》，载《人类学学报》1991年第2期；陈铁梅、周力平：《周口店北京猿人遗址的年代综述兼评该遗址的铝铍埋藏年龄》，载《人类学学报》2009年第3期。

图 1-2 北京猿人使用的石器

北京猿人使用的石器以细小石器为主要成分，尺寸只有 1 厘米到 5 厘米，常见的为 3 厘米。可用来采获野果、嫩叶、刨挖根茎，抓捕老鼠、鸟、蛙、蛇，切割鹿肉，剥取兽皮，等等。但试问：仅仅使用这样大小的石器，以很近的距离，怎么可能捕猎大型野兽鹿（肿骨鹿、斑鹿）、羚羊，乃至凶猛的鬣狗、洞熊、野猪、剑齿虎等动物?

如果只是近身的肉搏，仅以石块为战，他们根本不是剑齿虎、野猪、鬣狗、洞熊的对手。由此可见，北京猿人肯定采用木质棍棒、长矛等工具进行自卫和狩猎，这时期人类处于“石器与木器并用”的阶段。但当时的木质工具由于年代久远早已朽烂，无法留存至今。

北京猿人用火必须依靠木材

在北京猿人住过的山洞里发现大量的用火遗迹，有很厚的灰烬层，最厚处达 6 米，其中有烧过的兽骨、树籽、石块和木炭块，表明北京人已经会使用火（有拨火棍等）和保存火种。

这些厚层灰烬遗迹，表明北京猿人使用过大量的木材，其用途不仅是作为生火的燃料，而且提供了足够数量的树枝可加工为棍棒、拨火棍、烤肉支架、长矛、投枪等工具和武器。

20 世纪 80 年代中期，有西方学者认为，一部分猿人的骨骼可能是被剑齿虎、野猪、鬣狗、洞熊等拖入洞中的猎物。其他如非洲地区考古发掘出的古化石证据也清楚显示：原始人在狩猎方面并不占优势，而经常是被猛兽捕猎的目标。

譬如6%原始人化石的骨头上，都有牙齿和利爪的痕迹，包括尖锐虎牙戳出的大洞。丛林法则只认可“弱肉强食，适者生存”，身边只有石块和树枝的原始人类，皆为“赤手空拳”的弱者，并非食肉类猛兽的对手。

图 1-3 北京猿人狩猎的对象——肿骨鹿、斑鹿等

我们只能认为：以北京猿人为代表的“直立猿人（Homo erectus）”还处于采集野果、挖掘根茎、间或俘获较弱动物（如鹿类）的最初级阶段，他们使用的工具为“木石并用”，但是还没有抽象思维能力，没能设计和制造出“木石复合工具”，几十万年间仍处于蒙昧和野蛮的原始时期。

1955年，裴文中先生对当时国内发现的旧石器作了全面总结，在谈到北京猿人文化时，他说：“北京猿人是开始使用石器的人类。使用的石片没有定型……总观中国猿人使用的石器，只采用了本地出产的原料（如石英、绿砂岩等）；无论打石片或打砾石，都没有一定的严格的方式方法，更由于技术的不熟练，也不能打成一定的形状。使用的时候，不做第二步加工，只是任选一片，即行使用。因之，石器的形状一致性很差，不能分别成有意义的类型。这就是中国猿人使用石器的特点，也代表了人类使用石器的最初阶段。”[①] 就是说，距今70

① 裴文中：《中国石器时代》第16—20页、第31—37页，中国青年出版社1963年；收入《裴文中科学论文集》，科学出版社1990年。又见杜水生：《中国旧石器考古史上的两次大讨论》，载《文物春秋》2006年第6期，第1—6页。

万—20万年的漫长时期内，中国猿人的文化进展非常缓慢。

从山顶洞人到田园洞人

至于生活在距今约2.9万至2.4万年前（主要在2.7万年前）的“山顶洞人”，迄今发现了3件完整的人头骨化石，还有其他部位化石，在山顶洞发现的古人类个体有10个或稍多。从山顶洞出土的石器，人工痕迹清楚的只有25件。石器原料主要是石英，还有燧石和砂岩。打石片的方法有两种：砸击法和锤击法。骨器里面最重要的是一枚骨针，长82毫米。

关于山顶洞人的生活年代，长期以来先后几次测定的数据相差颇大：最初大致认为属于旧石器时代晚期，估计距今约10万年左右；到1984年、1985年两次测为“距今1.8万年”；1992年，陈铁梅等人对山顶洞的动物化石用新技术（加速器质谱C-14法）再次测定，结论是：其文化层年代距今约2.9万至2.4万年前，主要在2.7万年前。[①]

山顶洞人化石是迄今在东亚地区发现的数量最为丰富、保存状态最为完好的更新世晚期人类化石。根据已经发现的化石证据，在距今12万至1万年的更新世晚期，人类演化进入晚期智人阶段，所以也被称为解剖结构上的现代人（anatomically modern humans），然而实际上，山顶洞人只会磨制骨针，借以缝补兽皮或以木叶御寒，还不会采用磨制技术制造石器，所以尚无证据称他们进入“新石器时期”。

2003年6月，在周口店遗址附近的田园洞（距离周口店北京猿人遗址约6公里），出土了山顶洞人时期的晚期智人化石，距今约2.5万年，命名为“田园洞人”。这是与山顶洞人近乎同期的男性智人。[②]

---

① 吴新智:《山顶洞人生活年代》,《北京科技报》2007年5月14日。

② 马晓岚:《周口店遗址新发现古人类化石》，载《化石》2003年第4期；又见王为报:《周口店新发现田园洞人化石》,《科学新闻》2003年第14期。同号文等:《周口店田园洞古人类化石点地层学研究及与山顶洞的对比》，载《人类学学报》2006年第1期。

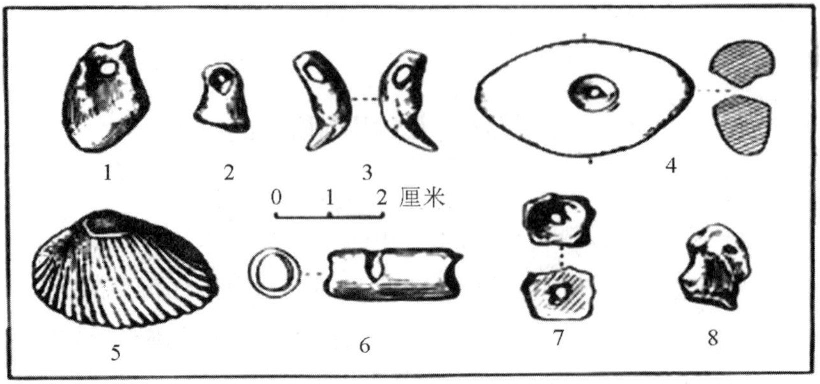

山顶洞人的装饰品
1，2，3. 穿洞兽牙；4. 穿孔小砾石；5. 穿孔海蚶壳；
6. 骨管；7. 小石珠；8. 钻孔鲩鱼眼上骨

图 1-4 山顶洞人使用的石器

近 10 年来，有许多文章涉及解剖学上现代东亚人及其衍生人群起源问题。最新进展为：由我国科学家带领的国际团队成功提取到田园洞人的核 DNA 和线粒体 DNA。分析表明，田园洞人只携带着少量古老型人类——尼安德特人和丹尼索瓦人的 DNA，更多表现的是早期现代人的基因特征，且与当今亚洲人和美洲土著人（蒙古人种）有着密切的血缘关系，而与现代欧洲人（欧罗巴人种）的祖先在遗传上已经分开，分属不同的人群。① 有关探讨尚在进行中，本书作者正在密切关注。

总之，经过漫长而曲折的史前发展，人类才终于创造了“木石复合工具（Wood-Stone Composite tool）”，它是人类摆脱蒙昧和野蛮，走向文明社会的必然与首要条件；只有“木石复合工具”才为人类文明打下了坚实的基础，一直持续影响到现代。

远古人类如何战胜猛兽

不仅是北京猿人，推而广之，远古人类是如何战胜凶猛的野兽的呢？世界各

① 新华社《田园洞人或为中国人直系祖先》，载《发明与创新》2013 年第 3 期。

地的考古遗迹表明，远古人类若是单凭瘦小的身躯、薄弱的体力难以成为虎豹豺狼的敌手；相反，作为古猿的同类，先民一直是野兽垂涎的猎物。在非洲，距今100万年前的野兽巢穴里，发掘出几百个南方古猿和“原始人类”的骨骼化石，其中许多化石上都有狮、虎、豹或鬣狗的齿印或爪印。

化石证据显示，6%到10%的原始人类都死于掠食动物之口，这一死亡率和如今的羚羊、猴子等相似。北京猿人大多数在14岁之前就夭亡了。F. 魏敦瑞（Franz Weidenreich，1873—1948）根据38个北京猿人的遗骨进行测算，其中16人无法鉴定死亡年龄，占42.1%；在余下的22人中，14岁以下的有15人，占68.2%，15—30岁、40—50岁的各有3人，各占13.6%，50岁以上的只有1人，占4.5%。这些数字说明北京猿人的平均寿命很短。①

研究还发现，北京猿人通常数人、数十人结成一群。人类祖先走出非洲丛林的时候，是诚惶诚恐的被猎物。经过与豺狼虎豹等野兽长期斗智斗勇，先民才得以延续。对野兽的恐惧感，不仅遗传到如今，甚至可以说，人类的进化就是被这种恐惧逼出来的。

在人类发源地非洲，乃至于全世界，距今出土200万年至20万年之间的化石都很稀少。在肯尼亚、埃塞俄比亚和厄立特里亚，出土了一些这时期的古人类头骨或残肢的部分，但这几百万年间究竟发生过什么，迄今缺乏足够的资料。这些支离破碎的化石之间实在很少关联，难以找到完整的骨架，而多见被野兽啃咬过的残躯。

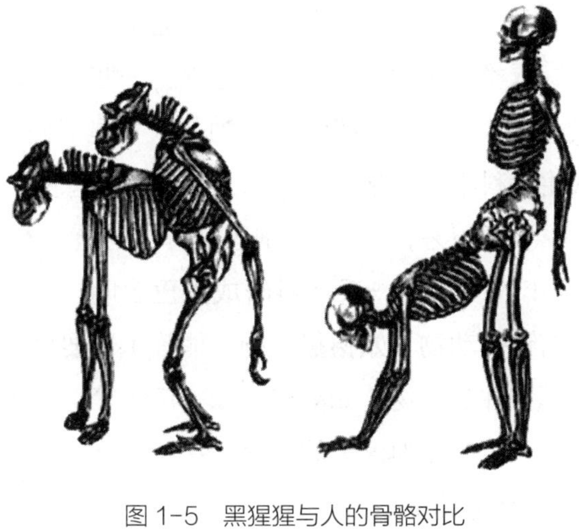

图1-5 黑猩猩与人的骨骼对比

① 宋兆麟等:《中国原始社会史》，第32页，文物出版社1983年；黄象洪:《原始人类的寿命有多长？》，载《化石》1975年第2期；又据《20世纪中国十大考古发现》相关资料，载《中华读书报》2000年1月19日。

总之，世界各地的猿人、直立人，几百万年来单靠石器和树枝是难以谋生的。

近来科学研究表明：北京猿人并不是中国人的直系祖先，因为他们还不会说话；且当时全球各地其他的直立猿人绝大部分濒于灭绝。古人类学家的最新研究认为：非洲人曾经3次或4次走出非洲，或者说人类是从4个地方分别开始进化的。而直立人阶段持续到20万年前，才开始智人阶段。现代人（Modern Human）的直系祖先，则是大约在距今10万至5万年前离开非洲，逐步向世界各地扩散；有研究认为：大约5万年前，早期智人从非洲进入东亚、南亚和东南亚。①

（二）复合工具和"真人 Real Human"的出现

首先要问：什么是"人类"？

关于"人类"存在几种不同的定义。

人类古生物学就有两种定义：一些学者认为，人类是"会制造工具的高级灵长类动物"；另一些学者认为，人类是"两足直立行走的高级灵长类动物"。现代生命科学和医学则提出"人体解剖学意义上的人类"的概念。

长期以来，"劳动（制造工具）创造了人"的概念深入人心。但是，20世纪70年代以来的一系列科研成果已表明：黑猩猩、大猩猩都是生来就手足分离；还有许多动物（如猿猴、狗、熊等）只要稍加驯导，也能直立行走；黑猩猩、大猩猩和许多动物（如海獭、鹰、渡鸦等）皆可运用石头、树枝、木棍等制造简单工具，以此作为谋生的手段。

直到20世纪前半叶，世界学术界的主流共识为："劳动（制造工具）创造

---

① 参看：Jin L（金力）. & Su B（宿兵）. Reply to J. Hawks: The Y Chromosome and the replacement hypothesis. Science, 293: 567, 2001；金锋、万春玲：《从分子生物学看现代人类起源》，载《中国科学院院刊》2001年第4期；谭婧泽、徐智、李辉、金力：《现代人起源于非洲的分子人类学证据》，载《科学杂志》[上海] 2006年第6期；陈淳：《人类探源的新进展》，载《中国文物报》2006年11月17日。

人”。以前关于人科的定义（就是区别于其他人形总科物种的标志），主要是能否制造工具，认为使用工具劳动是人类独有的能力，但这一标准如今被否定了。

不仅人类能够使用劳动工具

20 世纪 70 年代，科学家开始发现：黑猩猩、大猩猩等也能使用和制造简单工具。珍妮 · 古道尔（Jane Goodall，又译作珍 · 古道尔、简 · 古多尔）等学者的一系列研究表明，类人猿也会使用自然工具（石块与树枝），进而利用天然材料有意识地制造简单的工具。①

世界各地都有发现：黑猩猩、大猩猩普遍知道利用石块砸开坚果食用，知道如何敲骨吸髓，知道折下树棍，捋掉叶芽，折去树杈，钓吃白蚁，知道把两根短木棒啃尖，中间套上一段空心管子，接成长木棒拨取食物，非洲塞内加尔的黑猩猩竟然会用树枝把洞穴中的丛猴拖出来猎食。因此，仅仅“能够直立、劳动（会制造工具）”并不是人类独有的特征。②

2007 年考古学家在挖掘科特迪瓦的古迹时又发现，4300 年前非洲大陆上的黑猩猩，也经历了所谓“石器时代”。远古猩猩制造石质工具的遗迹，是一组加工过的石锤，它们利用这些石锤敲打、砸碎坚果获取食物。科学家相信，此项发现证实：人类与黑猩猩共同的祖先早在距今几百万年前就已经开始使用石质工具；古人类与黑猩猩也正是在使用石质工具后才出现分化的。③

既然“能够制造劳动工具”并不是人类独有的特征，那么就会发生一个最原则性的问题：人类跟猿人的根本区别究竟在哪里？

---

① 参看邹晶：《珍 · 古道尔博士》，载《世界环境》2006 年第 6 期；郑殷恬：《珍 · 古道尔研究会》，载《世界环境》2009 年第 5 期。灵长类动物学家珍 · 古道尔博士根据人类学家、古生物学家路易斯 · 利基博士在坦桑尼亚关于黑猩猩的相关研究，开始了她具有里程碑意义的工作。她在贡贝成立工作室，并把其作为灵长类动物研究的基础，重新定义了人和动物之间的关系。

②［英］简 · 古多尔：《非洲黑猩猩向我召唤》，中译文载《化石》1978 年第 1 期。又见简 · 古多尔、菲利普 · 伯曼：《希望的理由》第 69 页，上海译文出版社 2001 年。

③［美］斯蒂芬 · 杰 · 古尔德（Stephen Jay Gould）：《人类的枝状进化与梯状进化》，见《自达尔文以来》中译本第 32 页，海南出版社 2008 年。

本书作者给出一个详细的解答：根本区别在于“能不能制造复合工具（Composite tool）”。黑猩猩、大猩猩、红毛猩猩等，都不会把木与石有机地结合起来（如用胶粘、装柄、开槽、榫卯等办法）组成一个新的工具（复合工具）。

作者强调指出：构成人类文明的坚实基础，这个范畴不仅包括木石复合工具，而且延伸到木石体系、木铜体系、木铁体系乃至舟船、车辆、渔具、衣物、兵器、纺织机、建筑等；从游牧业、农耕业到工矿业、机械制造业，“复合体系”的基本要素，一直持续地影响到现代。

常温下的“复合体系”，跟高温下的“火技术－陶冶体系”一同，构成了人类从野蛮到文明社会的两大生产力要素。

一个例子就是自古至今弓箭的两万多年的发展历程。制作弓箭的“六材”：干、角、筋、胶、丝、漆，其中除了箭头以外，几乎都是木制（含竹质）的，如弓体、弓臂、弓弦、扳手、树胶、油漆，等等；而箭头，远古采用石制，铜器时期采用石制，铁器时期采用铁制。整个弓箭的结构绝大部分是木制。弓箭的发明是破天荒的历史事件，是人类用火之后最伟大的创造。此外如舟船、车辆、渔具、纺织机等，其主体部分也几乎都是木制（含竹质）的。由此可见，所谓“石器时代（Stone Age）”的说法是不符合历史实际的，完全应该修正为木石复合体系的“木－石器时代（Wood-Stone Age）”。

人类语言和劳动工具远非同时产生

恩格斯主张：“语言和劳动一起，成了两个最主要的推动力，在它们的影响下，猿的脑髓就逐渐地变成人的脑髓；后者和前者虽然十分相似，但是就大小和完善的程度来说，远远超过前者。”“这些正在形成中的人已经到了彼此间有些什么非说不可的地步了……语言是从劳动中并和劳动一起产生的，这是唯一正确的解释。”[①]

恩格斯认为：古猿从树居下来以后，为获取食物和防御敌害，双手越来越多

① 恩格斯：《自然辩证法》，载《马克思恩格斯全集》中文版第20卷第519—521页，人民出版社2008年。

地使用天然工具，而双脚则经常直立行走。这样，“手变得自由了，能够不断地获得新的技巧，而这样获得的灵活性便遗传下来，一代一代地增加着”。手脚分工和直立行走，又使其他器官发生一系列变化。在劳动中，社会成员必须经常地交流思想以加强合作，这种需要使猿的喉头及口部器官发生变化，导致语言的产生。在语言和劳动的推动下，猿的脑髓就变成人的脑髓。恩格斯还提出了“正在形成中的人”与“完全形成的人”两者的区别，但他对这个原则性区别并没有确切的界说。

问题在于：（1）猿的发声器官变化导致语言的产生，这个过程需要多久？如何变化？（2）猿的脑髓发展为人的脑髓，大脑语言中枢是如何形成的？这个过程又需要多久？又如何变化？由于时代的局限性，恩格斯没有能够看到劳动（制造工具）和有声语言两者之间相隔几百万年的差距。

在高级灵长类动物的进化史上，只有复合的劳动工具和有声语言一起，才形成了“人类创造自身”（柴尔德语）。

本书提出一种新定义：“人文科学意义上的人（Real Human）”即“真人”，就是“会使用复合的劳动工具并掌握有声语言、能够思维、通过语言进行思想交流的高级灵长类动物”。①

人类古生物学研究表明，直立猿人的脑容量为800毫升，爪哇人脑容量为1059毫升，北京猿人脑容量为1075毫升：他们都没有形成大脑语言中枢和发声器官，不能说话。本书提出“人文科学意义上的人类（Real Human）”即“真人”，指出不仅是“劳动创造了‘正在形成中’的人”，而且，有声语言和劳动工具两者一起，才是“真人（Real Human）”（完全形成的人）与类人猿的根本区别。

“真人（Real Human）”的划时代贡献，就是首先创造了“木石复合工具”，为人类文明打下了坚实的基础。史前几乎所有的文明要素，如弓箭的发明、农耕和家畜饲养业的出现、母系社会向父系社会的转化、陶器的发明、定居生活等，都是在“木石复合工具时期”奠定的。

---

① 陈明远、金岷彬：《历史考古的新观点（一）古生物学意义和人文科学意义的“人—Real Human”》，载《社会科学论坛》2014年第1期。

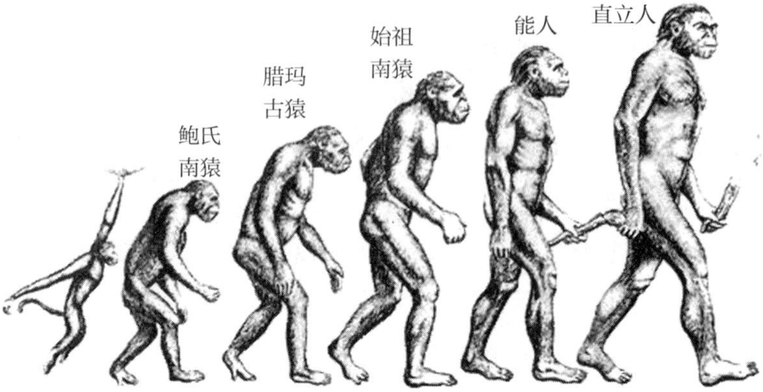

从南方古猿到直立人

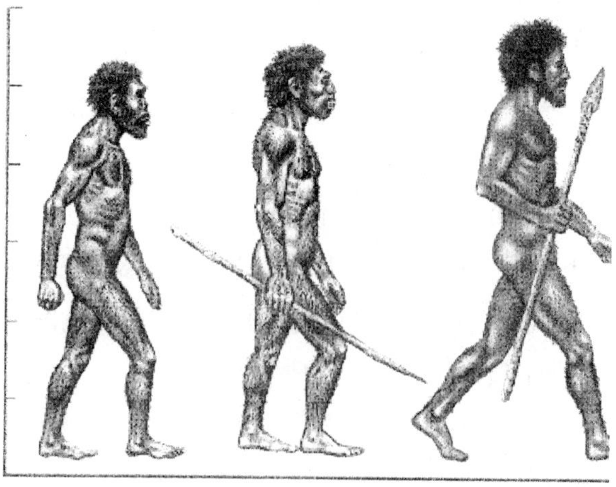

图 1-6　人类史前发展三大阶段：生物人（猿人）、古人（形成中的人）、真人

最新科学研究发现了人脑的独特基因——层粘连蛋白 γ3（LAMC3），这种基因会决定人大脑皮质的特征；此外，又发现了控制语言能力发展的 *Fox P2* 基因。人类的 *Fox P2* 基因突变，大约在 10 万至 7 万年前，相应的神经系统和发声器官咽、喉、声带完全进化，是猿人变成真人的一大飞跃，从此人类学会了使用抽象思维和符号解决问题，并有了复杂的语言。

科学研究发现：能否讲话的关键之一，在于神经系统对于口腔（发声器官）气流的控制。人类能讲话就是因为突破了这方面的限制，而黑猩猩却无此能力。这就揭开了黑猩猩不能讲话之谜。

几十万年的演化，有声语言和复合工具一起，促进类人猿在生理和心理上的突变，逐步形成为"真人"。只有大脑产生了语言和抽象思维系统，才成为真正的人——Real Human。这个定义跟史前考古学的"晚期智人"是有关联又有原则性区别的。本书从分子生物学的角度探讨语言起源的问题，认为有声语言的初步萌发大约在 10 万至 5 万年前，此后再不断进化与分化，到 1 万年前滋生出各种原始语言，到几千年前逐步形成现代语言（闪含语系、印欧语系、汉藏语系等）。成千上万年以来，人类经由蒙昧阶段、野蛮（半开化）阶段，一步步向文明社会进化。

从现代系统论看人类第一个时代：木－石器时代

【提要】 现代系统论的最基本原理是“整体大于部分之和”，即一加一大于二（1+1＞2），甚至可以远远地超过二；从甲骨文“石”（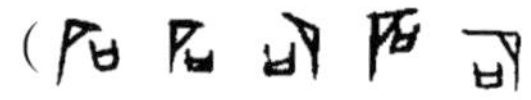 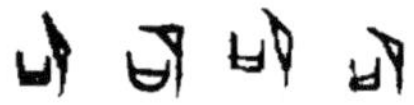），“木”（），“刀”（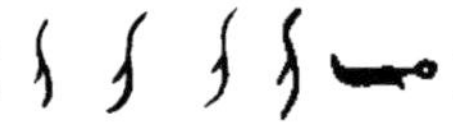），“斧”（）等字源，可看出“木石复合工具的整体，其功能大于各部分之和”。如象形字“刀”“斧”明显地表示刀刃装有木柄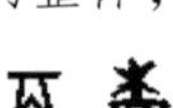。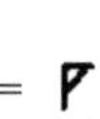＝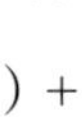（石）＋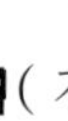（石），本义为石质刃具中的木柄空洞。在殷商象形甲骨文中，“石穴（空）”和“装木柄的空洞”是相连通的。本部分运用现代系统论的层次原理，指出木石复合工具（Composite tool）的四大特点：（1）元件复合性；（2）结构复杂性；（3）多样实用性；（4）外观审美性。从现代系统论第三原理“自组织演化原理”看来，充分开放性是系统自组织演化的前提条件。本部分由此阐述木石复合工具的五大装柄

法：(1)树脂(胶)粘接；(2)绳索捆绑；(3)木柄开槽嵌入；(4)打洞即穿孔再捆绑；(5)榫卯结构。

从现代系统论观点看来，人类历史的第一个时代，不是单一的“石器时代(Stone Age)”而是复合的“木－石器时代(Wood-Stone Age)”。木石复合工具(Wood-Stone Composite tool)是人类摆脱蒙昧和野蛮、走向文明社会的必然与首要条件。木质工具跟石质工具同等重要、同时发展，且经常联合并用。经过漫长的历史年代，木质非常容易腐烂，所以木器或复合工具的木质部分遗物的留存极少。但是考古学提供了原始社会曾使用木质工具的一些证据，人类学的调查研究也提供了先民曾普遍使用木质工具的旁证。木与石相互结合的复合型工具，发挥了比简单石质或木质工具更强力和重要的作用。总之，木石复合工具为人类文明打下了坚实的基础。

(一)原始社会的木质和石质工具同等重要

考古学界曾经争论过一个问题：原始人类在“石器时代”使用旧石器以前，还有没有一个采用天然石块(曙石器或称始石器)的“曙石器时代”(Eolithic Age)”？相应的，文化人类学界曾经争论过一个问题：在“石器时代”以前，还有没有一个更久远的、纯粹采用木器的“原木器时代(Woodic Age)？”[①]

但是，作为现代科学，无论考古学还是人类学，首要的原则是按照科学思维，注重实证和逻辑论据。20世纪的主流观点认为：人类历史上石器时代(Stone Age)的田野发掘资料非常充分、时间跨度最长，其中大量的考古实物为石器；至于在其前要增加所谓“曙石器时代”或“木器时代”等提法(假说)，缺乏大量实证材料的依据，也没有说服力很强的著述来阐明新的学说，所以至今得不到承认。

人类最初究竟是使用木质工具为主，还是使用石质工具为主？原始社会有

---

① 林惠祥：《文化人类学》，[北京]商务印书馆2011年，第133页；又，参看[德]Julius E. Lips(利普斯)：The Origin of Things, A Cultural History of Man, chap.V

没有一个大量使用木器而很少使用石器的时代？难以断定，更未见可靠的文字记载。单凭玄想无法解决难题，得不到“非此即彼”的确切答案。这个问题的提法本身就成了问题。

根据近年来各国学术界大量的历史考古新成果，经过我们几十年的专研与思考，终于得出如下新观点：

近年以来不断发现的许多考古学和人类学（包括民族学）资料足可证明：原始社会的木质和石质工具是同等重要、同时发展而且经常并用的。所以，现在我们并不着眼于“石器与木器孰高孰低”的争执，而是认为在人类发展史上两者各有重大作用，它们相辅相成。史前先民获得了比单一的木质或石质工具更为有效的、木石工具共用的空前生产力。不妨借用《红楼梦》里一个著名的词语——“木石前盟”来比喻木石复合工具的强有力的效用。对于史前人类来说，大自然给予他们既有“木”又有“石”来制作工具的条件，先民自然而然地使用这样的资源。①

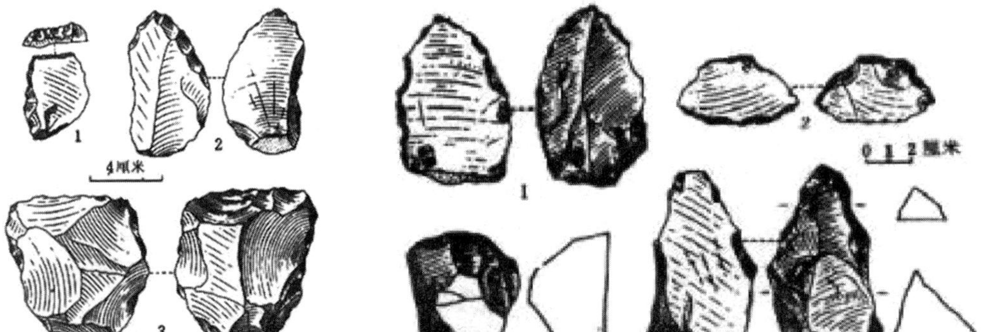

图 2-1　猿人（直立人）的石器不足以作为狩猎工具

实事求是地说，人类最早的工具必然是木与石并用，而最大的关键在于：如何演化发展出“木石复合工具（Wood-Stone Composite tool）”？

---

① 陈明远、金岷彬：《历史考古的新观点（一）古生物学意义和人文科学意义的“人—Real Human”》，载《社会科学论坛》2014 年第 1 期。

新兴的“微痕分析”和“残留物分析”证实原始人木石并用

20 世纪后半叶，现代考古学出现了重大转机。新兴的石器分析方法——“微痕分析”和“残留物分析”让科学家开始关注到：原始人使用的石刮削器和一些石片上发现的削或刨木质的微痕、残留物，经过显微镜观察，可鉴别出木质或动物血迹等；石器上这些微痕显示它们是用来制作木器（棍棒、木矛）的石质工具。通过“微痕分析”和“残留物分析”还可以观察到，使用时手握或与木柄捆绑产生的细微痕迹让我们认识到：在世界范围内，原始人使用简陋的刮削器加工木棍、木杆，可用来挖掘块根等植物性食物；刮削器和尖状器可以切割兽肉、处理兽皮，但难以用来狩猎；只有逐步发展起来的木矛、投枪（标枪）以及随后的弓箭，才是驱赶、猎捕野兽的重要工具。①

“木石复合工具（Wood-Stone Composite tool）”是人类摆脱蒙昧和野蛮，走向文明社会的必然与首要条件；“木石复合体系”为人类文明打下了坚实的基础，一直持续地影响到现代。史前几乎所有的文明要素，如弓箭的发明、农耕和家畜饲养业的出现、母系社会向父系社会的转化、陶器的发明、定居生活等，都是在“木石复合体系”时期奠定的。

至于“石器时代”这个片面的说法，容易导致人们忽视木质工具特别是“木石复合体系”在人类进化史上的重要作用，导致历史观念的偏斜。由此，笔者着重阐明“木石复合体系”的伟大历史作用，并且建议：采用“木－石器时代（Wood-Stone Age）”的说法，代替单一的“石器时代（Stone Age）”这个术语。比较起来，这样的解决方案更合情合理，有望得到学界支持和最终公认。

考古材料表明，原始人猎取野兽，并采集野果充饥，同时利用了石质工具（石块）和木质工具（棍棒）。以周口店北京人为例，考古学家从他们居住的洞穴中发现木炭、灰烬、烧骨等痕迹，显示当时已经能够使用火，也会砍取树木作燃料。我们说北京猿人狩猎使用木棒，这是合理的推测。考古资料表明：比北京猿人更早的南方古猿，已用木棒猎取小动物。

① 沈辰、张晓凌：《北京猿人怎样制作和使用工具？》，载《化石》2011 年第 4 期。

丹麦历史学家韦代尔·西蒙森（Vedel. Simonsen）在他所著的《概论我国历史上最古老最强大的时期》一书中曾经这样写道：“斯堪的纳维亚最早的居民所使用的武器和工具起初是石质与木质的，这些人后来学会了使用铜……然后才会使用铁。”①

美国社会学家爱尔乌德（C. A. Ellwood）认为：“无论如何，对于人类最初所用的工具是自然界所供给的木棍与石块这一点，是很难怀疑的。”②

英国考古学家拉伯克（Jonh Lubbock）也曾说：“以前确曾有一个时代，那时人类的蒙昧程度甚至于只有石头、树枝（应加骨和角）为他们的器具，以维持他们的生活。”③

从甲骨文看“木石复合体系”

作为东亚原初史（Proto-history）上唯一发达的远古文字，跟古埃及圣书字、两河流域丁头字不同，甲骨文有着3600年以上的历史，后经金文（钟鼎文）、篆书、隶书、楷书等一脉相传，形成“方块汉字”使用至今。甲骨文和金文是原初史（传说中的夏，以及商与西周）研究的最珍贵资料。在甲骨文和金文原始记录中，我们可以发现远古“木”“石”“斤”“斧”以及各时期各种木石复合工具的第一手史料。如象形字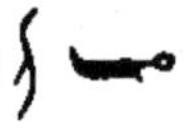（刀）和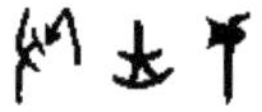（斧）明显地表示：刀刃装有木柄。

A. 甲骨文“石”的字源

甲骨文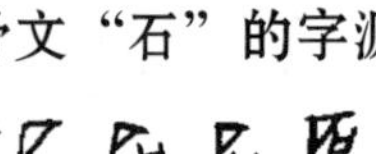（石）=（厂，像悬崖）+（口），表示山岩。

金文和篆文承续甲骨文字形。《释名》曰：“山体曰石。”《说文解字》曰：“石，山石也。在厂之下；口，象形。凡石之属皆从石。”《诗·小雅·鹤鸣》曰：“它山之石。”《易·说卦传》曰：“艮为小石。”《周礼·典

① 参看 G. Daniel. A short history of Archaeology. London : Thames and Hudson Ltd., 1981.

②［美］爱尔乌德（Charles A.Ellwood）著、钟兆麟译：《文化进化论》（Cultural evolution:a study of social origins and development）第143页，上海文化出版社1989年。

③ 参看［英］拉伯克（Jonh Lubbock）：Pre–historic Times，Oxford University Press,1865，pp. 41–61.

同》曰："原声石。"《吕氏春秋·精通》曰："慈石召铁或引之也。"《书·大传》曰："大夫有石材，庶人有石承。"

B. 甲骨文"木"的字源

甲骨文(木) = (树干)+(上有枝杈)+(下有根)，金文和篆文承续金文字形。《说文解字》曰："木，冒也。冒地而生。东方之行。从中，下象其根。凡木之属皆从木。"《春秋繁露》曰："木者，春生之性。农之本也。"《管子·权修》曰："一树十获者木也。"《孟子·尽心上》曰："舜之居深山之中，与木石居，与鹿豕游。"《庄子·山木》曰："庄子行于山中，见大木，枝叶盛茂。"

C. 甲骨文"刀"的字源

甲骨文(刀)，象形字，像有刃的长木柄工具或兵器，本义为有锋刃的切割器具。金文有所变形。有的金文画出手柄与刃。篆文写成弯木柄形。隶书失去手柄形状。《说文解字》曰："刀，兵也。象形。凡刀之属皆从刀。"

D. 甲骨文"丙、柄"的字源

甲骨文(丙)，形象类同"穴"，= (石) + (石)，本义为安装木柄的石器洞。甲骨文是在"穴"(孔洞)上方加一横，表示穿在石器孔里的木棍。(柄) = (木质) + (穴，石质穿孔)。《说文解字》曰："柄，柯也。从木，丙声。"《广雅》曰："柯，柄也。"

E. 甲骨文"穴、空"的字源

甲骨文(穴) = (石) + (石)，本义为石器中的空洞。在殷商象形字中，"石穴"和"装木柄的孔洞"是相通的。金文(空) = (穴，洞) + (工，人工)。《说文解字》曰："空，窍也。从穴，工声。"

（二）复合工具体系是从蒙昧野蛮走向文明的关键

德国人类学家利普斯（Julius E. Lips）在《人类文化史——事物的起源》一书中，征引了大量考古学和民族志的材料，他认为：古老的人类所用的材料以木头最为普遍，并占有重要地位。原始人借助石、骨、贝壳等（尚未有金属）加工木制品和木构件，在木工方面取得（如今继续取得）的成就，是足以令人惊叹的。

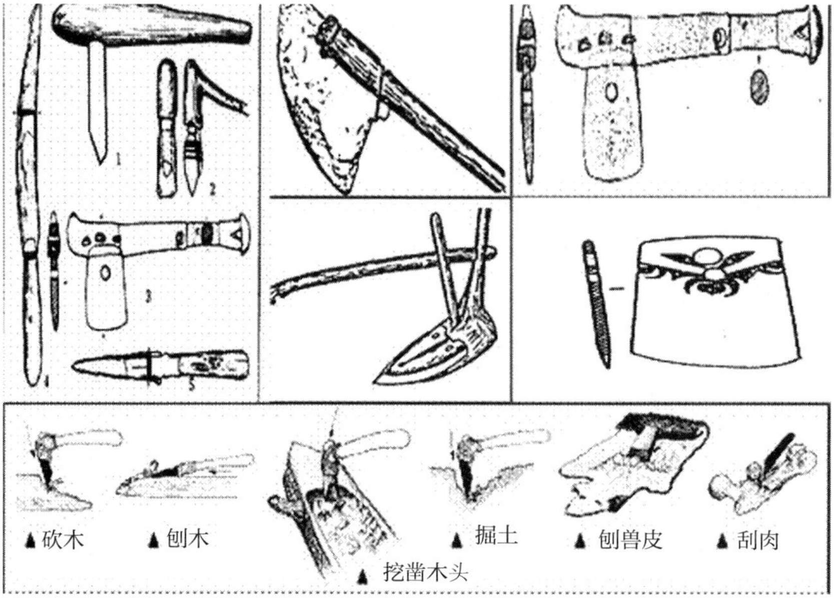

图 2-2 复合工具体系是从蒙昧野蛮走向文明的关键

利普斯记载：直到现在，许多印第安人和爱斯基摩人部落，仍然如远古时代一样使用石刀。它们的柄大多为木制的，将刀刃镶嵌进去，或者用胶粘起来。古代美洲阿兹台克人和如今许多族群在祭祀中仍然使用木石复合刀具。瑞士史前“湖居文化”居民所使用的木石刀锯（在木槽内插入小石片），今天原始部落仍在使用。①

无独有偶，华北广大地区出土的细石器，有些就是镶嵌在木槽中的小石片，用作镰刀。

马克思在《资本论》第一卷中指出，人类使用工具的进化顺序是：“由粗木棍和打制得很粗笨的石器过渡到弓箭，过渡到制造石斧……最后过渡到应用金

①［德］利普斯：《人类文化史——事物的起源》，汪宁生译，贵州教育出版社 2010 年，第 85 页、第 90 页。

属。”恩格斯也认为，人类“最初的武器即棍棒和戈矛”，“劳动是从制造工具开始的……在人用第一块石头做成刀子以前，可能已经经过了很长很长的一段时间”[①]。

古人类学家贾兰坡在论述周口店北京猿人的生产工具时也认为：“在当时的条件下，最得力的狩猎武器还应该是木棒和火把。”又说：“按狩猎武器的发展，最早使用的不过是木棒、火把和石块。这段历史占的时间最长，进步的缓慢使人难以置信，但这又确是事实。”[②]

应该说，从原始社会一开始，木质工具和石质工具就同等重要，并且还相互结合，共同发展起来。然而，迄今为止这种观点还处于初步阶段，有待进一步深入探讨和论证。[③]

木石工具体系的推理和民族学参考资料

考古出土的古迹材料表明：我国旧石器早期的主要特色，是以石片制品与刮削器为主。在北京猿人的石器中，刮削器占70%以上；黔西观音洞的刮削器占80%。到木－石器时代中期，木制品的制作利用获得进一步发展，东非桑戈文化的大型手斧、高背刨刀、侧刮器等石制品被认为是当时加工木器的配套工具。非洲卡纳湖地区的石器也以刮削器为主；《剑桥非洲史》一卷三章“最早的旧石器遗迹”中“早期旧石器及其用法”一节载有图片8幅，也以刮削器与刮具为主；在欧洲东部和中部，石片在整个旧石器时代早期都占重要地位。

那么，旧石器时代早期为什么会有那么多的石片制品与刮削器呢？是因为要用它们制造木质工具。由此可知：首先，那时木质工具的使用相当普遍；其次，在旧石器时代早期，人类已知使用天然石片砍削加工木质工具，因此制造石片与刮削器。

---

① 恩格斯：《家庭、私有制和国家的起源》，人民出版社1962年版，第20页。恩格斯：《自然辩证法》，人民出版社1962年版，第137—138页。

② 贾兰坡：《周口店——“北京人”之家》，北京人民出版社1975年。又见贾兰坡：《什么时候开始有了弓箭》，载《郑州大学学报（社会科学版）》1984年第4期。

③ 陈明远、金岷彬：《人类的第一个时代是木－石器时代——全盘修正“史前史三分期学说”之一》，载《社会科学论坛》2012年第8期，参看《历史观的新突破》，山西人民出版社2014年，第1—20页。

人类学（其中的民族学）调查资料表明：直到20世纪50年代，南美查科地区的印第安人未曾使用石片与刮削器，但他们挖块根与点穴下种的木棒却很尖锐，狩猎的木矛也很锋利。甚至直到20世纪60年代，大洋洲的有些部落（如辟杰达特加拉人）还仍然使用带有利刃的天然石片砍伐树木、制作木质工具。在太平洋诸岛中，如波利尼西亚的马克萨斯岛人 (Marquesas)、曼盖亚人 (Mangaian) 等，选用最坚硬最沉重的优等木质做的木棒，头柄很光滑，也很长，末端特别精致，常加以很好的雕刻，其图样有些是具象征性的；另一种则很短，作长方形，也有雕刻，系南美洲的圭亚那土人使用的。还有一种有大头的短棒，则见于非洲，名为“克利”（kerry），可以手提也可以掷远。[①]

有关记载还提供了原始社会曾普遍使用木制武器的旁证。“澳洲土人常使用投枪，其形状亦有种种，长约三英尺之棒，其一端附之以柄，他端则附以木钩，此为主要形式。”此外，在美洲大陆，“印第安人之武器仅有极长之竹、木枪，以鸵鸟之毛羽装饰之，其尖端则附以尖锐之木枪刃”。[②]

关于木质与石质工具共生的特色和考古证据

经过漫长的历史年代，木质容易腐烂，木器或工具的木质部分不可能像许多石器那样完好地保存下来，所以木器遗物或遗迹的留存极少。但是，近年以来，现代考古学终于提供了原始社会曾使用木质与石质工具和武器的一些重要证据。

美国历史学家布莱恩·费根（Brian M. Fagan）认为：“无论直立人还是其后代都不是单纯依靠石头的，他们也使用木头，这是人类所知的功能最多的原材料之一，可用来制作矛、投掷棒等器物……尽管如此，大多数有关直立人工具制作技术的认识都来自石器以及与之相关的副产品，因为木头及其他有机原料是罕能保存下来的。”[③] 但是，近来科学家们不断发现许多远古遗迹和遗址，获得了

① 林惠祥：《文化人类学》，商务印书馆［北京］2011年，第160页。

②〔日〕鸟居龙藏著，张资平译：《化石人类学》，商务印书馆1951年，第93—98页。

③［美］布莱恩·费根（Brian M. Fagan）著，杨宁等译：《世界史前史》，世界图书出版公司2011年，第81页。

有关古人类的工具制作技术的认识。

考古学家在德国的旧石器时代早期 Schoningen 遗址中发现了距今约 40 万年前的狩猎木矛的遗物。这又一次证明，在猿人时代，木质工具的制作和使用也是可能的。①

自 1983 年以来，德国考古学家哈特穆特・蒂姆（Hartmut Thieme）发现了一些直立人曾生活过的湖畔遗址。蒂姆复原了 4 段加工过的银枞树枝，每段树枝末端都有一个斜槽，很可能被用来抵住尖利的石片或燧石工具，以生产更有效的工具。

另一处遗址位于现代地表以下 10 米处，是一处位于狭长的浅湖畔的狩猎区。蒂姆及其同事共发掘了面积超过 3200 平方米包含器物的有机土。生活在这片遗址中的原始人至少曾猎杀并屠宰了 20 匹野马，在遗址中有一些抛光的石片，还至少出土有 9 件木矛，其中大多数以云杉木制成，长 1.82—2.5 米，都是在将树砍倒后去掉树枝和树皮，用树根部最坚硬的木材制成的。这种长矛跟现代标枪非常相似。

舒宁根遗址的第一件木制工具出土于 1994 年。这是一件 0.78 米长的木棍，由一棵小型云杉木的树干部分制成，两端削尖。蒂姆认为这应该是一件投掷棍，其形状和大小与澳大利亚土著居民捕捉飞鸟所使用的工具非常相似。②

在非洲早更新世（约公元前 150 万年）的静水堆积中，发现过木质工具。当时只有粗糙的石片为狩猎工具，还没有石制手斧。非洲坦葛尼喀（tanganyika）湖南端卡兰博瀑布附近，曾发现一批保存完好的旧石器时代早期木质工具，经加工成单尖或双尖的木棒和短木锥，这是迄今考古所知最早的木质工具遗存，距今至少 20 万年以上。卡兰博木质工具遗物的发现，表明非洲古人类大约在从距今 100 万年至 20 万年的时期，已掌握原始的木质工具制作利用技术，并使之成为一种非常流行的、原始的日用制品。③

---

① 沈辰、张晓凌：《北京猿人怎样制作和使用工具》，载《化石》2011 年第 4 期。

②［美］布莱恩・费根（Brian M. Fagan）著，杨宁等译：《世界史前史》第 82–83 页，世界图书出版公司 2011 年。

③ G. 莫赫塔尔（G. Mokhtar）主编（联合国教科文组织）：《非洲通史》中译本，第 249 页，中国对外翻译出版公司 1984 年。

克拉克当文化（Clactonian）是欧洲旧石器时期的早期文化。因最早发现于英国埃塞克斯的克拉克当露天遗址而得名，分布于英国和法国北部；在德国东部、匈牙利等地也有类似的遗存。地质时代为中更新世。克拉克当文化还没有手斧，石器的典型特征是石片厚而粗大，使用硬锤直接打击或碰砧技术获得石片。然而，在克拉克当遗址（距今 20 万年前），发现了木矛。[①]

"欧洲已发现过两件旧石器时代早期的木器，其中一件是一个紫杉木的木矛的木梢，……另一件也是一个紫杉木做的矛头，尖端是用火烧法硬化过的。"此外，在萨克逊的列林根距今十余万年前的含有古象的湖相沉积中发现了另一个紫衫的木矛。矛头用火烧过，使其变硬。[②]

下面针对上述文献提到的"尖端是用火烧法硬化过的"作一点技术分析：要使木棍棒获得尖锐的矛头，一种办法是在粗粝的石头上将木棍磨出尖头；另一种办法，如果将棍头局部火烧，外层燃烧炭化后容易磨去，芯部未烧保留了木质的本来硬度，在磨削后得到了保留。火烧木棍头再磨成尖矛头的办法，显然比用生木料直接磨制容易得多。由这个考古实例再展开，在讨论远古先民的使用和制造工具时，要特别加进"火"这个至关重要的技术因素。考虑到采集和添加燃料、控火用火（拨火棍、架空燃柴使通风烧旺，或者用灰烬掩埋住火种，或者掏取出埋在热灰里焐熟的食物）等劳作，就能体会燃火作业里同时离不开木质工具与石质工具。

莫斯特（Mousteria）文化是欧洲、西亚、中亚和东北非的旧石器时代中期文化。在西亚的卡尔迈勒山发现一具木矛致伤的遗骸，也提供了原始社会使用木矛的证据。这表明：旧石器时期，先民普遍使用木制的矛。[③] 莫斯特文化的典型器物，是用石片精心制作的边刮器和三角形尖状器；此外还用树脂将尖石刃粘在

---

① 1838 年，在英国埃塞克斯的克拉克当地方的老河床上发现了原始的燧石石片石器多件，后来被命名为"克拉克当文化"（Clactonian），时代相当于旧石器时代早期之末。经过胞粉分析，认为时代属于第二间冰期，估计距今 20 多万年。参看邱中郎：《克拉克当（Clactonian）文化》条，载《中国大百科全书 · 考古卷》第 257 页，中国大百科全书出版社 1986 年。

② [英] 奥克莱（K.P.Oakley）著，周明镇译：《旧石器时代文化》，第 13 页，科学出版社 1965 年。

③ 邱中郎：《莫斯特（Mousteria）文化》条，参见《中国大百科全书 · 考古卷》，中国大百科全书出版社 1986 年，第 339 页。

木制把柄上，又用骨头和木头制作日常器具等。

学术界已经公认：大约距今 20 万年前普及了木矛。考古发现，在这前后，直立人开始使用一种阿修尔手斧（Acheulean handaxes，又译为阿舍利手斧），以法国北方小镇圣阿修尔（Saint Acheu1）命名，并制造简单的木质和石质工具，从事打猎和采集活动。[阿修尔文化，又译为阿舍利文化（Acheulian culture）][①]

1989 年，浙江省余杭良渚镇庙前遗址发掘 600 平方米，又发现良渚文化早期的河沟、房屋和墓葬遗址，出土了一批木矛、木箭头等罕见的木制品。[②]此为良渚文化早期的聚落遗址。

2001 年，山东出土了原始人使用的石质与木质工具。在临沂市罗庄区侯家三岗村发现了 20 万年前的旧石器，又发现木质工具——木制手棒，也在旧石器层位中。这一木质工具已部分被破坏，现存长度 61 厘米、直径 9 厘米。其表面有明显的打凿痕迹，断面年轮清晰可辨，木棒内部充填有灰绿色粉沙。专家们认定，它是猿人用以保护自己和打猎的工具。历经万年保存至今的原因，是这一地区黄土剖面上部有厚 6 米多的覆盖层，封闭较好，下部又有石灰岩阻挡了水分的渗透，保持了沙砾石层湿度和水分的相对稳定。[③]

2006 年，考古人员在广东佛山古椰贝丘遗址中发现三件尚未腐烂的人类加工木器。第一件为木槌状工具，手柄处有明显的砍削痕迹，经判断该器具为古人敲击坚果的木器。第二件为一根圆形木棍，前端已被大火烧去大部分，形成一个圆锥形状。这是古椰贝丘古人用来生火和烤食物的工具。第三件方形木板上有数个人为钻出的孔洞，专家初步分析似乎为古人划船用的船桨。[④]

---

① 邱中郎：《阿舍利（Acheulian）文化》条，阿舍利文化又译为阿修尔文化，参见《中国大百科全书·考古卷》，中国大百科全书出版社 1986 年，第 6 页。

② 赵晔：《初论良渚文化木质遗存》，载《南方文物》2012 年第 4 期。

③ 新华社：《中国考古专家首次发现猿人木制工具》，载《人民日报·海外版》2001 年 10 月 15 日第一版。

④ 隋笑飞、刘畅：《2006 年度中国十大考古新发现》，载《中国文物报》2007 年 4 月 8 日。

从手斧到石斧——简单石器进化为木石复合工具

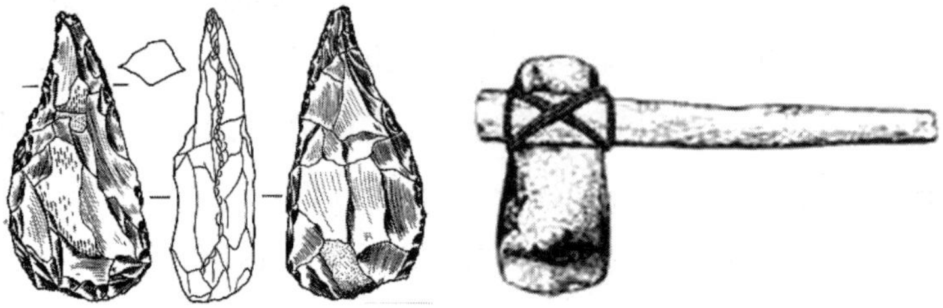

图 2-3　比较：典型的手斧（左）和木石复合石斧（右）

原始社会的先民最初是将木器与石器并用，后来发展到同一件工具上将石质与木质材料相结合，构成木石复合工具。实际例证之一就是从手斧到石斧的演化。手斧是猿人最初使用的简单石器，首先发现于欧洲与非洲。和砍砸器一样，都是直接手握使用，因而称为“手斧（hand-axe）”，在世界各地许多考古遗址中都有发现。

大约到了 10 多万年前出现了“飞石索”，距今 3 万多年前出现了石矛头。这种复合武器（石矛头 + 木棒）的出现，是一个很大的进步。

最早常用的木石复合工具石斧，是考古发掘中最常见的文物，它由旧石器时代的长身圆头砍砸器、刮削器发展演变而来，在原始社会早期的文化遗址中普遍存在。

仰韶文化（绝对年代在公元前 4933—前 2923 年左右，延续时间约 2000 年）半坡遗址、姜寨遗址，都出土了原始先民使用过的一些石斧。裴李岗文化（距今约 8000—7000 年）的河南贾湖遗址，出土了近百件通体磨光的石斧，形体有多种，有条形、梯形、长方形等，通常尺寸：长 10—15 厘米，宽 5 厘米，厚 2.5 厘米左右。①

湖南澧县都督塔遗址出土有 4 件石斧，其中一件为梯形，通体磨光，横断面为扁圆形，两面刃，刃口外弧状，砂岩，长 6.5 厘米、刃宽 6.2 厘米、中厚

① 杨肇清：《河南舞阳贾湖遗址生产工具的初步研究》，载《农业考古》1998 年第 1 期。

1.8 厘米。另三件均残。①

山顶洞人头脑已经较为发达，双手更灵巧；与山顶洞人文化时代大致相当的下川文化，已具有进步的细石器工艺，由细石器构件与木制构件组合为木石复合工具。

河南洛阳仰韶文化遗址出土了许多石斧，就其样式可分为三型：一型略呈梯形，剖面呈椭圆形，通体琢磨，刃部磨制较精，扁刃。二型呈长方形，上窄下宽，磨光。三型为细腰形，打制，较厚重，其中一件长 13.2 厘米、大端宽 10.9 厘米、小端宽 9.5 厘米、腰宽 8 厘米、中厚 3.3 厘米。②

江西湖口文昌洑原始农业遗址发现石斧 12 件，均为双面刃。一型为长梯形，横断面为扁圆形，刃口外弧，斧背呈弧圆形，麻石质，刃口有磨损，最大的一件长 19 厘米、刃口宽 8.5 厘米、中厚 3.5 厘米。另有一型造型相当美观，通体光滑，长 16 厘米、刃宽 9.5 厘米、中厚 3.5 厘米。又一型 4 件均残断，梯形，两侧磨平，横断面呈腰鼓形，凸弧刃，麻石质。还有一型为长条形，横剖面呈鼓形，厚重，长 17 厘米、刃宽 5.7 厘米、中厚 5 厘米。③

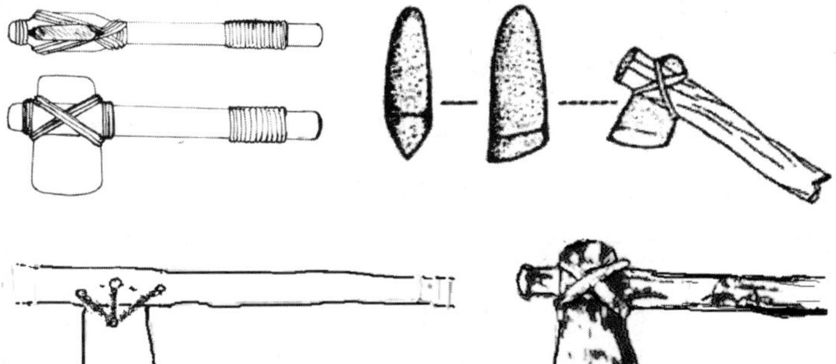

图 2-4　形形色色的石斧——最早的木石复合工具

石斧形体并无规范，在考古报告及论述中，学者们花费了许多笔墨说明。就出土实物看，石斧的平面形状有条形、梯形、长方形、“凸”字形；横断面有椭

① 安强：《湖南澧县都督塔原始农业遗址》，载《农业考古》1991 年第 3 期。

② 考古报告：《洛阳涧洞古文化遗址及汉墓》，载《考古学报》1956 年第 1 期。

③ 杨赤宇：《江西湖口文昌洑原始农业遗存》，载《农业考古》1988 年第 1 期。

圆形、扁圆形、菱形。描述的这些形状都只是近似。石斧顶部一般比器身细而长，有的呈榫头状。有的斧有“肩”（就是在石器一头窄面上制成台阶，形如双肩）或有“段”（就是在宽面上制成台阶）。刃口有的近似直线，有的是弧线。有的石斧还钻孔，或做成亚腰形……因时地变迁，又有许多不同，如：仰韶文化遗址的石斧，体形浑厚；大汶口及龙山文化晚期的石斧，形体则薄而小；广西早期石斧多为扁平砾石制作，弧刃、顶部尖细，以后演变为宽身梯形；广东、福建除可见长身石斧外还有双肩和“有段”石斧等，不一而足。①

从现代系统论的观点看来，人类的第一个时代，不是“石器时代（Stone Age）”而是“木－石器时代（Wood-Stone Age）”。本书作者认为：必须特别强调木质部件的必不可缺的关键作用。

2014 年，在江西瑞昌铜岭商周铜矿矿冶遗址出土的文物有石斧、木耒、木耜、木斗、木桶、木扁担、木臿、木斧、木勺、木槌、木辘轳、竹筐、竹盘、竹篮、竹签、陶鬲、陶鼎、陶豆、陶罐、陶纺轮铜斧、铜斤（锛）、铜凿等，以及冶炼区揭露炼炉 2 座，储水井 18 口。遗址中出土的商代木辘轳，形制别致，为中国乃至世界上现存最早的带式机械实物。出土的西周木臿、木斧亦为中国境内所见最早最完整的木工具实物。

从木－石器时代到陶冶时代青铜器时期，木石、木陶、木铜，一直是生产和生活工具的主流；直到木－铁器时代，木铁复合工具中木质构件才具有特别重要的价值。不仅铁或钢制武器必须装置木柄，而且“木－铁器时代”的各类工具、房屋、车辆、船舶、纺织机、传动机和种种器械结构中，木质材料都是必不可少的关键成分。“火技术”的“陶冶时代”和接连而来的“木－铁器时代”，复合工具经历了“木－石、木－铜、木－铁”等演变，只有各种木铁复合工具技术一直流行到现在，而且对于近代“产业革命”和现代一系列技术革命仍在发挥作用。

（三）现代系统论的最基本原理是 1＋ 1 ＞ 2

现代系统论的最基本原理是一加一大于二（1＋1＞2），甚至可以远远地

---

① 曾骐：《我国新石器时代的生产工具综述》，载《考古与文物》1985 年第 5 期。

大于二。

古希腊哲学家亚里士多德指出："整体大于部分之和"。简言之：复合工具有机地结合起来，整体所发挥的作用，可以远远大于组成工具的各部分元素（零件）的单独作用。

显而易见，制作一把有木柄的石斧工具，使用者可挥舞木柄带动斧头砍击到木头上，比手持单纯的石斧头砍击，要顺手得多、有力得多，也比单纯棍棒（木柄）的功能强得多。使用带柄的工具，比用手直接抓握粗粝石头工具发力更为安全。就是说，木石复合工具整体所发挥的作用，大于组成工具的各部分零件的作用。

由此推而论之，史前先民很自然地会把不同质料的工具材料或者器物零件，组合成为更能提高效率的复合型工具。

如上所述，现代科学已经确认：能否制造和使用工具不再是"从猿到人"的分界线。

黑猩猩和类人猿虽然都能用单个石头或单个木头制造工具，但是不会把石质和木质结合为系统（如用绳索捆绑，或用树胶黏合），不懂得基本原理"整体大于部分之和"即 1＋1＞2，不懂得如何有意识地加工和使用复合工具。

是否能将不同器质的材料结合起来，有意识地创造、加工和使用复合工具，才是真人（Real Human），包括掌握复合工具和有声语言的后期智人、新人等区别于猿人的分界线。

远古人类开创的木石复合工具（武器），由石质刃具和木质手柄复合的石刀、石斤、石斧、石矛、石戊、投石索、石投枪、石箭矢等，从现代系统论的观点看来，一加一可以远远大于二，组成有机的整体——复合体系，各部件（元素）相结合的构造方式，各有其特殊的功能与效用。复合体系并非各元素（木－石构件）的简单相加，而是能够发挥各元素在孤立状态下所无的整体功能。这就是说，装有木质长柄、短把、各种支杆、绳索等的石斤、石斧、石戊等，能够得心应手地使用，比直接手持单个石块，具有高得多的效益性、安全性。特别是弓箭，由弓体、弓弦、箭头（竹矢、石簇、金属簇）、箭杆、尾羽等各部分组成，缺一不可。从木－石体系、木－铜体系、木－铁体系到木－钢体系，表现出最古老而又最年轻的生命力。其中必备的木质元素（部件），是各类复合体系的精华。

（四）系统层次原理：木石复合工具的四大特点

由于组成系统的诸元素（各部件）自有种种差异，包括结合方式的差异，从而使系统组织在结构与功能的地位与作用上，各自表现出不同的层次，形成了具有性质差异的系统等级。

20世纪以来，世界各国的学者，如柴尔德（Vere Gordon Childe）、利普斯（Julius E. Lips）、布莱恩·费根（Brian M. Fagan）等人，各自在其著述中，都征引了大量人类学、考古学和民族志的调查资料，认为：古人所用的材质以木头和石头最普遍。原始人借助木制品和石制品，配合起来使用“取得的成就，令人惊叹”。利普斯在《人类文化史——事物的起源》[①]一书中、柴尔德在《人类创造了自身》[②]一书中、布莱恩·费根在《世界史前史》一书中都记载：许多印第安人、爱斯基摩人、太平洋新几内亚等群岛的土著居民，史前早已熟练地使用各种木石复合工具。

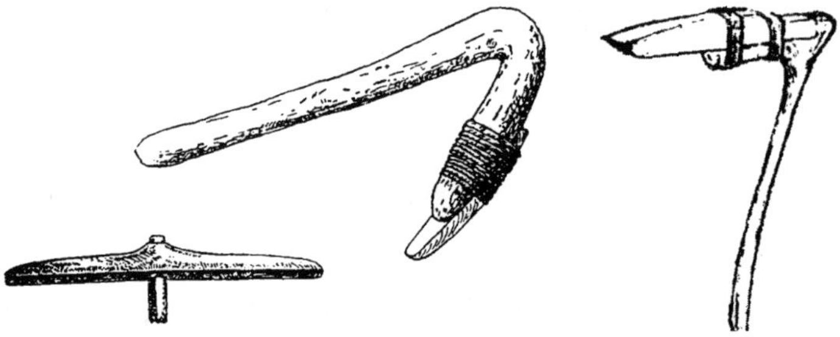

图2-5　印第安人、爱斯基摩人和新几内亚土著居民的木石复合工具[③]

从现代系统论的层次原理看来，复合工具有四大特点。

特点一，取长补短的“元素相合的一体性”，将不同材质元素（木质和石质

①［德］利普斯（Julius E. Lips）:《人类文化史——事物的起源》，汪宁生译，贵州教育出版社2010年，中译本第74页，第90页。

②［英］柴尔德（Vere Gordon Childe）著，安家瑗、余敬东译:《人类创造了自身》第57页，上海三联书店2012年。

③ 李欣编译:《考古动态·44000年前人类对蜂蜡的最早使用》，载《现代快报》2012年8月2日。

以及其他）的优势有机地结合起来，发挥出新的效能；

特点二，“结构功能的相依性”，便于装柄、穿绳、黏合、榫卯、连接，不断扩展功能；

特点三，“多方面实用与专用性”，方便携带和保存、维修，用途专一但又可多方利用；

特点四，“外观象征审美性”，体现出对形象、色彩、装饰的初步象征审美认识，从而不同于动植物的形色之美。当然，此外还可扩展出其他特点。

本节运用系统论层次性原理，简述木石复合工具的四大特点如下：

（1）元素相合的一体性

从非洲北部、亚洲（直到东海和印度洋）、欧洲（从地中海直到不列颠）各地出土的带刃木柄石斧惊人地相似。大约20—15万年以前，非洲、亚洲、欧洲各地的早期智人普遍使用“手执木柄石斧”。将石斧与旧石器时代一些工具的形体与用途进行比较分析，可以认为石斧是由旧石器时代的长身圆头砍砸器、刮削器发展演变而来的。[①]早期石斧是用石片打制而成，形状粗糙厚重、不规整。木柄石斧将木和石结合为一体，形成最初的木石复合工具，经久耐用，力度大，使用起来比手斧更省力方便。

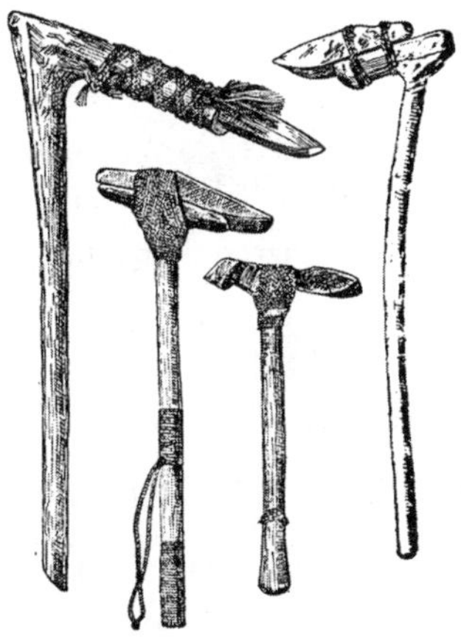

图2-6　太平洋岛居民使用的木石复合工具

石斧、石矛等，都恰到好处地将石质利器匹配了木质长柄、短把、各种支杆、绳索等；弓矢除了簇（箭头）为石质以外，弓、柄皆为各种性能的木制或骨制；史前狩猎或格斗的武器干、戈、戟、盾，各自逐步适应专门的需要而成为木石复合工具，合为一个整体。

---

① 肖梦龙：《试论石斧石锛的安柄与使用——从溧阳沙河出土的带木柄石斧和石锛谈起》，载《农业考古》1982年第2期。贺存定：《石斧溯源探析》，载《农业考古》2014年第6期。

（2）结构功能的相依性

复合结构功能的相依性，指的是要考虑木石复合加工的双方——木柄（以及绳索、矢杆、弓弦等）一方和石刃（以及箭头、矛尖、石刀、石叉等）一方，都跟对方结合的便利和牢固，从而促使自身结构因素的进化。比如：木柄的一方是否分劈开来，或者凿出卯坑卯孔，以便夹持或者容纳石件；要考虑刻出绳槽以便定位绑绳不会挪移。石材一方要逐渐加工出“肩”“段”等形态，以及磨出槽子或钻出孔洞，便于木柄来夹持或者穿绳绑扎，巩固连接，等等。下文将以专门章节介绍复合结构的各种装柄方式，特别是弓箭各组成元素的结构功能。

（3）多方面的实用性与专用性

人类最初用来防身自卫和出击的工具，不外乎来自两种材料，便是唾手可得的木与石。原始、粗陋的木石后来经过许多世代演变，渐渐发展为千百种工具和武器。

硬木枝加石片的用法，按照着力方向可分为三种：（一）垂直向下插进、刨开洞穴或深掘；（二）上下砍劈或横向挥扫；（三）向前直刺。第一种目的为挖开土地，做成插播种子用的点种棒，发展为臿、铲、耒耜等农具；第二种目的为上下砍劈、横向挥扫，就产生各种槌、刀、斧、棍、棒等；第三种目的为向前直刺，产生各种矛、枪、箭等武器。

硬木棍棒，若有尖锐末端的，特别适合用于直刺。硬木棍棒，较短的木柄可加上刀刃制成石斧使用，如长度足可手提的装上石刃尖，便可加工为长矛；较短小可以投掷射击的，便可加工为标枪或箭镞。

木石相配合，有两种使用法：其一，握在手中；其二，投掷远处。经过敲击出锋刃、可握在手中的刀具刃器，最初期常见的就是“手斧”，发展为装有把柄的“石斧”，用于砍砸、狩猎；可投掷远处的，就是各种各样的石球，发展为抛石器、弓箭、石炮等。远古时代，石斧是直立人和智人最先用于刮削树枝、砍伐木材、砍剁兽肉、削劈兽骨、剥取兽皮等多种用途的石质木柄工具。随着人类活动的演变，木柄石斧也被用于种群之间的战争，成为斗争武器，具有“一器多用”的性质。[①]

然而，原有多种用途的木石复合工具，在实践中逐步根据操作方便的目的性，分门别类专一化，形成各种专用工具。林惠祥在《文化人类学》一书中举出的西方石器有刮刀（scrapers）、刻刀（gravers）、尖形器（points）、石锥或钻孔器（awls or borers）、石锛（adze）、石锤（hammers）、大小石刀（knives）、大小石斧（stone axes）、石匕首（stone dagger）、石箭镞（arrow-heads）、石枪头（spear-heads）、石网坠（net-sinking stone）等十几种，各有得心应手的专门用途。[②]

此外，木石复合工具还可大为扩展社会功能，如有段石斤可用于斫造独木舟、凿木为屋；石斧再后来演变成一种祭祀用具，一直沿用到商周时期；石戊可作为神权王权的象征，供礼仪、墓葬用；等等。总之，木与石结合起来，不断发展出各种各样的复合工具，可谓“木石前盟”。

（4）外观象征审美性

木石复合工具的产生，跟原始人类的审美心理是相关的。旧石器晚期的考古记录，一直被当作早期审美行为和猿人行为的对比标准。最早发现木石复合工具的过硬证据出自25万年至6000年之前的东非。在旧石器时代晚期（4.5万至1.2万年前），欧洲首次出现了真人（Real Human）化石和复杂的木石工具技术，还有雕凿（即审美）的骨制用具，复杂的投射武器——投枪、弓箭等，先进的火食技术、洞穴艺术、珠链和其他个人审美装饰品。类似的审美行为普遍存在，与现代人类逐步接近，因此可将这些行为作为人类“行为现代性”（behavioral modernity）的证据。真人（Real Human）特性，其中非常重要的是认知行为，而最有代表性的就是象征审美符号。原始审美符号包括两种：

---

① 于志勇：《试论中国北方细石器的起源》，载《考古与文物》1995年第1期。

② 林惠祥：《文化人类学》，商务印书馆1991年，第135—140页。

身体的装饰品（如穿孔贝壳、身体彩绘等）和居住环境的装饰品。这些装饰品的出现具有重要意义，表明人类对于世界的认知已经发生了本质变化，即产生了附加在审美符号上的抽象思维。

远古埃及、两河流域、远古印度河文化、远古华夏文化、远古地中海希腊文化等地的象形符号以及原始文字，就是远古复合工具的元素复合性、结构复杂性、多样实用性、外观审美性的必然结果。

由此可见，百年通行的“石器时代说”虽不断有所进展，但过去仅仅着眼于残存的石质“骨架骷髅”，就好比解剖人体只看到一部分外壳，而没有看到身躯、皮肉和神经系统等，不成其为复合的有机体。从系统论的角度看来，如果只片面强调石器本身加工的一面，而不联系到相关元素（手柄、绳索、粘胶、支杆等）的加工与柄刃体复合技术的许多复杂问题，以致失去了认识的完整性和深刻性。这是史前史认识过程中的一大偏差和失误，必须纠正。

（五）自组织演化原理：木石复合工具的五种装柄法

现代系统论还有一个重要的原理，就是系统的“自组织演化原理”——系统论第三原理：充分开放性是系统自组织演化的前提条件。个别“子系统”可以超越常态，进入新的状态。为了制作各式各样的木石复合工具，首先就要将木质和石质材料牢固地结合在一起。然而，史前考古发掘中的木石复合工具，大多是残缺不全的，当初它们怎样结合成为一个整体？具体说来，装柄方式如何？人们一直无法揭开这个谜底。直到晚近，考古学界才陆续发现了木石复合的装柄遗迹。

1974 年，在浙江南浔千金乡出土了带柄石斧（今藏湖州博物馆）。2006 年，马家浜文化余杭遗址出土了 7000 年前的带柄石器。考古人员在浙江马桥文化原生遗址附近的沙塘，出土了两件良渚文化遗物——带柄石斤（锛），其中一件保存基本完好，木柄长约 50 厘米，石斤约 20 厘米；另一件石斤与木柄分离，但木柄上有孔，插进石斤，正好匹配。①

① 肖梦龙：《试论石斧石锛的安柄与使用——从溧阳沙河出土的带木柄石斧和石锛谈起》，载《农业考古》1982 年第 2 期。贺存定：《石斧溯源探析》，载《农业考古》2014 年第 6 期。

由许多考古出土的遗迹，我们才可能对于木石复合工具的装柄方法获得具体直观的了解。远古木石复合工具的装柄方法主要有以下 5 种：（1）树脂（胶）粘接；（2）绳索捆绑；（3）木柄开槽嵌入；（4）打洞即穿孔再捆绑；（5）榫卯结构。

木石复合工具，是“木－石体系”的具体表现，各部件（元素）的装柄构造，各有其结构与功能。古人类依据不同的需要，采取不同的结构以达到各自的效用。

木石复合工具的装柄方法，起初以树胶粘接和绳索捆绑为常态，但是随着使用目的扩大、发展，由逐步尝试、实践而产生“木柄开槽嵌入”的新状态，以及打洞、穿孔、再捆绑的综合状态；然后在特定情况的需要下（如住房、搭桥、造船等），创造出一系列新结构和功能。

以下按照系统的“自组织演化原理”，对于木石复合工具的 5 种装柄方法进行分析。

（1）木石粘接法（粘接子系统）

早期有一种制作复合工具的方法，就是用树脂将尖石粘在木制把手上，制作成戳刺或可以抛射的武器。例如，莫斯特文化的典型器物，是用石片精心制作的边刮器和三角形尖状器，用树脂将尖石刃粘在木制把柄上，又把尖石制作成戳刺或可以抛射的武器来狩猎，还用木头、骨头制作日常器具等。

在南非莱邦博（Lebombo）山脚的边境洞里，考古发现了裹在木本树皮内层纤维中的一块蜂蜡，里面混合了一种树脂。专家称，这种复杂的混合物是用来粘住矛尖（木石复合工具）的，历史可追溯至 44000 年前，这是目前已知的人类对蜂蜡最早的使用。[①]

距今约 3 万至 1.5 万年前，先民逐渐发明了用细石片黏合在木柄上的刀刃、匕首、刮刀、刻刀、木石锥、木石锤等，成为新型的木石复合工具。还有一种石矢（箭头），用树脂将尖石粘在木杆或竹竿上，制作成尖利的箭镞；用树脂将尖

---

① 李欣编译：《考古动态 · 44000 年前人类对蜂蜡的最早使用》，载《现代快报》2012 年 8 月 2 日。

石粘在枪头上，制作可抛射的长矛、标枪等武器。在瑞典考古出土了箭杆的前半段，考古人员标出了用树胶固定细石刃的尖头。

后世考古出土的细小石器黏合木柄或木杆的复合工具，其木质部分绝大多数由于年代过于久远而腐坏消失，往往只留下不易朽烂的骨质手柄，但这绝不能否认木质手柄的历史存在。

值得一提的是：古代弓箭的粘接工艺极其重要，至少延续了上万年。

弓箭，作为万年前开创的木石复合工具（武器），各部件（元素）相结合的构造方式各有其特殊的功能与效用。万年以来，弓箭从木－石体系、木－铜体系、木－铁体系到木－钢体系，表现出极强极久远的生命力，而木质元素（部件）是这种复合体系的脊梁骨，是这种复合体系的精华要素。

明代宋应星所著的《天工开物》一书中介绍了制造弓箭的粘接工序。先说造弓。《天工开物·弧矢》记载："凡造弓，先削竹一片，约长二尺许，一面粘胶靠角，一面铺置牛筋与胶而固之，牛角当中牙接，固以筋胶。胶外固以桦皮，名曰暖靶。"因弓身是长竹片制成的，为了增加强度，要在竹片的一面粘上牛角片，另一面粘上牛筋。若牛角片长度不够则由两片咬合（牙接）而成。牛角片和牛筋外边，还要粘上一层桦树皮，因为"其皮护物，手握如软绵，故弓靶所必用"。弓的握手处粘一层桦树皮，不但舒适而且有摩擦力，便于拉弓发力。①

粘牛角、牛筋和桦树皮用的胶是鱼胶。"凡胶乃鱼脬（即鱼鳔）、杂肠所为，煎治多属宁国郡（今之安徽宁国市），其东海石首鱼（即黄花鱼），浙中以造白鲞（剖开晾干的黄花鱼）者，取其脬为胶，坚固过于金铁，北边取海鱼脬煎成，坚固与中华无异。"鱼鳔胶，南方用黄花鱼，而北方用其他海鱼鳔熬制，效果均可。《天工开物·弧矢》中还叙述弓的强弱因人而异，大力者挽 120 斤弓，中力者拉 100 斤弓。强力弓的竹片重约七两，"筋与胶、漆与缠约丝绳约重八钱。"

再说制箭。箭矢的翎毛"长约三寸，鼎足安顿，粘以胶，名曰箭羽。"粘箭

---

① 参见［明］宋应星：《天工开物》，生活·读书·新知三联书店 2007 年。钟茜：《专家："天工开物"埋没 300 年却让日本和欧洲"捡宝"》，中新网 2015 年 2 月 5 日。张英敏：《天工开物考略》，载《科学教育》2014 年第 4 期。

羽的胶因为是动物胶，最怕受潮发霉，所以勤快的士兵经常烘烤自己的箭，以保证临战时百发百中。[①]

古代制造舟船，各地都常用胶合木板，而不用或少用钉子固定。最著名的范例，就是古埃及境内发现的一条约5000年前的木制船，这条木船长6米、宽1.5米，完全胶合与卯合，不用一个钉子，保存状况非常好。

“太阳船”的历史可追溯至埃及第一王朝的丹法老，他生前认为死后将太阳船埋葬在墓室附近，复活的法老和太阳神“拉RA”一同乘载“太阳游船”，穿越天堂。

20世纪初，考古人员开始对阿布拉瓦须的陵墓进行挖掘，埃及考古学家在吉萨金字塔发现一艘4500年前由雪松木制成的“太阳船”，长43米。它是迄今最古老、最大且保存最完好的古代木船。

（2）木石绳索捆绑法（绳索子系统）

远古时代，早期石斧和长矛、标枪、鱼叉等，多采用绳索捆绑法，这就必须用到一种很重要的木质工具——绳索。

早期石斧是用石片打制而成，形状粗糙厚重、不规整，使用时用绳索将其绑在木棍的一端。河南贾湖遗址出土的石斧，有的还可见到绳索捆绑在木柄上被磨损的痕迹。

起初绳索由木质植物的韧皮或动物的皮条搓捻而成，剥开树皮纤维，用手心抵着大腿把纤维搓成线绳。绳索最初由整根植物茎条制成。后来发现了劈搓技术，于是将植物茎皮劈细（即松解）为缕，再用许多缕搓合（即集合）在一起，利用扭转以后各缕之间的摩擦力接成很长的绳索。为了加大绳索的强力，后来还学会用几股捻合。

---

① 参见［明］宋应星：《天工开物》，生活·读书·新知三联书店2007年。钟茜：《专家：“天工开物”埋没300年却让日本和欧洲“捡宝”》，中新网2015年2月5日。张英敏：《天工开物考略》，载《科学教育》2014年第4期。

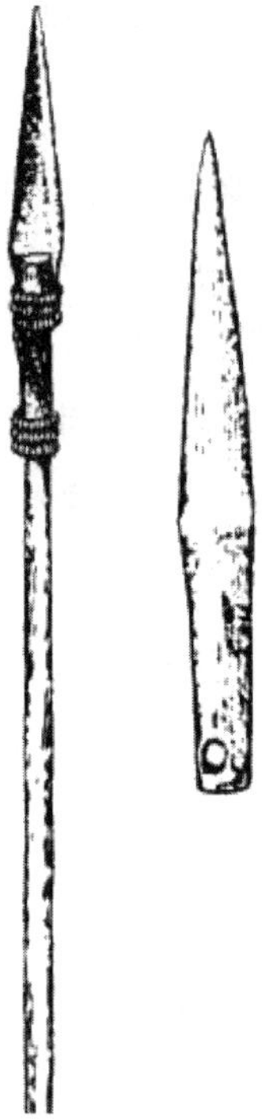

图 2-7　石制矛头和木制矛柄图

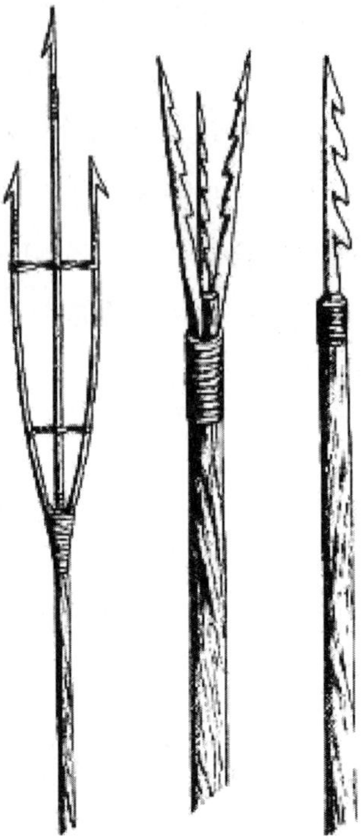

图 2-8　各种鱼叉

仰韶文化河南汝州阎村遗址出土的一件陶缸上的“鹳鱼石斧图”，描画了捆绑式石斧的形象，图中石质斧头与木质斧柄垂直相交，交接处还可看出几根代表绳迹的交叉线条，如图 2-10 所示。①

青海柳湾原始墓地出土的一件装木柄的石斧，是捆绑式石斧装柄的实物例证。②

从大汶口文化山东莒县陵河遗址出土的灰陶缸上，也可见一个带柄石斧的图像。有“肩”或有“段”，都是为了可以用绳索捆绑固定。

从上述图片资料可见，在世界各地——从亚洲到美洲，从中国到太平洋岛屿，“绳索捆绑的木石复合工具”是多么惊人的相似！

浙江河姆渡遗址出土的绳索，就是两股合成的，其中纤维束经过分劈，单股加有 S 向捻回，合股则加有 Z 向捻回，直径达 1 厘米。纺织专家高汉玉先生

---

① 引自郑杰祥：《鹳鱼石斧图新论》，载《中原文物》1982 年第 2 期。

② 尚民杰：《青海原始农业考古概述》，载《农业考古》1987 年第 1 期。

鉴定认为，粗绳捻距30毫米，合股数两股；另有一条为三股，每股宽为8—10毫米，每股由14—16根纤维或更多一些组成。①

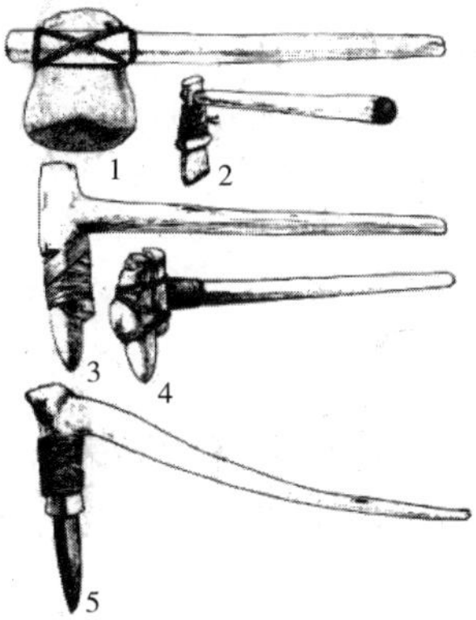

1. 石斧　2、4. 锛　3、5. 石锄

图2-9　半坡遗址的木石复合工具

图2-10　史前陶器上画的绳索捆绑固定木柄石斧

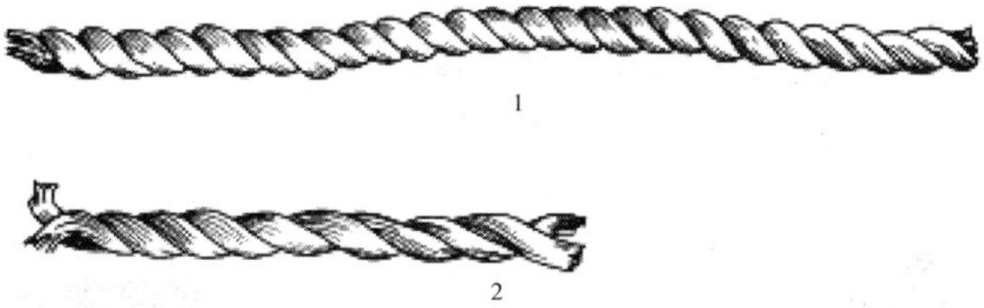

图2-11　河姆渡遗址出土的绳索

图2-12　河姆渡遗址出土的远古的绳索

① 高汉玉：《关于河姆渡文化出土远古绳索的鉴定记录》，载《中原文物》1999年第3期。

（3）木石开槽嵌入法（开槽子系统）

最初原始人的捆绑式木石复合工具，只是把石斧或石刃用藤条、麻绳捆绑在木柄上，利用木质韧性的茎带或多股植物纤维搓成绳索。但是绳索捆绑久了难以牢靠或经磨损不够结实，工具易于松脱，而开槽镶嵌式复合工具则进了一大步，更坚固，更安全。

开槽镶嵌，常见的是较为粗大的石斤、石斧，安装木质把柄时，多在木柄上开槽嵌合。

例如，良渚文化江苏沙河洋遗址出土两件带柄石斧：其中一件为方柱形，平顶，除刃外斧体未经磨光，两面刃，出土时石斧装在木柄上，柄为圆形，近斧端粗大，手握端较细，柄长 29 厘米、粗径 5.5 厘米，石斧长 11 厘米、宽 2.8 厘米。另一件斧呈长条形，断面为方形，背面上有“段”，通体磨光，四棱整齐，两面对刃，刃口锋利，可见到使用过的崩痕，“段”正好卡在木柄的卯口，木柄稍弯，斧长 15 厘米、宽 4.5 厘米、厚 3 厘米，柄长 32 厘米、粗径 6 厘米。出土时安装完好，木柄除有干裂外没有腐蚀。

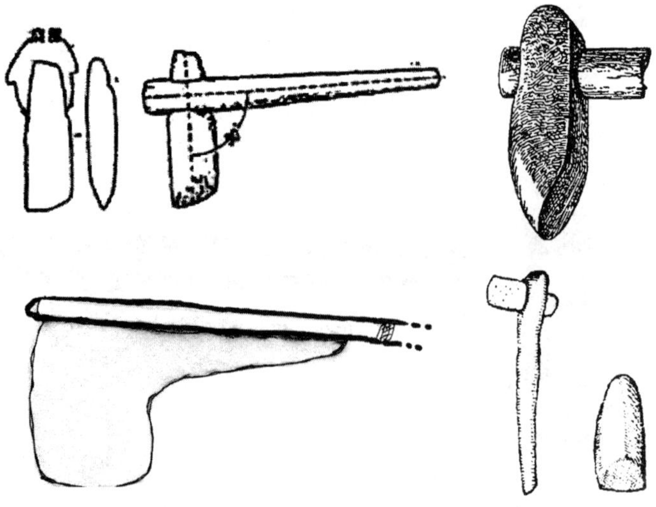

图 2-13　嵌入式木石复合工具

由于带柄石斧的用途不同，所以斧的尺寸（11—18 厘米）和木柄长度（11—77 厘米）各不相同。因为木质容易腐蚀，原始农业时代的出土文物中，能见到这样斧刃与木柄结合完好的实物非常可贵。

从 20 世纪 90 年代之后，浙江余杭南湖、北湖、东苕溪等地也陆续出土带柄石器。这些石刃具分为两类：一类是打制为主、较粗糙的农具，如犁、耜、镰、破土器等；另一类为木石武器和日常用具，大部分磨制而成。尤其是 2006 至 2008 年，随着余杭南湖整治工程的推进，集中出土了数批保存极好的带柄石器，均出自古河道或冲积扇的沙土中，缺氧恒湿而埋藏环境更佳，以至许多木柄至今质地硬实，表面的斧凿或修磨痕迹清晰。目前，浙江余杭地区出土并见于收藏机构的带柄石器总计已近 30 件，且大部分出自南湖。①

古代刀斧，主要利用嵌入加捆绑及胶合的联合方式；第二种开槽镶嵌复合方式，是利用细石器；第三种开槽镶嵌复合方式，是利用小石器刀刃。

细石器文化的特点，是把木柄或骨柄刻出沟槽，把若干的刀片连接镶嵌到沟槽里。各式各样细石刃片附着于木柄、骨柄制成复合工具，可有多种用途。

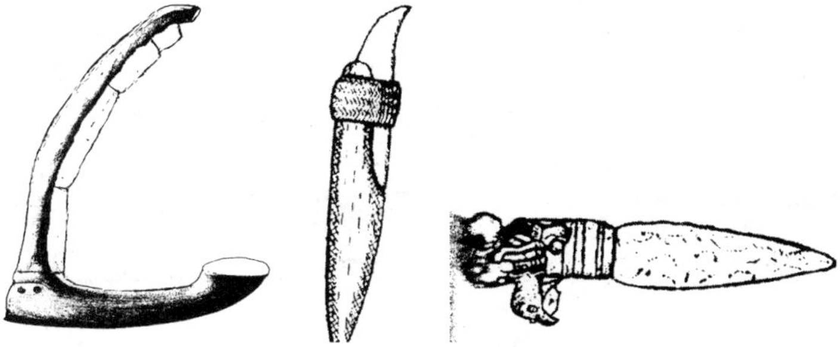

图 2-14　小石片刃嵌入木把

在华北木－石器时代的文化遗址中，出土了许多用细石叶刃片开槽镶嵌于木柄、骨柄中的复合工具。它们的功能可有两种：一是切割猎获品的骨肉和皮毛，二是切割植物枝条、根茎。

① 赵晔：《良渚文化石器装柄技术探究》，《南方文物》2008 年第 3 期。

木石复合农具方面，在巴勒斯坦出土有镶嵌细石刃的直把镰刀柄，在丹麦出土有镶嵌新月形刀片的曲镰柄。直到如今，澳大利亚当地人还用细石刃具镶嵌锯刀。而在瑞典出土有细石刃具组成的鱼叉，带有倒刺和尖头，还标明倒刺的位置。

图 2-15　另一种细石器刃嵌入木把构成的刀具

古代埃及农民使用一种嵌入木质刀柄的锯齿状燧石刀片，收割大麦和小麦。这种木石复合农具十分有效，在法老时期仍然广为使用。[①]

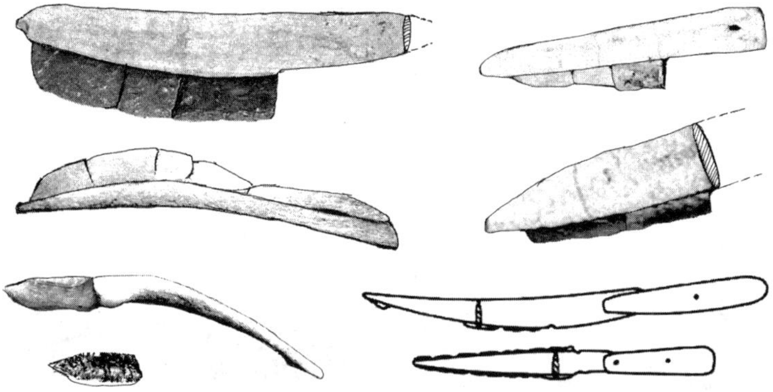

图 2-16　细石器小刀

（4）木石穿孔系结法（孔洞子系统）

木石复合工具结合的方式之中，值得特别注意的是穿孔系结法。

① 海伦・斯德拉德威克主编：《古埃及百科全书》（Encyclopedia of Ancient Egypt）中译本第 17 页，上海科学技术文献出版社 2008 年。

穿孔的目的是便于系结（系上索扣），使得石器能牢固地系结捆缚在木柄上，制成复合工具。先民制作的石质工具，磨成特定规则的形状，所穿的孔又要选在适当位置，并与木柄联结起来。它与打制的石器相比，大为提高了绑扎的可靠性和工具的效率。

原始穿孔石器约出现于3万年前，主要是利用天然的近似圆形的砾石作原料。穿孔石器有各式各样的用途：有的是狩猎工具，有的是采集工具，有的是点播工具，有的是装饰品，直径大小不一。有时，穿孔石器集多用途于一身。①

不仅是对石料的穿孔，史前的木石复合工具，还大量在木料上穿孔加工。许多旧石器考古遗址里都发现尖状的石椎，即石质“尖状器”，直接靠手腕的来回旋转在木材或骨材上锥孔。此外，把货贝的凸出背部磨平，出现孔洞，这也是一种在薄壳凸面加工穿孔的方法。

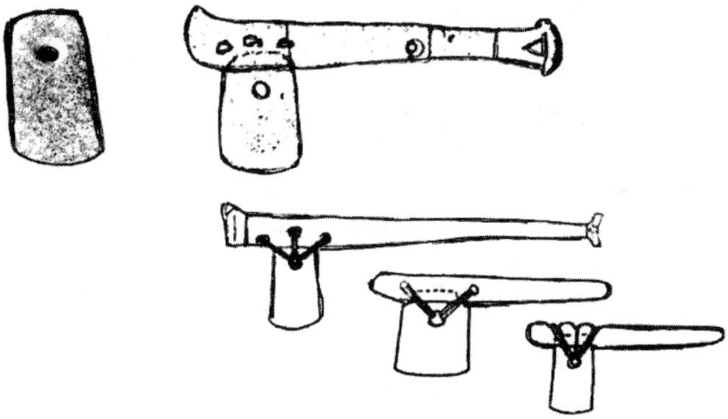

图2-17 穿孔的木柄工具

A. 木石复合穿孔投石索

作为狩猎工具的投石索，石头直径约为几厘米。后来发展为中部凿有小孔，用木质绳索、藤条从穿孔石的洞孔穿过、固定，另一端握在狩猎者手里。旋转穿孔石沿切线方向飞出，产生惊人的速度和力量击中捕猎物。这是一种由绳索加上穿孔石组成的木石复合猎具。

---

① 佟柱臣：《中国新石器时代复合工具的研究》，载《中国东北地区和新石器时代考古论集》，第184—206页，文物出版社1989年1期。

B. 木棒 + 穿孔圆石 = 采集和点播工具

20 世纪 80 年代初，在广西柳州白莲洞化遗址出土了 3 件古老的穿孔石，当时称为“穿孔砾石”或“穿孔重石”。[①] 笔者认为，按照它们的制作特点，应该命名为“穿孔圆石”。

民族学研究表明：南部非洲桑人（又称布须曼人 Bushmen）[②]，近代仍从事采集、狩猎活动。他们使用的工具中有一种就是“穿孔石”，将圆形穿孔的石头装在削尖的木棒上来挖掘可食的植物块根。

图 2-18 投石索狩猎图

南非还有一些古代岩画，能说明这种穿孔石的用途。桑人的卡拉哈里部落，采集植物性食物主要是妇女的工作，她们使用尖头的挖掘棒，有时还在挖掘棒上插一块穿孔的圆石以加重分量，有时也以有窟窿的圆石球代替[③]。至今在某些部落里，穿孔圆石仍可作为采集工具。

距今 1 万年左右，我国两广地区的先民生活以狩猎和采集经济为主，原始农业已经萌芽。

广西柳州白莲洞化遗址出土的穿孔圆石，直径 10 厘米左右，中部凿有一圆孔，孔内直径 1—2 厘米左右，重约 500 克。制孔的工艺有的是打制，有的是磨制，有的是单面凿打，有的是对穿一圆孔而成。

用一根木棒从穿孔石的中孔穿过，将其固定在离尖端 10—20 厘米处，可获得一件得心应手的采集和点播工具。因为穿孔圆石外形圆，内孔径也圆，而且又重，它可以使整条细长的木棒重心下移，以增加它的稳度、力度、硬度和准确度；木棍的长、短、粗、细则根据使用功能而定。由木棒和穿孔圆石组成的木石

---

① 周国兴：《石器时代的“万能工具”——穿孔砾石或穿孔石（重石）》，载《农业考古》2007 年第 1 期。

② 非洲桑人，是生活在非洲南部（纳米比亚、博茨瓦纳、安哥拉、津巴布韦、南非和坦桑尼亚）的原始狩猎—采集民族，又称布须曼人（Bushmen）。一般认为他们属尼格罗人种科伊桑类型，但非洲桑人在各方面与蒙古人种更为接近，是南非和东非最古老的土著居民。

③ 李泳集：《华南地区原始农业起源试探》，载《农业考古》1990 年第 2 期。

复合工具，主要用于采集和点播。①

若是作为采集工具使用，由于采集时主要是蹲着的姿势，以较短较细的木棍套在内孔径较小的穿孔圆石上，比较轻便和易于操作。

若是作为点播工具使用，则将穿孔石器套在较长而粗的木棒上，由于点播仅需戳一个小洞，把种子放进去即可，操作者为站立姿势，适合使用比较长的木棒；若木棒直径太小，则力度不够且容易折断，所以要求它的直径相对较大，所配套的穿孔石器内径也相对要大。

这就合理解释了穿孔圆石中间孔径为何有的较小、有的较大。在圆石上按照某一准确直径穿孔的难度较高，可以在大孔与细杆之间加塞木楔，来组成牢靠的木石复合工具。

C. 木石复合穿孔石刈

远古人类，最初的乂、刈（音 yì，甲骨文 ，后来的镰刀）是用动物口牙骨骼制作的，所以通常石刈带有锯齿。石刈和蚌刈（蚌壳制作的镰刀），都捆绑在木柄上使用，也是木石复合农具。《说文解字》曰："乂，芟草也。""乂"又作"刈"，本义为割草或收割谷类植物。"镰"，金字旁，是青铜时代的后起字。

黄河流域的石刈用来收割粟类谷物。通过石刈的穿孔捆绑竖木柄，使用时一只手把田里的粟秸攥成束，另一只手持石刈割断成束的粟秸。为增加石刈的切割能力，石刈的刃部加工成锯齿状。河北易县燕下都遗址出土过这种木石复合农具。②

7000 年前河姆渡人使用石刈收割水稻（据今人模拟实验，每分钟可以收割一平方米左右的水稻），浙江河姆渡遗址挖掘远古人墓穴时，发现了大量的石刈与水稻的化石。

良渚文化遗址大量出土双孔石刈。如青浦福泉山出土的石刈呈弯条形，形制同现在所使用的镰刀近似，单面斜刃，一端琢出两个圆孔，装木柄时可将这一端嵌入木柄上端凿出的条形槽内，再用绳索穿过双孔捆绑结实。

---

① 邓小红，《两广地区原始穿孔石器用途考》，载《中石器文化及有关问题研讨会论文集》，第 268—274 页，广东人民出版社 1999 年。

② 杨肇清：《试析锯齿石镰》，载《中原文物》1981 年第 2 期。

D. 木石复合穿孔石斧

后期石斧采用磨制技术，并在石器面上打孔，这种石斧一般呈梯形或近似长方形，两面有刃，多斜刃或斜弧刃，也有正弧刃或平刃，用绳索穿过斧头尾端的小孔绑在木棍上。

在江苏海安青墩遗址出土的一件带柄穿孔陶斧很珍贵。斧头由泥质红陶制作，柄为椭圆形棒状，前粗后细，粗端有浅槽，陶斧嵌入槽内，斧上有一孔，柄上粗端有三孔。孔当是用以穿绳之用。由此可知，原始时代石斧装柄并非只用捆绑法，还会用打洞穿孔与捆绑结合法（孔洞子系统与绳索子系统结合），后者的结合坚固度更好些。无论采用何种方法装柄，石斧的刃口一定是与斧柄平行的。①

E. 木石复合穿孔石刀

石刀的发展也有类似的过程：在石器面上穿孔再捆绑。

新石器时期的考古文物有大量的穿孔石刀。其中，江浙良渚文化遗址（距今约 5100 年）出土了四孔石刀，长 19.5 厘米、宽 5.3 厘米，扁长条形，弧刃，上部等距对穿四孔，通体磨光。安徽潜山薛家岗遗址（公元前 3500—前 2800 年左右，一说距今约 5170 年）也出土过各式各样的穿孔石刀。②

薛家岗文化的典型器物之一“穿孔石刀”背部较厚，有穿孔 1 到 13 个不等，这些孔是用来穿系绳索捆绑木柄的。有的穿孔周围还绘有规整的图案，刃部比较平直，有的刃部可见磨损的痕迹。石刀上的钻孔绝大多数是奇数，计有 1 孔、3 孔、5 孔、7 孔、9 孔、11 孔、13 孔之分，而且间距基本相等，仅见一件为偶数 4 孔。③

薛家岗穿孔石刀安装有长木柄。远古先民将木柄上端竖直开一个深槽，和刀背截面差不多大（孔洞子系统与绳索子系统、开槽子系统相结合）。将刀背插入，露出几个圆孔，再用麻绳或皮条等通过圆孔与木柄绑扎、系牢。使用时，手握木柄下部挥砍、割杀。由于石刀很大，刀刃很长，其杀伤面积也很大，效率很高。

---

① 殷志强：《中国古代石斧初论》，载《农业考古》1986 年第 1 期。

② 刘钧：《安徽潜山薛家岗穿孔石刀》，载《广州日报》2009 年 5 月 9 日。

③ 朔知、杨德标：《薛家岗石刀钻孔定位与制作技术的观测研究》，《中国历史文物》2003 年第 6 期。

7 孔石刀，略呈长方形，长 32.5 厘米、宽 9.5 厘米，厚却不超过 1 厘米。石刀上部略宽，刀背平直。沿刀背的地方，整齐地排列了 7 个圆形穿孔。

9 孔石刀，长 43 厘米，外廓呈长方形，一端略宽，背厚刃薄。刃部比较平直，略有磨损痕迹，背部近顶端一侧穿 9 个圆孔。9 孔呈一字排列，分布均匀，孔径大小相似，有明显的对穿（双面穿）和管穿痕迹。

13 孔石刀，宽 9—12 厘米，长 51.6 厘米。

对于薛家岗穿孔石刀的用途，专家们解释不一。有人根据石刀刃部的使用痕迹，认为是当时用以往复切割农作物用的；有人根据石刀的精美程度，认为是当时使用的礼器；也有人根据石刀修长庞大的外形，认为是用于作战的长兵器，并复原了石刀安装长木柄的方式；更有人认为是织布用的打纬刀。虽众说纷纭，然而有一点是肯定的：这些石刀都是木石复合穿孔工具。

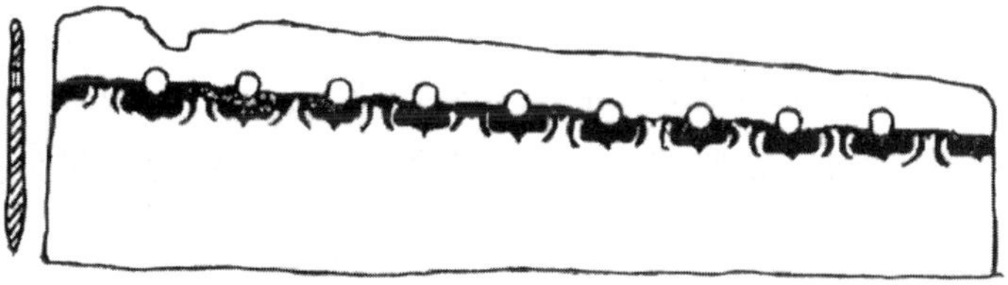

图 2-19　安徽薛家岗遗址出土的九孔石刀

穿孔技术

磨制木－石器的进步，还表现在穿孔技术的提高上。对石质材料穿孔，有以下几种方法：

A. 沙水磨穿法

石锤上的洞大约是用沙与水摩擦而成。其法将沙和一点水放在石器上要穿孔的地方，然后用两手夹一根木棒，棒端抵住石上的沙，用力将棒急速旋转，则该处被沙磨蚀而渐凹陷，摩擦常由两面，每面各穿一半，这叫作

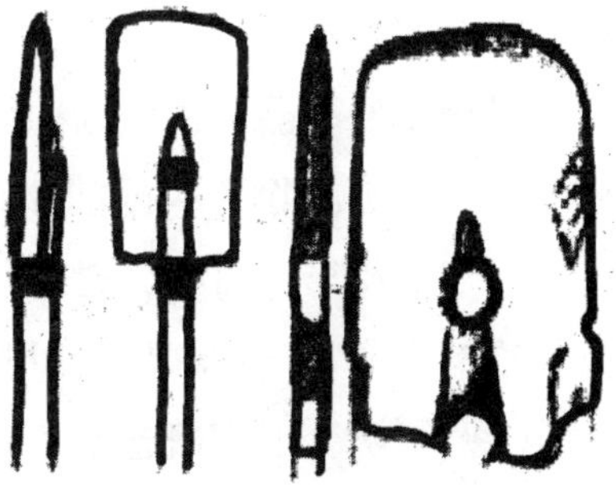

图 2-20　穿孔的农具石臿（铲）

"对穿"。穿孔的目的是便于系绳，使得石器能牢固地捆缚在木柄上，制成复合工具。

B. 锥穿（凿穿）法

又称钻凿法，是将硬木棒一端削尖成为"锥子"，或在木棒一端装上石质锥头（钻头），在要穿孔的位置加放湿沙子，再用手掌或弓弦转动木棒钻孔。将石锥的尖端抵住要穿孔的地方来回旋转，久之可穿成一孔。作为锥子的木棒，自身的磨损比石料更厉害，需要不断更换新的锥子，最终软木棒在石头上锥出了通孔。这就是"以柔克刚"的效果。（石锥穿的孔与金属锥穿的孔很易辨别，因为石锥的脚不很整齐，所穿的孔必有横纹，金属所穿的孔便很光滑。）

C. 竹管钻孔法

又称管穿法，是东亚一带盛产竹质器具的地区特有的一种穿孔方法，用削尖边缘的细竹管钻孔，方法跟锥穿相同。

D. 敲砸凿孔法

是用敲砸器在大件石器上直接凿孔，有的则是先琢（敲凿）、后穿。较薄的石质片材可以单面穿孔，较厚的石材要从两面对穿。先民制作的石质工具，磨成特定规则的形状，所穿孔又选在适当位置，并与木柄对接起来。

E. 磋磨加工法

将工作物在砥石上摩擦，或者用赭土等物置于其间以增加摩擦力，或者在贝壳等凸面上磨出通孔，如此加工石质片材。

木石复合工具的种类不断增加。农具有耒耜、镰刀、臿等，狩猎用具有弓箭、罗网、渔网等，砍伐用具有斤斧、石铲、石锄等，谷物加工用具有连枷、杵臼等，纺织用具有石纺轮，捕鱼用具有石网坠等，还有建筑用的石础，切割用的石刀、石俎等。

制造小件石器可由一人独造。若两人合作，一人按住工作物于砧上，另一人则拿工具斫击。除了木石复合工具外，还有骨、角、蚌等材料制作的器物。其他如木构建筑及车、船等交通工具，都可使先民的衣食住行各方面获得改善。

锥穿、管穿与琢穿，都可统称为"琢磨"。需要说明的是："琢（磨）"与"凿（啄）"两个工序概念是不同的，"琢"是用沙子当磨料而琢磨出沟槽或孔洞；"凿（啄）"是敲凿，用较小的力气反复敲凿、击打同一落点，造成被敲凿点的材料细微脱落，逐渐成坑、成孔，凿穿又被称为“啄穿、击穿”。

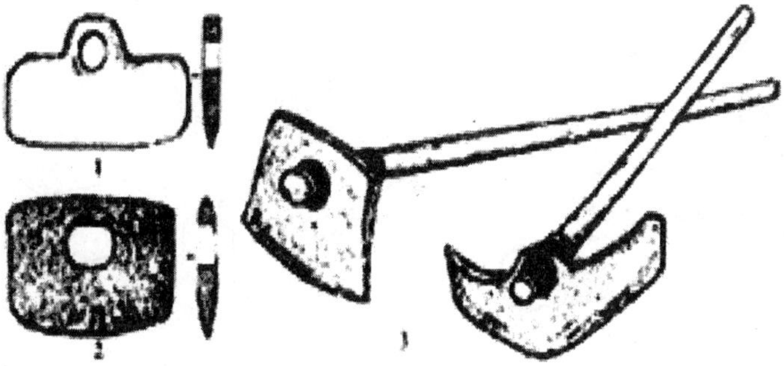

图 2-21　穿孔的木石农具

对于薄工具，从单面穿孔；对于较厚的工具，从两面对穿。

林惠祥《文化人类学》一书只列出锥穿和琢穿两种穿孔技术。[①]

华夏先民用较软的锥具（钻具）蘸水和沙子在硬石上锥穿各种形式的孔，是利用高硬度的沙子对硬石（包括玉石）作连续的微量琢磨。这种加工方式发展为“解玉”和“琢玉”技术，构成华夏独特的玉器文化。

（5）木石榫卯结构法（榫卯子系统）

原始先民后来发明了木柄榫（sǔn）卯结构法。[②] 如图 1-22 所示。

1974 年，良渚文化江苏吴县（今苏州吴中区）澄湖底古井，出土一件装木柄石斧（今藏南京博物院），是榫卯法的实物例证。

这件木柄石斧，斧头长 18 厘米，木柄长 77 厘米，利用榫卯结构连接（榫卯子系统与开槽子系统相结合）。

榫卯，是构件的凹凸连接方式。凸出部分叫榫（或榫头）；凹进部分叫卯（或榫眼、榫槽）。这种结构也常见于其他木、竹、石制的器物。《集韵》曰：

---

① 林惠祥：《文化人类学》第 141 页、第 148 页，商务印书馆 2011 年。

② 李琪、杨宁侠：《中国古代木结构榫卯静力分析》，载《山西建筑》2008 年第 27 期。

“榫，剡木入窍也。俗谓之榫头，亦作笋头。”

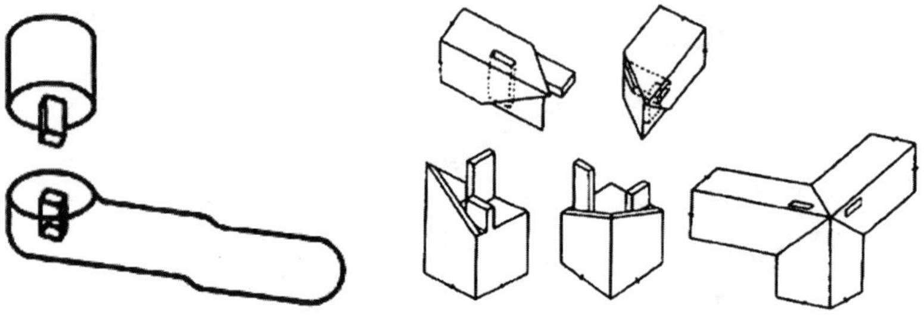

图 2-22 常见的榫卯结构

中国榫卯结构早在 7000 年前的河姆渡文化中就已出现，原始先民居住的木结构房屋，广泛应用榫卯结构。这是东亚文化的一种特色，千百年来延绵不断，一直用于木石建筑（如干栏式房屋）和家具的设计制作。[①]

古代造船的木结构，常用木材部件扣紧榫卯并粘接牢固，使得船体严丝合缝、密不透水（榫卯子系统与粘接子系统结合）。

榫卯，有时又加胶粘接，是中国能工巧匠经常运用于木构件之间的一种凹凸连接方式。最基本类型是将一个榫头插入对应件的卯眼中，而复杂的类型则是一组榫卯多向咬合，达到难分难解的地步。

在中国古代，无论是木建筑、门窗，或是木家具，只要涉及木材的组合，自然就会出现榫卯结构。[②]

结束语

现代系统论的基本观点是“整体大于部分之和”，即一加一大于二（1+ 1 > 2），甚至可以远远地大于二。从现代系统论的层次原理看来，木 - 石复合工具

① 参见张晓春:《“干阑”建筑的历史演变》，载《广西民族师范学院学报》2013 年第 5 期。胡永庆:《中国古代细木工榫接合工艺的起源与发展》，载《华夏考古》1989 年第 2 期。

② 陈一漪:《中国传统家具的榫卯结构（1— 3 ）》，载《家具与室内装饰》2014 年第 3 —6 期。

（Composite tool）具有四大特点:（1）元件复合性;（2）结构复杂性;（3）多样实用性;（4）外观审美性。从现代系统论第三原理“自组织演化原理”看来，充分开放性是系统自组织演化的前提条件。本章内容运用现代系统论的自组织演化原理，阐述木石复合工具的五大装柄法:（1）木石粘接法;（2）绳索捆绑法;（3）开槽嵌入法；（4）穿孔系结法；（5）木石榫卯结构法。从现代系统论观点看来，人类历史的第一个时代，不是“石器时代”而是“木－石器时代”。木石复合工具（Wood-Stone Composite tool）是人类摆脱蒙昧和野蛮、走向文明社会的必然与首要条件。

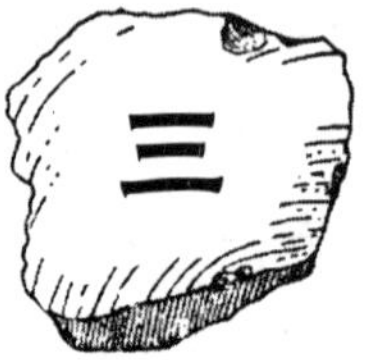

从甲骨文的角度看木石复合工具

【提要】 本章首次从“原初史（Proto-history）”的角度，对于甲骨文原生态资料作开拓性的探讨。“木－石器时代”的全面深入论证，非常有必要，研究的重点是“木石复合工具”的新概念。依据甲骨文的第一手原生态资料，本章将分析史前木石复合工具（斤）、（父）、（斧），以及甲骨文中从“斤”的衍生字：析、斫、兵、折、新（薪）、所、斯（撕）等（《说文解字》从斤之属者），以及斤斧的手柄“丙、柄、柯”，指出它们的甲骨文字源大多来自木石复合工具，或与工具有关。本章还将分析史前木石复合武器（戉），（戈），甲骨文中从“戈”的衍生字：（戊）、（戌）、（戍）、（戚）、（成）、（威），以及（伐）、（必）、（戎）、（戒）、（武）、（我）、（或）、（戕）等（《说文解字》从戈之属者），指出它们的甲骨文字源大多来自木石复合武器，或与武力有关。历史悠久的石刃兵器，“戉”演变为权位的象征，获得仪仗性的社会功能。本章亦将讨论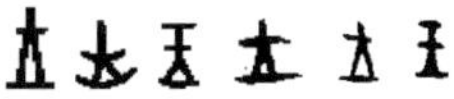（王）、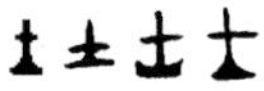（士）和礼器石戉、玉戉的关系，以及石斤、石斧、石戉、玉戉的装柄方式的发展状况。有肩、有段的装柄方式，具有华夏文化的地方特征。

磨制石斧和石锛（远古称作“石斤”），乃是木－石器时代遗址出土数量最多的石质刃器，是最重要的工具和生活用具。本章郑重提出，“石锛”应正名为“石斤”，“石钺”应正名为“石戉”，理由如下：（1）所谓“石锛、石钺”都不是金属材质，本为石料，不应该从“金”；（2）甲骨文的原字就是“斤”和“戉”。这是文字寻根的结果。

（一）“原初史”的新概念

21 世纪初，我国学术界引进一个重要的新观念，越来越引起关注，这就是“原初史（Proto-history）”的新观念。法国《史前大辞典》[①]中，“原初史”的定义是：“首先具有方法论的价值，应用于一些为历史文献所不能确定的文化群体。为探讨它们，学术界使用‘原初史’这个观念，它可以指那些自身尚未（或尚不完全）具备文字，然而却为同时代其他人群所记述、提及的人群，也可以指那些通过后世的传说、追忆而留有史迹的人群。在这两种状况下，其研究可包含考古学材料及间接的文字记载两个方面。”[②]

原初史时代早期已有文字，不过文字材料与文献甚少、未完备，因此考古材料对于研究这一时代的重要性超过或等于文献材料。[③]

---

① 为了不至跟“原始”观念发生同音混淆（yuanshi 原始、原史），本文不采用“原史”而采用“原初史（Proto-history）”的译法，加以区别。

②［法］勒汝瓦·高汉（Andre Leroi-Gourham）编著：《史前大辞典》，*Dictionnaire de la Prehistoire*，1988，Press Universitaire de France, Paris. 中译文参照刘文锁：《论史前、原史及历史时期的概念》，《华夏考古》1998 年第 3 期。

③［美］霍克斯·克里斯托福（Hawkes Christopher）：《考古学的理论与方法：古代世界的启示》，收入《美国人类学家》第 56 卷，第 155—168 页，1954 年。又见 *The Oxford English Dictionary*（《牛津英语词典》第二版）。转引自吴晓筠：《中国的“原（初）史时代”》，《华夏考古》2002 年第 1 期，译文有所修订。

英国科学家格林·丹尼尔（Glyn Daniel，1914—1986）也认为，"原初史时期"指的是"古代文献缺乏、不可靠，而考古资料的重要性超过（或等于）文献资料的时期"。[①]

"原初史（Proto-history）"乃是世界范围内所有文明社会必须重视的大问题，诸如两河流域、古埃及、古印度、古希腊的《吠陀》《圣经》《荷马史诗》等古文献记载的神话传说等都在此列。

国际学术界将"原初史时代"的时间段限定在史前（Pre-history）与历史两大阶段之间的过渡时期。由此，华夏原初史可限定于"三代"（文献记载传说的"夏"与商、西周，此后有正式的春秋史书）之间，相当于考古学上的龙山时代至西周；而华夏的原初史对象是对中原及有关各种族群（如苗、女真、藏、回、蒙、满、壮、傣等）文化进行全方面、多学科的综合性研究。

商周王朝年代的不同说法

商王朝（约公元前1600—约前1046年），前后相传17世31王，延续约600年，但迄今世系、年代尚无定说。商王朝又称殷、殷商，是东亚第一个有文字的朝代。据说商王太乙（又称唐或汤）于鸣条之战灭夏后，在亳（bó）建立商朝。之后，商国都频繁迁移，至其后裔盘庚迁殷（今河南安阳），国都才稳定下来，在殷建都达273年。末代君主帝辛（纣王）于牧野之战被周武王击败后商朝灭亡。殷墟发掘，确证了商王朝的存在。殷商时期长江流域也并存着发达的非中原文明。

西周王朝，今人一般认为指公元前1046—前771年。西周共和时期是西周末年，指周厉王逃离镐京后至周宣王登位前的一个时期，即公元前841—前828年期间由共伯和摄行王事，称为"共和"。因为国人暴动，周厉王逃到了

---

①［英］格林·丹尼尔（Glyn Daniel，1914—1986）：*A Short History of Archaeolog*，《考古学简史》，Thames and Hudson, Ltd. London, p.2., 1981；又见［英］格林·丹尼尔著、温东林译：《四十年来世界考古学的新发展》，《文物研究》第5期，1989年9月，译自：*A Short History of Archaeolog,*《考古学简史》，（1981）。

彘，由周公和召公共同执政，共和元年即公元前 841 年，是中国历史有确切纪年的开始。但有些史学家认为共和时期为中国历史有纪年的开始，应划为一个新时期。而今人一般认为：东周时期又分为春秋与战国两个时期。

对春秋时期的起讫，有几种不同的说法：最初的说法是公元前 722—前 481 年；鲁国史官的编年史记录了从鲁隐公元年（公元前 722 年）到鲁哀公十四年（公元前 481 年）共 242 年的大事，名为“春秋”。据说孔子依据鲁国史官所编《春秋》加以修订，后来成为儒家经典之一。当时史学家便以编年史《春秋》来命名这个历史时期。

然而，对春秋时期的起讫，后世一种普遍的说法认为是公元前 770—前 476 年；另一种说法认为是公元前 770—前 453 年韩赵魏三家灭智氏；还有一种说法认为是公元前 770—前 403 年韩赵魏三家分晋。

公元前 771 年，西北的少数民族犬戎攻破镐京（今陕西西安），杀死周幽王，西周灭亡。第二年（公元前 770 年），周平王迁都洛邑（今洛阳），东周开始。又为叙事方便，过去传统史学家称春秋时期开始于周平王元年（公元前 770 年）东迁东周之年，止于公元前 476 年（周敬王四十四年）战国前夕。

东周王朝，今人一般认为指公元前 771—前 221 年。公元前 256 年秦国攻打东周，取九鼎置于咸阳，但此时东周分封的诸侯国仍存在。公元前 221 年秦始皇统一天下称皇帝，秦王朝正式开始。

根据目前掌握的资料，华夏原初史应包括古代文献记载的夏代。因为迄今为止，我们还不能确切证明夏代已有了真正的文字，但现存的西周以后的历史典籍中，却存在着描述这一阶段历史的文献资料，如《尚书》中的《商书》《周书》与《史记》中的《五帝本纪》《夏本纪》等，以及苗族神话传说中有关伏羲、盘古的内容等。中国考古学家与历史学家努力探讨的中国文明起源的时间，即应在此阶段内。所以在中国，原初史（特别是夏商西周）考古学也必须探讨如何科学地对待有关古代文献，即“层累地造成的中国古史”的问题。

甲骨文是具有特殊考古作用的“文字化石”，甲骨文反映的史前一系列劳动工具和武器及其进化过程，雄辩地证实了史前“木 - 石时代”的长期客观存在。

本章从“原初史”的角度，继续运用现代系统论的观点，依据众多古文字学者对甲骨文、金文的释读，以及两作者自己的研究成果，着重讨论“斤、斧、王、士、戉、戊、戌、戍”等甲骨文字，并对“斤”“戉”“干”“兵”等甲骨文加以考释，提出“石锛”应正名为“石斤”，“石钺”应正名为“石戉”，等等。从文字学的角度分析，甲骨文的许多字源，生动地反映了木石复合工具和木石复合武器的原始真实面目。

为石斤、石斧正名

我们不仅从考古遗迹，而且从远古文字（特别是甲骨文）遗迹里面，也可以窥见木石复合工具的种种特征，挖掘出史前真相。①

几千年来汉字形音义的衍生、变化、不断整合，从系统论的观点看来，就是若干基本元素的拼接、组合的结果，也始终有相对稳定的规律在起作用，“万变不离其宗”。甲骨文的每一个字，都有它的原型，或者说“字根”，分析这些字根，能够给予我们许多启发，深化我们的感性和理性思维。在华夏历史的持续发展过程中，各个阶段出现了新的不同情况、不同的社会需求，文字结构和功能必须根据不同的具体情况和社会需求做出相应的调整。

我国现代考古学在全国各地出土的石器文物中，最常见的两种磨制石器是“石斧”和所谓“石锛”。磨制石斧和“石锛”（本书正名为“石斤”），乃是木-石器时代遗址出土数量最多的石质刃器，是最重要的工具和生活用具。然而这个“石锛”的命名，是很成问题的。

在历史考古学界，通常认为“石斧”和“石锛（锛子、锛头）”的区别在于：石斧是两面刃，木柄与刃缘平行，而“石锛”是一面刃，木柄与刃缘垂直。

斧的英文是 axe，“锛头、锛子”的英文是 adz 或 adze。“斧”字是中文里自古就有的，“锛”字却是近代新造的词语，日常生活里并不很通用，只有木工将它俗称为“锛头、锛子”。甲骨文、金文、篆文、隶书里面都没有“锛”字。

笔者认为“锛”字的原义在甲骨文里就大量存在。这个原生态的古字就是“斤”。

---

① 陈明远、金岷彬：《历史观的新突破》，山西人民出版社 2014 年，第 1—20 页。

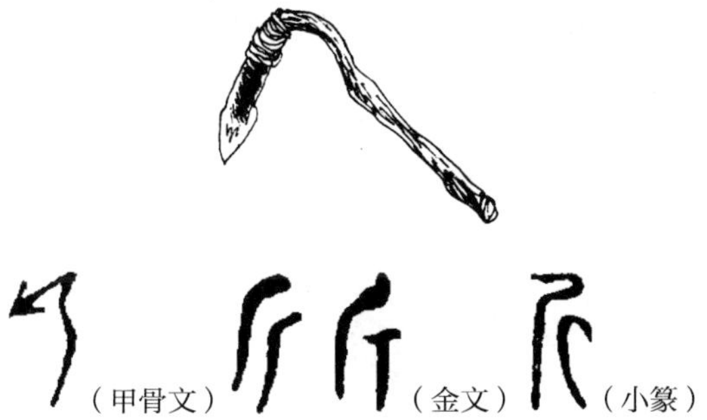

图 3-1　甲骨文中的“斤”，就是现代称为“锛”的曲柄刃具

A.“斤”的字源解读

甲骨文（斤），字形像曲木柄的斧头（横刃锛），长木柄顶端是横刃（斧为竖直刃），比斧子更小；下面是曲木柄，表示砍伐林木的工具；木柄顶端刀刃上加箭头表示它的锋利。金文变形，简化刀刃。篆文承续金文字形。隶书将金文改动。《说文·斤部》曰：“斤，斫木斧也。象形。凡斤之属皆从斤。”就是说“斧”字亦从斤。“斧”的初文是“父”字，意为男性所用。《说文解字》部首，仍设斤部。凡从斤取义的字皆与“斧”有关。以斤作义符的字有：斧、新、折、析、所、斫、斩、断、斯；以斤作声符的字有：沂、沂、听、圻、近、芹、忻、欣、昕、祈、颀、靳、蕲。《左传·哀公廿五年》曰：“皆执利兵，无者执斤。”《庄子·逍遥游》曰：“不夭斤斧。”《诗·周颂·执竞》曰：“斤斤其明。”

B.“父”的字源解读

甲骨文（父）=（木杖）+或（又，手握），金文画出尖形权杖、石刀之类，表示手执刀刃（即斧头）；有的金文、和篆文承续金文字形。“父”是“斧斤”的本字，甲骨文和金文的“父”字，是手与“斤”的组合，是会意字，后来借用“斧”的音表示“父”的读音，且表明持斧者往往是男性，以“父”作声旁。“父”又是古人对有地位男子（如家长）的尊称。《说文解字》曰：“父，矩也，家长率教者，从手举杖。”《诗·大雅》曰：“维师尚父，时维鹰扬。”

《礼记·曲礼》曰："生曰父，死曰考。"初期甲骨文里，原生态的"斤、父"等"字根"是字形构造的基本元素。

图 3-2 原始木石器木杆石斧可作为父权（氏族首领）的象征

C."斧"的字源解读

甲骨文（斧）＝（斤）＋（手）＋（权杖），像手持权杖或刀具，再加"斤"（长木柄的刃具）以造"斧"字。甲骨文斧还有一个象形字、（大斧，斧头的图像），亦与"王"字类似。本义为砍伐器，一种装在木柄上的砍、凿利器。金文（斧）＝（斤）＋（手），将甲骨文的写成；有的金文斧画出长柄与巨刃。篆文斧将金文的斤写成。《说文·斤部》曰："斧，斫也。从斤父声。"王筠解："斤之刃横，斧之刃纵。"《诗·豳风·破斧》云："既破我斧。"《诗·豳风·伐柯》云："伐柯如何？匪斧不克。"《诗·豳风·七月》云："取彼斧斨，以伐远扬。"《诗·齐风·南山》云："析薪如之何？匪斧不克。"《礼记·檀弓上》云："加斧于椁上。"《淮南子·说林》云："林木茂而斧斤入。"

"斤"作为古代常用的劳动工具，是原生态的单面刃、柄与刃缘垂直；而"斧"则为次生的两面刃、柄与刃缘平行。也就是说，在初民造字的顺序看来，先有"斤"然后才有"斧"。在古文字学中，"斤"是原生字，"斧"从"斤"衍生而来。《说文·斤部》曰："斤，斫木也。"徐灏笺："斧斤同物，斤小于斧。"王筠解："斤之刃横，斧之刃纵，其用与钁相似。"所谓"斤之刃横"即是斤的锋刃与柄垂直，那就是类似近代木匠使用的"锛头、锛子"这种工具；所谓"斧之刃纵"即是斧的锋刃与柄平行。

《庄子·徐无鬼》云:“使匠石斫之。匠石运斤成风，听而斫之。”《庄子·在宥》云:“于是手斩锯制焉。”陆德明释文:“斩，本亦作斤。”《集韵》曰:“斩与斤同。”《孟子·梁惠王》云:“斧斤以时入山林，林木不可胜用也。”《淮南子·说林》曰:“林木茂而斧斤入。”是说斤、斧都具有砍伐林木的功能。出自《庄子》的著名成语“运斤如风”正说明了“斤”的刃缘与柄呈十字交叉形，是横向垂直的。

斧和斤原先是狩猎和战斗的武器，后来，主要用作伐木砍柴、斲材的工具（斫、斲同音，皆应读 zhuó）。斤、斧本来是同类器物。差别在于:（1）尺寸大小：斧斤同类物，斤小于斧。（2）开刃方向：斤之刃横，斧之刃纵。

由上述原因，我们建议对于考古出土的“石锛”应该恢复它的古名、本名，就是“斤”。

出土文物与民族学调查对于“斤、父、斧”的确证

斤和斧是由木－石器时代的长身圆头砍砸器（chopping tool）、刮削器（scrapers）演变而来，是在远古各文化遗址发现最多、最普遍的工具。考古发掘出的原始遗址里，几乎没有不出土石斤与石斧的，特别在早、中期的遗址。早期的石斤、石斧和砍砸器一样，都是直接手握使用，因而又称为“手斧”，以后才演化为装木柄使用。

20 世纪 70 年代初，江苏溧阳县沙河乡遗址发现的三件带木柄石斧和石斤（锛），吴县澄湖发现的一件带木柄石斧①和浙江湖州良渚（距今约 5000—4000 年）文化遗址发现的带木柄石斤（锛）②验证了上述说法。流传至近代的木工具里，斤（锛子、锛头）的操作形式，就像使用锄头那样。

1974 年 2 月在广东五桂山镇鲤鱼山遗址出土一件石斧，石质部分长约 12 厘米，中宽 7 厘米，顶部宽 3 厘米，斜长 7.5 厘米，厚 2 厘米，重 325 克。

---

① 肖梦龙:《试论石斧石锛（斤）的安柄与使用——从溧阳沙河出土的带木柄石斧和石锛（斤）谈起》，载《农业考古》1982 年第 2 期。南京博物院、吴县文管会:《江苏吴县澄湖古井群的发掘》，载《文物资料丛刊》第 9 辑，文物出版社 1985 年。贺存定:《石斧溯源探析》，载《农业考古》2014 年第 6 期。

② 赵晔:《良渚文化石器装柄技术的重要物证》，载《东方博物》2008 年第 3 期。

石质刃部磨制，斜面打制，是一件手握式打磨石斧、砂石制砍砸器。另一件木-石器时代的磨光石斧，1987年于广西城北镇新头源村村民挖屋基时出土，石质部分长12.6厘米，上宽4厘米，下宽6厘米，厚3厘米，重376克。刃口磨制，是青石质斧头状砍砸器，石质部分保存完整。理应还装有木柄，但历经千万年早已腐朽不存。

斤（今作锛子、锛头）更重要的作用，还在于房梁屋檩榫卯的开坯加工里，在独木舟的开坯加工里，施力者站在木料上，横刃的砍削工具更能充分发力工作。

发展到战国秦汉以后的斤（锛子、锛头）是木柄套嵌金属铁刃口，否则整体的铁身锛子是很沉重的。从操作姿势来看，伐倒树木，无论是砍伐直立态树干还是躺态树干上的枝丫，用斧（左右挥动）更顺手些；而剔除树干上的枝丫，用“斤”上下挥动更顺手些。

千百年来我国木匠使用的“锛子、锛头”在《现代汉语词典》里的解释是：“削平木料的工具。柄与刃具相垂直呈丁字形，刃具扁而宽，使用时向下向里用力。”而这个解释，正跟《庄子·徐无鬼》所说的“使匠石斫之。匠石运斤成风，听而斫之”相符合。千百年以来“运斤成风”早已成为一个广为人知的成语、熟语。但“斤”字在日常生活里却演变为一个重量的单位，反而失去了它的本意。

斤和斧的作用，在近代民族学调查中也得到旁证。独龙族的主要工具就是斤和斧，运用斤、斧砍伐树木，是其刀耕火种过程里最重要的环节。①洛巴族的火耕作业亦以斧和斤为主，主要功用是砍伐树木。②

民族学调查中，也发现了石斧和石斤的木柄形式有交叉，装柄方式多样，意味着木石复合工具的功能多样。

（二）甲骨文反映的斤斧手柄

甲骨文中的“丙”字，原为天干十日中的第三位，本意为石洞穴，反映了远

---

①《独龙族的刀耕火种农业》，载《农业考古》1981年第2期。

②《珞巴族农业生产概况》，载《农业考古》1982年第2期。

古先民“穴居”的生活。因此，甲骨文“丙”字常与“穴”字相互混淆。

A.“丙”的字源解读

甲骨文（丙），形象类似“穴”，表示用来安装木柄的石器孔洞，本义为石器孔里的木柄。有的甲骨文在“穴”（孔洞）上方加一横，表示穿在石器孔洞里的木棍。金文在甲骨文字形基础上有所变形。篆文承续金文字形。当“丙”的“石器手柄”本义消失后，篆文再加“木”另造“柄”代替。

由此可见，《说文解字》中:“丙，位南方，万物成，炳然。阴气初起，阳气将亏。从一入冂。一者，阳也。丙承乙，像人肩”的说法，不符合客观事实，是牵强附会的误解。东汉《说文解字》距离殷商 1500 年，发生这样的错误是可以理解的，但是今人万不可再以讹传讹了。

B.“穴”的字源解读

甲骨文（穴）=（石）+（石），本义为岩石中的洞窟。篆文写成屋形，表示远古先民以穴为屋。在殷商象形文字，“石穴”和“装木柄的石器洞”有相通之处。

C.“柄”的字源解读

为区分“丙”字所指的不同意义，后期甲骨文出现了（柄）=（木质）+（穴，石质穿孔），表示木石复合工具的“把柄”。篆文调整成左右结构。《说文解字》曰:“柄，柯也。从木，丙声。”《广雅》曰:“柯，柄也。”《仪礼·大射礼》曰:“有柄。”后来青铜器铭文又出现一个“柯”字。

金文（柯）=（于）+（木），《说文解字》曰:“柯，斧柄也。从木，可声。”

（三）安装木柄的石斧、石斤出土情况

石斧（也有人称之为石铲，不确）基本形制是扁平长方形，双面刃呈直、弧线形，通体磨光。斧体有从厚向薄变化的趋势，出土时在石斧顶部常见到凹槽、横脊、圆孔、段、肩等，这些特征都是为装柄而设置的。石器装柄是一项重要的技术创造，但人类取得这项创造并不容易。普列汉诺夫指出:“石斧最初是没有

斧柄的。史前考古学很确凿地证明。斧柄对原始人类来说是一个相当复杂而又困难的发明。”

早期考古学对斧柄、斤柄的考察非常欠缺，更多的是关注石斧、石斤（锛）本身。在有些墓的随葬品出土时，位于石斧、石斤附近同一平面往往发现“柄饰”“雕筒”“骨套”“玉格饰”等，这是我国现代考古学家们根据出土器物本身形状、质料而命名的。其实它们本为斤、斧的一个有机组成部分，因为远古石斤、石斧的木质把柄经过漫长岁月而腐烂，有机质遗物不容易保存下来，所以缺乏实物资料，连接木－石两者的木柄部分极其难以发现，但并不能因此否认其曾经的普遍存在。

长期以来，学界对于石斧和石斤（锛）的安柄方式，存有不同的看法。一般来说，带柄的木－石器在遗迹单位和地层内非常稀有；但在特殊的埋藏环境中，还是可能遗存带木柄的木－石器实物。20 世纪 70 年代开始有考古出土，上文有所介绍。这些遗物均出自水深处淤泥中，千百年固定的特殊缺氧、恒湿环境，使它们得以幸存。澄湖古井带柄石斧、青墩带柄陶斧的出土，首先为初步解决石斧的结构和装柄问题提供了根据。

20 世纪 90 年代之后，考古人员在浙江余杭南湖、北湖、东苕溪等地，良渚文化和崧泽文化地区，以及河姆渡遗址（根据碳 14 测定，第四文化层距今约 7000—6500 年，第三文化层距今约 6500—6000 年，第二文化层距今约 6000—5500 年，第一文化层距今约 5500—5000 年），又陆续出土了带木柄的石斤和石斧。特别是在 2006 至 2008 年间，随着余杭南湖整治工程的推进，工地上集中出土了几批保存状态很好的带柄木－石器。

这些带木柄的石斤和石斧，都出自古河道或冲积扇面的沙土淤泥中，同样是缺氧恒湿的埋藏环境，保存的许多木柄，至今质地硬实，表面的斧凿或修磨痕迹清晰。根据这些木－石器个体的形制特征，可对大部分石斤和石斧作出鉴定。

早期石斧多采用绳索捆绑法。仰韶文化河南汝州阎村遗址出土的一件陶缸上的“鹳鱼石斧图”，描画了捆绑式石斧的形象，图中石质斧头与木质斧柄垂直相交，交接处还可看出几根代表绳迹的交叉线条。[①] 参见 41 页图 2-10。

---

① 郑杰祥《鹳鱼石斧图新论》，载《中原文物》1982 年第 2 期。

青海柳湾原始墓地，曾出土一件装有木柄的石斧，是捆绑式石斧装柄的实物例证。[①] 从大汶口文化山东莒县陵河遗址出土的灰陶缸上，也可见一个带柄石斧的图像。

一些石器“有肩”或“有段”，都是为了可以用绳索捆绑固定，“肩”就是在石器的一头窄面上打制成的“台阶”，如同双肩；如果台阶打制在宽面，就叫作“段”。[②]

目前，浙江余杭地区出土并见于收藏机构的带柄石器总计已近 30 件，且大部分出自南湖。主要收存于浙江古陶瓷博物馆（10 余件）、浙江省博物馆（11 件）、良渚文化博物馆（3 件）和中国江南水乡文化博物馆（2 件）。此外，散落在民间的带柄石器数量更多，有的品质更好。[③]

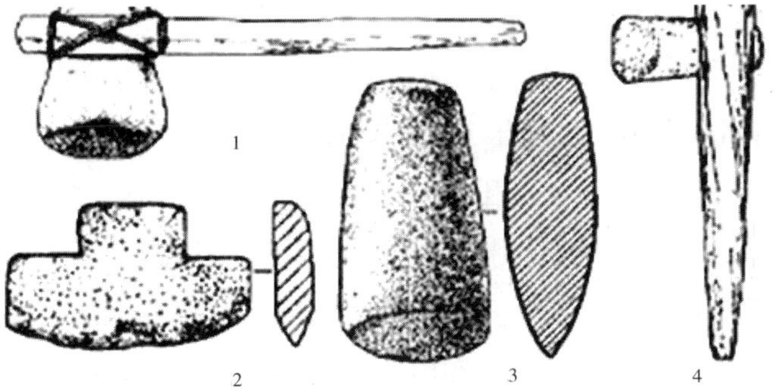

图 3-3　有肩、有段石斤嵌装在木柄前端

良渚文化（距今约 5000—4000 年）遗址中，1975 年至 1978 年间发现有安装木柄的石斧、石斤（斫、析）实物标本，石斧纵向套装在木柄前端凿出的

---

① 尚民杰《青海原始农业考古概述》，载《农业考古》1987 年第 1 期。

② 有段石器和有肩石器是木 – 石器时代具有地方特征的考古遗物。有段石斤，单面刃，呈扁平长方形或梯形，横向嵌装，其背部偏上有横脊、凹槽或台阶，将石斤分成上下两部分，上部为装柄部分。有肩石器，或称双肩石器，器形宽扁，上部有双肩，以肩为界分为上下两部分，上部为装柄和绳索的部分，其中也以有肩石斤为大宗，并有少量的石斧、石铲。有段石斤、有肩石器分布范围很广，有两个明显的分布圈：有段石斤普遍发现在太平洋西部沿海地区，有肩石器主要分布在华南与东南亚地区。

③ 赵晔《良渚文化石器装柄技术研究》，《南方文物》2008 年第 3 期。

透孔内，“有段石斤（斫、析）”横向嵌装在木柄前端的未透孔中，并多以绳索捆绑，使今人终于看到了远古木石复合工具的原貌。

（1）带木柄的有段石斤一件，于1975年7月出土。石斤部分呈长条形，断面为方形，背面上有“段”，通体磨光，四棱整齐，刃很锋利，刃口有使用的崩裂痕迹。出土时石斤安装在木柄上，“段”正好卡住木柄的一端，十分牢固。斤长15厘米、宽4.5厘米、厚3厘米；柄长32厘米、粗径6厘米。出土时安装完好，木柄除有干裂外没有腐蚀。

（2）带木柄石斧于1977年8月出土，石斧部分成方柱形，顶面比器身略小，除刃部外斧体未经磨光；两面刃至今还很锋利，有使用遗下的缺口；石质部分长11厘米、宽2.8厘米、厚3厘米。出土时石斧即安装在圆形木柄上，木柄比较直，头部粗大，握手处较细；木柄部分长29厘米，头部最粗处直径5.5厘米。

（3）1978年6月再出土一件带柄的有段石斤，木柄一头粗大，石斤段面以上的背部没入卯孔，柄长32厘米，头部直径6厘米。①

还有一件珍贵的实物，就是江苏海安青墩遗址发现的一件带柄穿孔陶斧，斧头由泥质红陶制作，柄为椭圆形棒状，前粗后细，粗端有浅槽，陶斧嵌入槽内，斧上有一孔，柄上粗端有三孔。孔当是穿绳之用。这种捆绑法与榫卯法相结合的例证不多见。此物较小，可能并非实用之物，但作为借鉴亦可贵。由此可知原始时代石斧装柄并非只用捆绑法，也用榫卯法，而且还会用捆绑与榫卯结合法，后者的结合坚固度更好些。无论采用何种方法装柄，石斧的刃口一定是与斧柄平行的。②

此外，在河姆渡遗址也发现类似的木柄实物。

下面介绍红山文化遗址出土的几件实物：

（1）石斧（距今约6000年），尺寸：长11厘米、宽5厘米、厚2.8厘米，为祭祀用品。

（2）石斧（距今约5000年），尺寸：长13.35厘米、宽5.45厘米、厚

---

① 肖梦龙：《试论石斧石锛的安装与使用》，载《农业考古》1982年第2期。

② 殷志强：《中国古代石斧初论》，载《农业考古》1986年第1期。

1.5厘米，为红山文化晚期水坑鸡骨白水石斧。

（3）石刀，尺寸：长12厘米、宽4.85厘米、厚0.2厘米，为红山文化晚期青色石刀。

装有木质把柄的石刀、石斤（石锛、石斫）、石凿等，也都是木石复合工具。人类史前时代已有石刀。在周口店旧石器时期遗址中发现了许多长方形、椭圆形、菱形、三角形的石刀。所用的石料以石英石和砂岩为主，也有少量的燧石和水晶，还有用动物腿骨打制成的骨刀，锋刃都很锐利。这些早期的石刀既是劳动工具，也是随身携带的武器。

薛家岗文化（公元前3500年至前2800年左右）的典型器物之一“有孔石刀”（又称为“九孔石刀”），背部较厚，有穿孔3—13个不等（单数），这些孔是用来穿系绳索捆绑木柄的。有的穿孔周围还绘有规整的图案，刃部比较平直，有的刃部可见磨损的痕迹。这类有孔石刀的用途，专家们解释不一，然而肯定都是木石复合工具。[1] 参见49页图2-19。

（四）甲骨文中从“斤”的衍生字

《说文解字》云：“凡斤之属皆从斤。”这些字有斧、析、斫、兵、折、新（薪）、所、斯、断等。甲骨文字源，大多来自“木石复合工具”。但是经过几千年的变迁，甲骨文的原始形音义都发生了很大变化，以至于如今“仿宋体”的很多方块汉字早已变形，甚至面目全非。几千年来汉字形音义的衍生，从系统论的观点看来，就是若干基本元素的拼接、组合的结果。对以下字试作解析如下：

析、斫、兵、折、新（薪）、所、斯

A.“析”的字源解读

甲骨文（析）＝（木）＋（斤），本义为用斤把木材劈开。金文将甲骨文的“斤”写成。劈竹为“剖”，劈木为“析”。《说文解字》云：“析，破木也。一曰折也。从木从斤。”《声类》云：“析，劈也。”《诗经·齐风·南山》云：“析薪如之何？”《书·尧典》云：“厥民析。”

① 黄建秋：《国外磨制石斧石锛研究述评》，载《东南文化》2010年第2期。

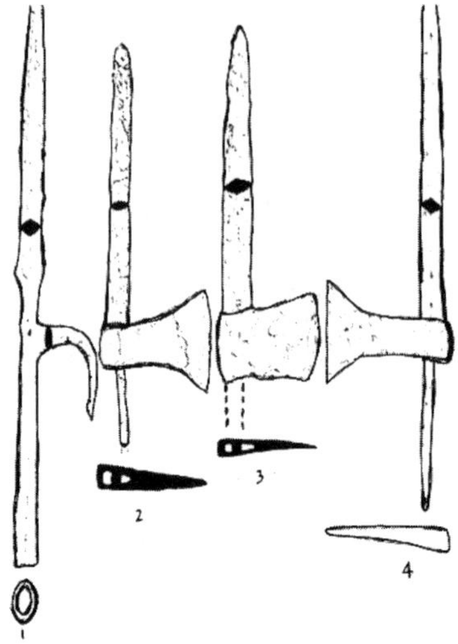

图 3-4 原始兵器装柄、杆的方式

B.“斫”的字源解读

甲骨文“斫” = (石) + (斤) + (又，手)，本义为用斤砍击，挥斤凿石。有的甲骨文 省去“又” 。《说文解字》曰：“斫，击也。从斤石声。”《墨子》曰：“斧以金为斫。”

C.“兵”的字源解读

甲骨文 （兵） = (左手) + (右手) + (斤)，字形像双手 持握 斤斧参战。《说文解字》曰：“兵，械也。从廾持斤，并力之貌。”金文 将甲骨文的 (斤) 写成 ，将双手 写成 。《墨子 · 鲁问 · 第四》曰：“斧戊（钺）钩要（腰），直兵当心”，说明兵器（斧戊）的功能与使用方法。

D.“折”的字源解读

甲骨文 （折） = (断成两截的树) + (斤)，表示用斤将树木砍成两段。金文 将甲骨文的 (斤) 写成 ，并误将甲骨文字形里断开的“木”写成两截草 。《说文解字》云：“折，断也。从斤断草。”

E.“新”的字源解读

甲骨文 (新) = (辛，▼形的劈柴工具) + (木，树桩) + (斤)，“新”是“薪”的本字。本义为将树桩劈成柴片。金文 承续甲骨文字形。当“新”的柴片本义消失后，再加“艹”(草木) 另造“薪”字代替。《说文解字》

云:“新，取木也。从斤，亲声。”《书·胤征》云:“旧染污俗，咸与唯新。”

F.“所”的字源解读

“所”字无甲骨文，金文（所）=（户，门窗）+（斤，“斫”的省略，砍、削），本义为木匠挥斤，造门窗。篆文承续金文字形。《说文解字》云:“所，伐木声也。从斤，户声。”《诗》曰:“伐木所所。”汉代“所”音同“户”，可见千百年间语音的变化之大。

G.“斯”的字源解读

金文（斯）=（其，箕）+（斤，砍伐），本义为伐竹，将竹片撕成细篾。《说文解字》曰:“斯，析也。从斤，其声。”《诗》曰:“斧以斯之。”“撕”字来自“斯”，同义不同音。

（五）甲骨文“王、士、戉”也来源于复合武器

远古时期进入阶级社会以后的“王”，是指一族或一国之主。《诗经·小雅》云:“溥（普）天之下，莫非王土。”可见“王”的概念来源之久、影响之广。

A.“王”的字源解读

甲骨文“王”字的原型，是“大战斧（戉）”——王权的象征。

甲骨文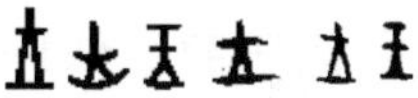（王）代表的是厉害的砍伐器——大战斧。

从周代到汉代的文人，对“王”字都曾做出过一些解释。《说文解字》云:“王，天下所归往也。董仲舒曰‘古之造文者，三画而连其中谓之王。三者，天地人也。而参通之者，王也’。孔子曰:‘一贯三为王’。”孔子、董仲舒和许慎等人都没有将“王”这个字的由来解释清楚，都是用臆想代替了历史真相。直到20世纪初甲骨文的发现，为解开“王”字的原始谜底提供了实证。

甲骨文的“王”字，与“士”同源而后来分化。[①]

早期甲骨文在表达“王”的概念时，采用了合体指事的结构方式，就是以巨型圆刃武器“戉”指代领军人物“王”，表明了木-石器时代“戉”早就作为

① 林沄:《王、士同源及相关问题》，《林沄学术文集》，中国大百科全书出版社第22页。

“王”即王权的定义。甲骨文“王”字，本像无柄且刃缘向下的戉（钺）之形，表示军事统率权，后来这个象形演变为王的权杖。

（初始图像）

“王”字原型

各期甲骨文的“王”字

图 3-5 甲骨文“王”字及其原型

甲骨文“王”的字形 像带有木柄的宽刃巨型武器（巨大刃器即“戉”），是木－石复合的产物。有的甲骨文 在执木柄刃器的 （武士）上加一横（指事符号），表示“王”乃众多“武士”的统领，是顶级的“士”。

董作宾、陈梦家、胡厚宣等学者，对于甲骨文断代研究，依据甲骨文的字形、贞人名等特征，将盘庚迁殷至纣王灭亡这 273 年间的殷墟甲骨文，划分为 4 或 5 期。①

这不同时期内，“王”的字形有所变化。例如，武丁（公元前 1339—前 1281 年，在位 59 年）及其前盘庚等王的时期， （据董作宾 5 分期及年代）；祖庚祖甲时期， ；武乙文丁时期， ；帝乙帝辛时期， （帝乙公元前 1209—前 1175 年，在位 35 年；帝辛公元前 1174—前 1112 年，在位 64 年）。

金文 承续甲骨文 字形。有的金文 将字形 中的 简化成 ，淡去斧形。篆文 承续金文字形 。所以《说文解字》云：“王，天下所归

① 陈梦家：《殷墟卜辞综述》，科学出版社 1956 年版，第 136 页—203 页。

往也。”《诗·大雅》云:“王此大邦，克顺克比。”《孟子·梁惠王上》云:“王好战，请以战喻。”《荀子·王霸》云:“故百王之法不同。”《商君书》云:“周不法商，夏不法虞，三代异势，而皆可以王。”《六书故》云:“王，有天下曰王。帝与王一也。周衰，列国皆僭号自王。……汉有天下，因秦制称帝，封同姓为王，名始乱矣。”

由此看来，远古的“王者”是以强大的武力起家的，并不完全像《孟子·公孙丑上》所说的那样“行仁政而王，莫之能御也”，而是武力（巨大刃器）里面出王权。

B.“士”的字源解读

甲骨文的“王”字，与“士”同源而后来分化。“士”的字形 与“王”的字形 相似。甲骨文“王”，字形 像带有木柄的宽刃巨型武器（巨大刃器 即“戊”），是木石复合工具。有的甲骨文 在执木柄刃器的 （武士）上加一横（指事符号），表示“王”乃为众多“武士”的统领，是超级的“士”。

图 3-6　金文中有手执干戈的武士象形图

至于表示“武士、战士、士族”的甲骨文 （士）= （手柄 即 ，是“又” 的变形）+ （宽刃战斧 ），是手持有宽刃武器的随从，“王”的下属。金文 承续甲骨文字形。相比之下，甲骨文“父”（斧） 像手持劳动工具（伐木刃器）的男子。无论“王”“士”，还是“父”，他们都以木石复合工具为装备。《说文解字》曰:“士，事也。数始于一，终于十。从一从十。孔子曰：推十合一为士。凡士之属皆从士。”

C.“戉”演化为王权的象征

“王”手执巨型木柄刃器“戉（音 yuè）”，甲骨文戉 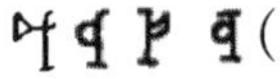（后来青铜器时代才造出金字旁的“钺”），就是“巨型刃器”的初文。戉（钺）的象形，是“王”字定形的基础，如今已成为古文字学家的共识。罗振玉曾误认为“戉”“戌”为同一字，商承祚也曾误认为“戉、戊、戌，古为一字”，郭沫若认为“戉”“戌”皆出自古文“歳”字，这些看法都有局部的道理，但不全面。徐中舒指出：戉的写法“象刃部下向之斧形，以主刑杀之戉（钺）象征王者之权威”。① 甲骨文“戉”，不同于“戌”。

甲骨文中有“戉方”和“西戉”的记载，董作宾据卜辞中数见商王“贞令戉来”及“戉来归”，戉常与羌方作战，断定戉为殷西方国。《逸周书·世俘解》：“吕他命伐戉、戏方。”戏方为商、西周方国，在今河南巩县东南，戉当近此，这是西戉。但另一方面，越人，古写作“戉人”，方位居东。迄今存疑。《史记·越王勾践世家》载：“越王勾践，其先禹之苗裔，而夏后帝少康之庶子也，封于会稽，以奉禹祀。”少康封其庶子无馀的“戉（越）”，就在河南、山东一带，千年以后才南迁到浙江，这是一个合理的解释。近年湖北江陵出土的越王剑，即“戉王剑”，剑体后部有错金鸟篆铭文“戉王州句自作用剑”。考古出土有春秋时的“戉王钟”“戉王矛”“戉王戈”。《尚书·顾命》：“一人冕执戉。”《说文解字》曰：“戉，大斧。”

图 3-7 山东陵阳河遗址出土陶器缸绘有装柄的石戉图形

① 徐中舒主编：《汉语古文字字形表》，东方出版中心 2010 年，第 482 页。

江苏金坛三星村遗址（约公元前 4500—前 3500 年）出土了两套石戉。其中，M38 墓主是一中年男性，随葬品石戉一套 3 件，石戉位于墓主左下腹，留有残缺的木质柄。

山东莒县陵阳河遗址（约公元前 2800 年左右）出土一件陶器缸，上绘有装柄的石戉图形。

山西襄汾陶寺龙山文化（公元前 2200 年左右）墓地随葬的一件石戉，横置于墓主的头部右侧，出土时穿孔的一头尚留有涂饰红彩的木柄痕迹。

从良渚文化遗址出土遗物来看，“戉”很早就演变为一种礼器，是统帅武力、握有生杀予夺大权的象征。邢公畹认为：“甲骨文有‘戉’字，《说文解字》：‘戉，斧也。’（即‘钺’字）引《司马法》云‘夏执玄戉’，可知夏代已用戉作表示权力的威仪之具。卜辞‘戉’用作方国名，金文吴越只写作‘吴戉’，可知越人称‘越’，就因为他们创造了‘钺’。”① 戉方国是以兵器“戉”为氏族徽号之称的方国，实为夏部落中擅长制造“戉”这种兵器的一支。

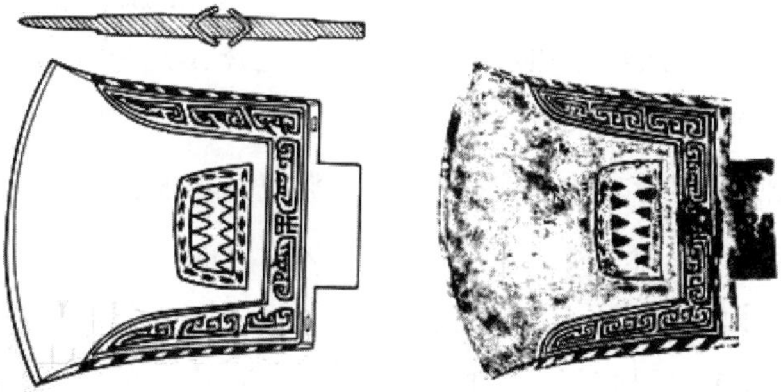

图 3-8　青铜钺

但甲骨文的“戉”字，还写为“”，其头（巨斧）为圆形，与“戌”不同，非一物。故叶玉森就不同意罗振玉提出的“戉、戌为一字”的观点，他认为：“卜辞‘戉’作 、、、，上系 、 形，‘戌’字则系 、、 形，与‘戉’形迥别，形殊器异，文自不同，罗氏谓‘戉’‘戌’一字，尚待商榷。”

① 邢公畹：《汉藏语系研究和中国考古学》，载《民族语文》1996 年第 4 期。

总之，甲骨文“戉”多指圆刃，“戌”为方刃。姚孝遂则认为：“戌”字在甲骨文中“变异多端，要皆象斧钺类兵器”。①

从字形上看，远古“戉”这种兵器的头为圆形，无内（“内”读 nà，是长条形锋刃部分，呈榫状）。

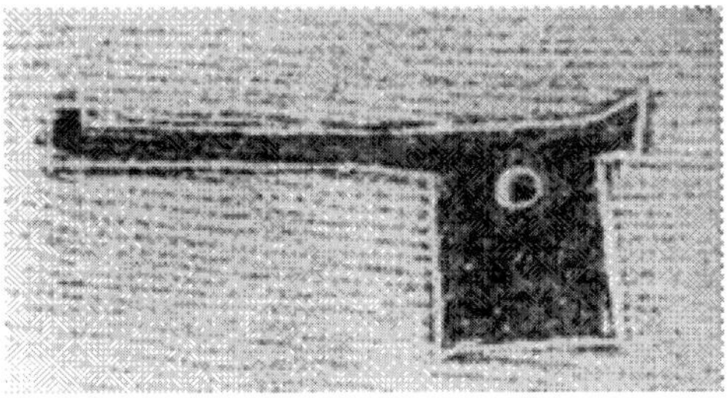

图 3-9 左：崧泽文化期石戉，苏州草鞋山出土 图 3-10 有柄、冒、敦的石戉陶缸图

“戌”的头则为梯形、方形或三角形，有内；其三角形当是梯形，为了刻写方便而简化；两者判然有别，在殷商时期区分明确。根据甲骨文的字形可知，后来所言的那些接近三角形、梯形或方形有棱角之斧戉乃是“戌”，并非后人所言的“戉”，今人将此类出土器物一概名之为“戉（钺）”恐不够正确。

长时期大量使用甲骨文的商代，“钺”多数已是青铜铸造（但石戉也还在某些情况下使用），而“戉”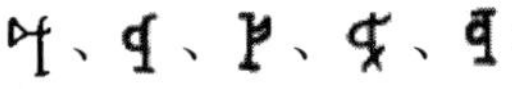字的出现，却是更早时代的事，良渚文化陶器上的刻画就是证据。甲骨文里面虽不见“钺”字，而仍然普遍沿用“戉”字；良渚文化的玉戉，已有了“王权”的含义。关于“王”的甲骨文释读，学者曾有诸多不同见解。吴大澂、王国维持“火说”，叶玉森持“冠冕说”，吴其昌、林沄持“斧钺兵权说”，然而，目前学术界倾向认为“戉”是王权治军的仪仗。②

D.“戉”的四部件结构

远古的石戉，具有典型的木石复合结构，后来逐步由兵器发展为“礼器”。戉（钺）可分为三大类：石戉、玉戉和铜钺，经历了三个历史阶段。从木－石器时代到青铜器时代，“戉文化”在我国持续存在，并造成广泛深远的影响。

① 参看朱祖延著：《尔雅诂林》第 2410–2411 页，湖北教育出版社 1998 年。

② 林沄：《说王》，载《考古》1965 年第 6 期。

石戉的特征之一是配套安装了穿孔、系结、开槽、有榫卯及纹饰的直长木柄。江苏金坛三星村遗址（距今约6500—5500年）出土的石戉，结构由刃具（弧形刃穿孔石斧）、柄（雕木杆或竹竿）、冒（帽饰，又称为冠饰，骨或象牙质）和敦（镦、柄，又称为端饰，骨或象牙质）四部分组成：

（1）甲骨文刃 = （刀）+（指事符号，尖端）；

（2）甲骨文柄 = （木）+（穴，石质穿孔）；

（3）甲骨文冒（帽）= （冠）+ ；

（4）甲骨文敦（高）= （套子）+（骨）。

此外，太湖流域考古发掘出的最早的礼器玉戉，出现于距今6000年左右的崧泽文化早期、良渚文化初期。良渚文化反山十四号墓，出土了条带状分布的96颗镶嵌玉粒，由柄具将玉戉与上下两件玉器（带卯眼结构）连为一体。1986年，根据这件文物复原了“完备戉”，系连接的戉、柄、冠饰（冒）、端饰（敦）四部件组成，通长约70厘米。

E. 同“戉”有关的“對敭（对扬）王休”

还有一个“昜（敭、揚）”字，是“戉（钺）”的同义字。

甲骨文昜（敭、揚）= （日）+（下），应是手持象征“王权”的权杖。金文“敭”的字形多样化，基本部件有（手持）、（丮，即“执”）、（日）、（王）（昜）等。

“對敭（对扬）王休”，金文写为“ ”，是古代朝廷常用语，屡见于周朝的青铜器铭文，凡臣受君王赐时多用之。

甲骨文“揚（扬）”，用“昜”（日＋下）表示在日光下炫耀。

篆文（扬）= （手执，举）+（昜，日照），表示“得意扬扬”“喜气扬扬”。《说文解字》曰：“揚，飞举也。从手，昜声。，古文扬。”《尚书·说命下》曰：“敢对敭（揚）天子之休命。”孔传：“对，答也。答受美命而称扬之。”《诗·大雅·江汉》曰：“虎拜稽首，对敭（扬）王休，作召公考，天子万寿。”朱熹《集传》解释道：“言穆公既受赐，遂答称天子之美命，作康公之庙器，而勒策王命之辞以考其成，且祝天子以万寿也。”

戉通常又用作远古华夏的礼仪兵器。宽刃圆形，可砍劈，其形制似“板斧”而较大。在古文献中，斧钺常写为“斧戉”，亦即“戉”，本无金旁，因后世多为青铜制品而加为“钺”。从古文字发展的角度可以看出，“斧戉”与史前石质刃器的社会功能（权力、地位）密不可分。[①]

《说文解字》引《司马法》曰：“夏执玄戉，殷执白戚，周左杖黄戉。”《尚书·牧誓》载：“（周武）王左杖黄戉，右秉白髦以麾。”孔安国注曰：“左手杖戉，示无事于诛。”

《诗·商颂·长发》曰商王“载旆”“秉戉”。河南安阳殷墟出土的殷王武丁妻妇好墓中，有两件大型青铜钺。其刃部宽约375—385毫米，重8.5—9公斤，上铸铭文“妇好”。

自西周以来，黄戉则为历代“天子”所专用，明显有别于各级贵族的用戉（钺）。

《说文解字》又云：“大者称钺（戉），小者称斧。”两者区别在于斧的刃较戉（钺）为窄；戉的刃较宽大，圆刃，用于砍劈，呈弧形，似新月。早在木－石器时代良渚文化遗址中，已发现玉石制的石戉，当时具有神圣的象征，供礼仪、墓葬用。

石斧与石戉的装柄捆绑方式也有所区别。从出土器具（如青海乐都柳湾、河南临汝阎村和江苏海安青墩等遗址文物）得知[②]，远古石斧是在木柄一端凿一长方形透銎（读 qióng，装柄的孔），把石斧头套接在銎内，然后用绳索交叉捆绑；而石戉因穿有圆形孔洞，所以仅在木柄一端凿一凹槽，嵌石入銎，然后用绳索通过圆形孔洞捆绑加固。

（六）甲骨文合体字“戊、戌、戍、戚、成、咸、我、岁”，皆来自“戉”

由于“戉”在木－石器时代具有重要地位，在甲骨文中由“戉”衍生出一系列复合文字，如常用的天干地支中的“戊”和“戌”等。

关于“戉、戊、戌、戍、戚、成、咸、我、岁”等字，前人解释颇多：郭

① 张明华：《良渚玉戚研究》，载《考古》1989年7期。

② 纪仲庆：《江苏海安青墩遗址》，载《考古学报》1983年第2期。

沫若《甲骨文字研究·释干支》（1931 年）认为“戊象斧戉之形，盖即戚之古文”；吴其昌《金文名象疏证》（1936 年）认为“皆象斧形”。甲骨文、金文的“戉、戊、戍、戌、戚”等兵器的字形当与“戉”之属一类大同小异，皆像各式各样的木柄大斧之形。这些字，甲骨文形义相近，字源相似，都来自“戉”或“戊”（木柄大石斧），但字形略有不同，意义和用法更不相同。

几千年来汉字形音义的变化，从系统论的观点看来，都有相对稳定的规律在起作用。“万变不离其宗”，甲骨文的每一个字，都有它的原型，或者说字根。分析这些原型字根，能够给予我们许多启发。

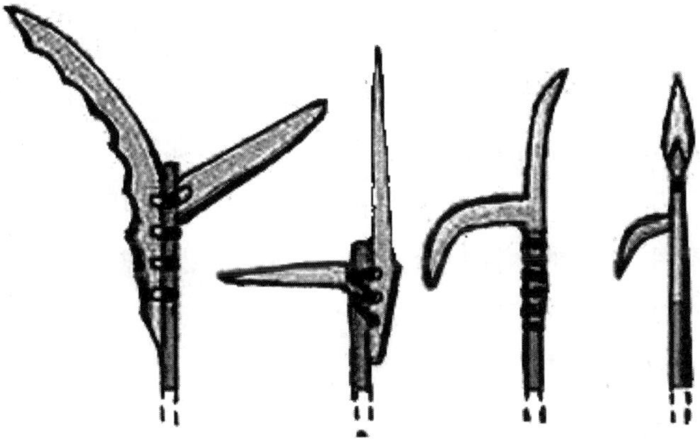

图 3-11　装柄的戈矛——木石复合武器

A. 天干之第五位“戊”

“天干地支”中，“戊”是“干”之第五位，甲骨文作 等形，是长柄大戉和戈组合的威猛武器。字形都是在柄上附一横杆，杆端着一半月形的弧刃状物，其正反方向不定，有弧口向内（ ）者如 ，有弧口向外（ ）者如 ，或作直笔 ，将木柄战斧 简化成 ，乃为书写方便；金文有作巨斧形者如 （荣子盉）、 （父戊尊），又作 （司母戊鼎）、 （伯矩鬲）、 （吴方彝）、 （且戊鼎）。

戊，有的甲骨文作 ，金文 承续甲骨文字形 。有的金文承续甲骨文字形 。篆文 将战斧 变形成 。

B.“戉”与“戊”的区别，不可混淆

东汉许慎《说文解字》曰：“戊，中宫也。象六甲五龙相拘绞也。戊象人胁。”这个解释是牵强附会，不符合事实的。又曰“戉，大斧也”，段注“俗多金旁作钺”。《尚书·顾命》云“一人冕，执钺”，郑玄注“钺，大斧”，皆以斧为钺（戉）作注，却都将“戉”与“戊”相混淆了。

甲骨文“戉”与“戊”两者之间，有原则性的区别。

远古的石戉，可能是从石斧（父）演变而来的。但从目前材料来看，其分野却很早，不仅商周的青铜钺与青铜斧的形制不同，就是木–石器时代的石戉与石斧的形制也不同。从古文字学角度来讲，甲骨文中“父（斧）”写为 ，“戉”写为 ，“戊”写为 等。（戊）= （父）+ （戈），“戊”字是“父（大斧）”和“戈”两字的组合（象形为父字加戈字），其形状分别与考古出土的实物相同。所以，郑玄注是错误的：青铜礼器“钺（戉）”是王权的象征，并不是一般的“父（斧）”。“戉”是远古的木石复合武器，青铜“钺”是商周的木铜复合武器（礼器），然而形制相似，“钺”由原始的“戉”发展而来。

C. 地支第十一位“戌”

十二地支中，居第十一位的“戌”，甲骨文中常见字形作 ，异构亦不少，主要有 等，均斧戉之象形。

戌、戊形义相近，戌 = + + ，“戌”的形象比“戊”更大。本义为超大型的戉戈组合的木柄战斧。有的甲骨文 将战斧 变形写成 。金文 承续甲骨文字形 。《说文解字》云：“戌，滅（灭）也。”但是甲骨文和金文都只有“威（灭）”，无“滅（灭）”字，这个“滅”为后起字。

D.“戍”的字源解读

甲骨文戍 = （人）+ （戈，器），本义为边境卫卒。金文 和篆文 承续甲骨文字形。《说文解字》云：“戍，守边也。从人，持戈”。《诗·王风·扬之水》云：“彼其之子，不与我戍申。”《史记·陈涉世家》云：“发闾左适戍渔阳。”

E.“戚”的字源解读

出土文物中还有木柄石质武器“戚”，甲骨文写作 ，也有写为“ ”

或“”等形的。金文（戚）=（武器）+（八、兮的省略）+（戈），也是戉戈组合的木柄战斧。有的金文=（虍，虎头猛兽）+（犬，狩猎），表示对猛兽的恐惧。本义为因巨大灾难而叹息。《说文解字》云:“戚，戉也。从戉，尗声。”戉（钺）是大斧。《尚书·顾命》:“一人冕执刘，立于东堂；一人冕执钺，立于西堂。”郑玄注:“钺，大斧也。”大小是相对而言，大斧是钺，小斧是戚（鏚）。戚（鏚）除作兵器外，还作舞蹈的道具。《礼记·文王世子》:“大乐正舞干戚。”《左传·昭公十五年》:“戚（鏚）钺秬鬯。”鬯（音 chàng)，古代祭祀用的酒，用郁金草酿黑黍而成。孔颖达疏:“俱是斧也，盖钺大而戚（鏚）小。”《太公·六韬》:“大柯斧重八斤，一名天钺，是钺大于斧也。”《说文解字》引《司马法》曰:“夏执玄戉，殷执白戚，周左杖黄戉。”

关于《山海经》所载“刑天舞干戚”之说，迄今学术界尚存争议，未有公认的定解。有人认为“干戚舞是古代著名的军舞，……干象征神权，戚象征王权、军权、父权。干戚舞与戚的结合，象征神权与王权的结合”。又主张“干戚之舞滥觞于黄帝红山文化时代的黄河中下游河东（今运城）一带”，这是缺乏确切根据的臆想之词。①

也有人认为：此句乃“形夭无千岁”之误。如郭沫若认为:“宋人曾纮却于节外生枝，谓‘形夭无千岁，猛志固常在’疑其上下文不相贯，遂把‘形夭无千岁（形夭無千歲）’校改为‘刑天舞干戚’。后人视为定论，刻本径改原书，这是一件很奇怪的公案。”② 又一说为“形夭无千藏”之误。③

但有一点是可以明确的，就是“干”并非象征神权，而“戉（钺）”象征王者之权威。

F.“成”的字源解读

甲骨文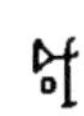（成）=（戌）+（口，邑），戌在城邑上，表示武力占领。有的甲骨文将城邑“口”写成一点（丁）。金文承续甲骨文字形。《说文解字》曰:“成，就也。从戊，丁声。”字形采用“戊”作偏旁，后误

---

① 段丽梅、解会娟:《干戚舞渊源考》，载《山西师大体育学院学报》2009 年第 3 期。又见段丽梅、雷聪亮:《干戚考证》，载《河北体育学院学报》2009 年第 5 期。

② 郭沫若:《读诗札记四则》，载《文艺报》1982 年第 11 期。

③ 王振泰:《驳“刑天舞干戚”之讹说》，《阴山学刊》1997 年第 2 期。

为“丁”作声旁。，是篆文写法的“成”，又误为“午”作声旁，千年来一误再误。甲骨文“成”后来繁化为“城”字。

G.“咸”的字源解读

甲骨文（咸）=（戊）+（口，邑），本义为武装保卫。金文承续甲骨文字形。

H.“我”的字源解读

甲骨文（我）像一种有许多利齿的武器，是（戌）的变形，即超大的戌——威猛武器。《说文解字》云：“我，施身自谓也。或说我，顷顿也。从戈从。或说古垂字。”本义为手持大戉喊“哦”。有的甲骨文简化了利齿形。金文承续甲骨文字形。[1]

当“我”演变成代词后，后人再加“口”另造“哦”，表示喊声。

“我”作为第一人称代词，相较“余（予）”“吾”等出现为早，在甲骨文里使用频繁。“我”有两源：一从手从戈，一从禾从戈，皆以“戈”为声；可作主语、宾语和定语，用法齐备。

I.“灭”的字源解读

金文威滅（灭）=（戌，战乱）+（火灾），本义为战乱或洪灾、火灾摧毁。《说文解字》云：“滅（灭），尽也。从水，威声。”

J.“岁”的字源解读

甲骨文中的“岁”，有的借用“戊”，像一把宽刃刑具；有的甲骨文作=（刑具）+（步），本义为每到年终祭祀，斫去奴隶双足，以求年关安定。有的金文承续甲骨文字形“戊”，其中的两点表示用刑后的血滴。有的金文承续甲骨文字形。《说文解字》云：“岁，木星也。”把武器跟天文的星体相附会，是汉代迷信的印迹。

以上诸字，皆由“戌”的字形衍生而来。

① 雷春辉：《说文 ·“我”字训释考辨》，载《陕西师范大学学报（社科版）》2012 年第 3 期。

（七）甲骨文中与武器有关的一些字

远古时代，先民狩猎或格斗的武器是长柄树杈、削尖的竹竿或木棍，后来发展成为戈矛。原始人将尖石刀、矢或兽角捆绑在木杆或竹竿上，用来猎捕陆上野兽或水中鱼鳖，这就是戈矛的雏形。甲骨文字源，大多来自木石复合武器。几千年来汉字形音义的不断整合，从系统论的观点看来，就是在华夏历史的持续发展过程中，各个阶段出现了新的不同情况、不同的社会需求，文字结构和功能必须根据不同的具体情况和社会需求，做出相应的调整。试作解析如下：

A.“干”的字源解读

甲骨文 （干） = （长柄树杈）+ （又  的变形，表示抓住）。“干”原本是分叉的木干，本义为远古先民用木叉制作的狩猎、格斗武器。金文  将  写成  。篆文  承续甲骨文字形  。[①] 干戈，原本都是木质树杈的象形。无锋刃的木叉为“干”，棍棒加锋刃为“戈”。“干戈”是远古华夏对武器的总称，古籍中的“干戈”已成为战争的代名词，如“大动干戈”和“化干戈为玉帛”等。[②]

干，原指大树之主干；主干上有旁枝，“干支”从干枝来。十干配十二支，殷代用以纪日，东汉以后用以纪年月。

B.“弋”的字源解读

甲骨文 （弋），象形字，是直木、树干的形象，表示原始人最早使用的简单工具，是原生态的字根。“戈”字从“弋”字而来。司马迁《史记·秦始皇本纪》载：“斩木为兵，揭竿（干、杆）为旗。”说明原始的长兵器以木质树干或竹竿为主。《说文解字》曰：“弋，橜（橛）也。象折木衺（邪）锐着形。从厂，象物挂之也。”《尔雅》曰：“橜谓之杙。按俗用杙为弋。用弋为惟（yì）射字。弋象形。”

---

① 旧说“干字原象盾牌之形”，似不妥。甲骨文“干”字本为长柄木叉的象形，是用长条的树杈进行狩猎或格斗的状态。古人作战，执长柄木叉前进，遂有干冒、干犯、干扰、干预、干涉以及不相干之说。“干”原本是正体字，古已有之。现今却被指定兼任干（gan 去声）、乾（gan 平声）二字的简化字。

② 张兴亚：《“说文解字”讲授原始社会》，载《江西教育》1989 年第 4 期。

C.“戟”的字源解读

商周时期，常以“弓矢、戈、矛、殳（音 shū）、戟（音 jǐ）”五种兵器配合为一组使用，称为“五戎”或“五兵”。《周礼・月令篇》载：“季秋之月……天子乃教于田猎，以习五戎。”一说：五兵又分为“步兵”和“车兵”。东周《考工纪》载：“车兵五兵为夷矛（长二丈四尺）、酋矛（长二丈）、戟（长一丈六尺）、殳（长一丈二尺）、戈（长六尺六寸）。”以上尺寸按周制，周尺每尺合 199 毫米（参看《中国度量衡史》）。“车兵”分别插在战车上舆侧的固定位置，供甲士临战使用；酋矛和夷矛为更加增长的两种矛，当为后起的兵器。[①]

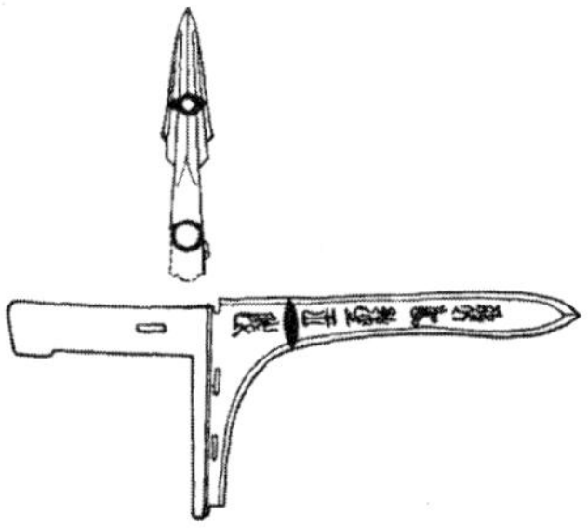

图 3-12 戈戟刃部复原图

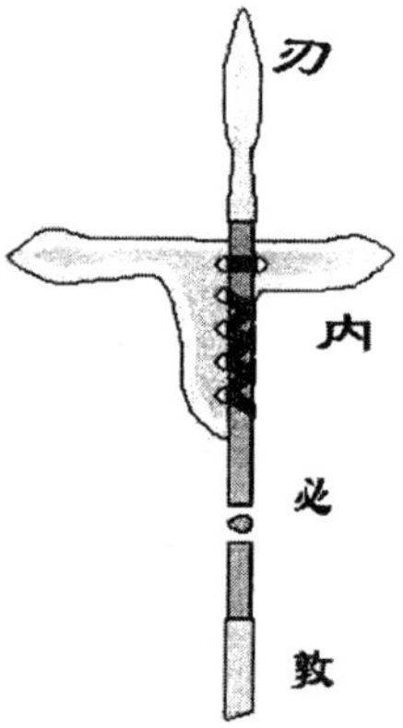

图 3-13 装柄戈矛合一的复合武器“戟”

“戟”是戈与矛的复合体，具有更大的杀伤力，可直刺又可横击。

甲骨文不见“戟”字，实际上兵器“戟”来自甲骨文（朿）=（木）+（尖），像树干上的尖刺，就是“棘”。同音字“戟”是后起的青铜器铭文（金文）。

金文（戟）=（戈）+（夕，身）。《说文解字》曰：“戟，有枝兵也。”《周礼》云“戟长丈六尺”，约合今 3.2 米。[②] 戟又写为“朿、刺”。

---

① 芦金峰：《殷商五兵略考》，载《军事历史研究》2012 年第 3 期。

② 王卓：《略论古代兵器 – 戟的发展演变》，载《中国科技博览》2012 年第 13 期。

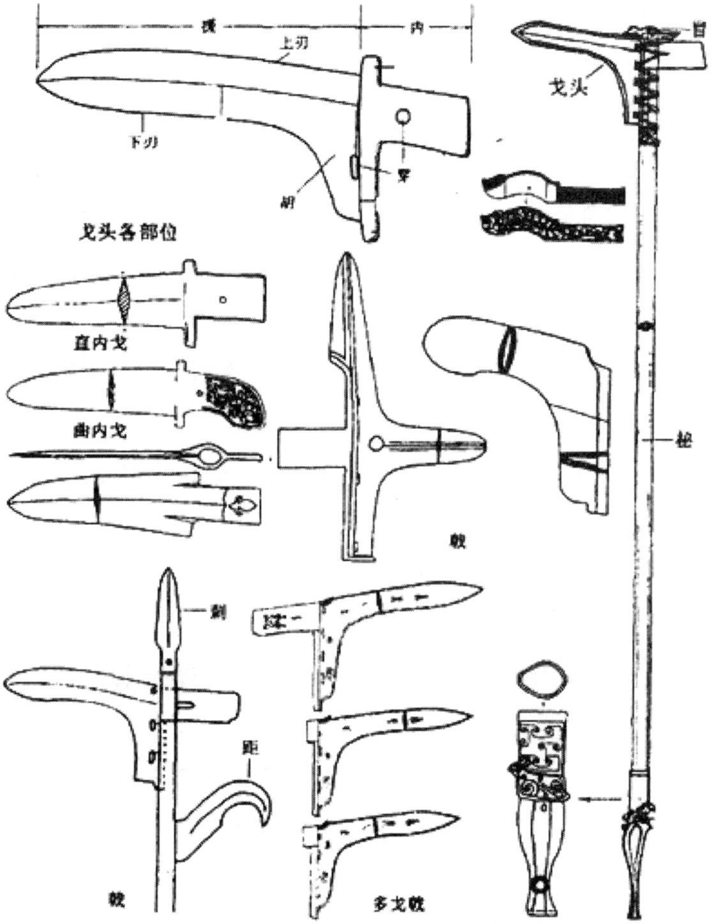

图 3-14 复合武器戈、戟各部位结构图

后来西周的青铜戟，将戈体与戟刺合铸在一起，呈十字形，但因铸造困难，且易于残损，一度使用不够普遍。春秋以后，改将刺（矛刃）和戟体（戈）分别铸制，然后用直木柄或直竹竿即“必（柲）”连装而成“戟”，解决了铸造的难度，又具有戈、矛两种兵器的优点，因此春秋战国时期“戟”大量用于战争，成为主要的战斗兵器。

D.“戈”的字源解读

甲骨文（戈）=（弋）+（手），表示手握直木干。本来是长柄带“勾（钩、石刃）”的木叉的象形。有的甲骨文 将（手）写成 ，或表示增加了石刃。金文  和篆文  都承续甲骨文字形；金文  又强调突出石质刀刃。

戈，最初是木杆绑上石刀刃的木石复合猎具。木叉无锋刃为“干”，木杆加锋刃为“戈”。到殷商时代以后，石刀刃被铜戈尖取代，成为首要的兵器。

《说文解字》曰：“戈，平头戟也。从弋、一，横之象形。”东汉许慎的解释并不符合甲骨文“戈”的本义。“戟”是周代金文后起字，甲骨文里面没有“戟”字，怎么可以用“平头戟”字来解释“戈”的本义呢？甲骨文的斜撇和长勾是柄端的小钩子；金文  上端有刀刃，下端有小圆礅。许慎的意思，无非取周秦汉的“戟”之形，戈字象平头戟之形，可以砍钩两用。这还勉强可以说得过去。（参看“戟”字的解释）

《礼记·檀弓下》曰：“能执干戈以卫社稷。”《楚辞·屈原·国殇》曰：“操吴戈兮被犀甲，车错毂兮短兵接。”《考工记·冶氏》曰：“戈广二寸（约合今0.04米），长六尺六寸（约合今1.32米）。”

戈是远古至殷商时期最基本的武器样式，是一种长木柄带刃的杀伤性武器。在对夏代的考古中没有发现铜刃，说明夏的主要兵器还是木柄的石戈、石刀、石斧之类。石戈就是木－石器时代的石矛（或投枪）。后来殷商时期由于青铜刃的日渐盛行，已被大规模运用于暴力统治与交战。殷商考古中已出土的“戈”有青铜的刃（就是青铜矛）可以为证。如果从武器装备的角度看，商汤伐夏可说是青铜兵器战胜木石兵器的表现。[①]

实物兵器戈，最初仅由柲（柄）和戈头两部分组成，柲（柄）多为竹、木制作，长度通常合今1.3—1.4米，最长可超过3米。戈头的攻击方式为“勾”“啄”两种。后来，戈矛之类的长兵器由三个主要部分组成：

（1）戈头，即横装的刃，包括“爰（援）”“内（纳）”“胡”。援是横出的刃部，由上下两刃向前形成弧形，就是尖锋，用以勾啄敌人；“内”在援的后尾，其上有系绳、捆柄用的方孔或圆孔，名为“穿”；为了防止勾和柄脱落，又常在援和内之间设有“阑”，并在援下近阑处延长为“胡”；胡上有穿，胡越长，穿就越多，戈头和柄之间捆绑得也越加牢固。

（2）必（柲，就是柄），戈头的“内（纳）”有方孔或圆孔的“穿”，用来系

① 石晓霆：《商周戈之使用略谈》，载《中原文物》2013年第1期。

绳、捆绑在柲柄上面。

（3）敦或尊（镈），安装在木柄（杆）或竹柄（竿）的尾端，使戈可以牢固地插在地面。

戈的尺寸各有差异，现以《考工记·冶氏》中规定戈头的各部构造尺寸作为参考："戈广二寸，内倍之，胡三之，援四之"，即戈的宽度为2寸，则内为4寸，胡为6寸，援为8寸。通常的戈，柄长6尺8寸，约合今1.4米，重不到1公斤。长戈用于车战，短戈装备步兵。戈在秦以后开始逐渐淘汰，西汉以后便在兵器行列中绝迹了。

甲骨文中，"戈"作为一个部首，衍生出很多的甲骨文字，例如伐、必、武、戎、或、戟、戕等。这些甲骨文字都和武力、武装有密切关系。但奇怪的是，在殷商卜辞中几乎未见"戈"用作武器的词条。"戈"在卜辞中多用为地名、国名，或祭祀。

E."伐"的字源解读

甲骨文 （伐）象形，以戈  打击人  的头部。本义为武力杀人。金文  承续甲骨文字形。有的金文  将"人" 、"戈"  分离。篆文  承续金文字形。

《说文解字》曰："伐，击也。从人持戈。一曰败也。"《广雅》曰："伐，杀也。"伐字从人从戈，士兵肩扛平头戟去征伐，是会意字。征伐属于事，而不属于物，无形可象，只能会意。《左传·庄公十年》云："齐师伐我。"《左传·庄公廿九年》云："凡师有钟鼓曰伐，无曰侵。"《论语·季氏》云："季氏将伐颛臾。"

F."必"的字源解读

金文 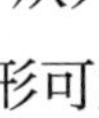（必）在戈  的手柄两侧各加一短竖（指事符号），本义为缠绕包扎在戈、矛的手柄上，用以增强柔韧性的布条或竹片。篆文  承续金文字形。后为"柲"字。《说文解字》曰："必，分极也。从八弋，弋亦声。"

G."武"的字源解读

甲骨文 （武）= （戈）+ （止，足趾），本义为挥戈前进。金文 、篆文  承续甲骨文字形。《诗经·周南·兔罝（音 jū）》曰："赳赳武夫，公侯干城。"《穀梁传·定公十年》曰："虽有文事，必有武备。"《左传·僖公卅三年》曰："武夫力而拘诸原。"《诗经·郑风·羔裘》曰："孔武有力。"《易·履》曰：

“武大为于大君。”《楚辞·九歌·国殇》曰：“诚既勇兮又以武。”《韩非子·五蠹》曰：“德不厚而行武。”《礼记》曰：“始奏以文，复乱以武。”

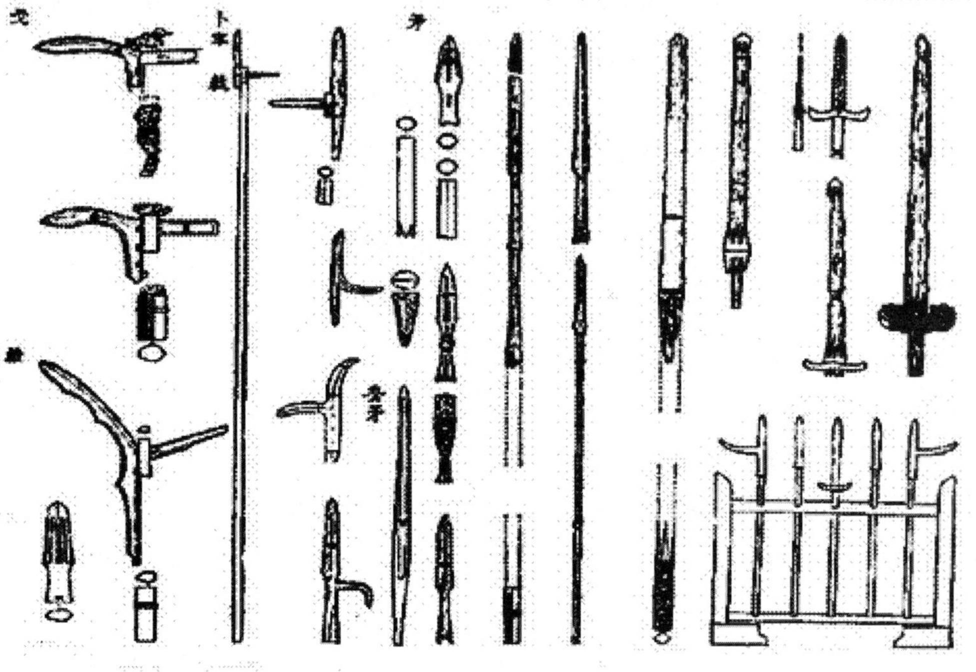

图 3-15　形形色色的木杆复合武器

《左传·宣公十二年》载：“楚庄王曰，夫文止戈为武。又曰，夫武禁暴戢兵保大定功安民和财者也。”《说文解字》据此云：“夫武，定功戢兵。故止戈为武。”但这个解释不合史实，甚至与实际相反。“武”字从止从戈，东汉许慎说“止戈为武”，误解为止息战争为“武”，出于臆会。段注：“武，迹也。此武之别一义也。”甲骨文的“武”字，象形为一足奔向戈（武器）。“止”是足趾并非止步，“武”并非止息干戈，而是挥戈前行。据《竹书纪年》载，商王武丁先后伐鬼方并攻克鬼方，灭大彭、征豕韦。死后谥号是武和丁。这就说明在甲骨文时期“武”的本义并非以戈止武，而是武力征伐。古代执兵器而舞蹈，也称为“武”。从止（趾）表示舞蹈用足；从戈是执兵器做道具。周武王伐纣，前歌后舞。歌是战歌，舞是武（舞）。

H.“戎”的字源解读

甲骨文（戎）=（戈）=（十，盾牌的握柄，代盾牌），本义为戈与盾，是古代武士的基本装备。金文 基本承续甲骨文字形。篆文 将金文的“盾” 写成 。《说文解字》曰:“戎，兵也。从戈，从甲。”《诗经·大雅·抑》云:“弓矢戎兵。”《诗经·大雅·常武》云:“以修我戎。”《左传·桓公七年》云:“戎右少师。”《礼记·月令》云:“以习五戎。”《礼记·王制》云:“戎器不粥于市。”《易·同人》云:“伏戎于莽。”

I.“戒”的字源解读

甲骨文（戒）=（戈）+（双手）。本义为双手持戈，意为警惕。金文 调整结构，将甲骨文的双手 并列成 。《说文解字》云:“戒，警也。从廾持戈，以戒不虞。”“戒”字在古籍里常用，如《诗经·小雅·采薇》云:“岂不日戒。”《诗经·小雅·大田》云:“既种既戒。”《礼记·曾子问》云:“以三年之戒。”《左传·哀公元年》云:“基浇能戒之。”《国语·吴语》云:“息民不戒。”《庄子·养生主》云:“怵然为戒。”《周礼·太史》云:“戒及宿之日。”《礼记·礼器》云:“七日戒。”《易·系辞》云:“圣人以此斋戒。”《论语》云:“君子有三戒。”陈梦家曾释为:“戒之本意有两说，一为持戈警戒，一为持戈而舞。”（原载《清华学报·卅周年纪念刊》）此说恐不合甲骨文原意。

J.“或”的字源解读

甲骨文（或）=（戈）+（口，邑），本义为驻兵疆域。金文 将甲骨文 的（口，城邑）写成 ，表示四周有护墙 的城邑 。“或”的“疆域”本义消失后，再加“土”另造“域”代替；当“域”的本义消失后，又加“口”另造“國”代替。所以远古“或 、域 、國（国 ）”三字读音相同。《说文解字》曰:“或，邦也。从口从戈，以守一。一，地也。域，或从土。”

附：甲骨文（彊）=（弓）+（田）+（田）=（弓）+（畺），畺、壃、疆三字为同一字源。金文 承续甲骨文字形 。有的篆文 加（土）。《说文解字》曰:“疆，畺，界也。从田，三其界画也。指事。或从土，彊声。”《礼记·月令》曰:“固封疆。”

K.“戕”的字源解读

甲骨文（戕）=（爿，床，借代睡卧者）+（戈，击杀），表示杀戮于床。本义为屠杀躺在摇篮里的幼婴。篆文承续甲骨文字形。古人称杀幼为“戕”，称杀长为“戮”。

《说文解字》:“戕，抢也。他国臣来弑君曰戕。从戈，爿声。”今音 qiāng。

L.“矛”的字源解读

古文（矛）=（戈）+（绳索）+（弋，长木杆），是绳索捆住的长枪形象。这里相传的“古文”可能类同甲骨文，未有定论。

金文（矛）=（尖木）+（扣环）。本义为尖锋长柄带扣的刺杀武器，利于手握。篆文。“矛”实际上是最古老的兵器之一，石矛（或投枪）使用的历史，可能比戈还要早。考古发掘有木-石器时代的石矛，是以石质为刃、木杆为长柄的木石复合兵器。1974 年 2 月在广东鲤鱼山遗址考古试掘时采集到木-石器时代石矛尖，石质部分长 12 厘米，中宽 4 厘米，厚 1 厘米，重 100 克，青石打制而成。1974 年 3 月又发掘出一枚石矛，石质部分长 14.6 厘米，宽 5.6 厘米，重 295 克，青石打制。石质部分从中部开始逐步往头部缩小成尖状，木柄未存。据扬雄《方言》记载，东汉以前，“矛”在各地方言里称呼不同，又作“鏦”（后俗写为“枪”）、“鍦”或“鋋”等；长木柄称为“矜”。骑兵用矛又称为“矟”或“槊”。这些都是后起的名称。

中国古代的典型进攻性兵器是曲头的“戈”，西方古代的典型进攻性兵器是直头的“矛”。

M.“殳”的字源解读

甲骨文（殳，音 shū）=（手）+（长柄圆锤），像手持长柄大锤。金文将甲骨文的长柄锤简写成。篆文承续金文字形。《说文解字》云:“殳，以杸殊人也。”《周礼》载:“殳以积竹，八觚，长丈二尺，建于兵车，车旅贲以先驱。”殳（杸）柄为竹木混合制成，有八棱，长一丈二尺（约合今 3 米），立兵车上，乘车的兵士以它为先锋。《释名》曰:“殳，殊也，长丈二尺而无刃，有所撞挃于车上使殊离也。”就是说，殳主要用于车战，在两军车马交错冲撞时，撑开使两车分离，故有棱而无刃。《毛诗》注“殳长丈二而无刃”。

商代西周以“弓矢、戈、矛、殳、戟”五种兵器称为“五兵”。（后来论及周代车兵五种，是戈、殳、戟、酋矛、夷矛）东周撰《考工记》附入《周礼·冬官》，东汉末郑玄又据此注释《周礼·夏官》中“司兵掌五兵”之“五兵”。①

“殳”由原始人狩猎的竹木混合长棒发展而来，3米长柄为竹木质，呈八棱形；柄端安有刃具的殳头（初为石刃，演变为铜刃），称为“首”。所以“殳”是早期的木石复合武器，为我古代“五兵”之一。据考证，长柄“殳”分为两种：无锋刃的“殳”和有锋刃的“殳”。②

战国时期，从竹木混合制成的“有棱而无刃之殳”发展出“有刃之殳”，与长矛类似，即文献所载“锐殳”。

“殳”在秦汉以后的战争中很少使用，因而原貌湮灭，以至现在武术界和军事界将“殳”混同于长木棍，如《中国武术大辞典》（人民体育出版社1990年版）、《世界兵器博览词典》（学苑出版社1990年版）。我们从考古的实物和甲骨文资料，可以复原“殳”的真相。③

秦始皇兵马俑坑中出土的“殳”，全都是青铜圆筒套头、无锋刃的仪仗性礼兵器。汉承秦制，汉代的礼仪用殳被称作“金吾”，金吾也为铜制套头，两头镀金，御史大夫、司隶校尉等常常“执金吾”夹侍、拱卫皇帝。

从甲骨文记录验证古代竹木加工制造的手柄重要性

根据殷商甲骨文记录，我国古人使用劳动工具和戈矛之类武器时，必须安装“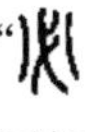（必）（柲）”等手柄（甲骨文 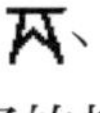、金文 ）。考古发掘表明：远古的先民通常采用多层柔韧的材料，具有良好的韧性，作为棍棒、锤子、工尺、戈矛、剑戟等器械的手柄，以防止用力时将手柄折断。无论中外，古战场各种武器、工具的手柄质量，性命攸关，其重要价值不下于金属刃具本身。手柄的韧性是必备的保障物，但器材各有特色。古中国的特色为加工多层柔韧竹片缠在一起，构成

① 程欣人:《古殳浅说》，载《江汉考古》1980年第2期。

② 闫艳:《释“殳”》，载《内蒙古师范大学学报（哲学社会科学版）》2011年第6期。

③ 刘洁:《殳考》，载《语文学刊》2011年第2期。

"必"包扎戈、矛等手柄；后来，到春秋战国时期又出现了多层柔韧木片制成的手柄"柲"。上述，在周代《考工记》和东汉许慎《说文解字》中皆有记载。古音"必  柲  "近似 bit，或 pit（入声字）。资料参考于清段玉裁《说文解字注》："柲，欑（音 cuán）也。此即下文积竹杖也。考工记：庐人为庐器。戈柲六尺有六寸。殳长寻有四尺。车戟常。酋矛常有四尺。夷矛三寻。注云：柲犹柄也。按戈戟矛柄皆用积竹杖，不比他柄用木而已。殳则用积竹杖而无刃。柲之引申为凡柄之称。《左传》：剥圭以为戚柲。戚柄不用积竹。从木，必声。古音在十二部。"

结束语

本章首次从"原初史（Proto-history）"的角度，对于甲骨文原生态资料作开拓性的探讨，仅为引玉之砖，就教于大方之家。

几千年来汉字形音义的衍生、变化，不断整合，从系统论的观点看来，就是若干基本元素的拼接、组合的结果，随时随地都有相对稳定的规律在起作用，"万变不离其宗"。甲骨文的每一个字，都有它的原型，或者说"字根"，分析这些原型字根，能够给予我们许多启发，深化我们的感性和理性思维。在华夏历史的持续发展过程中，各个阶段出现了新的不同情况、不同的社会需求，文字结构和功能必须根据不同的具体情况和社会需求，作出相应的调整。

依据甲骨文的第一手原生态资料，本章分析了史前木石复合工具（Composite tool）斤、父、斧，以及甲骨文中从"斤"衍生出的字"斧、析、斫、兵、折、新（薪）、所、斯、断"等（《说文解字》从斤之属者），以及斤斧的手柄"丙、柄、柯"，指出它们的甲骨文字源大多来自木石复合工具，或与工具有关。

本章又分析了史前木石复合武器"戉、戈"，以及甲骨文中从"戈"衍生出的字"伐、必、戎、戒、武、我、或、戍、戕"等（《说文解字》从戈之属者），指出它们的甲骨文字源大多来自"木石复合武器"，或与武力有关。一些历史悠久的石刃兵器，演变为权位的象征，获得仪仗性的社会功能。

本章还讨论了“王”和礼器“石戉、玉戉”的关系，以及石斤、石斧、石戉、玉戉的装柄方式的发展状况。有肩、有段的装柄方式，具有华夏文化的地方特征。

本章郑重提出“石锛”应正名为“石斤”，“石钺”应正名为“石戉”。这是文字寻根的结果。

四

古代弓和矢的发展历程

【提要】 我国历史考古学界对于古代弓矢的专门研究（特别是从“复合工具及武器”角度的探讨）非常不够。学者们的着眼点片面集中在“石”上面，仅关注考古出土的石质器“石矢、石镞、石箭”而忽视了非石质器的“木矢、竹矢、木弓、竹弓”和木石复合工具的“矢杆、箭弦”的关键意义。本章着重讨论木石复合工具的第二、第三时期，即从装柄的石斧投枪阶段、转到以弓矢为主的阶段。按照木石复合工具的观点指出：最早的矢为木制或竹制且无镞。本章考证：殷墟甲骨文已有“弓”（包括无弦之弓：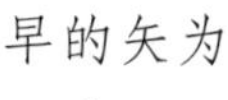，有弦之弓：）和“矢”等字。本章进一步诠释《周礼·考工记》中的古代制造弓矢的技术，并通过民族学及岩画的调查，探讨弓矢对于游牧民族的重大意义。还将探讨先秦时期竹制的兵器竹弓、竹箭杆、竹矢箙、积竹柄、古代的“弋射”和“弩”，以及史前遍布世界各地的“箭杆矫正器”，从而进一步论证“木石复合工具”在人类发展史中的重要作用。

（一）弓箭——人类用火之后最伟大的创造

到了木－石器时代晚期，距今5万多年前出现了石矛头，或称矛尖，形状大小并不一律。有的不过如大箭镞，有的却很长；有的很粗劣，有的甚精致。

通常认为投矛器的发明在弓箭之前。投矛器的用途，是投掷标枪，在它的一端刻出一个钩嘴的突出物，把要抛掷出去的标枪的后端顶在钩嘴上，用拇指、食指和中指捏着标枪杆和投矛器，夹在无名指和小指之间，用力把标枪投出去，而投矛器仍留在手中。这些复合工具和武器（石矛＋木棒）的出现，是一个很大的进步。事实很明显，刀斧、长矛、投枪等简单的武器，在形式和结构上跟复合的弓矢相去甚远。

直到距今3万或2万年前，晚期智人才实现了人类工具史上的一次飞跃，从简单的木石结合阶段，演化到复杂的复合工具——弓矢。这个进化过程，在各地分别历时几十万甚至百万年。弓矢（bow and arrow）的发明，是破天荒的历史事件。在蒙昧和野蛮时代，没有任何一种兵器（包括金属刀、矛、剑），能与弓箭的作用相比。恩格斯指出："弓、弦、箭已经是很复杂的工具，发明这些工具需要有长期积累的经验和较发达的智力。"木－石器时代最伟大的发明创造——弓箭，正如"枪炮对于文明时代一样，乃是决定性的武器"。①

细石器时期，以细小的打制石器为主要特征，使用石髓、燧石、玛瑙等细小石器原料，有多角锥状石核、细长石片（或称石叶）、小石片等，器形有刮削器、圆状刮削器、短削器、尖状器及石钻石镞等。先民生活以狩猎、畜牧、捕鱼等生产方式为主。

华夏细石器文化分布于东北、华北、内蒙古、宁夏、新疆、西藏等广大地区。最早的细石器文化发现于河南灵井、陕西大荔沙苑。世界各地区的弓箭，一般都出于细石器时期。

20世纪考古成果表明：距今约3万或2万年前人类发明了弓矢（弓和箭），

---

① 恩格斯：《家庭、私有制和国家的起源》，《马克思恩格斯选集·第4卷》第19—20页，人民出版社1995年。

是人类进入晚期智人（Homo sapiens，又称新人）阶段的一大标志。弓矢巧妙地利用了木质或竹制的弹性张力射出矢（细石器镞头），比旧式的投掷武器射程远、命中率高，而且携带方便。它大为提高了狩猎生产的效率，也成了重要的战斗武器。这种高效率狩猎工具的出现，使先民猎获了大量兽类，增加了肉食，极大地改善了晚期智人的体质；在食物充分的情况下将捕获物的一部分加以驯化饲养，把幼小的动物（如鸡、狗、猪、羊、牛等）养大后再捕食，这样便开始了最初的畜养生产，为后世游牧民族的发展奠定了基础。

摩尔根在《古代社会》一书中认为，史前时期的中级蒙昧社会“始于鱼类食物和用火知识的获得，终于弓箭的发明”，高级蒙昧社会“始于弓箭的发明，终于制陶术的发明”。摩尔根进一步指出，“以制陶术的发明或制陶业的流行作为划分蒙昧社会同野蛮社会的界线”。[①] 摩尔根以弓箭作为划分史前时期的标志物这种观点，得到了马克思和恩格斯的赞同。[②] 几千上万年来，直到 13 世纪火器（热兵器，即利用火药的枪炮）诞生前，弓矢在世界各地不断改进和推广，一直是狩猎和战争中非常重要的武器。

但是，我国历史考古学界对于古代弓矢的专门探讨研究（特别是从“复合工具及武器”角度的探讨）非常不够，直到 1984 年才有贾兰坡先生发表一篇短文《什么时候开始有了弓箭》[③]。

从 1921 年以来，至今已发现的木－石器时代遗址有 7000 多处，其中经过正规发掘的 500 多处，考古报告和相关论文十几万篇；但是由于学者们的着眼点片面地集中在“石”上面，仅关注考古出土的石质器“石矢、石镞、石箭”而忽视了非石质器的“木矢、竹矢、木弓、竹弓”和木－石复合工具的“矢杆、箭弦”的关键意义，所以迄今所能检索查询的有关“古代弓矢”的学术论文寥寥无几。在 21 世纪初 12 年间，标题带有“弓箭”的学术论文仅有

---

① [美] 亨利·摩尔根（Henry Morgan）:《古代社会·上册》，杨东莼、马雍等译，第 9—10 页，商务印书馆 1977 年新译本。

② 马克思:《摩尔根〈古代社会〉一书摘要》，载《马恩全集》中译本第 45 卷第 21、22 页，中央编译出版社 1995 年。

③ 贾兰坡:《什么时候开始有了弓箭》，载《郑州大学学报（哲学社会科学版）》1984 年第 4 期。

十来篇[①]，且其中3篇是专为讨论“弓箭体育文化”的。有关弓与矢的许多专题尚有待开拓。

本书两作者2012年在《社会科学论坛》发表系列论文“全盘修正史前史三分期学说”，提出“人类的第一个时代是木－石器时代”。[②]

以后，受到海内外学术界关注，引起讨论。为专门深入探讨作为木－石器复合工具的古代弓矢问题，特别是木矢、竹矢（箭）、弋射及弩的问题，再撰写本章内容，求教于方家。

弓矢（箭、镞）乃为人类史前几万年开创的木石复合工具、狩猎用具，弓矢（箭、镞）复合体系，各部件（弓身、弓弦、箭头、箭杆等元素）相结合的构造方式，各有其特殊的功能与效用。万年以来，弓矢（箭、镞）从木－石体系、木－铜体系、木－铁体系到木－钢体系，表现出极古远又极强韧的生命力，而木质元素（弓身、弓弦、箭杆等部件），是这种复合体系的主要构架与不可缺少的动力要素。

（二）迄今考古发现的弓矢遗迹

史载“剡木为矢”，最早的矢为木制或竹制且无镞（箭头），在远古历史中早已腐朽殆尽，因此迄今考古还没有出土最早的弓矢实物——木矢、竹矢等，但并不能否认远古人类使用最早的弓矢——木矢、竹矢（箭）的长时期广泛存在。例如，外兴安岭的鄂伦春人用榆木制造弓体，箭杆和矢皆以桦木制成；古时的云梦泽和东北地区聚居的肃慎族所产“制矢之楛（hù）”起初也是木质矢，后来才发展出燧石打制的石矢（石镞）。

---

① 彭金城：《新疆弓箭岩画研究》，载《体育文化导刊》2009年第11期。崔风祥：《贺兰山岩画与古代狩猎文化》，载《武汉体育学院学报》，第39卷第4期，2005年4月。刘训凯、刘艳凌、刘艳莉：《试析弓箭体育文化的特征》，载《搏击·体育论坛》2011年第8期。桂海荣：《关于先秦弓箭体育文化内涵的思考》，载《兰台世界》2012年12月上旬。刘英林、武文：《对中国弓箭体育文化的研究》，载《西安工程大学学报》2010年第3期。黎明：《古代兵器弓箭与粘接》，载《粘接杂志》2002年2月。黑生林：《春秋战国弓箭制造与射艺技能管窥》，载《文博考古》2012年11月。王珊，宋兆峰：《弓箭的结构原理及其发展历程》，载《理论研究苑》2011年第22期。

② 陈明远、金岷彬：《人类的第一个时代是木－石器时代——全盘修正“史前史三分期学说”之一》，载《社会科学论坛》2012年第8期。

考古出土的石矢

1963 年，在山西朔县峙峪村遗址中发现了一枚用燧石打制的矢（石镞）。该遗址的年代约为距今 2.8 万年。[①]

这个发现证明了华夏北方先民在公元前 26000 年已经使用弓矢。所发现的是一件用薄而长的燧石片打制成的箭头（矢），原来的石片台面很小，作了矢的尖端，为了使尖头锐利，进行了仔细加工，一个边缘保持原来锋利的刃口，另一边缘作了精细修理，把器身修理得很周正；跟矢相对的一端，左右两侧都敲去一块，使之变窄，形似短短的矢。这件器物无论是锋利程度和尺寸大小，以及器型的轮廓，都合乎矢（箭头）的要求。由于原始社会的弓和矢杆是用易于腐烂的植物性材料木、竹制作的，难以保存下来，所以这些小石镞（矢）便是华夏已知的最早的弓矢遗物。峙峪遗址的时代，据碳 14 测定距今为 28,130±1330 年，和欧洲的奥瑞纳文化期（Aurignacian 据碳 14 测定距今为 32,300±675 年—28,850±250 年）的晚期相当。

现已发现的最早用于弓矢的箭头，可追溯到约公元前 4 万年的南非。2008 年在非洲的考古发现，可能把人类使用弓箭的历史再往前推大约 2 万多年。在南非德班北部约 40 公里的（思布度洞穴 Sibudu Cave）木－石器时代遗址中，出土了几支疑似骨质箭头的样本，箭头长度为 1 厘米，可看出它镶嵌在直径不到 1 厘米的"箭杆"中，但在同一遗址并未发现弓的存在。不过目前生活在非洲的科伊桑人（Khoi-San，此处主要指布须曼人 Bushmen）仍在使用类似的材料和工艺制作他们的弓箭。生活于纳米比亚的布须曼猎人，即使经受了现代文化的冲击，这一传统仍然没有失去。

在山西沁水县下川文化遗址，也发现有石矢（石镞）。[②]

下川遗址的石器也多是细小的，和华北木－石器时代的细石器类型最接近。石矢分为圆底石矢和尖底石矢两种。不过下川的石矢在加工技术上比较原始，形

---

① 陈明远、金岷彬：《史前的木石复合器——全盘修正"史前史三分期学说"之二》，载《社会科学论坛》2012 年第 9 期。

② 王建、王向前、陈哲英：《下川文化——山西下川遗址调查报告》，载《考古学报》1978 年第 3 期。

状也不稳定，但从加工、形制以及大小来看，具备了石矢的特点，即尖端犀利，两边出刃，底端很薄，与木－石器细石文化中的圆底矢基本一致。初步研究结果为："尖状器和两面器的底部、尖部破损比例高，端刮器普遍表现为刃缘破损，表明这些工具类型的使用方式——前者多为远程投射，尖部与底部容易折裂；后者主要使用端刃，底部由于捆绑而破损率低。"①

可见，小型的"尖状器和两面器"多为远程投射的石矢，大尺寸的"尖状器和两面器"可能作为远程投射的投枪；而端刮器多为捆绑于木棍前端的石矛尖。这个遗址的年代，据碳14测定距今为21,090±1000年和15,940±900年。此外，在东北地区考古遗存中常见细石器时期的石矢，数量很大，种类很多。②

在西安半坡遗址和姜寨遗址（约公元前3000年），也发现了石镞头和骨镞头。③

这些考古实物说明，从木－石器时代到陶冶时代，弓矢这种极先进、极重要的器械，所使用的材料为石料与木料（还有竹、骨等）配合使用，形成木－石复合工具，各采其长各逞其能，就产生了划时代的伟大意义。从半坡遗址和姜寨遗址所发掘得到的石（骨）质矛头、石（骨）质镞头外观来看，这两类尖状器的外观形式及与木杆的结构形式很相称，大尺寸石质尖状器配合较粗较长的木杆，制成了木石复合的矛；小尺寸的石质尖状器与较细木杆的结合，制成了箭矢。④

比华夏史前峙峪文化稍晚的德国阿伦斯堡文化（Ahrensburg Culture）遗址，曾出土过一些更直接的证据——矢杆（Arrow shaft），即含有尖状矢（箭头）的木杆，一端有矢杆独有的可以嵌入弓弦的矩形凹槽（绑矢头的缺口），现

---

① 陈虹：《华北细石叶工艺的文化适应研究——晋冀地区部分旧石器时代晚期遗址的考古学分析》，第128页，浙江大学出版社2011年。

② 贾伟明：《东北地区的石镞》，载《北方文物》1985年第2期。

③ 中国科学院考古研究所、西安半坡博物馆：《西安半坡》，文物出版社1963年，第76页，图版页90—92。

④ 半坡博物馆、陕西省考古研究所、临潼县博物馆：《姜寨——新石器时代遗址发掘报告》，文物出版社1988年，第91—93页。

在一般称为箭扣（nock）。阿伦斯堡文化，留存在德国汉堡的斯特尔摩淤泥层和泥炭层中。

考古出土的木弓

20 世纪初于德国汉堡出土的斯特尔摩弓（三块碎木片），年代大约在公元前 9500 年，因同时出土了完整的矢，由此方能确认它是弓的残片。这可能是迄今世界上可确认的最早使用弓矢的实例。

目前考古发掘最完整的古代弓是丹麦侯姆皋（Holmegaard）沼泽地的榆木弓，经过碳 14 检测，属于公元前 6000 年。沼泽的高密度淤泥带来的缺氧环境，可以让木制品保存相当长的时间，成为天然的博物馆储藏室。

下图是丹麦侯姆皋沼泽发现的两张弓之一，保存相当完好。

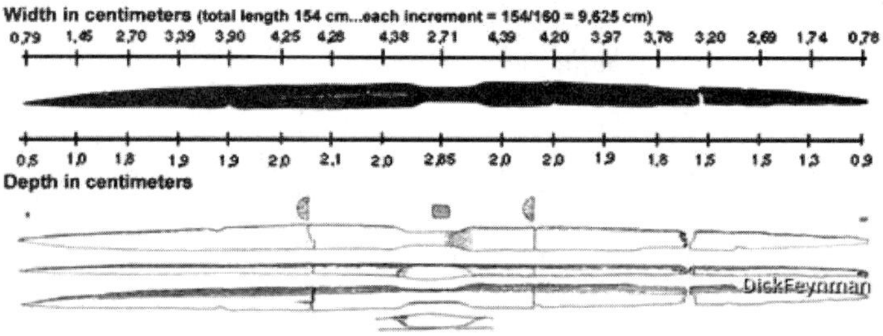

图 4-1　丹麦侯姆皋榆木弓三视图

上图是一张制作于公元前 6000 年的榆木单体弓（self　bow），形制已相当成熟。

2012 年，西班牙加泰罗尼亚（Catalunya）湖边沼泽地，发现了一张完整的公元前 5400 年的单体弓，木弓长 108 厘米，材料也是紫杉木。这里是木－石器时代欧洲最古老的沼泽居民点之一，如今它已有部分淹没在水下。由于淤泥中缺乏氧气，那里的有机物质（如紫杉木等）得以保存。

又，从瑞士木－石器时代中期的泥炭层中发现了用榆木制的弓，还发现矢的前部，用树蜡固定细石器的尖头和倒刺。[1]

洞穴壁画、岩画：弓矢狩猎图

古代岩画是刻或绘在岩石上的图画，是史前人类活动的形象记录，被视为有文字以前原始社会的最初艺术。

从太平洋到大西洋，世界各地许多地方都发现了史前人类使用弓箭的岩画。

还可从史前一些欧洲洞穴看到距今约 25000 年的弓矢狩猎图。例如：在史前拉斯考洞穴，生动地刻画了 4 名猎人，一起拿着弓矢围猎一群野鹿。

保加利亚西北部马古拉洞穴中的壁画，也描绘了史前时期携带弓矢打猎的男人。

西班牙帕尔帕洛的洞穴遗址出土了石矢（箭头），其制作方法是：从器物的两面或一面用压削法制成尖状器——石矢（簇）。据碳14 测定距今为 18,940±900 年到 17,920±190 年。考古学家又在摩洛哥阿特文化遗址出土了“摩洛哥尖状器”，许多学者认为就是矢（簇头）。据碳 14 测定，早期的距今大于 30,000 年，晚期的大于 27,000 年。[2] 在时代上跟华夏峙峪文化期大致相当，两者都比西班牙出土者为早。

图 4-2　西班牙东南部石器时代绘画
引自《人类创造了自身》第 47 页

① 引自贾兰坡：《什么时候开始有了弓箭》，载《郑州大学学报（哲学社会科学版）》1984 年第 4 期。又见贾兰坡、盖培、尤玉桂：《山西峙峪旧石器时代遗址发掘报告》，载《考古学报》1972 年第 1 期。参看周一良、吴于廑主编：《世界通史 · 上古部分》第 22—23 页，人民出版社 1973 年。

② 彭金城：《新疆弓箭岩画研究》，载《体育文化导刊》2009 年第 11 期。

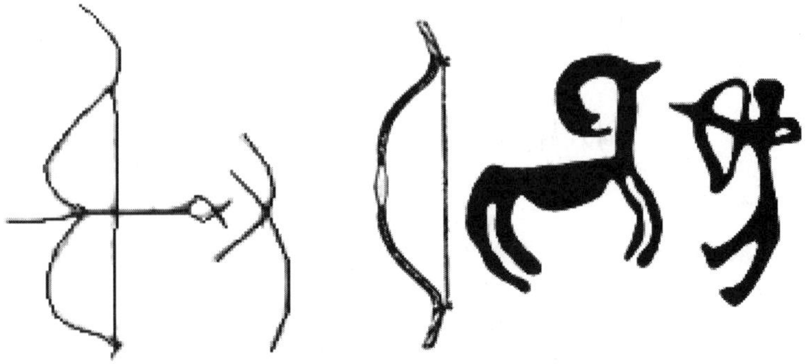

弓与古文中的“射”字——手开弓放箭　　　　银川岩画猎羊

图 4-3　史前岩画与弓射

图 4-4　阿克苏岩画中的执弓箭狩猎图

远古贺兰山岩画、阴山岩画、鄂温克岩画等，在我国古代文献（如北魏《水经注》）中早有记载。狩猎岩画反映的有单人猎、双人猎、多人猎和围猎等，还有步猎、骑猎之分。岩画中以单人狩猎图为最多。岩画表明，远古围猎的出现，要晚于单、双人狩猎的时期。[①]

我们的先民使用弓箭集体狩猎，团结起来，有效地组成氏族群体。几千年历史上几乎所有的游牧民族，就是在这样的基础上形成的。

① 崔风祥：《贺兰山岩画与古代狩猎文化》，载《武汉体育学院学报》，第 39 卷第 4 期，2005 年 4 月。

图 4-5 托格拉克布拉克 1 号岩画中的执弓箭狩猎图

（三）从甲骨文及古文献看“弓”与“矢”

事实很显然，斧、矛、投枪等武器，在形式和结构上跟弓矢相去甚远。那么，我们必须回答这样的问题：这种从矛、投枪到弓矢的飞跃是怎样实现的？

对于殷商甲骨文的分析，可以帮助我们解答这个疑难问题。

殷墟甲骨文，在造字阶段早就有“弓”与“矢”等字。

A.“弓”的甲骨文字源

甲骨文“弓”字象形，有两种不同的写法，主要区别是：一种弓上没有弦，另一种弓上装了弦。本义为利用弹性的弯拱和弦（无弦或有弦），发弹或射矢。《说文解字》曰：“弓，以近穷远。象形。”

（1）无弦之弓：

甲骨文，包括单弓和弹弓，都指无弦的弹射弓。

（2）有弦之弓：

甲骨文 = （弓）+ （弦）+ （挂钩），像一个弯拱绷着弦，上有挂弦的钩。

华夏远古弹射器“弓”的来源有二，其中一种无弦弓（不装弦），射出弹丸，多用于狩猎。从弹性材料制作投射工具的结构角度看，有单侧弹性元件的单弓，有两侧弹性元件的丫叉型“弹弓”，还有单根弹性元件的弯弓射箭型“矢弓”。

B. 丫叉型的弹弓

在《吴越春秋·勾践阴谋外传》中，记载远古民谣《弹歌》曰：“断竹，续竹，飞土，逐肉。”描述了原始人用竹造弓打猎，意即“砍断竹子，加工制作竹弓，射出泥丸，猎取鸟兽获得肉食”。即“弓生于单（弹）”。甲骨文单 ，都指弹射的弓。远古的“单”字象形为一弹射的无弦之弓。

C. 甲骨文“单”的字源解读

甲骨文 （单）= （或 ，干）+ （石块），有的字形 = （或 ，干）+ （或 ，石块）。在武器“干” 的末端各加一个菱形圈 ，表示发射的石球或石块。本义为用干戈、抛石机等对敌作战。

金文 ，篆文单 單 ，承续甲骨文 的字形。《说文解字》曰：“单，大也。从吅 甲 ，甲 亦声。”《马王堆汉墓帛书·老子乙本·德经》曰：“夫兹，以单则胜，以守则固。”《马王堆汉墓帛书·十六经·雌雄节》曰：“以求则得，以单则克。”

这种“弹弓”，在中国一直广为流行。近代北京天桥的杂耍艺人中有打弹者，使用的就是这种弹弓。而云南傣族人和缅甸、泰国的傣族，至今仍使用这种竹弹弓。将一根短木棍（或竹片）夹住小石子；另一只手将木棍（或竹片）扳向自己怀面弯曲，突然释放前一只手，木棍（或竹片）就会反弹，并把附在其上的小石子射出去。这是先民对竹木弯后发射弹丸的最初认识，由侧向弯弓的弹射方式，发展出木叉的弹弓。

后来出现了把弯曲的木棍（竹片）用韧性绳索绑成弯弓（加上第二种材料——弓弦，构成木石复合工具），拉动弓弦后释放，弯弓的弹力可发射石子或短竹棍（最原始的箭矢）。

D. 甲骨文“弹”的字源解读

甲骨文 （弹）= （弓）+ （硬丸），本义为用弓弦发射硬丸。有的甲骨文字形 将弓 简化成 。篆文 彈（弹）= （弓）+ 單（单）。《说文解字》曰：“弹，行丸也。从弓单声。”

有人认为：“弹与弓的区别，是弓用来发射矢箭，弹则用来发射弹丸（小石块）。”① 这是不确切的，实际上不张弦的无弦弓只能射出弹丸，而有弦的弓可以用

---

① 孙雍长：《从甲骨文看殷周时代的田猎文化》，载《广州大学学报（社会科学版）》2007 年第 1 期。

来发射矢箭，也可以用来发射弹丸。

E. 甲骨文“矢”的字源解读

远古华夏广泛使用弓矢，所以甲骨文的“矢”字写法很多。

有的甲骨文 （矢）= （尖头）+ （矢尾），像有尖利锋头 、有平衡旋尾 的箭。有的甲骨文 （矢）= （矢头）+ （矢尾），是对前一种字形予以简化。有的字形 ，为区别于“交” ，在矢杆中间加一短横。本义为尾部有双羽平衡的箭。金文 ，篆文 基本承续甲骨文 字形。隶书 将矢头 写成 。《说文解字》曰:“矢，弓弩矢也。从入，象镝栝羽之形。古者夷牟初作矢。凡矢之属皆从矢。”矢尾带羽，射出的矢可保持稳定，射程较远，且增强杀伤力。

F. 甲骨文“弘”的字源解读

甲骨文 （弘）在弓 的中部加一撇（指事符号） ，意为带角或胶的弓；下端为“骨弭”，表示拉弓。金文 承续甲骨文字形。篆文 将一撇指事符号 写成“厶” 。《说文解字》曰:“弘，弓声也。从弓厶声。厶，古文肱字。”

G. 甲骨文“射”字源

甲骨文 （射）= （矢）+ （弓弦），金文射 = （矢）+ （弓弦）+ （手），表示持箭矢搭弓，像矢 从弹力弦 上发出。有的金文射 变形，弓弦带挂钩。篆文射 将金文射 中的 写成“身” 。篆文异体字射 用“寸” （手持）代替“矢” 。《说文解字》曰:“射，弓弩发于身而中于远也。从矢从身。篆文 从寸。寸，法度也。亦手也。”周秦汉时代多以射箭为男子必备的武艺。《礼记·射义》曰:“射者，男子之事也。”《汉书·萧望之传》曰:“以射策甲科为郎。”《后汉书·光武纪》曰:“射声校尉。”《汉书·李广苏建传》曰:“常能为汉伏弩射之。”

H. 甲骨文“引”的字源解读

甲骨文引 = （弓弦）+ （矢箭）+ （持箭的手）= （弓）+ （持矢箭），本义为拉弓持矢箭，张弓未发。有的甲骨文引 = （弓）+ （大，人）。金文引 像一人，手持弓。篆文引 是对甲骨文引 字形的省略，省去持箭的手  。在甲骨文中，箭矢竖立弓后为“引  ”；箭矢横穿弓为“射  ”

《说文解字》曰:“引，开弓也。”《孟子·尽心上》曰:“君子引而不发，跃如也。中道而立，能者从之。”《战国策·楚策》曰:“臣为王引弓，虚发而下鸟。”《淮南子·说林训》曰:“引弓而射。”《史记·匈奴列传》曰:“长城以后，引弓之国，受命单于。”《淮南子·人间训》曰:“丁壮者，引弦而战。”

发明“弓矢”的过程

由考古学的出土文物看来，先民最初发明“弓矢”分为如下过程:

先是利用有弹性的竹条，所谓“断竹，续竹”，加工成无弦之弓——弹弓，用以发射小石子或泥弹丸，猎取身手不能及的鸟兽。弹弓发射的弹丸，飞行时处于不稳定的滚动状态，而且弹丸的个头和质量都不可能太大，所以弹弓杀伤力很有限，只能击落小鸟或射伤小兽。史前先民在实践中还发明了弯弓型带弦的弹弓，可猎获大型动物，后世用于战争。无弦之弓——弹弓的另一个发展方向为“投石器”。

之后，以竹质或木质的弹性长条加上弦，初步形成有弦之弓，用于射矢（箭）。

再后来进一步发展，以多种木材（“干”）和竹材（“竿”）的薄片叠合起来，制作弓臂的主体，用薄牛角片贴于弓臂的内侧，加上“胶”（动物胶）以黏合各层弹性材料构成弓臂，改良成各种形式的弓。

系在弓背两端的、能发矢的绳状物——弓弦，也许是受了乐器“琴弦”的启发，或反过来，乐器“琴弦”受了弓的启发，两者都有可能。总之，一开始“弹弓”还是没有弦的。最初的弓仅用单片木材或竹材弯曲而成，缚上植物纤维搓成的弦，以后发展到了用动物的筋、皮条或丝质材料来做弦。

最初的矢只是削尖了的细木棍或细竹棍，即《易·系辞下》所说的“弦木为弧，剡木为矢”。

还有一个甲骨文“弜”字（今音 jiàng 或 qiáng，即强）值得注意。《说文·弜部》曰:“弜，强也。”“弜”本义为用标准的弓模型比较，以矫正新制作的弓体；引申义为强劲有力，倔强。

甲骨文里未见到“箭”字

古代的箭头有“矢、箭、镞”三种不同说法；商周标准词语为“矢”，而秦汉以后各地区所说的“箭”来自关西方言，“镞”则来自江淮方言;《方言》云:“自周而东曰矢，江淮曰镞，关西曰箭。”（关西指今甘肃清水县境关山以西）这个语源学的现象值得注意。

甲骨文还记载了远古弓矢的配件——存放箭矢的筐、筒，即医、函、备（箙、備）等。“医”字，原不同于醫、翳、毉;“函”字，原不同于“含”字。

（四）弓矢的配件：医、函、备

A. 甲骨文“医”的字源解读

甲骨文 或 （医）= （矢）+ （匚，匡），本义为盛箭的筐。篆文 承续甲骨文字形。当“医”的“箭筐”本义消失后，篆文再加“羽”（箭翎）另造“翳”代替。《说文解字》曰:“医，盛弓弩矢器也。从匚，从矢。”《国语》曰:“兵不解医。”军队备战，离不开医生。

古文字 = （医，矢匡）+ （殳）+ （酉，酒）。本义为用药酒治疗箭伤。篆文醫 承续金文繁体字形。明代《六书通》所收篆文 用“巫” 代替“酉” 。《说文解字》曰:“醫，治病工也。殹，恶姿也；醫之性然。得酒而使，从酉。一曰殹，病声。酒所以治病也。《周礼》有醫酒。古者巫彭初作醫。”这个记载表明了，远古巫、医同源。

B. 甲骨文“函”的字源解读

甲骨文 （函）= + ，像装有矢的筒，筒上有系扣。金文 将甲骨文的 （矢）写为头朝下 。篆文 （函）将金文字形 中的箭筒系扣写成 ，将金文箭头朝下的 写成 。《说文解字》曰:“函，舌也。象形。舌体……从 （含）， 亦声。肣，俗函从肉、今。”这是把“函”解释为引申义。

C. 甲骨文“备（備）”的字源解读

甲骨文 （备）=  + ，像矢在筒中。本义为预存在筒里的矢。金文  变形，矢与筒的形象模糊。《说文解字》曰：“备，慎也。从人葡声。，古文備。”《广雅·释诂三》曰：“备，具也。”《书·说命中》曰：“有备无患。”《荀子·劝学》曰：“圣心备焉。”《左传·襄公十一年》曰：“居安思危，思则有备，有备无患。”《仪礼·特牲馈食礼》曰：“宗人举兽尾告备。”《孙子·虚实》曰：“无所不备，则无所不寡。”

殷墟甲骨文中还有“箙”“箙”等字。箙字象形，“写”为 （《甲骨文合集》13884），“含”字也写为 （《甲骨文合集》18469）。“箙（fú）”是削竹而成的矢（箭），详见后文。

（五）从《周礼》看华夏远古的弓和矢

考古出土的许多商周礼器上，图案显示步兵手持短弓，立姿射箭，待用的弓矢箭头朝下，插入周围地面。由此，可以跟《周礼》中的记载作对比研究。

《周礼》成书于东周时期。书中记载“六弓”的不同种类和用途：“王弓、弧弓以授射甲革甚（椹）质者；夹弓、庾弓以授射干（豻）侯鸟兽者；唐弓、大弓以授学射者、使者、劳者……”就是按照弓的强弱分为六种三等。[①]

郑玄注：“王、弧、夹、庾、唐、大六者，弓异体之名也，往体寡、来体多曰王、弧，往体多、来体寡曰夹、庾，往体来体若一曰唐、大。”孙诒让正义：“往体谓弓体外挠，来体谓弓体内向。凡弓必兼往来两体，而后有张弛之用，但以往来之多少为强弱之差。”贾公彦疏：“此经六弓强弱相对而言。”神话“羿射日”表明远古时期已使用竹弓矢。王弓、弧弓的射力强，能穿透甲胄皮革等；夹弓、庾弓，弓干多曲，射力较弱，宜于射近。郑玄注：“豻侯五十步，乃射鸟兽，皆近射也。”唐弓、大弓为中等弓力，多用于习射。郑玄注：“学射者弓用中，后

① 中国古代科技名著译注丛书：《考工记译注》，上海古籍出版社 2008 年。

习强弱则易也……使者劳者弓亦用中，远近可也。”林尹注：“王、弧为强弓，夹、庾为弱弓，唐、大为中弓。”

古人非常重视射箭的练习和比赛、考察。射礼，是礼制中按照一定的规程举行的弓矢竞技，据最近出土的甲骨文材料确知，体现贵族子弟矢射技能高下的射礼，早在商代就已流行，周代继承。晚商射礼，是商王暨各方贵族阶层成员参与的弓矢竞射礼，通常习射于水泽原野处，连天累日举行。①

古代制造弓矢的技术

《周礼·考工记》中，全面详细地记述了古代制造弓矢的技术。制造弓的工匠被称作“弓人”，认为制弓以干、角、筋、胶、丝、漆等“六材”为重要，“六材既聚，巧者合之”。这“六材”的文字在甲骨文里大多可以找到（唯有“筋”为篆文竹部），可见起源之古远。

甲骨文“干”的字源已在前文介绍。制造弓矢的“干”，包括多种木材和竹材，用以制作弓臂的主体，多层叠合。干材的性能，对弓起决定性作用。《考工记》注明：干材以柘木为上，次有檍木、柞木等，竹为下。材质坚实，发矢射程远、杀伤力大。华南弓与华北弓在材质上明显不同，南方多用竹子为干（竿），而北方以硬实木为主。

A. 甲骨文“角”的字源解读

甲骨文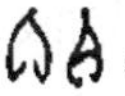，金文。《说文解字》曰：“角，兽角也。象形，角与刀、鱼相似。”动物角，制成薄片状，贴于弓臂的内侧（腹部）。据《考工记》，制弓主用牛角，以本白、中青、末丰之角为佳；“角长二尺有五寸（近50厘米），三色不失理，谓之牛戴牛”，这是最佳的角材，一只角的价格就相当于一头牛。华北多黄牛，不见水牛，就用羊角代替。

B. 古文“筋”的字源解读

篆文筋 = （竹）+ （肉）+ （肋，骨架）。《说文解字》曰：“肉

① 宋镇豪：《从花园庄东地甲骨文考述晚商射礼》，载《中国文物研究》2006年第1期。

之力也。从力、从肉、从竹。竹，物之多筋者。凡筋之属皆从筋。”清代段玉裁《说文解字注》曰：“力下曰筋也，筋力同物。今人殊之耳。《考工记》故书筋或作薊。从肉力。从竹。竹、物之多筋者。”筋，用来贴于弓臂的外侧（背部）。筋和角的作用都是增强弓臂的弹力，使箭矢射出时更加劲疾，中物更加深入。据《考工记》，牛筋是最常用的“六材”之一，选筋要求小者成条而长，大者圆匀润泽。在弓箭技术史上，禽兽的筋还被用来作为弓弦材料。

C. 甲骨文“胶”的字源解读

胶（动物胶），用以黏合干材和角筋。甲骨文胶（膠） = （夕，膏脂）+ （交，两者相连接）。本义为可以黏合物体的油膏，通常用兽皮熬制而成。篆文 以“肉” 代“夕”，以 代“交” 。《说文解字》曰：“膠，昵也。作之以皮。从肉，翏声。”《考工记》中推荐鹿胶、马胶、牛胶、鼠胶、鱼胶、犀胶等六种胶。据制弓的经验，以黄鱼鳔制得的鱼胶最为优良。弓匠用鱼胶黏合弓的重要部位，即承力之处，而将兽皮胶用于不太重要的地方，如包覆表皮。

D. 甲骨文“絲（丝）”的字源解读

“絲”甲骨文 （丝）象形，两端打结的蚕线 ，金文 对甲骨文字形 有所省略。《说文解字》曰：“丝，蚕所吐也。从二糸。凡丝之属皆从丝。”据《考工记》，择丝须色泽光鲜。将缚角被筋的弓管用丝线紧密缠绕，使之更为牢固。

E. 甲骨文“桼（漆）”的字源解读

“桼”是“漆”的本字。甲骨文 （桼） = （木）+ （滴液），表示漆树滴的液汁。金文 = （木）+ （滴液），金文将甲骨文的 写成 ，含义是向下滴落。《说文解字》曰：“木汁。可以髹物。象形。桼如水滴而下。凡桼之属皆从桼。”清段玉裁《说文解字注》曰：“木汁名桼，因名其木曰桼。今字作漆而桼废矣。漆，水名也，非木汁也。《诗》《书》中梓桼、桼丝皆作漆。俗以今字易之也。《周礼·载师》：桼林之征二十而五。”将制好的弓臂涂上漆，以防湿气侵蚀。一般每十天上漆一遍，直到能起到保护弓臂的作用。

由早期甲骨文可见：在野蛮时期，华夏北方先民已经掌握了制造弓矢的技术，干、角、筋、胶、丝、桼（漆）等“六材”基本具备了。

官方极其重视弓矢和战车的制造

《考工记》原文（上海古籍出版社 1993 年版）里，叙述弓体制造的文字内容，从“弓人为弓，取六材必以其时”开始，至“覆之而筋至，谓之深弓”，记述弓体制作的文字一共 1181 字。加上制作箭矢的 184 字，制作鏃的 111 字，再加上散见的“冶氏为杀矢”段 16 字，字数达到 1492 字。记述弓矢制造的字数，仅次于记述制造战车的 1650 字（“车人”制造牛车的字数 307 字）。而上海古籍 1993 年版《考工记》全文才 7100 余字。从这个统计数据可以看到，车和弓矢在先秦时代都是技术含量很高的技术装备，官方极其重视这些高技术器具的制造。

《周礼 · 司弓矢》载:“司弓矢，掌六弓、四弩、八矢之法。辨其名物，而掌其守藏，与其出入。……凡矢，枉矢、絜矢利火射，用诸守城车战；杀矢、鍭矢用诸近射田猎；矰矢、茀（第）矢用诸弋射。恒矢、庳矢用诸散射。”不同的矢作战用途是不一样的。枉矢、杀矢、磳矢、恒矢的发射机为弓，絜矢、鍭矢、茀（第）矢、庳矢的发射机为弩。枉矢、絜矢是供战斗用的，又称兵矢，通用于攻守城战斗和车战；杀矢、鍭矢是供田猎用的；磳矢、茀（第）矢是弋射飞鸟用的；恒矢、庳矢是供习射用的。①

从远古到商周的矢有八种

从远古到商周时期的矢有八种之多。具体说明如下:

枉矢——郑玄注:“枉矢者，取名变星，飞行有光，今之飞矛是也。或谓之兵矢。”“枉”为流星名。《史记 · 天官书》载:“枉矢，类大流星，蛇行而仓黑，望之如有毛羽然。”

絜矢——郑玄注:“絜矢象焉。二者皆可结火以射敌、守城、车战。前于重，

① 陈春慧:《矰矢、恒矢、绕缴轴——兼与何驽先生商榷》，载《文博》1998 年第 6 期。石岩:《中国北方先秦时期青铜鏃研究》，载《吉林大学 2006 年博士论文集》。

后微轻，行疾也。”就是说，先秦战争的主要方式是“车战”；主要武器是戈与弓矢，交战双方可用“火攻”，在箭头上着火，以射烧敌军。

杀矢——用于打猎的矢箭。郑玄注：“杀矢，言中则死。”贾公彦疏：“解称杀矢之名，以其最重，中则死故也。”《考工记·冶氏》载：“冶氏为杀矢。”郑玄注：“杀矢，用诸田猎之矢也。”

鍭矢——金属（青铜）箭头，剪齐箭羽的矢。用于近射或田猎，亦可用于礼射。

矰矢——郑玄注：“结缴于矢谓之矰。矰，高也。”

茀（第）矢——郑玄注：“茀（第）矢象焉。茀（第）之言刜也。二者皆可以弋飞鸟。”

恒矢——礼射和习射所用的矢箭。郑玄注：“恒矢，安居之矢也，谓礼射及习射也。”

庳矢——郑玄注：“庳矢，象也。二者皆可以散射也。”

《考工记·矢人》中有一段文字，郑玄校后订正为：“矢人为矢，鍭矢、杀矢，参分一在前、二在后；兵矢、田矢，五分二在前、三在后；茀矢，七分三在前、四在后”。意思是：鍭矢、杀矢，全矢长度前三分之一和后三分之二重量相等；兵矢、田矢，全矢长度前五分之二和后五分之三重量相等；茀（第）矢，全矢长度前七分之三和后七分之四重量相等。这些记载，为近来考古发掘所证实。

古代矢镞形制

《考工记·冶氏》详细论述了矢镞形制：“冶氏为杀矢，刃长寸、围寸，铤十之，重三垸。”镞刃的身长、围长都是一寸，合今 2.31 厘米；铤（矢装入箭杆的部分）长 10 倍于镞刃身长，合今 23.1 厘米。可见杀矢的铤部是很长的，重量相对较大，装在矢杆上，则全矢前段增重较多。

考古发现的商周青铜矢镞，可概括为四种基本形制：双翼镞、三棱镞、教练镞和弋射镞。教练镞（恒矢、庳矢）没有锋刃，镞身做成圆柱体、葫芦形等形状的，主要用于训练射技；弋射镞（矰矢、茀矢）锋刃下有一半环形钮，可穿上丝缴来猎取空中飞鸟。这两种都不属于主要形制，数量上只占很小比例。

双翼镞是从夏商时期延续下来的形制，到《考工记》时代已经沿用了千年以上。双翼镞一锋两刃，刃末还有一对后掠的倒刺，长期以来作为唯一的形制。随着防护装具——甲胄、盾牌的改进和普及，双翼镞的杀伤力开始面临严峻的挑战。双翼镞的铤部长度一般不超过镞身长度，鲜有长铤者，更无铤长接近或超过镞身10倍者。

针对交战对象防护能力的提高，三棱镞异军突起。三棱镞三个刃的间距几乎相等，实现了锋利度和自身强度的最佳统一，穿透力较双翼镞大幅提高，可致敌人车战兵、甲胄步兵以严重杀伤。随着战争的需要，三棱镞很快就在数量上接近甚至超过了双翼镞。

考古发掘得到太原金胜村“赵卿墓”出土青铜矢镞510件，其中215件可辨认形制，计有三棱镞99件，双翼镞98件，教练镞18件，年代为春秋晚期。战国后期的镞，通长5.3厘米。

长铤三棱镞是接近或超过《考工记·冶氏》规格“冶氏为杀矢，刃长寸围寸，铤十之”的形制。由于铤长、矢镞重量增加，全矢重心前移，又与《考工记·矢人》“参分一在前、二在后”的标准相附。重量大，动能消耗也大，安装长铤、三棱镞的箭射程不可能很远，但射入深、杀伤力强，又与《周礼·司弓矢》所载“杀矢、鍭矢用诸近射田猎”及郑注“杀（殺），言中则死”相符。三棱镞代表东周时期青铜矢镞的发展方向，稍晚的秦始皇陵兵马俑坑中出土的有刃铜镞几乎清一色是三棱镞，包括大量的长铤三棱镞，可以证明这一点。

《考工记·冶氏》介绍矢镞但言杀矢，忽略了其他形制，是这一时期兵器手工业重点生产长铤三棱镞的其实反映。综上所述，可基本确定长铤三棱镞就是《周礼》《考工记》所谓的“杀矢”。①

民族学调查

建立辽政权的契丹族、建立金政权的女真族以及建立元朝的蒙古族，都善于骑射。他们居住无常，以车马为家、渔猎为食，勇猛善战、惯于骑射是最基本

① 沈融：《杀矢考》，载《山东博物馆馆刊》2011年5月。

的技能。骑马射箭既是他们谋生的手段，也是他们练兵与娱乐的内容。千百年来，从匈奴、突厥、契丹、女真到蒙古的游牧民族，以战马和弓箭（骑射）为主要武装。他们常用的复合弓由三部分组成：木、角及腱。未上弦线的复合弓向外弯曲，弓背（面向目标的一面）为木制。弓背亦包括三部分：一对弓臂及一个弓弝。木质部分采用多种木材。弓面（面向射手的一面）为角制，角被用来加强弓臂部分。游牧民族会选用水牛角或野山羊角，因为水牛的角相对于其他动物的角更有弹性，而且较长，所以两者以水牛角最受游牧民族欢迎。游牧民族会用鱼胶将动物的腿后腱（来自牛、鹿等）粘在木制的弓背部分。原因是腱如同橡皮筋，经拉长后能够迅速回复本来位置，这就增加了弓所需要的爆发性弹力，大大加快箭的飞行速度。一对木制弓臂的末端装有弓弰，这是匈奴人的发明。弓弰增强弓弦的蓄势及减低需要拉弦的力，使经复合弓发射的箭有更强的杀伤力。①

中国边远地区的许多少数民族，在 20 世纪初还使用着类似的弓矢。松花江下游的赫哲族，以“水曲梨”树（他们称之为“布勒肯”）为原料制弓，修整成形后，弯曲而缚上用鱼鳔或鹿筋制成的弦。外兴安岭的鄂伦春人用落叶松或榆木制造弓体，鹿筋为弦，长约 1.7 米，箭杆用桦木，早期用石镞、骨镞，矢以桦木制成，早先只是把木杆的一头削尖，后来才有了石镞和骨镞，并在矢尾夹置天鹅或大雁的羽翎。西南一些少数民族所用的竹矢，则仅把细竹棍前端修削成尖峰，尾部插置竹叶折成的羽翼，为提高杀伤力，或在矢锋上刻出螺旋形的浅槽，蘸以毒药。

游牧民族利用动物的腱、马鬃或葡萄藤制造弓弦。塞西亚人（Scythian 阿尔泰的游牧部落）甚至曾用牛肠制造弦线。至于突厥（土耳其）人，他们以采用蚕丝制的弦线而闻名。

漂泊于大草原的游牧民族所制造的箭，大部分箭镞有针，有别于在欧洲流行的有套的箭镞。有史家指出这是为了自卫。假如箭镞只是被插入箭杆，会减低箭杆吸收冲击力的能力，箭杆很容易折断，因此骑弓手能够防止对手使用自己的箭反击。不过，适合制作箭杆的材料在大草原很缺乏，游牧民族不大可能为了自卫

① 房磊：《北方游牧民族的骑射习俗》，载《兰台世界》2011 年第 11 期。

而大量浪费箭。比较合理的解释是这种箭镞的制造方法不但简单，而且所需时间较短，对人力物力不多的游牧民族很有好处。[①]

箭杆通常用芦苇秆或竹来制造，槭木、白桦木及山茱萸木亦是制造箭杆的材料。箭羽选用水鸟的飞行羽，即翅膀和尾部羽毛来制造，鹅鸭的羽毛是上佳的材料。箭杆有二至四片箭羽，令箭飞行时更稳定。

古代的“弋射”

弋射，亦称缴射，即用带长绳的“弋矢”张弓射鸟。《周礼·司弓矢》载：“八矢之法。……矰矢、茀矢用诸弋射。”就是说八矢之中的，矰矢、茀矢是弋射飞鸟用的。郑玄注：“结缴于矢谓之矰。矰，高也。茀矢象焉，茀之言刜也。二者皆可以弋飞鸟。”

图 4-6　汉画像石弋射图之一

如今“矰矢、茀矢”皆已失传，但今人可从历史文献和考古文物中看到“弋射”的场景。[②]

① 舒振邦：《胡服骑射与我国北方民族的贡献》，载《内蒙古社会科学（汉文版）》1985 年第 5 期。

② 徐中舒：《弋射与弩之溯源及关于此类名物之考释》，载《中央研究院历史语言研究所集刊》第 4 册，1934 年。

《诗经·郑风·女曰鸡鸣》云:“将翱将翔，弋凫与雁。”这里的“弋凫与雁”，便是张弓后用带长绳的“弋（音）矢”，射击野鸭和大雁。

湖北随州曾侯乙墓（战国时期）出土的“弋射图”，是一幅绘于衣箱盖上的装饰性绘画图案。箱盖为整木剜凿而成，盖长69厘米、宽49厘米。中间由云纹分割出两小块画面，绘“戈射图”2幅，内容相同，形态相似。画中绘有一人立于两树之间，佩剑持箭，举臂张弓，从树上弋射下一鸟。①

再对照弋射图的另一边，便看得很清楚了。左边一人射中的大雁带着缴，无法挣脱。右边一人射中大雁后，连缴带雁，已有收获。②

图4-7　汉画像石弋射图之二

古人用弓射禽鸟，使用的箭有两类，一类是箭尾不系丝绳的，另一类在箭尾系上一根丝绳。这个丝绳叫“缴（zhuó）”。前者是一般的射箭，简称射或弓射；后者则称弋，或弋射。远古弓箭在细石器里面多有箭镞，木石复合工具时期，镞的种类增多，大多有铤（dìng），所谓“铤”就是箭头装入木杆的部分。有些铤的腰部有穿孔，表明镞插在木杆中还要穿绳（缴）固定，发展为弋射。

系着生丝绳的缴矢，迄今尚未见出土实物，但在汉画像石上有刻凿的图像，应是古代写实。如河南南阳汉代画像石墓内，曾出土弋射图，被射中的大雁带着一条长绳，那就是缴。

---

① 宋兆麟:《战国弋射图及弋射溯源》，载《文物》1981年第6期。

② 朱启新:《弋，或弋射》，载《北京晚报》2008年11月28日。

（六）木石复合工具“弩”

弩，《说文解字》云“弓有臂者”。考古发现“弩”是古越人最常用的武器，古越人地区有大量的木石复合工具——石弩。公元前 4—3 世纪，弩由越人地区传入中原地区。[①]

甲骨文的弩机初型，大致有两种，称为“幾（机、機）”和“爾（尒）”。“弩”是后起字。

东汉末年刘熙著《释名》载:“弩，怒也，有势怒也。其柄曰臂，似人臂也。钩弦曰牙，似齿牙也。牙外曰郭，为牙之规郭也。下曰悬刀，其形然也。合名之曰机，言如机之巧也，亦言如门户枢机，开合有节也。”

A. 甲骨文“幾”的字源

甲骨文 （幾）= （多弓弦）+ （矢）+ （手握）+ （人，射手），本义为射手扣动弓弩的扳机，可以同时发射几支矢。有的金文 将 （人）写成 。当“幾”的“扣动弩机”本义消失后，篆文 再加“木”另造“機（机）”字。

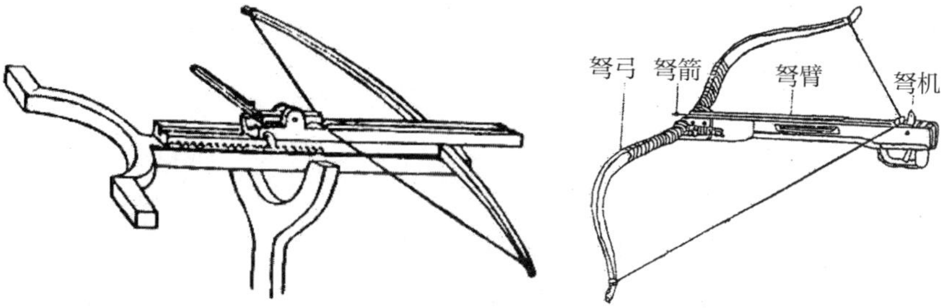

图 4-8　复合弓（蝎子弓）弩机的初型

B. 甲骨文“爾”的字源

甲骨文爾，是“尔尒（音 er）、你伱儞（音 ni）”“迩”的本字。甲骨文 （爾）= （矢）+ （矢）+ （矢）+ （人）= （多矢）+ （人），

① 邓晓华:《试论南中国汉人及汉语的来源》，载《日本国立民族学博物馆调查報告》20 号，2001 年。

像一个人持许多矢箭。甲骨文（尔），为一人举矢的简化象形。又甲骨文 =（矢）+（束矢）。金文更像多箭成束。本义为成束的特制弓弩（束矢）。金文爾中，束矢并排的形象更鲜明。有的金文将多箭的束矢写成网状。篆文承续金文字形。

C. 金文“彌（弥）”的字源

金文是“弥”的本字。金文（彌）=（弓）+（尔）+（众手）=（弓）+（矢）+（人）+（众手），是的讹写。本义为用特制弓弩多矢齐射。有的金文=（弓）+（尔）+（众手）+（箭耙）。《说文解字》曰：“丽爾，犹靡丽也。从门从，其孔，尒声。此与爽同义。”这一解释明显不准确，是东汉文人的臆测，猜度千年前殷商先民的含义。金文是由甲骨文（尔）再加弓又造繁复的“彌”字。这个更像齐射的弓弩。本义为将多箭弓弩的所有箭位装满。有的金文加（箭耙），强调射击。隶书将简写成尔。

弩在东周时期又名窝弓，在古代中国与西方都广为使用，西方亦称十字弓（Crossbow）。弩是一种装有“臂”的木石复合武器弓，主要由弩臂（弩身）、弩弓（弩翼）、弓弦和弩机（幾、機）等部分组成。因不需要在拉弦时同时瞄准，所以对使用者的要求也比较低，它比弓的射程远、杀伤力强，而且命中率更高，在古代是一种威力很大的远距离杀伤武器。按照张弦的方法不同，可分为臂张、蹶张（足踏）、腰张等，可使用各种拉弦器上弦。强弩的射程可达600米，床弩的射程更达1000米。床弩是将几张弓一齐安装在床架上，以绞动其后部的轮轴张弓装箭，待机发射。多弓床弩可用多人绞轴，用几张弓的合力发箭，其弹射力远远超过单人使用的擘张、蹶张或腰张引弩。

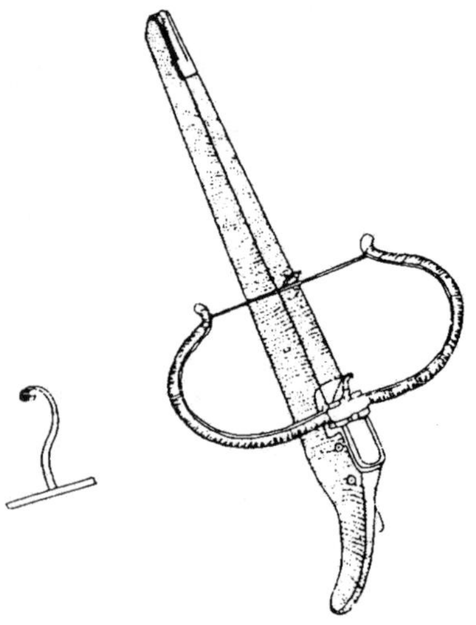

图4-9　早期弩机“如意弓”

弩弓一般使用多层竹、木片胶制的复合弓，形似扁担，所以俗称“弩担”。它的前部有一横贯的容弓孔，以便固定弓，使弩弓不会左右移动，木臂正面有一个放置箭镞的沟形矢道，使发射的箭能直线前进。木臂的后部有一个匣，称为弩机；匣内前面有挂弦的钩，称为“牙”；牙的后面装有瞄准器，称为“望山”；牙的下面连接有扳机，称为“悬刀”。发射时，先将弓弦向后拉，挂在钩上，把弩箭放在矢道上，瞄准目标后，扣下悬刀，牙就缩下，牙钩住的弓弦就弹出，箭矢疾射而出。

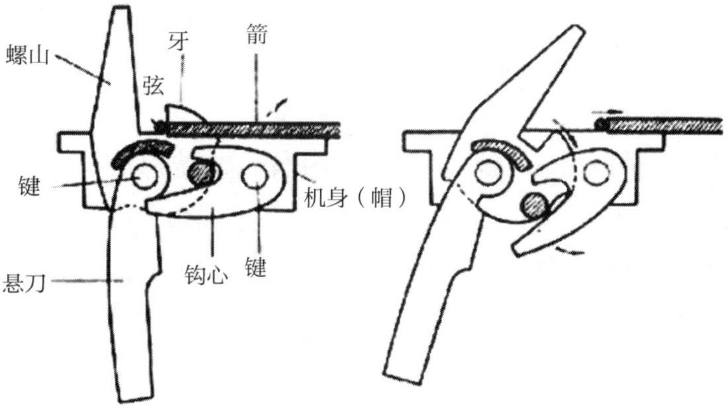

图 4-10　弩机的结构

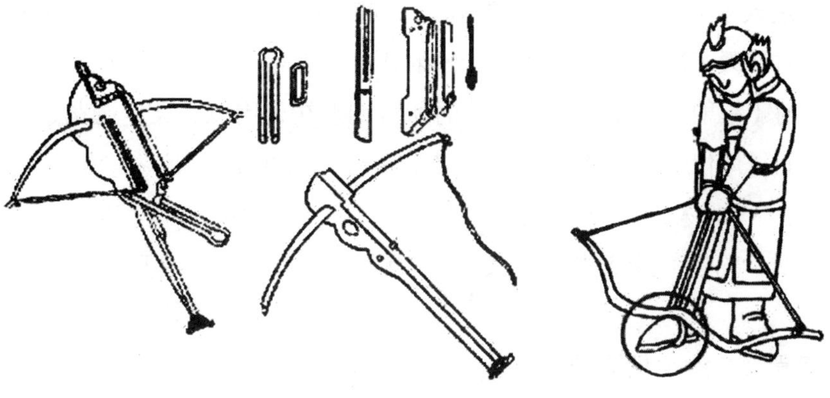
图 4-11　早期弩机的使用方式

从机械技术的观点来看，弩弓是一种机械化的作战武器。战国末期秦国在军事上对弩的应用极为普遍。对秦始皇兵马俑坑的考古发掘表明，当时步兵、车兵、骑兵都将“弩”作为重要作战兵器。《后汉书·陈球传》载，汉将军陈球“弦大木为弓，羽矛为矢，引机发之，远射千余步，多所杀伤”。这种大弩应是“床弩”。古代中原的兵器“弩”杀伤力优于匈奴，因而获胜。从技术上分析，匈奴的骑兵在马上开弓放箭，无论弓或弩的劲力，相对于步兵在地上的弓弩劲力，显然呈现弱势。

在西方，追溯至古希腊时代，也出现了构造类似床弩的装备。

D.“射礼”和爵位“侯”的来源

根据甲骨文和金文记载，“射礼”形成于殷商时代。当时射礼的种类繁多，有巫术性的“射天、射帝”礼仪，宗教性的“射牲、射牢”礼仪，同时弓矢竞技性的“射礼”也流行起来。

古代射礼是一种以射矢（箭）为重点的礼仪，融合了比赛、礼乐和宴饮等内容，用于选拔、竞技、宴宾、致礼等。射礼在传统五礼中属于军礼。远古时代，射矢（箭）用来狩猎和征战。殷商源自东夷，擅长弓矢技艺。到周代，射术为选士标准之一。如今韩国、日本的“弓道”即来源于古华夏的射礼。

古代的“射礼”主要有三种：一曰“大射”，是春祭（春飨）前选择参祭人员的礼仪；二曰“宾射”，是天子与故旧朋友欢聚的礼仪；三曰“燕射”，是慰劳群臣的射礼。[①] 后来又增加了“乡射”。

大射是天子、诸侯、卿大夫祭祖、祭神前所设之典，以射选择参加祭礼的贡士。宾射是天子因诸侯来朝而举行的射礼。燕射是天子与群臣燕息之射。后来增加的乡射（飨射）是举行乡饮酒礼时所行的射礼，用以竞技、选贤，表长幼之序。射礼的具体仪节，所用弓、矢、矦（箭靶）、乐舞等都相应有别。

《周礼·司裘》曰：“王大射，则共虎侯、熊侯、豹侯，设其鹄（靶心）；诸侯则共熊侯、豹侯，卿大夫则共麋侯，皆设其鹄。”三种射礼所用的箭靶，皆称为“侯”。

E. 甲骨文“矦（侯）”的字源

“侯”是“候”的本字。甲骨文矦（侯） = （厂，山崖）+ （矢），本义为带弓箭埋伏，守候（矦）猎物。金文矦（侯）= （厂）+ （矢）+ 

---

① 胡新生：《西周时期三类不同性质的射礼及其演变》，载《文史哲》2003 年第 1 期。

（人）。有的金文矦（侯） = （厂）+ （矢），篆文承续金文字形，隶书矦（侯）。《说文 · 矢部》曰:“春飨所射，矦也。从人，从厂，象张布，矢在其下。”《尔雅 · 释诂》曰:“公侯，君也。又五等爵之次曰侯。”《诗经 · 小雅 · 正月》曰:“矦薪矦蒸。”《诗经 · 齐风 · 猗嗟》曰:“终日射矦。”《诗经 · 郑风 · 羔裘》曰:“洵直且矦。”《礼仪 · 乡射礼》曰:“乃张矦下纲。”《广韵 · 侯韵》曰:“矦、侯，候也。”

箭靶“矦”的质地，是一块挂在绳上的正方形的麻布，大射之“矦”中心有皮做的鹄（目标靶心），宾射的“矦”中心为五彩的“正”，燕射的“矦”则依照不同等级饰有虎、豹、熊、麋、鹿、豕等图像。

使用弓箭比使用其他类型的工具或武器，能在远距离先期一步达到命中猎物或者打击敌人的效果。射击准确的弓箭手，会受到群体的尊敬甚至拥戴；而弓箭的射击技能需要训练来培养和积累，包括开弓力量的锻炼和射击准确的培训。杨树达先期也提出过类似的看法:“盖草昧之世，禽兽逼人，又他族之人来相侵犯，其时以弓矢为武器，一群之中如有强力善射之士能保卫其群者，则众必欣戴之，以为雄长。古人质朴，能其事者即以其事或物名之，其人能发矢中侯，故谓之侯也。”①

掌握了较高弓箭武功的家族，可能取得较高的社会地位。这就是“矦（侯）”的含义。《说文 · 卷五》曰:“天子射熊、虎、豹，服猛也；诸侯射熊、虎；大夫射麋，麋，惑也；士射鹿、豕，为田除害也。”

“天子射熊、虎、豹”，是说天子练习射箭的靶子画成熊、虎、豹的形象（王大射则共虎侯、熊侯、豹侯，设其鹄）；“诸侯射熊、虎”，是说诸侯练习射箭的靶子画成熊、虎的形象；“大夫射麋”，是说大夫练习射箭的靶子画成麋的形象；“士射鹿、豕”，是说大夫练习射箭的靶子画成鹿、豕的形象。《礼记 · 射义》云:“射者，仁之道也。射求正诸己，己正而后发。发而不中，则不怨胜己者，反求诸己而已矣。孔子曰:“君子无所争，必也射乎。揖让而升，下而饮，其争也君子。”杨树达指出:“《礼记 · 射义》还曰‘故天子之大射，谓之射侯’，射侯者，

---

① 杨树达:《积微居金文说 · 廿三，弃矢令彝三跋》。转引自戴家祥主编《金文大字典》第 3088—3089 页，学林出版社 1995 年。

射为诸侯也。射中则得为诸侯，射不中则不得为诸侯。郑康成注《周礼·司裘》曰：'所射正谓之侯者，天子中之则能服诸侯；诸侯以下中之则得为诸侯。'此皆后世演变之说，非复初义。然诸侯之称源于射侯，则犹存古初命名之形影也。"①

古代一些家族因弓射武功高强而获得爵位，遂以"矦"作为家族的族徽，表示该家族获得出众的弓箭武功和相当高的社会地位，并且会在家族内部传习以保持及提高开弓射箭的技能，包括开弓力量和弓射准确性两方面的教习诀窍。这是中华传统文化里家族性的表现之一。（习射器具制造者尚不足以将"矦"作为族徽，还须在习射中取得地位。《考工记》里就有"制矦"的工匠，掌握"矦"这种习射器具的制作，却非侯爵者）后来"侯"成为一种爵位的名称，即侯爵。

"侯"的爵位铸在商周彝器上，如"蔡侯""陈侯""平侯""丁侯""薛侯""曾侯"……《金文大字典》收集了商周铜器中许多表示侯爵家族身份的"矦（侯）"字。

结束语

最早的矢为木制或竹制且无镞（金属箭头），到3万年前，晚期智人才实现了人类工具史上的一次飞跃，制造出空前复杂的复合工具（Composite tool）——石质木杆矢和竹木质的弓。从殷墟甲骨文中的"弓、矢、弹、弦、射、弘、弜"等字，可以看出弓矢的形制；由"弓"字象形的两种不同的写法，可以看出远古"弓"从无弦之弓到有弦之弓的发展历程。从《周礼·考工记》的记载，可以推测华夏远古弓矢的制造技术；民族学资料及远古岩画调查，是远古弓矢发展的形象史料。在史前的欧亚大陆及岛屿，以至非洲和北美印第安地区，都发现类似的制箭工具——刻有槽的箭杆矫正器，然而，世界两半球各地的箭杆矫正器，究竟是一处或二处各自独立发明，还是越过大洋交流或启发、传播的结果，现在也难有定论。

---

① 杨树达：《积微居金文说·廿三，弃矢令彝三跋》。转引自戴家祥主编《金文大字典》第3088—3089页，学林出版社1995年。

五

从甲骨文看史前狩猎与动物驯养

【提要】 本章从甲骨文所蕴含的远古信息探讨史前先民的狩猎与动物驯化，以及家畜饲养与农业的关系。对于甲骨文的（网）、（渔）、（再）、（冓）以及羅（罗）、畢（毕）、（禽）、（逐）、進（进）、离（離）、（纲）、井（阱）、臽（陷）、（狩）、（兽）、彘（zhì）等字源的解读，形象生动地说明了华夏先民的渔猎生活发展实况。史前先民对于野兽活体的长期留存和驯养，逐步驯化成了家禽家畜。犬（狗）和豕（猪）是最早的家畜，成为史前农牧业起源的重要部分。本章还将对甲骨文“（畜）、（家）、豚（tún）、豢（huàn）、養（养）、（牧）、（匡）、（牢）、圉（yǔ）、囿（yòu）”等字源作出解读，分析华夏先民牧放或圈养家畜的几种方式，进一步叙述中外史前驯养动物的差别和远古诸民族对家畜的使用等。对于甲骨文“獻（献）、（牲）”的字源解读，比较了中外古代先民的祭祀用畜情况。

甲骨文为探索华夏初始文明和史前史遗迹提供了重要依据，因为甲骨文的形成是从史前野蛮时期开始的。从甲骨文所蕴含的远古信息，可以探讨史前先民的狩猎、动物驯化以及家畜饲养与农业的关系。[①] 大约一万年前，在西南亚（两河流域）、北非（埃及）、东亚（华夏），史前人类几乎同时开始了养畜业。

（一）甲骨文记录的非石质生产工具信息

由绳索编织成的罗网，是史前先民在采集和渔猎时期的重要生产工具。罗网的发明和使用为史前先民获取野生鱼类、兽类、禽类等食物发挥了重大作用。与罗网的功能相类似的，还有陷阱装置（有利用天然土穴的，也有人工掘坑设置的）。罗网和陷阱都属于智力创造的“智力型工具”。罗网和陷阱的出现，反映了智人时期的智慧与知识，他们开创了狩猎技术的新阶段，促进了史前生产力的发展和社会进步。

罗网要用绳索来编结。而绳索多是由植物纤维经预处理得到细缕，再用细缕或搓拧，或扭绞，或纺绩，加工得到绳索，而后用绳索编结为网。也有用草茎整体来搓绳的，也有用马的尾鬃下套来拴套鸟脚的。甲骨文里识读出了“索”字、“草（屮艸）”字，还未见“绳”“线”等字。甲骨文 （索）是象形字。《说文解字》曰：“索，艸（草）有茎叶，可作绳索。”这里明确指出“索”是草茎编成的。《小尔雅》曰：“大者谓之索，小者谓之绳。”而且，甲骨文里识读出了“继”“续”“断”“绝”等字与绳索有密切关系。[②]

在河姆渡史前遗址的考古发掘里，就有残留在陶罐提耳孔里的绳索实物出土。参见 41 页和 165 页的有关图片。

编结渔猎罗网以长纤维原料为佳，麻就是一种优质且广泛使用的长纤维。甲骨文里面有无“麻”字？应该有，但在徐中舒主编的《甲骨文字典》里未见“麻”字，也未见《说文解字》所收录另一个表示“麻”的“枲（音 xǐ，大麻的

① 陈明远、金岷彬：《历史观的新突破》，山西人民出版社 2014 年，第 65 页。
② 徐中舒主编：《甲骨文字典》，四川辞书出版社 1988 年，第 1342 页。

雄株）”字。不过，金文里就有“麻（俗作麻）”字，远古字根（皮与茎易分离的草）衍生出金文麻；在河姆渡遗址出土的史前绳索分析鉴定报告里，鉴定对象一粗一细，证实了《小尔雅》所载“大者谓之索，小者谓之绳”，报告肯定了史前的粗绳索含有麻类纤维材料。[①]

可见，史前甲骨文里早就有编结罗网所用的麻绳，然而名称不叫麻绳而称为“索”。

A.“网”的字源解读

甲骨文（网）= || + X + X + X，像两根木桩之间以绳索编成格状交结。有的甲骨文字形简化了格状绳索。“网”字本义为绳索结成的渔猎用具。

金文基本承续甲骨文字形。有的金文将甲骨文简化的绳索编格状 X 写成（亡），也作为声旁。古人通常称捕鱼捕兽的罩为“网”，称捕鸟的罩为“羅”（罗）。

《说文解字》曰：“网，庖牺（伏羲）所结绳以渔。从冂，下象网交文。，网或从亡。，网或从糸。，古文网。，籀文网。”《诗经·大雅·瞻仰》曰：“天之降网，维其优矣。”《广雅》曰：“网，谓之罟（读 gǔ）。”

图 5-1a　渔网

① 浙江省文物考古研究所编著：《河姆渡——新石器时代遗址考古发掘报告》，文物出版社 2003 年，第 44 页。高汉玉：《河姆渡绳子的鉴定》，载《河姆渡——新石器时代遗址考古发掘报告》，文物出版社 2003 年，第 455 页。

图 5-1b　大型渔网

B.“渔”的字源解读

甲骨文（渔）=（手）+（钓竿）+（鱼），表示手执钓竿钓鱼。又有形象复杂的甲骨文（渔）=（双手）+（石岸）+（网）+（鱼），表示在岸上的渔夫两手撒网捕鱼。金文=（水）+（鱼）+（双手），表示双手在水中捉鱼。《说文解字》：“，捕鱼也。从，从水。”篆文从鱼。《诗经·鲺传》曰：“獭祭鱼然后渔。”《礼记·月令》曰：“命渔师伐蛟，命渔师始渔。”

图 5-2　各式各样的石网坠和陶网坠

C.“再”和“冓”的字源解读

华夏先民不仅用“网”捕鱼，还创造了竹制鱼笼（鱼篓子）。甲骨文“再”和“冓”，都是指先民捕鱼的竹笼。早期甲骨文（再）=+，是最早单一鱼笼的象形，又写为。华夏先民将毛竹一端劈为许多弹性竹条，用细竹篾

将竹条编成喇叭口 ，再套接一个漏斗形竹圈 ，使游鱼可进不可出，困在竹笼里，由此可反复捕鱼。晚期甲骨文 ，金文 。甲骨文 （冓）= + ，像两两对接的鱼笼，放置在水沟、水渠里捕鱼，鱼笼外都露出鱼尾。有的甲骨文 将两个鱼笼上下连接。金文 承续甲骨文 。篆文 承续金文。“冓”是“溝”的本字，当“冓”的“鱼笼”本意消失后，再造“溝”（沟）字代替。《说文解字》曰：“再，一举而二也，从冓省。冓，交积也，象对交之形。”华夏传统的竹木结构可见一斑。

D.“羅（罗）”的字源解读

甲骨文 （羅）= （网，罩具）+ （鸟），表示鸟被罩在网罩里。本义为用网罩捕鸟。金文 （羅）= + + ，表示用手中的牵索控制网罩。《说文解字》曰：“羅（罗），以丝罟鸟也。从网从维。古者芒氏初作羅（罗）。”《诗经·王风·兔爰》曰：“有兔爰爰，雉离于羅（罗）。”《韩非子·难三》曰：“以天下为羅（罗），则雀不失矣。”

E.“畢（毕）”的字源解读

畢（毕）与“禽”，在甲骨文中原为同一个字，后分化。

甲骨文 （畢）= （开口向上的“网”，把 倒过去）+ （抓），表示持网捕鸟。金文 将甲骨文手持网罩的形象 写成 。《说文解字》曰：“畢（毕），田网也。从 ，象畢（毕）形。微也。或曰：由声。”《诗经·小雅·鸳鸯》曰：“鸳鸯于飞，畢（毕）之罗之。

F.“禽（擒）”的字源解读

“禽”是“擒”的本字。甲骨文 （禽）是倒写的“网”（把 倒过来）。网口朝下表示在地面狩捕鸟类或小动物，网口朝上表示用网罩在空中追扑飞行的鸟雀，本义为持网捕鸟。金文 （禽）在网罩上方加一个盖子 ，表示将抓捕的鸟雀放在封闭空间里。《说文解字》曰：“禽，兽总名。从厹，象形，今声。禽、离、兕头相似。”

G.“离（離）”的字源解读

甲骨文 （离）= （鸟）+ （禽，网），本义为鸟儿被网罩住。金文 （离）= （林）+ （禽），表示在林中捕鸟。

H.“纲”的字源解读

甲骨文（纲）=（网）+（糸），表示提网的绳索。籀文写成，“木”（柄）、“糸”（绳）会意。《说文解字》曰：“纲，维纮绳也。从糸，冈声。，古文纲。”

（二）甲骨文中记录捕获禽兽的信息

木－石器时代狩猎的方式，最初使用棍棒、木矛、投石等，奔跑追逐、围捕禽兽。大约两三万年前创造了弓箭，后来才发展出网罗、陷阱等。“一逐杀，二射击，三网阱”，可称作原始人狩猎“三部曲”。

A.“逐”的字源解读

甲骨文（逐）=（鹿）+（止，追捕），有的甲骨文=（豖，读 shǐ，野猪）+（止，追捕），本义为追猎鹿、豖等野兽。金文，加“彳”（行），显示追捕的主题。篆文承续金文。远古称追兽为“逐”，称追鸟为“進（进）”。“逐”和“進”不用于抓人，缉捕人为“追”，古文有“逐鹿中原”的成语。《易・睽》曰：“丧马勿逐。”《易・大畜》曰：“良马逐。”《说文解字》曰：“逐，追也。从辵，从豚省。”这说明，到汉代“遂”与“追”的词义含混合一了。

B.“進（进）”的字源解读

甲骨文（進）=（隹，鸟）+（止，追逐），本义为追逐鸟雀。金文，加“彳”（行），篆文承续金文字形。《说文解字》曰：“進，登也。从辵閵省声。”这说明，到汉代“進”（进）的原义改变了。

捕　具

远古时期，网是广泛使用的捕具，甲骨文有用“网”字与不同的禽兽组成的字。如，表示用网罗捕鸟的，捕豖的，捕牛的，捕熊的，捕鱼的，等等。在《甲骨文字典》“网（罒字头）”下面还收录了许多表示猎物形象的字。总之，罗网是有效而重要的狩猎捕具，被史前先民广泛使用，并且把这一状况反映在最早的甲骨文造字阶段。

A.“罝”的字源解读

甲骨文罝（读 jū）是一种专门用于捕野兔的网。罝 = （网）+ （兔）。《说文解字》曰：“罝，兔网也。从网，且声。”《礼记 · 月令》曰：“田猎罝罘，罗网毕翳。”《诗 · 周南 · 兔罝》：“肃肃兔罝，施于中林。”

B.“臽（陷）”的字源解读

“臽”是“陷”的本字。以陷阱捕获兽类，启发了先民用栏圈和畜牢关禁所获的动物，继续饲养，进而驯化。

甲骨文 （臽）= （凵，凹坑）+ （松土）+ （某物），指事符号 表示松土，有的甲骨文 省去松土符号 。本义为掉进猎人预设的土坑。金文 承续甲骨文字形，但将土坑 写成“臼” ，表示坑内布满利刺。篆文字形 综合甲骨文 和金文 。《说文解字》曰：“臽，小阱也。从人，在臼上。”《马王堆汉墓帛书 · 春秋事》曰：“有绝其几而臽之深。”

原始的甲骨文 都是象形字，表示牛 、羊 、鹿 、犬 等动物掉进土坑里面。过去多解释为“埋（薶）”字，不符合造字原义，是错误的。

C.“井（阱）”的字源解读

“井”是“阱”的本字。甲骨文 （井）= （鹿，代野兽）+ （井坑，即井，加上一点，以与水井相区别），本义为在山野地面挖设的捕兽陷坑。金文 = （阜，山野）+ （陷阱）+ （土，地面），强调陷阱设在山野。《说文解字》曰：“阱，陷也。从阜，从井，井亦声。”《周礼 · 雍氏》曰：“春令为阱获沟渎之利于民者。”《礼记 · 中庸》曰：“罟获陷阱。”这里的“陷阱”与水井、井栏构造相似，都是以两横两直的木框形表示支架，但两者用途各异。

（三）捕获的动物是驯养家畜的来源

在史前的狩猎时期，人类用棍棒、石块或者弓箭等狩猎工具来追击野兽，往往先把野兽打伤，致使其不能逃走；野兽受伤后拼命挣扎，猎人必须继续加大打击的力度，或者还加上猎犬的协助（甲骨文的“狩”字，就由打击的“干”与“犬”组成），直到彻底制服挣扎的野兽。由打击方式所捕获到的野兽，非死即伤，多数不易留下来继续喂养。而罗网捕获的野兽，容易获得健全的活体。这种活体留下来继续喂养，是史前先民对野生动物的驯养的第一步。

英国学者编绘的《古埃及》一书里，叙述了古埃及猎杀野牛的过程：“法老猎捕野牛只是走走形式。之前野牛就已被制服，此后法老出场，显出势不可当的大无畏气概。每当有这种狩猎仪式，都先由猎手把野牛逼到绝路，用箭和矛射杀，使野牛不再凶猛，再用一根套索拴住，使其不能飞奔，最后才由法老用一支矛将野牛刺死。”哈布城（Medinet Habu）拉姆西斯三世的陵庙（Temple of Ramesses III）中的浮雕，描画了拉姆西斯三世正在猎杀一只野牛的情景。[①]

有些研究者认为，家畜的起源似乎还要早于农耕出现的时代。例如人类最先驯养的犬，驯养者是猎人而不是农夫，猎人们养犬是为了让它充当狩猎的助手——猎犬。在殷墟甲骨文卜辞中，多见关于狩猎的记载，由此可了解殷商时代野生动物的种类。罗振玉辑有卜辞 1169 条，分为卜祭、田猎、征伐、风雨等九项，其中卜祭一项即占 538 条，居第一位；田猎 186 条，居第二位。

较早驯化的家畜是犬（猎狗），犬的祖先是狼，将凶狠的狼驯化为忠诚的猎犬，显然是猎手们的功劳。猎手们围猎和追猎的最好助手，就是他们精心培育的猎犬（走狗）。华夏发掘的多数木石器中晚期遗址中，都见到犬的遗骸，最早为距今 7000—8000 年，属磁山、裴李岗和河姆渡文化。仰韶文化遗址所见犬骨的头骨较小，据研究应是体格中等的猎犬。犬骨在一般遗址中出土的数量很少，这表明犬没有被大量饲养，多数情况下应是作猎犬使用的。

需要指出的是，远古猎人对于“猎犬”宠爱有加，而对于狼的凶猛本性并无厌恶反而相当欣赏。这从甲骨文可得到第一手证据。甲骨文 （狼）= （犬）+ （良，如意）。《说文解字》曰：“狼，似犬，锐头，白颊，高前，广后。从犬，良声。”甲骨文 （狈）= （犬）+ （贝，宝贵、漂亮）。古人称高大凶猛的雄犬为“狼”，称娇小漂亮的母犬为“狈”，《字汇》曰：“狼无狈不立，狈

① ［英］海伦·斯特拉德威克（Helen Stradwake）编，刘雪婷等译：《古埃及》，上海科学技术文献出版社 2008 年，第 16 页。

无狼不行，若相离则进退不得矣。”成语“狼狈为奸”原意指培养大公狼小母狈交配，可生育优良的小猎犬。

据 2011 年 8 月 7 日英国《每日邮报》载，俄罗斯考古学家在西伯利亚发现一具犬头骨化石，距今 33000 年，这个发现提供了早期驯养猎犬的证据。这具猎犬头骨化石发现于西伯利亚阿尔泰山脉的一处山洞中，保存完好。它的特征与现代犬类有很大不同。这块头骨的口鼻部大小和 1000 年前的格陵兰犬相似，但它的牙齿类似于欧洲野狼。

A.“狩”的字源解读

甲骨文 （狩）= （犬，猎犬）+ （干，木矛，投枪），本义为操干带犬，埋伏狩猎。一说：甲骨文的“兽”字与“狩”字同源，后分化成为两个字。“守”的“埋伏守猎”本义消失后，篆文另造“狩”代替。《说文解字》曰：“狩，犬田也。从犬守声。”

B.“兽”的字源解读

甲骨文兽  = （犬，猎犬）+ （弹弓）+ （干，木矛，投枪），本义为用弹弓和投枪打猎。金文  承续甲骨文字形 。篆文  将金文的“单”  写成嘼（兽）。当“兽”的“狩猎”本义消失后，篆文另造一个带“犬”旁的“獸”字来表示野生动物的泛称。《尔雅·释鸟》曰：“四足而毛谓之兽。”《释兽释文》曰：“兽，毛虫总号。按，獸中可畜养者则曰兽。”

C.“彘（zhì）”的字源

甲骨文 （彘）= （豕，野猪）+ （箭矢），像一箭将野猪射穿。有的甲骨文  将箭形  简化为一线 。金文  简化，有的金文  = （野猪）+ （矢）+ （猎犬），强调用矢和猎犬捕猎。篆文变形， = （彑，为“彖”的头部）+ （两个匕，动物的爪）+ （矢，箭）。本义为猎获的野猪。《说文解字》曰：“彘，豕也。后蹄发谓之彘。从彑矢声；从二匕，彘足与鹿足同。”

商周时代王室与贵族常举办大规模而又频繁的田猎活动。据统计，殷商甲骨文卜辞所记武丁时期的田猎很多，猎获麋、鹿总数达 2000 头，仅一次猎获麋就有 451 头之多。[①]

---

① 胡厚宣主编：《甲骨文与殷商史》第 215 页，上海古籍出版社 1983 年。

《逸周书·世俘解》中也有这样一段记载：“武王狩，禽（擒）虎二十有二，猫二，麋五千二百三十五，犀十有二，牦七百二十有一，熊百五十有一，罴百一十有八，豕三百五十有二，貉十有八，麈十有六，麝五十，麇三十，鹿三千五百有八。”

（四）史前聚落遗址所见的牲畜圈栏

史前处于渔猎和采集阶段的人群尚未有定居生活，偶尔捕获的动物，在先民食物充裕时会尝试留养，逐渐积累了留养动物的经验。留养动物成为促使先民定居的一个因素。而且，定居与留养动物这两件事情还会相互影响，成为走向定居生活的良性循环。同样，如前文所述，陶器的制作和广泛使用，也跟定居生活相互促进。继后出现的农耕生产，更加强了人对土地的依赖。“以田为本”的农业跟“倚田而居”的方式，或以聚落为活动中心，在聚落四周开垦农田的生存类型，都渗透了耕作对人的束缚作用，让史前农耕的先民适应定居。农业与定居之间相互作用，互相促进。

图 5-3　原始人最初豢养的家畜：牛、羊、马、犬、豕、兔

史前先民对于野生动物的留养，促使出现了动物的驯养，发展出了家畜家禽。驯养是指人类培育野生动物，使其野性逐渐改变，成为对人类有用的家养动物的过程。家畜家禽在社会发展中，为人类提供稳定的食物来源，在各种环境和生产系统里，支撑着畜牧生产的持续发展。

有资料表明，犬（狗）和豕（猪）是最早驯化和饲养的家畜动物[①]，成为史前农业起源的一个组成部分。

A.“畜”的字源

华夏先民将狩猎捕获后留养、驯化的野兽，写为“畜”。

甲骨文 （畜）= （系、绑）+ （口，栏圈）+ （米，谷物），本义为将动物系在栏圈里，用谷物饲养，以备人们的肉食之需。其中， = （口，栏圈）+ （米，谷物）。金文  将甲骨文字形中的 （栏圈、谷物）写成“田”  。篆文  、 将金文的“幺”  写成“玄”  。《说文解字》曰:“畜，田畜也。”《淮南子》曰:“玄田为畜。”《鲁郊礼》曰:“畜从田、从兹。兹，益也。”对于“玄田为畜”的字义，《甲骨文字典》引述了《淮南子·本经篇》中的“拘兽以为畜。田猎所得而拘系之，斯为家畜”。该《字典》认为，此为“玄田”之正解。

国内一些史前遗址的考古发掘，对于史前留养动物的圈栏遗迹已有所发现。

在山东滕州北辛遗址一些窖穴底部，发现远古的动物粪便层，说明这些窖穴就是圈养牲畜的圈栏，时间在 7000 年前；浙江余姚河姆渡遗址也发现两座小型家畜栅栏遗迹；西安半坡遗址有较大的牲畜圈栏遗迹；临潼姜寨遗址还发现两座牲畜夜宿场，场上留有几十厘米厚的畜粪堆积，表明仰韶文化时期居民的家畜饲养已有规模；山东胶县三里河遗址的一座猪圈栏遗迹底部，发现了 5 具完整的小猪（豕）遗骸。到陶器时代末期的龙山文化时期，华北的先民又驯化了家猫、家山羊与绵羊，可能还有了家马。

B.“家”的字源

我们可从甲骨文“家”字看出畜养豕和犬（猎犬及看门狗）对于远古先民定

---

① 李有恒、韩德芬:《半坡新石器时代遗址中之兽骨》。载《西安半坡》第 258 页，附录之二；文物出版社 1963 年。

居生活的重要性。在浙江河姆渡遗址、陕西半坡遗址、山东大汶口遗址，都发掘出豕（家猪）与犬（家狗）的遗骸，可见这是先民最初驯养的家畜。

甲骨文（家）=（宀，房屋）+（豕，猪），像屋里畜养豕（猪）。猪是温顺、繁殖力旺盛的动物，对古人来说，家里养猪能提供食物安全感，因此畜养猪便成了定居生活的标志，直到现在还有少数保留古风的客家人在居所内圈养猪。

有的甲骨文将简化成。金文略有变形。篆文承续金文字形。《说文解字》曰：“家，居也。从宀，豭（jiā）省声。，古文家。”

再看另一个甲骨文“犬”（狗）与“豕”（猪）字形相似，细微区别在于尾的长短：尾稍长的为“犬”，尾稍短的为“豕”。但有时“犬”写为（短尾犬）。

甲骨文“家”也可写成=（宀，房屋）+（短尾犬），像屋里养着看门狗，以表示有犬守护家庭的安全感。

远古先民畜养犬，还把它饲养在住处的犬穴（狗窝）里，由此产生“突”字。

C.“突”的字源

甲骨文（突）=（犬穴）+（犬）。金文将甲骨文的写成“穴”，将“犬”写成。篆文承续金文字形。《说文解字》曰：“突，犬从穴中暂出也。从犬在穴中。一曰滑也。”《易·离》曰：“突如其来如。”意思是，有时猎犬从犬穴里突然蹿出，让人意外。

D.“状（狀）”的字源

甲骨文（状）=（爿，木床）+（犬，看家狗）。

史前先民所饲养的家犬作为看家狗，常活动在室内木床附近，这样就增加了住所的安全感。《说文解字》曰：“狀，犬形也。从犬，爿声。”方言中的“爿”今音 pán，有人主张音 qiáng，未有定论。《说文解字》曰：“牀，从木，爿声。”注引徐锴曰：爿则牀之省。象人衺（古“邪”，通“斜”）身有所倚着。

由此可见，畜养豕、犬，成为远古先民定居生活的标志物。

但甲骨文中的“豕（猪）”和“犬（狗）”两个字，并没有严格区分出所标示的动物是野生的还是家养的。

在史前从事农耕的部落中，最重要的家畜是豕。豕驯化的年代可能与犬大体同时，华夏木－石器中晚期遗址普遍出土了它们的骨骸。河北徐水南庄头遗址出土了距今一万年前的豕（猪）遗骸，仰韶文化和河姆渡文化居民都饲养有豕。许多文化共同体的居民都有用猪作随葬品的习俗，人们食豕肉，用豕作举行祭典时献给神灵的供品。如大汶口文化居民，常以豕（猪）头和豕的下颌作随葬品，有时一座墓中出土多块豕的下颌骨。

史前华南、华北的家畜品种也存在一定的差异，犬和豕，华南、华北木石器中晚期和陶器时代居民都有饲养，而且都是以豕为主要养殖对象。区别在于，南方还饲养水牛，北方还饲养鸡，二者都有 7000 年以上的驯化历史。过去曾认为中国家鸡是自印度引种的，而考古学家在磁山文化遗址中就发现了家鸡的骨殖。[①]

此外，南方的彭头山文化遗址发现了家养水牛的骨骸，目前还不能判别是肉牛还是役牛。在江苏吴江梅堰遗址出土了 7 具完整的水牛头骨，太湖流域的其他遗址也曾出土不少水牛遗骸。

仰韶先民饲养的家畜，由出土的动物骨骼鉴定，主要有豕和犬两种，此外还有鸡、羊和黄牛。家猪骨骸发现的数量也不多，个体较小。1973 年，在浙江河姆渡遗址出土了陶猪和陶羊。这头陶猪的头部肥大，腹部下垂，四肢短小，呈现出奔跑的样子。猪的前身和后躯的比例大约为 1:1，介于野猪和如今的家猪之间。

从姜寨遗址的资料看，家猪的宰杀半数在 1—1.5 岁之间，83%都没到 2 足岁就已供食用。而那些叫作豚的小乳猪，则更是先民们的美餐。此外，远古先民对于公猪还有一个专门的称呼，叫作“豭（jiā）”，可见当时已经广泛地食用家猪。

E.“豚”的字源

甲骨文（豚）=（豕）+（肉），本义为食用小乳猪。有的甲骨文豚把“豕”写成。金文加“又”（抓），表示用全猪祭祀。篆文将金文的“夕”（肉）写成了明确的“肉”形，同时将金文的和连写成。隶书又误将篆文的“肉”写成“月”。《说文解字》曰：“豚，小豕也。从彖（tuàn）省，象形。从又持肉，以给祠祀。凡豚之属皆从豚。豚，篆文从肉豕。”

---

① 王炜民：《漫说鸡入六牲》，载《文史知识》1996 年第 9 期。

F.“豢（huàn）”的字源

甲骨文 （豢，读 huàn）= （豕）+ （幼仔）+ （双手接生），义为照料即将生仔的母猪，表示蓄养母猪。本义为繁殖、饲养家猪。篆文 加“米” （谷物），表示用谷物养猪。“豢”泛指饲养。《说文解字》曰：“豢，以谷圈养豕也。从豕，龹声。”

古今传统饲养的家畜统称为“六畜”，指的是马、牛、羊、鸡、犬、豕，农人不仅盼望五谷丰登，也盼望六畜兴旺。在木－石器时代结束之前，传统的六畜都已驯化，后世华人的肉食品种格局，早在史前史时代就已形成。远古农耕畜牧生产技术的发明，是文明社会出现的首要前提。

河姆渡遗址的家畜圈栏

在距今约 7000 年的河姆渡遗址，发现史前家畜圈栏遗迹，“第一期文化里的建筑应是长条形干栏式长屋，在房屋基址内还出土有大量的栽培稻谷和丰富的动植物遗存，同时还发现家畜圈栏和少量圆形和椭圆形灰坑”。河姆渡第一期文化约在公元前 5000—前 4000 年[①]。

在山西襄汾陶寺的龙山文化遗址里，发掘到先民居住的窑洞。一些窑洞是先向下掏出一个方形的深坑当院落的天井，天井里有斜坡道上行到院落外面来；在天井院子的四壁再横向掏土，筑成窑洞安居。一孔窑“洞顶骤然坍塌砸死的猪和砸毁的炊器盛器”，在遗址的考古发掘里被发现。[②]

姜寨遗址一期的家畜饲养

在临潼姜寨仰韶文化遗址（约公元前 4600 年），发现有两处牲畜圈栏：“姜寨一期的家畜饲养业要较同期的半坡早期和北首岭中期发达。在居住区内的大房

---

① 浙江省文物考古研究所：《河姆渡——新石器时代遗址发掘报告》第 362 页，文物出版社 2008 年。

② 解希恭主编：《襄汾陶寺遗址研究》第 639 页，科学出版社 2007 年。

子 F47 附近发现两个饲养家畜的圈栏，在大房子 F74 及 F53 的门前，发现两处牲畜夜宿场。根据动物的骨骼鉴定情况来看，猪骨和鹿骨占有很大比重，狗、羊也有一定数量，可知猪、鹿、羊等是当时饲养和放牧的主要家畜。从牲畜夜宿场地的面积看，一处可同时集中数百只畜类，其蓄养规模可见一斑。从出土渔猎工具的数量、种类以及兽骨中鹿骨较多等情况看，当时渔猎生产还是比较重要的产业。”“饲养家畜的圈栏面积较小，牲畜夜宿场面积较大。它们共同的特点是都在居住区的房屋附近，栏内及场内都有畜类粪便堆积。”①

三种家禽：鸡、鸭、鹅

A.“鷄（鸡）”的字源

甲骨文（鷄）是象形字。 = （有冠的鸟）+ （爪）+ （糸）+ （人）又写为 ，会意字。= （有冠的鸟）+ （奚，捆、戏弄）。鷄是古人抓捕后在家驯养的鸟类。金文鷄  也是象形。籀文 （鷄）、篆文（鷄）承续甲骨文字形。俗体楷书  用“又”（抓）代替“奚”。古籍里“鷄”和“雞”互为异体。《说文解字》曰：“雞，知时畜也。从隹，奚声。”就是天亮时啼叫报晓的家禽。字根奚，表示戏弄被捆绑的家禽。

最初华夏驯养的家鸡来源于雉    ，即山鸡。考古出土的华夏家鸡遗骸，最早的距今 8000 年以上，这是迄今已知最早的驯养家鸡。

B.“雉”的字源

甲骨文 （雉）= （鸟）+ （矢，箭），表示用箭射鸟。有的甲骨文  写成左右结构。有的甲骨文 （雉）= （鸟）+ （矢）+ （绳索），在“矢”上加 （绳索），以确保射中的鸟不丢失。本义为容易射猎的山鸡。金文雉  将“矢” 写成“至”。篆文  承续甲骨文字形。《说文解字》曰：

① 西安半坡博物馆、陕西省考古研究所、临潼县博物馆合著：《姜寨——新石器时代遗址发掘报告》第 349 页、342 页，文物出版社 1988 年。

"雉……从隹，矢声。"

C."鸢"的字源

甲骨文鸢 = （弋，矢箭）+ （隹）。本义为一种肉食鸟类，翼长，尾分叉，喙尖。金文鸢 将甲骨文的 写成 （弋）。隶书鸢 则将金文的 写成 弋 。《尔雅·释鸟》曰："鸢鸟丑，其飞也翔。"《诗经·大雅·旱麓》曰："鸢飞戾天，鱼跃于渊。"

D."鸭"的字源

篆文 （鸭）= （甲，叫声"呷呷"）+ （鸟）。《说文解字》曰："鸭，鹜也。俗谓之鸭。从鸟，甲声。"本义为鹜，一种"呷呷"叫的水禽，嘴扁脚矮，趾间有蹼，善游泳。隶书鸭 将篆文的 写成甲 。最初华夏驯养的家鸭，可能来源于鸢 和凫鹜 。《尔雅·释鸟》曰："舒凫，鹜。"殷商甲骨文中并未发现"鹜"字，也无"凫"字；殷墟历次发掘报告所鉴定的动物种类中，都不曾有"凫"的骨骸。迄今发现西周开始养鸭的史料有：辽宁凌源县营子村出土西周铜鸭形尊一件；辽宁喀左小转山子亦出土西周铜鸭形尊一件；河北平泉东南沟夏家店上层文化墓葬出土西周铜鸭一件。

E."鹜"的字源

篆文 （鹜）= （鸟）+ （矛）+ （攴）= （敄，击）+ （鸟），本义为分布广泛、遭大量捕杀的野鸭。《说文解字》曰："鹜，舒凫也。从鸟，敄声。"鹜，行动迟缓的水鸭。《礼记·内则》："舒凫翠。"《尔雅·释鸟》："舒凫，鹜。"郭璞注："鸭也。"疏："谓之舒者，以其行步舒迟也。"

F."鵞（鹅）"的字源

篆文 （鹅）= （鸟）+ （我，模拟叫声"哦哦"）。颈长，喙扁阔，尾短。隶书鹅 将篆文的鸟羽与鸟爪写成"四点" 。《说文解字》曰："鹅，䳘鹅也。从鸟，我声。"《孟子·滕文公下》曰："他日（仲子）归，则有馈其兄生鹅者。"

家鹅大致分中国鹅和欧洲鹅两个系统：欧洲鹅起源于灰雁；中国驯养的家鹅，可能来源于雁 （鸿雁），起源于东北，《尔雅·释鸟》有记载。华夏鹅的品种有灰、白二种。

G.“雁”的字源

金文（雁）=（即，“人”字形）+（鸟），鸟群飞行队形似“人”字。篆文雁、将“人”字形写为“厂”，另加“人”，强调“人形”雁阵。《说文解字》曰:“雁，鸟也。从隹，从人，厂声。”

H.“雏”的字源

甲骨文（雏）=（鸟）+（刍，稚嫩），本义为幼鸟。篆文写成。《说文解字》曰:“雏，鸡子也。从隹，刍声。”雏鸡就是小鸡。

I.“雇”的字源

甲骨文雇 =（隹，鸟）+（户，家园），表示“驯养鸟类栖于家中”。户，既是声旁也是形旁，表示家居。籀文雇 承续甲骨文。篆文雇 以“隹”代替“鸟”。《说文解字》曰:“扈，九雇。农桑候鸟，扈民不淫者也。从隹户声。，雇或从雩。，籀文雇，从鸟。”

J.“桀”的字源

金文桀 =（树枝）+（两个鸡爪），本义为古代供鸡栖息的木桩。篆文桀 写成上下结构，并将鸡爪 写成（止）和（止）。《说文解字》曰:“桀，磔也。从舛在木上也。”桀、磔，意为肢解牲畜祭祀。《说文解字》曰:“舛，对卧也。从夂㐄相背。凡舛之属皆从舛。”《诗经·王风·君子于役》曰:“鸡栖于桀。”桀，转意为“豪杰”，《诗经·卫风·伯兮》曰:“邦之桀（杰）兮。”

半坡遗址的家畜圈栏

在距今约6000年的半坡遗址里，也发现疑似家畜圈栏的遗迹:“在居住区的北边，靠近大围沟和西部两个小沟道之间，发现两个长条状的建筑遗迹。……在这两个建筑遗迹中，都没有发现灶坑或者居住面等居住痕迹。我们推测它们很可能是当时饲养家畜的圈栏一类的建筑遗迹。”①

---

① 中国科学院考古研究所、西安半坡博物馆:《西安半坡》第48页，文物出版社1963年。

上述木－石器时代中晚期和陶器时代遗址所见牲畜圈栏，都在定居点的住房附近。这些牲畜圈栏考古实例说明，在仰韶文化及河姆渡文化阶段，即公元前 5000—前 3000 年，母系氏族社会的先民已经普遍饲养了牲畜。

家畜的驯养，大体经过了拘禁驯化、野外放养与定居放牧几个阶段，有散放、牧放和圈养三种家畜驯养的形式。其实动物的本性有别，它们的驯化不可能采用同一种模式。甲骨文“养、牧、�、牢、圂”等字，反映了史前先民驯养家畜的几种类型，有关的甲骨文字源详见下文。

牧养牲畜

殷商甲骨文里，可以见到一些关于牧养牲畜的文字，为探索远古农牧业提供了宝贵而可靠的信息。

古代称放牛为“牧”，称放羊为“養（养）”。后来“養”专指圈喂家畜家禽。《周礼 · 地官 · 牧人》曰：“掌牧六牲，而阜蕃其物，以共祭祀之牲牷（quán）。”郑玄注：“六牲，谓牛马羊豕犬鸡。”又《周礼 · 天官 · 膳夫》曰：“凡王之馈，食用六谷，膳用六牲。”郑玄注：“六牲，马牛羊豕犬鸡也。”王引之《经义述闻 · 周官上》曰：“此六牲与《牧人》不同。《牧人》之六牲谓马牛羊豕犬鸡，此六牲则牛羊豕犬雁鱼也。盖膳夫之食饮膳羞，与《食医》之六食、六饮、六膳、百羞相应。”可备一说。

A.“養（养）”的字源

甲骨文養（养） = （羊）+ （攴，手持棍或鞭），表示驱赶羊群（或畜群）。本义为牧羊。金文  承续甲骨文字形。篆文  = （羊）+ （食，喂食），表示圈羊喂草。《说文解字》曰：“養，供養也。从食，羊声。”《荀子 · 礼论》曰：“𠬛能生之不能养之。”

B.“牧”的字源

甲骨文 （牧）= （牛）+ （手）+ （细枝），像手持枝条鞭打牛。本义为放牛（或畜群）。金文 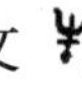 基本承续甲骨文字形。篆文  承续金文字形。《说文解字》曰：“牧，养牛人也。从攴，从牛。”《诗经》曰：“牧人乃梦。”《左传 · 昭公七年》曰：“马有圉，牛有牧。”《左传 · 僖公二十八年》曰：“谁扞牧

圉。"《尔雅》曰:"郊外谓之牧。"《周礼·牧人》曰:"掌牧六牲。"大体都是泛指牧养牛羊马等大型牲畜。

圈养牲畜

A."匡"的字源

甲骨文 （匡）= （曲，揉弯的竹子）+ （羊，泛指家畜），表示用揉弯的竹子做成栅圈，驯养羊等家畜。金文 将甲骨文的"羊" 写成"生" （牲畜），强调用竹栅圈防止羊或其他牲畜逃跑。有的金文 将揉曲的竹子 简写成 。古文中"匡"常被假借为"筐""框""眶"。

B."牢"的字源

甲骨文 （牢）= （围栏）+ （牛），像牛被关在围栏里。本义为圈养牛羊等牲畜的围栏。金文 承续甲骨文字形。篆文 在牛栏 门口加一横，表示将牛锁在牛栏里。《说文解字》曰:"牢，闲，养牛马圈也。从牛，冬省。取其四周帀也。"

甲骨文里表示"牢"的字形，在圈栏 里面，除关禁"牛"之外，还有写为"羊"或"豕"或"马"的，但都为泛指牲畜。甲骨文"牢"的各种异体字，表明在殷商及更远古时期，先民驯养家畜采用圈养的方式。

上文里引用过山西襄汾陶寺的龙山文化遗址资料，家养的豕被关禁在窑洞里。那处居所是一个向下掘出的深坑当院落的天井，在天井的四周再横向挖出窑洞。那组窑洞围成天井的居屋，造成了一个个很封闭的居室窑洞组，人与豕都居住在窑洞里。人畜共居的形式，要算"舍养"了吧。这种人畜共居的饲养形式，在今天西南某些少数民族村落里还有孑遗。

C."圉"的字源

甲骨文 （圉，读 yǔ）= （囹圄）+ （捆住）+ （牲）。有的甲骨文 顶部露头 。本义为牲畜关在牢里。金文 和篆文 承续甲骨文字形。《左传·昭公七年》曰:"马有圉，牛有牧。"《说文解字》曰:"圉，囹圄，所以拘罪人，从幸从口。一曰圉，垂也。一曰圉人，掌马者。"《尔雅》曰:"圉，禁也。”

篆文（圈）＝（卷，围成圆柱状）＋（口，围栏），本义为将家畜关在栅栏里饲养。《说文解字》曰：“圈，养畜之闲也。从口，卷声。”

苑囿养

与圈养方式相对应的，是半野生、半饲养的“苑囿”形式。

A.“囿”的字源解读

甲骨文（囿）＝（篱栅）＋（卉，百草），表示草木茂盛禽兽繁生的园子；有的甲骨文＝（墙垣）＋（林），表示有垣墙的园林；另有认为“囿”是养禽兽的动物园。金文＝（墙垣）＋（有，捕获物），表示可供游猎的林苑。

采用苑囿来放养的禽兽，不一定都是家养动物，还有一些不能驯养的野生动物。采用苑囿来饲养动物的形式，除了提供王公贵族肉食与祭祀用外，还有一个重要职能，就是为王公贵族提供狩猎场所和狩猎对象。《诗经·鲁颂·駉》中的“駉駉牡马，在坰之野”，是歌颂鲁僖公牧马于郊野，不伤害农田。《左传·僖公卅三年》有条记载，正反映出各诸侯国（殷代方国亦类似）普遍设立有苑囿禁地。原文为：“郑之有原圃，犹秦之有具囿也。吾子取其麋鹿以闲敝邑，若何？”《春秋·成公十八年》载：“筑鹿囿。”晋杜预注：“筑墙为鹿苑。”可见，自远古以来，直到清朝，历代王公贵族几乎世代相传设置“鹿囿（鹿苑）”，“苑囿养”的半野生动物主要是各种鹿类，即鹿、麂、麋、麞（獐）等。

“牡牝”今释

牡牝（pìn），古代指畜养家畜的雄性和雌性。《墨子·辞过》曰：“则曰牡牝雄雌也。”远古先民重视对动物的驯养繁殖，因此对动物的性别敏感，定义也相当准确。《说文解字》曰：“牡，畜父也。从牛，土声。”可见牡在甲骨文时代（殷商）音同“土”。孔子曰：“牛羊之字以形举也。”甲骨文则写为如甲骨文牡

（mǔ）。“畜名 + 上”。“上牛”即种牛，写为  = （牛）+ （上），表示交配时体位在上的公牛；“上羊”即种羊，写为  = （羊）+ （上）；“上豕（猪）”即种豕（猪），写为  = （豕，猪）+ （上）；“上鹿”即种鹿  = （鹿）+ （上）；“上马”即种马，写为 ；等等。本义为交配时体位在上的动物，即雄性动物。

牝字，古音同“匕”。《说文解字》曰：“牝，畜母也。”字形采用“牛”作形旁，“匕”作声旁。《易》曰：“畜牝牛，吉。”就是说：畜养母牛，大吉大利。

“龍（龙）、寵（宠）、龐（庞）”的字源解读

远古的甲骨文“龍（龙）、寵（宠）、龐（庞）”三个字证明，华夏先民不仅豢养豕犬牛羊，而且还豢养龙（古代一种爬行动物，即蟒）。青龙与白虎、朱雀、玄武并称为四神兽。十二生肖之一的“龍（龙）”，跟其他十一种动物一样，在华夏上古时代也都是现实存在，并非虚拟的。

甲骨文  的形象是活生生的图画，完全就是一条张着大口、蜷着身子的蟒蛇（不是普通的小蛇），并不像鳄鱼那样长着四条腿和脚爪，所以有人想象“龍（龙）即鳄鱼”不符合事实。“龍（龙）”这种威猛的蟒蛇成了华夏先民的图腾，因此有的王公贵族在家豢养这种蟒，以祈求吉祥幸福。《左传》载：“古者畜龙，故国有豢龙氏，有御龙氏。”

甲骨文中的“龍（龙）”“寵（宠）”“龐（庞）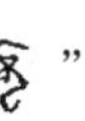”三者字形相近。

 寵（宠）= （宀，大屋）+ （龙，张着大口的蟒），本义为把当成宠物养在家中。《说文解字》曰：“寵，尊居也。从宀，龍声。”可见，这个字的古音与“龍（龙）”相同，应该也读 lóng，至于宠物的“宠（chǒng）”是多年以后的方音变化。

（庞）= （广，大屋）+ （龙，张着大口的蟒），本义为豢养巨蟒的大屋。《说文解字》曰：“龐，高屋也。从广，龍声。”可见，这个字的古音也是与“龍（龙）”相同，应该也读龙 lóng，至于“庞”（páng）是多年以后的方音变化。

《礼记·礼运》曰："麟、凤、龟、龙，谓之四灵。"也就是说，麟为白虎，凤为朱雀，龟为玄武，龙为青龙。《孔子家语·执辔》曰："甲虫三百有六十，而龙为之长。"《左传·襄公廿一年》曰："深山大泽，实生龙蛇。"刘向《新序·叶公好龙》曰："叶公子高好龙。"可见，古代许多人认为龙这种动物在历史上确实存在过的。

至于此后千百年来，历代朝野人为地将"龍（龙）"渲染成"马首（或狮头）、虎舌、鹿角、蛇身、鹰爪、鱼鳞、鱼鳍，威武完美，无可匹敌"的形象，又传说得神乎其神，"龙，鳞虫之长。能幽，能明，能细，能巨，能短，能长；春分而登天，秋分而潜渊"。那都是后来不断神化的结果了。

（五）中外史前驯养动物的差别

远古中外驯养家畜的对比

史前，两河流域和尼罗河流域是最早孕育文明的两大发源地。两河东北边缘札格洛斯（Zagros）山麓的沙尼达尔（Zawi Chemi Shanidar）遗址，出现了大约距今一万年前人类驯养家畜（羊类）的迹象。距今约 9000 年前，在西南亚"新月肥沃地带"种植作物及蓄养山羊已属常见，而猎取及采集活动，仍为重要的生活方式。约 8000 年前，札格洛斯山麓已处处都有农业村落，其中一个重要的耶莫（Jarmo）遗址，除种麦的农业之外，养殖家猪也已出现。两河流域西北，安那托利亚山区的卡塔·休裕（Catal Huyuk）遗址，及地中海东岸的耶利哥（Jericho）遗址，都是初期农牧业的重镇。

公元前 7000 年，耶利哥聚落面积已经超过 60 市亩。耶利哥的农业经济依赖于大麦和小麦耕作；饲养家畜，主要是羊，供应肉和奶；狩猎仍然是主要经济部门，狩猎羊和各种湿地鸟类，满足肉和皮毛的需求。

卡塔·休裕位于土耳其南部，稍晚于耶利哥。考古发现证明，卡塔·休裕的经济门类较耶利哥更加多样，农业是最重要的生产活动，狩猎仍然占有重要地位，家畜饲养的规模和种类远远大于耶利哥。

札格洛斯山麓，如今还有不少麦类植物的野生远亲散布各处。正是从这些麦类亲属群中，两河流域的远古先民选择可栽培的品种，尝试种植为食用作物。最早种植的品种，可能是“黑麦”，后来又尝试种植单粒小麦、二粒小麦、二棱及六棱大麦，和如今的“面包小麦”（bread wheat）及豆科作物。在两河流域，先民也驯养了山羊、绵羊、狗、猪。而安那托利亚高地在距今8000年前已有驯养的牛类。这些生活资源，不仅为两河文明发展打下基础，而且由此向四面八方传播，使欧洲、北非洲及波斯湾以东的西亚各处先民先后发展了农牧业及定居的文化。①

远古埃及尼罗河流域的畜牧业十分发达，古王国时期（公元前2686—前2181年）畜养的家畜主要是驴、山羊、绵羊、牛和猪。第四王朝（约公元前2613—前2494年）贵族哈佛拉安在墓志铭里，记载他拥有835头有角大牲畜、220头无角大牲畜、760头驴、2235头山羊、974头绵羊。第五王朝（公元前2494—前2345年）的贵族萨布的墓志铭里，记载他有406头公牛和乳牛，1237头牡牛，小牲畜则在10000头以上。

希拉康波里等遗址的一些贵族墓葬壁画中，还绘有畜牧活动的图景，都表明了当时畜牧业的发达。

但在古王国时期，古埃及人还曾尝试驯养鹤、牛鹭、羚羊和瞪羚等动物。古埃及人强行给它们喂食，试图将它们驯化，但未获成功。新王国时期（公元前1550—前1069年），古埃及人还在猎杀野生动物，此后缺乏新品种被驯化的记载。②

本章只讨论古代农耕民族对定居生活下的家畜动物饲养，而不涉及游牧民族的动物牧养以及追逐水草的游动放牧。着重叙述的动物奶食，也是基于农耕民族之间的比较性讨论，而不涉及游牧民族对奶食的依赖。

亨利·摩尔根在名著《古代社会》里，阐述了史前先民驯养家畜的重大历史作用：“掌握家畜饲养业的部落能保证肉类和乳类食物的供应，因而得以从一

① 吴宇虹等著：《泥板上不朽的苏美尔文明》第3页，北京大学出版社2013年。

② ［英］海伦·斯特拉德威克（Helen Stradwake）编，刘雪婷等译：《古埃及》第398页，上海科学技术文献出版社2008年。

大群其他的野蛮人当中分化出来。在西半球，如仅靠狩猎获取肉类食物，供应则得不到保证。村居印第安人的主要食物仅限于一种（按：指植物性食物），这对他们是不利的；……在东半球，因饲养家畜而使得勤俭的居民能保证肉类及乳类食物的供应；毫无疑问，这种食物对于增强种族的体质和活力具有非常显著的效果，对于增强儿童体力的作用尤为突出。”①

有一种理论认为，种植业的发明可能是家畜养殖的需要，当初的收获物都是用于动物的饲养，后来逐渐驯化成食用谷物，作为人类自己的食粮。

摩尔根所叙述的“东半球居民”以肉类、乳类食品为主要食物，讲的是以古代苏美尔人、古代埃及人和欧洲人为主的农耕定居的先民。他们饲养并培育出乳用畜的生产方式，现在比较容易理解——乳用资源是一种“可再生资源”，只要畜养活体动物，就会有源源不断的乳品，聪明的先民在驯养野生动物为家畜后，首先利用兽乳资源是非常明智的。

而在亚洲远东的古代诸农耕民族，则以谷物、鱼类及素食为主，肉食为辅，并未独立发展出乳用家畜品种，未形成社会性（或民族性）的日常食用乳品的习惯。笔者感到，这是古代东亚农耕民族与古代西亚、环地中海以及古欧洲农耕民族的显著区别，或者说是东半球农耕文明的两大类不同的饮食文化形态。

远古诸民族对饲养家畜的使用情况

猎获和饲养动物，以取得禽畜肉类供食用，这是所有史前先民狩猎活动的直接目的。随着历史的进展，先民驯化了家畜，对于家畜的利用除了食肉之外，还扩展到了役用：（1）用家犬帮助狩猎的“猎役”；（2）用家犬看家护院的“卫役”；（3）用家犬协助放牧牛羊的“牧役”；（4）用牛拉车拉犁的“力役”；（5）用马、驴供乘骑代步或拉车的“路役”；（6）用猫抓老鼠以保护粮食和住宅安宁的“靖役”；（7）用雄鸡报晓的“晨役”。

此外，还扩展到利用牲畜的皮毛制衣，用动物脂肪制烛炬和润滑车轴，用角

①［美］亨利·摩尔根（Henry Morgan）著：《古代社会》，杨东莼、马雍等译，第23页，［北京］商务印书馆1977年新译本。

和骨制工具的“材用”，食用家禽蛋的“蛋用”，以及对家养动物粪便的“肥用”。很可能，对于污秽粪便的处理，亦是种植农业迟早出现的促进因素之一。

值得一提的是，扩展到用家畜家禽来祭祀祖先和神灵，这是史前人类从物质生活方式产生出的精神生活方式。

上述对家禽家畜的饲养和利用，在西亚、欧洲、北非的史前诸民族里是一致的。东亚诸民族与西亚、北非、欧洲民族的差别在于，东亚农耕民族没有培养出奶用家畜（奶牛、奶羊），没有形成乳食的传统生活习惯（游牧民族除外）。

远古两河流域的苏美尔人，在泥板文书留下的大量动物寓言里，“提及最多的是狗、家养奶牛和驴，狐狸和猪次之”。①

在古代埃及的德尔巴哈里（Deirel-Bahani）地区，考古发现的浮雕上就有牧民跪在地上挤牛奶的形象；待哺的小牛犊，在画面里被用牛鼻绳拴在了母牛的左前腿；而浮雕的母牛形象，其右眼下有一滴清晰可见的泪珠。②

在史前欧洲野蛮时代，对于猪如此利用：“猪是肉、油和皮革的来源，另一方面猪还用来踩踏田地，彻底翻耕土壤表层，除草松土，为栽培作准备，同时也施撒粪肥。”对于牛如此利用：“一开始养牛是为了吃肉和制革。以后人们也因牛奶而饲养，它是一项重要资源，其形式很可能是奶酪。”对于羊如此利用：“当时绵羊和山羊都产奶，尽管这方面证据寥寥，山羊产奶时间与牛产奶时间差不多。在地中海地区，山羊是该地主要家养动物，也是奶的供应者，羊奶多半用来做奶酪；在温带欧洲，牛是主要供奶者，尽管人们也用羊奶。”③

中外古代先民的祭祀用畜

从甲骨文里还可以窥见远古华夏先民使用牲畜来祭祀的一些信息。罗振玉辑有殷商卜辞1169条，其中卜祭一项即占538条，居首位。由此可见华夏先民

① 吴宇虹等著:《泥板上不朽的苏美尔文明》第171页，北京大学出版社2013年。

②［英］海伦·斯特拉德威克（Helen Stradwake）编，刘雪婷等译:《古埃及》第397页，上海科学技术文献出版社2008年。

③［英］简·麦金托什（Jane Mcintosh）著，刘衍钢、张元伟等八人译:《探寻史前欧洲文明》第160页—163页，商务印书馆2010年。

对于使用牲畜祭祀的重视。

祭祀，指祭神（上帝）、祭祖（先王先公），根据宗教或社会习俗，进行一系列象征性仪式。《左传・成公十三年》曰：“国之大事，在祀与戎。”意思是，古代（周秦以前）国家大事有两项最重要，就是祭祀和战争，这反映了统治者对天地的敬畏、对祖先的崇敬和崇尚征伐的思想。远古祭祀的仪式，起初没有宰杀动物献给上帝祖宗，叫作“薦（jiàn，即荐，神兽所食草）”。后来用牲畜敬神，“而加牲曰祭”。《公羊传・桓公八年》载：“无牲而祭曰荐，荐而加牲曰祭。”《穀梁传・桓公八年》也作同样的记载：“无牲而祭曰荐，荐而加牲曰祭，礼各异也。”《礼记・王制》曰：“大夫、士宗庙之祭，有田则祭，无田则荐。”说明贵族若举行祭祀，需要一定的地位和财产。

A.“祭”的字源解读

甲骨文 （祭）= （手）+ 。祭祀的形象为手持滴血的肉块。本义为用牲畜的血肉敬供上帝（天神）和祖宗。有的甲骨文 加“示” ，强调祈祷天神。金文 将甲骨文的“肉”写成 ，并调整结构。篆文 承续金文字形。《说文解字》曰：“祭，祭祀也。从示，以手持肉。”《礼记・祭统》曰：“祭者，所以追养继孝也。”

B.“祀”的字源解读

甲骨文 （祀）= （示，神）+ （巳，幼儿），本义为用幼儿做活祭。

有的甲骨文 = （異，巫师面具）+ （人举双手），表示巫师头戴面具祈祷。金文 、篆文 承继甲骨文字形。篆文异体字 综合两款甲骨文字形。《说文解字》曰：“祀，祭无已也。从示巳声。禩，祀或从異。”“禩”是“祀”的异体字，“異”为声旁。《周礼》曰：“以雷鼓鼓神祀。”说明祭祀仪式要敲鼓。

C.“獻（献）”的字源解读

甲骨文獻（献） = （鬲）+ （肉食祭品），陈列祭品以敬神。还有的甲骨文 = （持）+ （卜，神杖），表示占卜时的敬奉。

D.“牲”的字源解读

甲骨文 （牲）= （羊）+ （生，即牲），金文 = （牛）+ （生，牲），本义为用于祭祀的牛羊等动物。篆文 承续金文字形。

从考古资料和传世文献可见，古华夏王公的祭祀用牲，比古埃及的规模显赫。

古埃及遗留下的石刻作品里，用于祭祀的肉类，有牛腿、牛头、鸭鹅禽类。古埃及人认为牛的左前肢是祭祀献肉的最好部位，宰杀了牛之后，左前肢是最先从牛身上割下来的，用魔力粉浸泡之后，成为任何一种祭祀仪式都不可缺少的重要部分。[①]

《诗经》里有许多用牛羊祭祀的篇章。如《小雅·楚茨》："济济跄跄，絜尔牛羊，以往烝尝，或剥或亨，或肆或将，祝祭于祊，祀事孔明，先祖是皇……"《小雅·信南山》："祭以清酒，从以骍牡，享于祖考……"《小雅·甫田》："以我齐明，与我牺羊，以社以方……"无论古代还是近现代，隆重的祭祀仪式，是采用全身的三牲作为献祭品，次一级的祭祀，用三牲的头。《辞海》里关于"太牢"的解释是：古代王、侯祭祀社稷时，牛、羊、豕三牲全备为"太牢"，亦作"大牢"。甲骨文中的三牲为太牢  = 、（牛）+ 、（羊）+ （豕）。

殷墟出土的"后（司）母辛"鼎；特别是"后（司）母戊"鼎，重量达875千克，其硕大不凡的体积，显然是祭祀时当作烹煮三牲之用，而不是日常的炊事器具。

[延伸讨论] 对比在世界各博物馆里见到的远古青铜器制品，古埃及、古希腊表现平民人物形象的较多；而华夏商周时代，表现神权和王权的重器及其铭文很多，表现个人形象的制品很少。偶尔出现个别的人形，如受过刖刑的奴隶被安置在青铜暖炉的火门旁边；某一青铜器四角承重支足的就是四个跽坐的奴隶。这是自古以来中外文化在"人的观念"上的一大差异。

（六）饲料生产导致中外农牧业的不同趋向

摩尔根《古代社会》一书，对欧洲史前大田农业起源作了推测。同一种牲畜的名字在雅利安语系的各种方言里彼此相同，而谷物和其他农作物的名称却彼此

① [英] 海伦·斯特拉德威克（Helen Stradwake）编，刘雪婷等译：《古埃及》第185—189页，上海科学技术文献出版社2008年。

不同，他由这种语言现象推断："雅利安人发现谷物和种植谷物晚于他们之饲养牲畜。"他认为，牲畜动物的饲养是在雅利安人的始祖还没有分化的早期就已发生，并且付诸语言的表达，所以尽管后来雅利安人分化为若干支系，但是牲畜的名称却是统一的。相反，雅利安语系的不同分支里，对谷物的名称不同，则有可能是在出现语言分支以后，各自先后对谷物的独立命名。①

摩尔根进一步指出，雅利安语系史前先民的种植生产，首先发生在小块土地的园圃里，是为了种植饲养牲畜所需的饲草——"看来，园艺的兴起与其说是出于人类自身的需要，还不如说是出于饲养家畜的需要"。摩尔根在分析和叙述从定居部落再分化出游牧部落时，又重申自己的上述看法："谷物的种植看来很可能是出自牲畜的需要，并与这些部落向西方迁移的运动有关；而且他们由此获得的知识终于使他们自己得到了淀粉食物。"② 由园圃种植逐步扩展为大田种植谷物，摩尔根依此推论，史前欧洲"园艺的出现早于田野农业"。

从史前的劳动工具角度来分析，摩尔根的上述看法符合劳动工具的产生与发展过程。在垦荒为田的初始阶段，工具简陋，只能在蛮荒环境里先开辟小块的土地。如果（西亚欧洲先民）是为了种植牲畜饲草饲料，那么为了防止其他的野兽也来"偷吃"，将小块土地圈围起来，是顺乎其然的举动，这就是摩尔根笔下的"园圃"式耕作方式。随着农垦工具的进步，特别是犁的发明和畜力的役用，开垦荒地为农田的生产力增强了，于是"园圃"农业发展扩大为田野农业，栽培的作物也从饲草饲料扩大到人类的粮食种植生产。至于在史前的欧洲，究竟农业的起源是从种植饲草饲料开始还是从种植人用粮食开始，是一个需要进一步探讨的问题。

摩尔根关于古代欧洲农业起源于小块土地的垦种，起源于园圃，在欧洲其他作者著述中亦可读到："在线纹陶文化中，聚落周围的场地清理很有限，向外延伸不超过一英里，在许多情形中，田地更像是林园，就在房前屋后。在意大利塔沃列雷，早期耕作与之类似，局限于屋边适于耕作的小块土地。这种形式在欧洲

---

①［美］亨利·摩尔根（Henry Morgan）著：《古代社会》，杨东莼、马雍等译，第21页—24页，商务印书馆1977年新译本。

② 同上。

其他地区随处可见。”[①]

从现存的古埃及、古亚述和古巴比伦的资料来看，两河流域与尼罗河流域的古代文明都与河流每年的周期性泛滥密切有关。河流一年一度的定期泛滥，在人类涉足那片土地之前就已存在，造就了肥沃的冲积平原，且因每年洪水涨落处没有森林，只有沼泽、草原。最早的真人（Real Human）先民来到这种环境里，自然以渔猎为生，并且易于驯养家畜；也因冲积平原便于开垦，很早便产生了原始农业，培植出大麦、小麦等重要的粮食作物。大麦和小麦，是大自然馈赠给西亚的珍贵礼物，提供了西亚史前先民牲畜饲料和粮食生产的本源，为西亚发展出世界最早的家畜养殖和粮食栽种奠定了基础。在史前两河流域和古代埃及，先民种植小麦是供人来食用，而种植大麦则是用来酿啤酒和当作饲料。有关文献资料里记载的用大麦当饲料，并不是仅用大麦酿制啤酒之后的残渣来养畜，两河流域的先民直接用大麦原粮来喂养家畜。

1949 年美国考古队在尼普尔发现的丁头字泥板文书残片，经整理恢复后被释读了出来，被称为《苏美尔农夫家训》。该泥板文书记述:“每一顷（18 亩）田配给 3 斛（180 升）大麦作为牛饲料和种子，以保证每只犁牛有力量胜任工作强度。”[②]

古代西亚、北非和欧洲由于在农业的肇源初始阶段就实行了饲料的种植，他们的家养牲畜规模可以发展得很大。强大的家养牲畜生产，为西方先民提供了丰富的肉食、乳食、皮毛衣料原料，形成了西方民族与东亚民族截然不同的生活方式和生活习惯。

英国考古学家戈登·柴尔德（Childe, Vere Gordon）在《人类创造了自身》一书中，也叙述了北非、西亚和欧洲等地在新石器时代为牲畜种植饲料的情况:“当畜群超过一个下限时，则要为它们提供特别的口粮，……作物可能被刻意地种植、收割和保存起来，用作牲畜的饲料。”[③]

西亚、北非和欧洲的饲料种植，繁荣了畜牧业。对比之下，华夏先民在史

---

①［英］简·麦金托什（Jane Mcintosh）著，刘衍钢等 8 人译:《探寻史前欧洲文明》第 176 页，商务印书馆 2010 年。

② 吴宇虹等著:《泥板上不朽的苏美尔文明》第 107 页，北京大学出版社 2013 年。

③［英］戈登·柴尔德著，安家瑗、余敬东译:《人类创造了自身》第 63 页，上海三联书店 2012 年。

前农业初始阶段，在垦荒种植方面，为人自身需求考虑较多，而较少考虑饲养家畜。

参照甲骨文、金文，与国外相关著述比较，可以看出中外种植地的差别。金文语境里的“園圃”主要种植瓜果、菜蔬，供人食用，而不是用来种植牲畜的饲料。

A.“園（园）”的字源解读

金文 （園）= （袁，圆形衣领）+ （口，栅圈），本义为用篱栅围起来种植瓜果（桃李之类）的田地。篆文  承续金文字形。《说文解字》曰：“園，所以树果也。从口，袁声。”《诗经·魏风·园有桃》曰：“园有桃。”《乐府诗集·长歌行》曰：“青青园中葵。”

B.“圃”的字源解读

金文 （圃）= （苗，指菜地）+ （口，栅圈），本义为有栅栏围护的种植菜蔬的园子。篆文  将金文的“苗” 写成“甫”。《说文解字》曰：“圃，种菜曰圃。从口，甫声。”《诗经·豳风·七月》曰：“九月筑场圃。”

华夏农业畜牧的传统品种——牛羊以草食为主，较少喂饲谷物。如养猪活动，普遍饲养的家猪，则以养户的食余之物、粮食加工的下脚料当作主要饲料。由于饲料数量有限，于是小农家庭养猪数量也有限。传统的门户采用分散饲养的方式，包括一些贵族家庭庄园雇佣劳力养猪，虽然其数量略大些，但仍属家庭的分散饲养，并没有集约化的养猪产业。粮食酿造后的残渣或谷物加工淘汰的麸皮，才作为养猪饲料。在古代中原的传统农业里，没有独立的大规模牲畜养殖业，没有乳畜饲养，没有乳食，只有小规模的依赖于人类食物残渣和下脚料或草料的饲养业。家庭饲养业在中国传统农耕经济里，始终是一种副业。（这里的论述分析，局限于中原农耕产业，不包括中国版图里游牧民族的游牧产业。）

（七）“家畜起源”的学术争论最新动态

关于驯化与驯养家畜的起源问题，一直是世界各国学术界共同瞩目的焦点之一。近年来，国际学术界对“豕（猪）”的起源基本上达成共识，即认为约万年以前“豕（猪）”从两大主要起源中心——西亚与远东（华夏），逐步扩展到全球各地。然而，对于牛、羊、马等家畜的驯化与驯养的起源问题，长期以来存在争议，众说纷纭。

有关“家畜起源”的学术争论，近来有不少最新的进展：一方面，来自考古新发现；另一方面，来自最新分子生物学的古 DNA（ancient DNA）分析，将“古 DNA 技术”引入到家养动物的起源与进化研究中，提供了许多新证据。[①]

英国考古学家 Grahame Clark 首次提出“生物考古”，即“古 DNA 技术”，主要是针对考古遗址出土的古代动物的考古学基因研究。保留在古代生物遗骸中的遗传物质 DNA 是重要的遗传学资源。近年来，“古 DNA 分析”成功地运用于考古学中，形成了一门新兴的学科——“分子考古学”。古代生物体死亡腐朽后，从遗骸（骨骼等）提取、鉴别其体内留存的线粒体 DNA（脱氧核糖核酸）样品结构进行实验分析，可以揭示其血缘遗传的世系，从而确定该生物种群的历史起源与进化，在解决野生动物的驯化家养过程等重大问题上，取得新的进展。古 DNA 分析是研究人类史前史的强有力工具。[②]

世界各地驯养豕（猪）的起源和扩展

研究表明，源自西亚（近东）的家猪，在木－石器时代晚期和陶器时代进入欧洲，但欧洲本地的野猪也在同一时期（可能就在近东家猪引进之后）被驯化；欧洲猪驯化以后，在整个欧洲迅速地取代了引进的近东家猪。这一研究为农业经济由木－石器时代起源地——西亚（近东）地区向西（欧洲）迁徙的历史研究增加了更多的证据。[③]

由此可证，先前欧洲学者利用现代猪的遗传信息得出了欧洲家猪与欧洲野猪关系更近的说法是不准确的。欧洲的家猪连同农业一起，源自西亚。

国际学术界还分析了来自 38 个国家的 686 个家猪和野猪样本的 mtDNA 控制区序列，得出结论：世界历史上至少形成 6 个家猪驯化中心，包括近东

① 常娴：《古 DNA（ancient DNA）分析技术在考古学研究中的应用》，载《文物春秋》2009 年第 1 期。

② 申万祥、姚默等：《生物考古中的 DNA 分析技术概况》，载《畜牧与饲料科学》2012 年第 2 期。

③ Larson G, Albarella U, Dobney K, et al. *Ancient DNA, pig domestication, and the spread of the Neolithic into Europe*. Proc Natl Acad SciUSA, 2007, 104: 15276—15281

（西亚）、华夏、东南亚、印度及太平洋岛屿、西欧和意大利。研究者们还通过分析欧洲 221 个古代和 323 个现代猪样本的 mtDNA 控制区序列，揭示了亚欧猪种的驯化和迁移历史。

此外，Larson 等人[①]通过对 781 个古代与现代猪 mtDNA 样本的研究分析，证明早期伴随着人类迁徙的家猪通过东南亚半岛向大洋洲的扩散历史。遗传学和考古学证据都显示，现代和考古时期的印度尼西亚和大洋洲的猪，与东南亚大陆的家猪相关联，这些猪的品系被带到了华莱士线以东地区，包括新几内亚，这一地区所谓的“野猪”也是早期的农耕者带来的家猪野性化形成的。

另一次猪的扩散把东亚大陆类群连接到了西部密克罗尼西亚、中国台湾和菲律宾。这些重要的数据，可以用来验证人类在大洋洲扩散的各种假说。

在国内，中国农业大学研究者首次从多个历史时期的猪骨中提取出 DNA，其中包括最早发现家猪的贾湖遗址（距今约 9000 年）。会同国外学者，他们结合古代猪和 1500 多个现代猪的线粒体信息，从多角度阐释华夏及东亚家猪的驯化历史。一方面，从纵向的角度，确证了家猪近万年来在华夏中原地区延续性的驯化历史，这与欧洲家猪驯化历史的非延续性形成对比；另一方面，从横向的角度，揭示出在印度、东南亚、台湾岛沿线的另外 4 个家猪驯化中心。此外，该研究还揭示出多个现存的、分布广泛的野猪支系，它们自始至终没有对华夏家猪有遗传上的贡献。该研究提供了至今为止最为全面的亚洲家猪驯化历史图景。[②]

百多年以来国内外许多学者认为，华夏远古驯养的牛（黄牛）、羊（绵羊）、家马等，都是由外界输入的。这是因为过去一些考古资料证明：牛与羊最早驯化于西亚地区，传播到北非和欧洲；马则最早由中亚的雅利安部族驯养。这种观点居于强势，且从欧－亚草原的游牧地带看来，类似的家畜输入华夏是可能的。但仍然有人坚持认为华夏本土有自己的黄牛、绵羊、家马驯养史，并提出过一些考古学证据。两方各持己见，相持不下。如今，新兴的古 DNA（ancient DNA）技术，可帮助我们揭示远古时期牛（黄牛）、羊（绵羊）、家马的动物驯养史。

---

① Larson G, Cucchi T, Fujita M, et al. *Phylogeny and ancient DNA of Sus provides insights into neolithic expansion in Island Southeast Asia and Oceania.* Proc Natl Acad Sci USA, 2007, 104: 4834—4839.

② Larson G, Liu R, Zhao X, et al. *Patterns of East Asian pig domestication, migration, and turnover revealed by modern and ancient DNA.*Proc Natl Acad Sci USA, 2010, 107: 7686—7691，以上引自刘冉冉等译文。

华夏绵羊的起源和扩展

考古证据表明，绵羊最早可能是在距今 10000 年前西南亚的新月沃地被驯化的，因此那里被学术界认为是起源中心。占主导地位的传统观点认为，华夏绵羊是由外界输入的。

但是新近考古发现，距今 10000 年前的广西甑皮岩遗址中鉴定出有羊的遗骸，8000 年前的河南舞阳贾湖遗址又发现羊的遗骸。羊之成为家畜豢养，大致在仰韶和龙山文化时期。在仰韶文化早期的一些遗址中，零星地发现羊骨或陶塑羊，古生物学者还未能断定是否为驯养的家畜。在黄河流域，家羊骨骼发现于三门峡庙底沟二期文化中，碳 14 测定为距今约 4800 年。到龙山文化时期，家羊豢养的遗迹就很普遍。

分子生物学的研究结果表明，在现代绵羊群体中存在 5 个不同的线粒体 DNA 世系：A，B，C，D，E。各世系的分歧时间远远超过绵羊的驯化时间。历史上经历了群体扩张，部分世系呈现明显的地理分布特征，例如世系 A 在东亚群体中占统治地位，世系 B 在欧洲群体中占统治地位。这些研究表明，绵羊是多地区起源的。

为了探讨华夏绵羊的起源，最近，我国学者运用先进的分子生物学“古 DNA 分析”实验方法，得出了新的结论。对青海和内蒙古等地出土的、距今 4000 年前的古绵羊遗骸进行了分子考古学研究，然后结合山西陶寺和二里头遗址古绵羊遗骸数据查明了古 DNA 序列，结果显示东亚世系 A 占统治地位。

对河南二里头遗址出土的、距今约 4000 年的 9 具古绵羊遗骸，进行了线粒体 DNA 分析。结果显示，二里头古绵羊属于东亚世系 A，与中国特有的地方品种如小尾寒羊、湖羊、蒙古羊、同羊等有着共同的母系祖先，在遗传上有继承关系。而野生盘羊和原羊并不是中国藏系和蒙古系绵羊的母系祖先。这个结果表明，远古华夏有独立驯化史。①

更多的采样同样证实了这个结论。对 7 处考古遗址出土的、53 个距今约 4000—2500 年的古代绵羊遗骸，进行分子生物学研究，从中揭示了绵羊母系

---

① 蔡大伟：《古 DNA 与家养动物的起源研究》，载《吉林大学》2007 年年度专刊。

遗传结构的变化轨迹：在距今 4000 年前的绵羊群体中，存在两个世系 A 和 B，其中，世系 A 占有统治地位，频率高达 95.5%；而在距今 2500 年前的绵羊群体中，除了世系 A 和 B，又新出现一个世系 C。对内蒙古凉城县小双古城和板城墓地春秋战国时期 24 具古绵羊遗骸进行 DNA 分析，分别扩增并测序了线粒体 DNA 控制区 271bp 和细胞色素 6 基因 300bp 序列、系统发育树和中介网络图，结果显示，中国内蒙古地区古绵羊存在 3 个含有不同频率的单倍型类群 A（73.9%）、B（17.4%）和 C（8.7%）。细胞色素 b 基因的分析结果表明：这 3 个母系世系的分化时间，远早于动物的驯化时间，这揭示了华夏绵羊具有 3 种不同的母系起源。研究还发现：华夏古绵羊群体与中国现代绵羊群体的遗传距离最近，并且二者之间的遗传结构极为相似。这证明，2500 年来中国绵羊的遗传结构趋于稳定，并对现代绵羊的基因贡献起着非常重要的作用。①

华夏家鸡的起源和扩展

家鸡起源于何时何地？传统有一种说法，认为家鸡在 4000 年前起源于印度。

考古专家对河北武安磁山古遗址发现的鸡骨遗骸进行科学测定，这些鸡骨年代为 7355±100 年，经数轮校正，应为距今 8000 年以上。这是迄今已知最早的驯养家鸡。②

磁山遗址已出土动物遗骸 116 块。除豕（shǐ，猪）和犬两种家畜遗骨外，还有较多的鸡骨（包括跗跖骨、锁骨、肱骨、股骨、尺骨和桡骨）。

从磁山遗址发现的鸡骨标本里，取 10 件完整的跗跖骨进行分析，由数据看来，这些鸡骨与现代鸟类中野生原鸡接近而稍大，但小于现代家鸡；鸡骨中绝大多数为公鸡，母鸡数量很少，这是因为，磁山先民与现代人一样，将公鸡宰杀而将母鸡留下来产卵，所以公鸡骨骸较多，这也可证实磁山遗址出土的鸡骨标本确属家鸡。

---

① 韩璐等：《内蒙古春秋战国时期古绵羊线粒体 DNA 分析》，《自然科学进展》2009 年第 19 期。

② 曹国厂、王炳美报道：《河北磁山遗址出土鸡骨》，新华网 2011 年 10 月 17 日。

此外，在仰韶遗址出土的家畜家禽遗骨里，经科学鉴定，也有家猪、家犬和家鸡。

华夏黄牛的起源和扩展

华夏先民在仰韶时期就可能驯化黄牛。距今 7000 年的临潼姜寨遗址出土有黄牛遗骸，被认为可能是家畜，至少是已经开始驯养了。山东省藤县北辛仰韶文化早期和宝鸡北首岭的仰韶文化遗址中，都发现有黄牛的骨骼，据推测，有可能是家养的；大汶口文化的大汶口和王因遗址中，也发现有作为家畜的黄牛。确证家养黄牛的遗址，见于木－石器时代晚期（约公元前 5000—前 3000 年）。黄牛是殷商“王”一级祭祀“太牢”中最主要的祭牲；后来，牛耕的发明又使黄牛成为传统农耕经济中役用的主要畜力。

国际上现代黄牛群体的大规模线粒体 DNA 分析表明，在现代普通牛群体中存在 5 个线粒体 DNA 世系：T、T1、T2、T3、T4。T1 世系主要发现在非洲牛中，在其他地区很少发现，暗示非洲普通牛可能经历了独立的驯化。T、T2 和 T3 是近东和欧洲普通牛的主要世系，尤其 T3 在欧洲群体中占有统治地位，被认为是木石复合工具（Composite tool）时期起源于近东地区。T4 是在东北亚地区的普通牛中发现的一个新的世系，这个世系中并没有欧洲和近东的牛，这暗示 T4 在东北亚地区经历了独立的驯化。

对华夏北部地区三个青铜时代遗址的 26 具黄牛遗骸进行的分子考古学研究表明，有 T、T2、T3 世系。还发现有 T4 世系，而 T4 世系是东亚起源的。这说明史前华夏确实有自己驯养黄牛的历史。

对世界各地黄牛驯化史的研究方兴未艾，有待深入。[①]

---

① 刘冉冉、李宁：《古代 DNA 技术及其在家养动物驯化历史研究中的应用》，载《科学通报》2011 年第 7 期。

华夏家马的起源和扩展

人类何时、何地开始驯养野马？科学界迄今仍无定论。

大约4000年前，野马被人类驯服。华夏家马的起源问题最为复杂，考古证据似乎倾向于华夏家马是突然出现的。长期以来，欧亚学者以及国内部分学者在华夏家马起源的问题上，支持“欧亚传入说”，但基因研究和考古发现也支持华夏有自己独立驯化家马的推论。

马的遗骸，早在木－石器时代的周口店遗址中已被发现，西安半坡遗址中也有发现，因材料太少，尚不能鉴定到“种”这一级。山东城子崖和河南汤阴白营等龙山文化遗址中，出土过家马骨骼。陕西华县南沙遗址龙山文化墓葬区，还发现了两副完整的马骨架。云南剑川地区木－石器时代晚期遗存中也出土过马骨，云南洱海流域和红河流域木－石器时代晚期的墓葬中也曾出土过马饰。表明这已经不是马类圈养的初级阶段，而是驯养的高级阶段。但因为比较明确的家马遗骸出现较晚，所以通常仍然认为华夏驯养马是经由欧亚草原输入的。

但是，德国科学家在美国《全国科学院学报》提出一种新观点。他们对现今生活在全球不同地区的25种母马线粒体DNA进行分析，从中筛选出17种与地域等相关的不同线粒体DNA，随后进行的计算机模型分析和线粒体DNA变异速度测算显示，人类最早至少需要驯养77种不同母马，才能形成现代马种所拥有的基因多样性。据此推断，野马的驯养可能始于不同地点。动物驯养在人类文明演进中起着重要作用，一些考古学家曾指出，野马的驯化过程可能促进了某些语言体系的推广。有人认为，德国科学家的新成果将有助于研究人类语言的流变。①

吉林大学边疆考古研究中心考古DNA实验室对殷商以来中原地区出土的一些古代马骨进行DNA分析。结果表明，中国古代马的母系起源非常广泛，既有本地起源的因素，也有外来因素。

国际学者将现代家马分成7个mtDNA世系（A，B，C，D，E，F，G）。我国学者对内蒙古凉城县小双古城和板城遗址、春秋时期的11匹古代马线粒体

---

① 据新华社2002年7月23日报道。

DNA 进行分析，获得了 11 个样品的古 DNA 序列，研究者还从“基因库”选取了东亚、中亚、近东、欧洲等地的代表性家马品种，作为比对序列构建了系统发育网络。系统发育网络图显示：11 个中国古代马序列分布在 5 个现代家马线粒体 DNA 世系中（A，C，D，F，G），暗示中国古代马具有广泛的母系来源，并且对现代家马基因池的形成具有重要贡献。其中，谱系 F 是支持亚洲起源的，尤其在东亚家马中有较高的分布频率。[①]

西北农林科技大学动物科技学院的专家分析了 595 匹中国家马 mtDNA D-loop 区 247bp 序列。结果显示，世界家马 2031 条序列中，新的 H 支系主要来自中国，且处于网络图的中心，暗示其在现代家马起源中具有重要地位。除了 A-G 和 H 支系外，新命名的 I 支系主要分布于欧洲家马品种内。亚支系 G* 和 E* 都显示出清晰的华夏家马特征，数据表明远古华夏也有家马独立驯化的事实。

专家对内蒙古、河南、宁夏、山东等地 9 个遗址的 46 具古代马遗骸进行线粒体 DNA 分析，结果显示、中国古代马的母系遗传呈现高度多样性，对现代家马 mtDNA 基因池的形成具有重要的贡献。中国家马的起源既有本地驯化的因素，也受到外来家马线粒体 DNA 基因流的影响。中国古代马与现代东亚家马在母系遗传上有一定的连续性，普氏野马可能不是中国家马的直接母系祖先。

欧亚最早被驯化的马是作食用的，后来在中亚地区被驯化能够骑乘。远古华夏马可能是驯化到某种程度时，又从中亚引进了更强壮的品种。因此，完全本地起源和完全外地传播的看法，都是不够全面的。总而言之，现代家马由各地多种野马驯化而来。这表明，远古华夏和西亚、中亚的交流程度，超出我们的想象。

结束语

甲骨文，是殷商从史前史的野蛮时期进入文明的重要标志，它起源更早，为探索华夏初始文明和史前史的遗迹，提供了独一无二的文字形象依据。与亨

① 蔡大伟、曹建恩等：《内蒙古凉城县春秋时期古代马线粒体 DNA 分析》，《边疆考古研究》2008 年第 2 期。

利·摩尔根所著《古代社会》一书的看法不同，我认为先民对野兽的驯化饲养早于陶器时代。大约一万年前，在西南亚（两河流域）、北非（埃及）和东亚（华夏），几乎同时开始了养畜业。本章对于甲骨文里有关狩猎、网罗、家畜、养牧、圈栏、献牲等字源解读，形象地说明了远古养畜业发展的情况。本章还将史前的西亚、埃及、欧洲跟华夏作一比较，着重考察农耕是否为家畜种植饲料，以及畜牧业的规模、同异，认为这是在史前农牧起源阶段，中外趋向两种不同发展途径的分歧点。通过对于甲骨文字源的解读，探索华夏史前形态，对于中外史前资料进行对比，在世界史的大视角下研究华夏史，把华夏史融入世界史，是建立新的历史观的基础。

家养动物的驯化是长期、复杂的历史过程，可能在不同时期、不同地区同时或交替展开，对各种家畜驯化史的研究方兴未艾，有待深入。特别是需要利用我国丰富的考古资料，结合新兴的古 DNA（ancient DNA）技术，综合利用 mtDNA 及核基因序列，对华夏及世界畜种开展系统的驯化驯养史研究。

六

结绳记事和木石复合工具的线纺、戉磬

【提要】“结绳记事”是真人（Real Human）的重要的象征符号运作，而其前提就是线绳的发明。本章分析了甲骨文（乙）、（巳）、（午）、（十）、（廿）、（冬）、（丩）、（弗），都是远古细线的象形；考证了甲骨文里面有“（索）”字，而未见“绳”字；指出甲骨文“索”指大草绳或麻绳，而“绳”为后起字。先民最初的纺织业，始于木杆石纺轮——重要的、划时代的木石复合工具之一。本章阐明：甲骨文（叀）、（缚）、（专）、（传）、（转）都表示纺轮和由此衍生的文字系列。远古礼兵器“石戉”由大型穿孔石斧发展而来，礼兵器石戉的结构由4部分组成。本章专论木石复合乐器——世纪初考古新发现的原始方孔石磬，以及圆孔石磬与绳索的关系，追溯甲骨文“磬”以及相关的（声）（鼓）（青）（南）（磬）等的字源。继本书作者首次论证绳索和穿孔的历史作用之后，本章又详细研讨了绳索和穿孔系结技术在木石复合工具和乐器中的重要地位。

针线和绳索，被誉为人类进化史上一项重大发明创造。没有针线就没有衣服，没有绳索就没有复合工具的捆绑系结材料，而“结绳记事”乃为文明史的前提——人类思维的第一个记忆工具。

图 6-1　近代有些部族仍采用结绳记事

“结绳记事”是文字发明之前，人类进入真人阶段才学会使用的一种记事方法。即在一条线绳上打结，用作思维记忆的信息载体。上古华夏及美洲印第安人皆有此习惯，直到近代，某些尚无文字的部族，仍然采用结绳记事来记载和传达消息、情报。

大约 5 万年前，出现了早期真人和复杂的木石工具制作技术，包括雕画艺术、系结珠链和个人装饰品等。类似的行为普遍存在，与现代人类——真人逐步接近，考古学家将这些行为看作人类“行为现代性”（behavioral modernity）的证据。真人即真正的现代人行为，其中最重要的是认知行为，而最有代表性的就是象征符号。

真人的一种重要的象征符号就是“结绳记事”（knotting cord）。这是远古常见的一种记事方法，在古埃及、华夏、日本、秘鲁，以及南太平洋波利尼西亚群岛都曾盛行过。上古结绳记事的历史久远，例如：古代美洲印加人的奇普（Quipu 或 khipu），[①] 就是一种结构复杂的结绳记事方法。但这种结绳记事方法早已失传，目前还没能了解其全部原始含义。

① 林惠祥：《文化人类学》第 458 页，商务印书馆 2011 年。

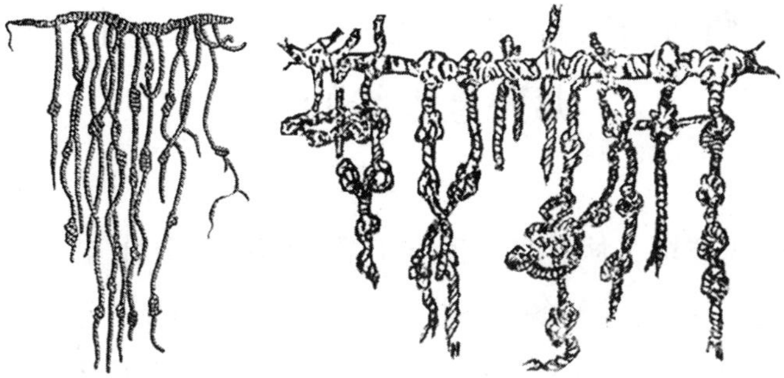

图 6-2　奇普（Quipu 或 khipu）——古代美洲印加人的结绳记事

史料表明，上古初无文字，结绳以记事。《易·系辞下》载："上古结绳而治，后世圣人易之以书契。"孔颖达疏："结绳者，郑康成注云，事大大结其绳，事小小结其绳，义或然也。"晋葛洪《抱朴子·钧世》曰："文墨之改结绳，诸后作而善于前事。"符号的重要意义——象征意义，就是附加在符号上的抽象思维、审美观念和艺术创作。①

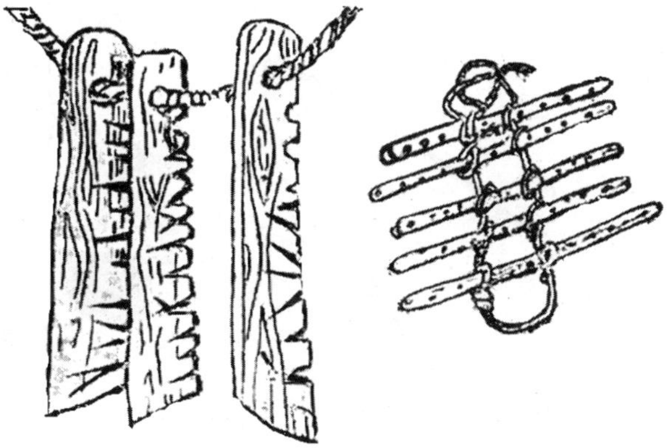

图 6-3　原始人的刻画符号（装饰品）

最早的象征符号还有身体的装饰品（如穿孔贝壳、服饰等）和居住环境的装饰品（如刻画图案、壁画、雕塑等）。这些装饰品的出现，表明人类对于世界的认知已发生了本质变化。

① 刘正英:《我国上古结绳记事探究》，载《寻根》2000 年第 5 期。

（一）甲骨文中的“乙、已、午、十、廿、冬、丩、弗”是细线的象形

旧石器时代遗址，从北京山顶洞（最新测定距今3.4万年至2.7万年之间），到非洲南部，都发现了各式各样的穿孔系结装饰品，还发现了骨针，有的骨针直径只有3.3毫米，并开了针眼儿。先民发明了穿孔系结技术和骨针，用来缝纫衣物，同时就必定发明“穿针引线”的线绳。

最值得注意的是穿孔系结装饰品。山顶洞人的装饰品非常丰富，有穿孔的兽牙、海蚶壳、小石珠、小石坠、鱼眼上骨和刻沟的骨管等。穿孔兽牙最多，有125枚。有些因长期佩带，孔眼已磨光变形。其中5件出土时呈半圆形排列，可能是成串系结的项链。最精巧的是7颗穿孔石珠，大小相近，最大的直径为6.5毫米，孔眼由一面穿成，石珠都散布在头骨附近，可能为头饰。这么多成串的项链、石珠、头饰，必定佩戴或粗或细的线绳。①

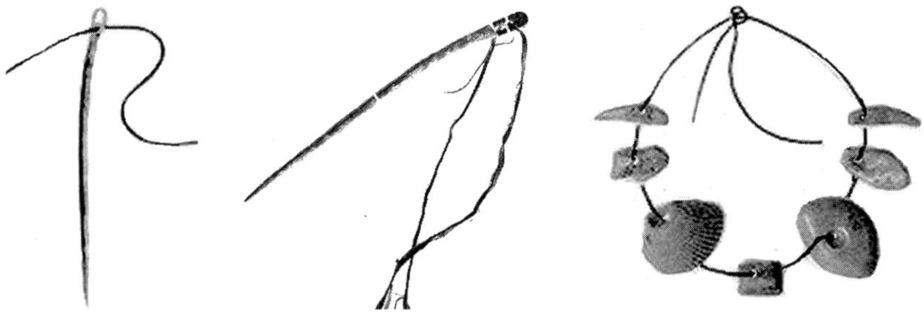

图6-4 山顶洞人使用的骨针和项链

天水大地湾遗址（距今约7000年）也出土了许多骨针；西安半坡遗址还曾一次出土骨针281枚，最长的约16厘米，直径最小的不足2毫米，针孔约0.5毫米。当时必定有相应的细线。

①［美］Christy G.Turner Ⅱ、［日］Yoshitaka Manabe、Diane E.Hawkey 等：《周口店山顶洞人齿列》，载《人类学学报》2000年第4期。

远古甲骨文提供了“穿孔装饰品项链和细线”的珍贵证据。在天干地支的甲骨文中，就字形看，“午、己、乙”与结绳记事、穿孔系结装饰品直接相关。

A.“乙”的字源解读

甲骨文（乙），是象形字，像弯曲的细线。金文和篆文承继甲骨文字形。“甲乙丙丁”，天干十日的第二位是“乙”，但最初甲骨文造字的依据，乃为来自日常生活的实物。这个“乙”的原型就是穿针的细线。

B.“己”的字源解读

“己”是“纪”的本字。甲骨文（己）像线绳系绕的样子。本义为在线绳上系圈、打结，用以记数和记事。金文和篆文承续甲骨文字形。当“己”的“结绳记事”本义消失后，篆文再加“丝”旁另造“纪”字代替。此外，“记忆”“记录（纪录）”“纪念”等衍生词也来自“己”。这个“己”的原型就是佩戴项链用的细绳索。

C.“十”的字源解读

甲骨文（十）是象形字，像一根垂直挂下来的线，代表十位数（不是“一”字）。远古华夏用结绳记事，十位数字就是一条线绳的垂直线，而个位数“一”就是画一条横线。“十”从金文开始成为指事字。本义为一条用来打结记事的垂直线，代表全数“十”。这个“十”原为结绳记事打结表示数目满“十”的线绳。《说文解字》曰:“十，数之具也。‘一’为东西，‘丨’为南北，则四方中央备矣。凡十之属皆从十。”

D.“午”的字源解读

甲骨文“午”，有多种写法，多重含义，包括。有的甲骨文“午”，与“糸”相似，像直垂的线有两个横结，有的甲骨文将横结写成实心圆点，以区别于（糸）。“午”字的造字法，具有丰富的象征意义。《尔雅》曰:“太岁在午曰敦羊。”但这个“午”原为结绳记事打结的线绳。

E.“廿”的字源解读

甲骨文（廿）像两条记事的线绳，一条代表数目“十”，两条连在一起，代表两个“十”。本义为二十，十的双倍。金文将两根有绳结的绳子相连接。有的金文将绳结连成横线。《说文解字》曰:“廿，二十并也。古文省。”字形如，这个“廿”原为结绳记事代表数目“二十”的线绳。

F.“冬（终）”的字源解读

甲骨文冬为象形字，像在记事线绳的两端打结，表示结束一个主题。金文将两端绳结从端头移向中间一点。《说文解字》曰：“冬，四时尽也。从仌，从夂。夂，古文终字。”这个“冬”原为结绳记事，表示“结束”的线绳。

G.“丩”的字源解读

丩是“纠”的本字。甲骨文（丩）像两根细线纠结在一起。金文像两根线头相连。篆文承续甲骨文字形。篆文再加“丝”另造“纠”字。《说文解字》曰：“丩，相纠缭也。一曰瓜瓠结丩起，象形。凡丩之属皆从丩。”这个“丩”原为结绳记事所用的线绳。《说文解字》还收录“纠”字：“绳三合也。从糸、丩。”合三股为一根，比两股纠绕更结实。

H.“弗”的字源解读

甲骨文（弗）像使用绳索捆绑东西。《说文解字》曰：“弗，挢也。从丿从乀，从韦省。”

（二）磨制穿孔与线绳的结合

磨制穿孔石与绳索的结合，构成木石复合工具的重要形式。

“磨制”技术，是所谓“新石器技术”的唯一特征，区别于旧石器的“打制”技术。“新石器”这一名称，是1865年英国考古学家卢伯克首先提出的，以使用磨制技术为标志，是考古学上石器时代的最后阶段，也是最主要、最复杂的阶段。年代大约从1.8万年前开始，结束时间从距今5000多年至2000多年不等。[①]（但各家说法不一，依据的标准亦各异，此不详说，另有专文讨论。）

“磨制”技术，就是将石质材料敲打、切割成粗坯，然后放在大砥石上加沙蘸水研磨，制出比较光滑规整的表面。与之密切相关的，是穿孔技术和切割技术。

① 钱耀鹏：《略论磨制石器的起源及其基本类型》，载《考古》2004年12期。

穿孔技术——用木质棍棒或竹管加沙蘸水在石材上往复旋转穿磨。如用木棒从两面穿透，孔呈两个截顶圆锥形；如用坚硬的竹管穿出一个孔洞，则孔为圆柱形。

切割技术——在扁平的石材上，加沙蘸水，用木质的片状工具压、擦，从两面切成沟状，然后击打，就会顺着沟缝断裂。

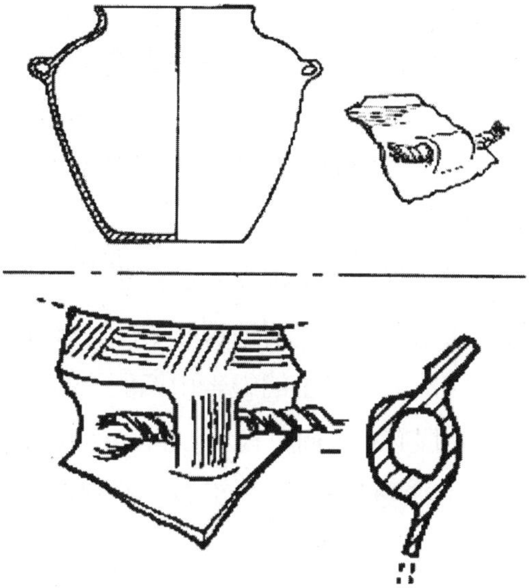
图 6-5　河姆渡遗址的远古残留绳索

无论是加沙蘸水切割技术还是穿孔技术，都必须使用木制（包括竹制）工具，今称为“磨具”，沙子为“磨料”。由此可见，“新石器”的加工制作离不开木质工具参与，它本身就是木石复合技术的产物。

穿孔和石材割坯都属于“零件制作”工序，要把零件连接起来，还必须有绳索绑扎、系结、配合开槽、榫接、卯合等“装配加工”，将零件装配成复合工具。

麻纤维制造线绳

作为复合工具的组成部分，单股的细纱缕拉力是不够的，还必须把两到三股绞制的纤维缕进一步加工，合股绞制成牢靠的绳索。几千年前，人类就开始用草茎或树皮制成纤维，用手心抵着大腿把纤维搓成绳索。考古学研究表明，几万年前的木－石器时代，华夏先民就使用绳索在复合工具和武器上捆绑把柄。

最初用来做绳索的材料是细长枝条、柳枝、蔓草茎、藤，华夏先民用它将石刀、石刃捆扎在木棍上，这就是原始的绳索。①

随后发现麻皮纤维是制作绳索的最佳材料，六七千年前它就被华夏、古埃及的先民加以利用。

① 汪济英、牟永抗：《关于吴兴钱山漾遗址的发掘》，载《考古》1980 年第 4 期。

绳索起先由整根植物茎条制成，后来进步为劈、搓方法，就是将植物茎皮劈细（松解）为缕，将许多缕搓合在一起组成一股，再合股绞捻，可接成很长的绳索。

浙江河姆渡文化遗址（距今约 7000 年），出土有残留在陶罐提耳孔里的绳索实物。①

对一粗一细两种绳索进行鉴定，确认史前的粗绳里面有麻类纤维材料。据考证，这些绳索是用韧性较好的藤、枝做成的，较细的是用葛、麻之类的长纤维揉软后搓成的。出土的绳索由两股合成。其中纤维束经过分劈，单股有“S 向”拈回，合股有“Z 向”捻回，直径达 1 厘米。②

河姆渡的骨耜，柄部有一横穿孔，体部两侧有两个相对的长方孔，作穿绳捆绑用。

浙江吴兴钱山漾遗址（公元前 4900 年），发现有苎麻织成的平纹细麻布，以及用两股或三股苎麻拧成的绳索，说明我国人民在 7000 年前已开始把苎麻纤维当作衣服和绳索的原料了。

钱山漾遗址出土的苎麻拧成的绳索，经上海科学研究所专家鉴定：“粗绳捻距 30 毫米，合股数两股（另有一条为三股），每股宽 8—10 毫米，每股由 14—16 根纤维或更多一些组成。其分散出来细的纤维很细，一般为 14—16 根，纤维的直径宽度 2—4 毫米。细绳直径为 2 毫米。”③

公元前 5000 年左右，华夏先民已掌握了制造麻绳的技术，用苎麻、大麻纤维制绳。后来，麻纤维已成为世界上大多数地区的主要制绳材料。

1981—1987 年，郑州文物考古研究所对河南荥阳青台仰韶文化遗址进行发掘，出土一批重要文物。其中，在 4 座瓮棺葬内出土炭化纺织物，在窖穴内出土了麻绳和麻布等，距今约 5500—5000 年。④

---

① 浙江省文物考古研究所编：《河姆渡遗址考古发掘报告》第 44 页，文物出版社 2003 年。

② 高汉玉：《河姆渡绳子的鉴定》，载《河姆渡——新石器时代遗址考古发掘报告》第 455 页，文物出版社 2003 年。

③ 鲁继：《我国苎麻及南嘉苎麻文化探略》，永川网站三湖论坛，2013 年 5 月 22 日。

④ a. 郑州市文物考古研究所：《荥阳青台遗址出土纺织物的报告》，b. 张松林、高汉玉：《荥阳青台遗址出土丝麻织品观察与研究》，载《中原文物》1999 年第 3 期。

A.“布”的字源解读

金文布 = （父，手持石斧的劳动者）+ （巾，麻织品），表示劳动者穿着的麻织品。本义为远古劳动者衣不蔽体，仅以一块麻织品勉强遮蔽下体。篆文布 承续金文字形。隶书布 将篆文的“父” 写成“又” 。有的隶书布 将“又” 简化成 。《说文解字》曰：“布，枲织也。从巾，父声。”

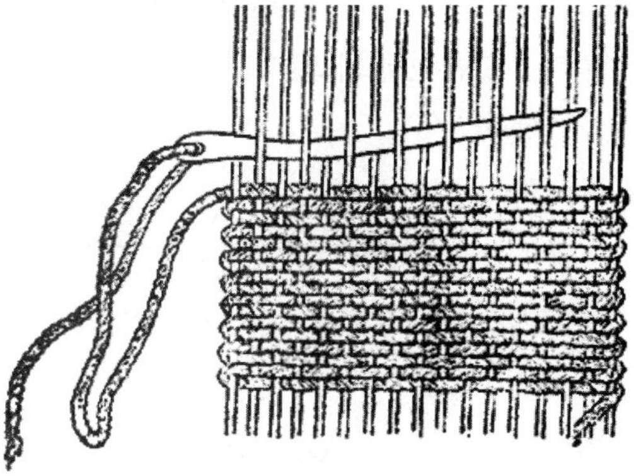

图 6-6　远古用骨针制作麻布

B.“索”的字源解读

甲骨文里面虽然不见“绳”字，但有“索”字。

甲骨文索 是象形字，将粗麻搓成绳索。又作 = （多股粗绳）+ （双手），像两手搓一根很粗的草绳，绳结附近的几点指事符号，表示草屑或麻屑。本义为将植物纤维搓成粗绳索。金文 加 （宀，屋），表示在屋里搓草绳。《说文解字》曰：“索，艸（草）有茎叶，可作绳索。”明确指出：“索”是草绳。《小尔雅》曰：“大者谓之索，小者谓之绳。”《诗经·豳风·七月》曰：“昼尔于茅，宵尔索绹。”

山顶洞人的穿孔系结技术

考古挖掘表明，穿孔石器出现的年代，远远早于所谓的“新石器时期”几万年。

木－石器时代北京山顶洞的遗址，发现了各式各样的穿孔石器。

距今 3.4 万年至 2.7 万年之间的北京山顶洞人的石器数量很少、质地粗糙，总共 25 件，其中砍斫器只有 3 件，用砂岩砾石打制而成；刮削器 (scrapers) 都是用燧石或脉石英石片制成，主要用来切刮骨肉，以及用来制作木制、竹制的棍棒和穿孔工具。

俗语“穿针引线”，指的是将椎孔和渡线两种相连行为结合的缝纫功能。先民为了蔽体御寒而缀联木叶麻布、兽毛皮革，可使用竹针、木针，也可与骨椎配合缝制。带孔的木针或竹针在几万年的地层里腐朽消失，只留下如今考古发掘到的骨针残骸。①

此外，在西安半坡遗址、甘肃天水大地湾遗址，也出土了骨针。②

在浙江河姆渡遗址，还出土了“骨质管形针”，是利用磨尖的骨管穿过物体，从骨管内孔里引线系结的工具。③

古文字留下了先民使用竹木针的证据，《说文·竹部》曰：“箴，缀衣箴也。”《说文解字》又曰：“鍼，所以缝也。臣铉等曰：今俗作‘针’，非是。”后世却把“针”字作为“所以缝”的正式工具名。箴（鍼、针）的发明和普遍使用，改善了先民的衣着。

山顶洞人沿用了“北京猿人”类似的方法制作石器，两极石片（或称两端刃器）多为脉石英，两端有石屑剥落的痕迹。这种石片在几十万年前的北京猿人邻近遗址中发现很多，形制几乎一脉相承。虽然山顶洞人使用的石器依旧很简陋，但他们却掌握了穿孔系结技术，不仅会一面直穿，而且能两面对穿。穿孔系结工具已达到相当水平。④

又根据山顶洞人掌握的摩擦和穿孔技术推断，他们已能够人工取火。

无独有偶，差不多同一时期，欧洲（今法国、伊比利亚半岛等地）的早期智人尼安德特人（Neanderthal）也掌握了制作粗制骨针和穿孔系结的齿骨、贝壳等装饰物的技术。

（三）纺轮是划时代的木石复合工具

先民最初的纺织业，是由“纺”和“织”两部分组成的。先把纤维松解，再

---

① 吕遵谔：《山顶洞人》，载《中国大百科全书·考古学卷》第433页，中国大百科全书出版社1986年。
② 中国科学院考古研究所，西安半坡博物馆：《半坡遗址》，第82页，文物出版社1963年。
③ 浙江省文物考古研究所：《河姆渡——新石器时代遗址考古发掘报告》，第85页，文物出版社2003年。
④ 王国方：《元谋人和山顶洞人》，载《地球》1996年第5期。

把多根捻合成纱线，称为“纺”。起初是用双手搓合，后来发明了“纺轮”。

从原始的搓捻线绳，发展到早期纺织设备，第一道工序就是纺纱（线）。纺轮是最初的纺绩工具，又称为纺坠。迄今我国最早的纺轮是在中原地区裴里岗表沟遗址和河北磁山遗址内发现的。木石复合工具时期的各地遗址，出土了大量纺轮。如：河姆渡遗址在初次发掘中就出土了几十枚纺轮；大汶口遗址出土了 31 枚纺轮；庙底沟遗址出土了 85 枚纺轮；东张遗址出土了 336 枚纺轮；蒲城店遗址也发掘出近 100 枚纺轮；1974 年在青海乐都柳湾遗址出土的纺轮竟多达 100 多枚……[①]。

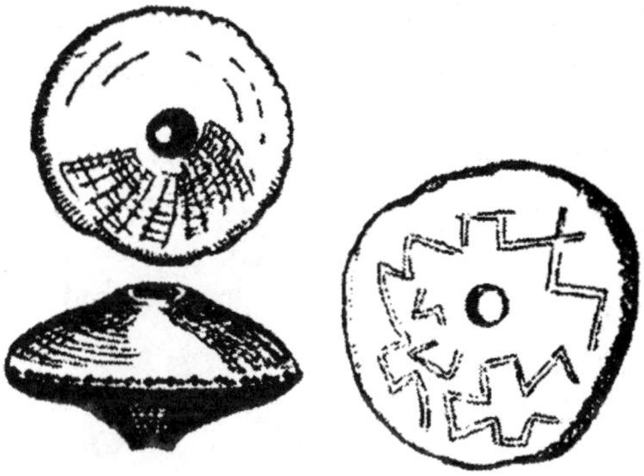

图 6-7　史前古希腊克诺索斯的纺轮

此后直到 21 世纪初，全国各地南至广东，西至四川，北至辽宁，出土文物中都有石纺轮发现。[②]

华夏先民最初使用石制木杆的纺轮，也有陶制、骨质的纺轮。石纺轮是历史上最早用于纺纱的工具，它的出现至少可追溯到 7000 年以前。木杆石纺轮是重要的、划时代的木石复合工具之一。

各地出土的早期纺轮，一般由石片经打磨、穿孔而成，如圆钱大小，多呈鼓形、圆饼形、扁圆形、四边形等形状，中间穿圆孔，有的轮面上还绘有纹饰。石纺轮多采用青色页岩或灰色砂岩等石料，经初步加工，再精细磨琢成圆形纺轮。页岩石料易于获得薄片，便于椎孔加工；砂岩组织较为疏松，也便于椎孔加工。

华夏最早的纺织工具——木石复合纺轮，由石质缚盘和木质缚杆组成。缚盘圆形，中间穿有圆孔。例如河姆渡遗址出土的石纺轮，直径 3.8—5.9 厘米、厚 0.5—0.8 厘米；龙山文化遗址出土的石纺轮，质地为凝灰岩，直径为 4.5 厘

① 郑永东：《谈纺轮及原始纺织》，载《平顶山学院学报》1998 年第 5 期。

② 曾骐、黄迎涛：《广东南澳县东坑仔古遗址》，载《东南文化》1991 年第 6 期；宋治民：《早期蜀文化分期的再探讨》，载《考古》1990 年第 5 期；黄新宇：《辽东半岛新金县双房石棚墓葬》，载《文献》2003 年第 8 期。

米；石纺轮中间穿一小孔，直径0.5或0.6厘米左右。

纺轮又称“纺专”“砖”。在殷墟甲骨文卜辞中，“專”（专）字的上部表示把一束纤维集中起来绕在一根纺杆上，下部有一个纺轮“叀”；左边“手”形，表示捻“專”纺纱的动作。

图6-8 叀（纺轮）

甲骨文中的“叀、叀（缚）、專、傳、轉”都与纺织有关

我国南北各地都有大量纺轮出土，远古华夏纺织业的兴盛不难想见。但是殷商甲骨文里面却未见“纺线”“纺轮”等字。原来，甲骨文由专用的“叀、叀、（缚）、專（专）、傳（传）、轉（转）”等字表示纺织，而“纺线”“纺轮”等是周代以后的后起字，这是因为商、周语言不同而造成的差别。由此，亦可见千百年之间华夏语言文字的历史演变。

原始甲骨文“线团”的象形元素是  ，它是衍生出一系列“叀専系文字”的初始元素。字根“叀”  是纺锤的象形；此外还有其他象形元素：“结头”象

形是（上、下绳结），“系带”象形是 等。

A.“叀”的字源解读

甲骨文 和金文 都是纺锤的象形。“叀”音 zhuān，一说通“惠”字，借指“贤惠”。（叀）＝（绳结）＋（吊着纺锤），“叀”兼作声符，表示“轉（转）”的意思。《说文·叀部》云：“叀，专小谨也。”《说文解字》还例举了“叀”的两个古文字形，但与甲骨文和金文字形不合，说明汉代时“ ”已不通用。

在甲骨文卜辞中，“叀 ”又与“隹 ”是一对相关的语气词，可通用，常用于发声。①

B.“専（缚）”的字源解读

甲骨文 （専）＝（绳结）＋（吊着纺锤）＋（手），的形象为一只手 在缠绕、缚住纺纱的线团 。金文 承继晚期甲骨文字形。当“専”作为单用字后，篆文 再加“糸” 另造“缚”代替，本义为缭绕，捆绑。隶书 将篆文的“糸” 写成 。《说文解字》曰：“缚，束也。从糸，専声。”

图6-9　纺轮和纺锤（叀）

C.“専（专）”的字源解读

甲骨文“専（专）” ＝（绳结）＋（纺锤）＋（左手）＋（右手）或専 ＝（绕线的纱锤、转轮）＋（双手，一手执掌，一手转动）。本义为手转纺轮。“専”的“转动纱轮”本义消失后，再加“車”旁另造“轉”（转）

---

① 赵诚：《甲骨文简明辞典——卜辞分类读本》，第296—297页。中华书局1988年。

代替。《说文解字》曰："专，六寸簿也。从寸，叀声。一曰专，纺专。"《孟子·告子上》曰："不专心致志则不得也。"《易·系辞上》曰："其静也专，其动也直。""专"字后世又产生了"集中于一"的意思，如专心、专注、专门。因为纺纱的工艺，由散状的纤维丝经过"专"的旋转集合，最终得到了单一的纱线，由此转注为"专一"的概念。与之相关的字，如惠、傳（传）、轉（转）等引申义，仍来自"将散纤维集中为一根纱线"的形象动作。

D."傳（传）"的字源解读

甲骨文"傳（传）" =（人）+（专，传），本义为转达、传达。金文 承续甲骨文字形。有的金文 加"辵"（行进），加上"人"的偏旁，表示由人来传递消息。《说文解字》曰："傳（传），遽也。从人，叀（专）声。"

E."轉（转）"的字源解读

"叀"是轉（转）的本字。甲骨文 （叀）像手 转动纱轮 。当"叀"的"转轮"本义消失后，金文 加"車" 造转（轉）字代替。车的行进，要靠车轮转动，加上"车"的形旁，明确表达"转动"之意。《说文解字》曰："转，运也。从车，专声。"

F."惠"的字源解读

甲骨文及金文 （惠）= （叀，纺轮）+ （心），表示女子善纺线，敏惠。篆文 承续金文字形。隶书 将篆文的"心" 写成 。古人称善于理财为"贤"，称心灵手巧为"惠"。《说文解字》曰："惠，仁也。从心，从叀。"

G."團（团）"的字源解读

團（团），金文 =（囗，围绕）+ （"叀"的变形）。篆文 承续金文字形。《说文解字》曰："團，圜也。从囗，叀声。"

图 6-10　南美洲玻利维亚印第安人妇女纺线

纺轮的使用方法，是用木制缚杆插进纺轮，即一根带倒钩的木杆（或竹枝），其无倒钩的一端穿入石制圆孔，加以固定。一绺麻丝纤维缠在缚杆一端，挂在倒钩上。人手用力捻动木缚杆，使纺轮转动，缠在缚杆一端的纤维线头向上牵拉；木缚杆－石纺轮的旋转力，使拉细的纤维捻成麻花状，由多股纤维绩成一股纱线。这一操作过程中，除了需要转动惯量比较大的重砣物之外，还需要与重砣连接在一起的、长又直的木缚杆。当石纺轮停止转动时，加捻过的纤维就紧紧缠绕在木缚杆上，纺成了纱线。到了陶器时代，石质纺轮才逐渐被陶质纺轮取代。①

木－石器时代后期纺织业的兴盛

“腰机”是现代织布机的始祖。《天工开物·乃服》记载：“凡织杭西、罗地等绢，轻素等绸，银条、巾帽等纱，不必用花机，只用小机。织匠以熟皮一方置坐下，其力全在腰尻之上，故名腰机。普天织葛、苎、棉布者，用此机法，布帛更整齐坚泽，惜今传之犹未广也。”

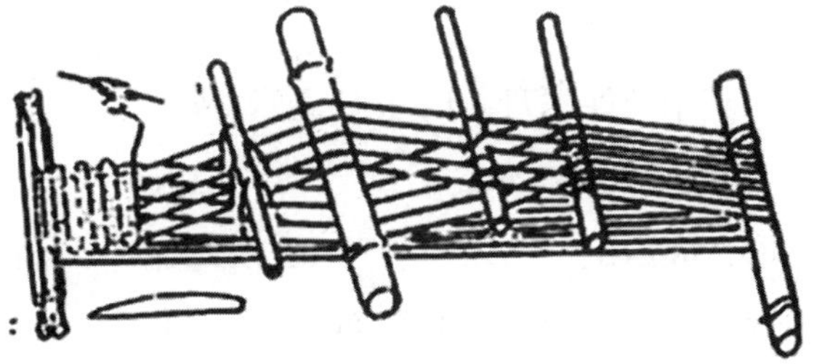

图 6-11　“腰机”示意图

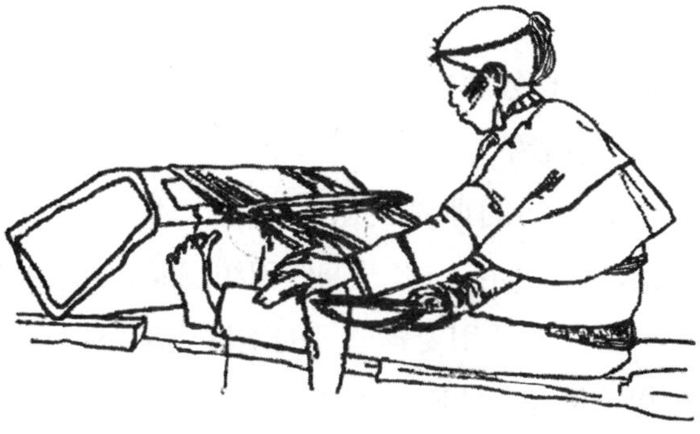

图 6-12　云南等地至今仍使用腰机

原始的织机“腰机”是席地而坐的“踞织机”。云南晋宁石寨山遗址出土的距今 2000 多年的纺织贮贝器盖上，铸造了一组女奴隶在奴隶主的监视下席地而织的形象。这种足蹬式腰机没有机架，卷布轴的一

① 陈明远、金岷彬:《陶器促进史前社会分工——手工业与农业分离》，载《社会科学论坛》2012 年第 6 期。

端系于腰间，双足蹬住另一端的经轴并张紧织物，用分经棍将经纱按奇偶数分成两层，用提综杆提起经纱形成梭口，以骨针引纬，打纬刀打纬。腰机织造最重要的成就就是采用了提综杆、分经棍和打纬刀。

河姆渡文化遗址曾出土一批样式各异的木石复合工具（Composite tool），经考察，专家发现，其中有些部件与云南、广东等地少数民族用于纺织的腰机部件非常相似。

除了纺轮以外，河姆渡遗址出土的纺织工具还有绕纱棒、分径木、经轴、机刀、梭形器、管状骨针、骨刀、木质纬刀、木卷布棍等，经鉴定可能是原始腰机部件和引纬工具。

图 6-13 画像砖：汉代纺纱女

其中一件木刀，长 430 毫米，背部平直，厚 8 毫米，刃部较薄，呈圆弧形，应当是打纬刀；另有 18 根大小不等的硬木圆棒，长的有 40 厘米，推测是定经杆、综杆之类的部件。这些发现，说明河姆渡出土的纺织工具是目前所知世界上最早的纺织工具。根据这些部件，可以复原当时的织机（可参考彝族的织机造型）。

图 6-14 早期织布机

从已知的遗迹、遗物来看，木-石器时代后期，已经普遍使用纺织品。

西安半坡和姜寨遗址的陶器底部发现有铺垫纺织品的印痕，都是平纹，纱线较粗，但经、纬向的纱线排列非常均匀。

出土文物中还发现一些比较复杂的纺织品。江苏吴县草鞋山遗址中出土的葛织品残片，有山形和菱形花纹，花纹处的纬纱曲折变化，罗纹部的纬纱上下绞结，经纱为双股，S 捻，经密约 10 根 / 厘米，纬密罗纹部约 26 到 28 根 / 厘米，是最初的绞纱织品。

浙江吴兴钱山漾良渚文化遗址出土有4900年前的绢片、丝带和丝线。[①]经鉴定，原料都属家蚕丝。出土丝织品的细丝带宽约0.5厘米，是由30根单丝分10股编织而成的圆形丝带。绢片的经纬密度，为每平方厘米48根，可能是缫而后织的。这是我国迄今发现的年代最早的丝织品实物，说明早在4200年前的良渚文化时期，华夏丝织业已达到一定水平。

华夏史前原始织机使用麻、葛与蚕丝等纤维，织成布、绢等，丰富了华夏先民的衣着。[②]

（四）作为礼器的环刃穿孔石戉（钺）

木柄石斤、石斧，是木－石器时代遗址出土数量最多的刃器。石斤、石斧的区别在于：石斧是双面坡形刃，木柄与刃缘平行；而石斤是单面坡形刃，木柄与刃缘垂直。民族学调查表明：磨制石斧、石斤不仅是生产工具和社会用具，而且有时还被当作权力标志、祭祀、彩礼用具等。它的进一步发展，就是穿孔石戉（钺）。过去写为“石钺”是错误的，因为石戉不是金属（青铜）制成，字形不能用“金”作偏旁。

关于木石复合工具磨制石斤、石斧的研究，国际上取得了丰硕成果，显微镜观察法和实验对比法是研究石斧、石斤功能的主要手段。20世纪末以来，“微痕分析（Microflaking，Microchipping）”已成为木石器研究不可缺少的方法，如利用电脑对木石器微痕作量化分析等，在复原远古人类生活时，发挥出重要功效。“微痕研究”显示，石斧、石斤不仅用于伐木，而且用于牲畜的屠宰、切割、剔骨、剖肉、揉皮、制革等；形态分析显示，有些石斧、石斤破损后被改制成小型石斧、石斤或石耒等继续使用；实验考古揭示，石斧的功效是铁斧的四分之一，石斧、石斤的使用寿命，短的不到2年，而长的达17年。[③]

木－石器时代的文化遗址中，常见一种磨制精细的刃器——石戉，体态扁

① 赵丰:《良渚织机的复原》，载《东南文化》1992年第2期。
② 夏鼐:《我国古代蚕、桑、丝、绸的历史》，载《考古》1972年2期。
③ 黄建秋:《国外磨制石斧石斤（锛）研究述评》，载《东南文化》2010年第2期。

平，比普通石斧的刃阔而弧度大，两角微上翘。在墓葬里随葬的石戊，几乎都横放在头部两侧或胸部之上。

“微痕研究”还显示：后期的某些大型石斧未见使用的痕迹，而成为精细的非生产工具，这就是“石戊”。

石戊也称斧戊，有的史书又称“扬、刘、铁、戚”，最早是一种劈砍兵器。

石戊由大型穿孔石斧发展而来

石戊（钺），是大弧度刃的有肩穿孔石斧，它们的形制相似。许慎《说文解字》曰：“戊，大斧也。”斧戊通常被联称，都是用来劈砍的长兵器。区别在于，石戊是一种大斧，刃部半月形，比较宽，常用于祭祀；而石斧为多用刃具，可用于狩猎、剖解肉食、剥取兽皮、砍伐林木、加工木材、切削木质器具等，使用范围很广。

从质地看，石斧原材料为砾岩之类粗石质，而石戊的质地是透闪石一类的玉石，非常珍贵。从工艺水平看，石斧只经过简单的磨制，而石戊的打磨效果不仅比石斧更加光滑，还具备艺术加工，如良渚文化的石戊上的浮雕，有人面神兽图等。

出土石戊，大多未见使用痕迹，说明它并非生产工具，而是专用的礼兵器和礼仪用具。①

1952—1955 年间，在浙江一带先后发现了 10 余件石戊。1953 年杭州老和山古文化遗址（约公元前 3300 年，旧称古荡遗址，今属杭州市余杭区）出土的石戊，当时清理出一批送到华东文物工作队。这是首次考古发现“石戊（钺）”实物的正式记录。②

此后，山西襄汾陶寺龙山文化（公元前 2200 年左右）墓地随葬的一件石戊出土，它横置于墓主的头部右侧，出土时穿孔的一头尚留有涂饰红彩的木柄痕迹。

湖北荆州监利县柳关遗址出土石戊一件，属于大溪文化遗物，顶宽 13.1 厘

① 沈衣食：《穿孔石斧与良渚文化的戊（钺）兵器》，载《南方文物》1992 年第 4 期。

② 沙孟海：《略谈浙江出土的“石钺”》，载《考古通讯》1955 年第 6 期。

米、刃宽 15.5 厘米、高 18.5 厘米、厚 0.6 厘米，器身中有一圆穿孔，便于装柄。它形体大而轻薄，磨制精细，为礼器而并非实用工具。现藏湖北荆州博物馆。①

1974 年和 1978 年两次发掘的山东大汶口遗址墓葬中出土了两件石戉，未见端饰（冠状饰）。石戉位于墓主左胸，戉身呈梯形，双面弧刃外鼓、侧边外张，高 14.8 厘米、宽 10 厘米、厚 1.7 厘米。近顶中部有穿孔，可见，石戉系绳索捆绑。

山东莒县陵阳河遗址（距今 4800 年左右）出土一件陶器缸，上绘有装柄的石戉图形。而在山西夏县东下冯遗址发现的一件木石器，孔上方有一横向凹痕，应是横向装柄，经使用磨出的痕迹。出土实物说明，这种器物是横向装柄作砍劈用的，而不是竖向装柄作挖掘用的石斤或石耜。

1983 年浙江绍兴马鞍镇寺桥村凤凰墩出土的石戉，刃宽 16.8 厘米、背宽 12.4 厘米、高 22.4 厘米。石戉在绍兴发现较多，均属采集品，年代都在良渚文化晚期。此石戉，刃宽、顶窄，双面弧刃，上部居中有一圆形系孔，无使用痕迹，并非兵器或劳动工具，应为礼器。

湖北黄梅陆墩遗址出土并复原石戉两套，发掘自两座二次葬墓，每座墓的随葬品都有十余件。其中石戉由戉身和骨端饰组成，没有发现石戉的冠状饰，石戉高 17.9 厘米、宽 13.6 厘米、厚 0.9 厘米，复原的全长约 66 厘米。②

礼器石戉由四部分组合而成

历经数万年的石斧原先只有简单的把柄，本无孔洞，形制为长方体；但后来演化为弧形刃、穿孔的石刃器，即石戉的原型。

由远古的石斧发展而来的环刃石戉，虽具有工具的形状，但并不实用，一般也未见使用痕迹，而是另有象征意义，成为财富的象征，崇拜的对象，或宗教仪式中所用的道具等。在国外，将这些工具笼统地称为“仪式用斧”(Ceremonial

① 张绪球:《湖北监利县柳关和福田新石器时代遗址试掘简报》，载《江汉考古》1984 年第 2 期。

② 任式楠、陈超:《湖北黄梅陆墩新石器时代墓葬》，载《考古》1991 年第 6 期。

Axe)，我国考古界称为“礼器”。[①]

作为礼器的石戉，特征之一是配套安装了穿孔、系结、开槽、有榫卯及纹饰的直长木柄。

戉（钺）可分为3种类型或3个历史阶段：石戉、玉戉和青铜钺。

从木－石器时代到青铜器时代，“戉文化”在我国持续存在，并造成广泛深远的影响。其用途各有不同：戉（钺）最初可溯源到原始的大型斧状刃具，但不同于石斧；石戉上一般少见作为生产工具的使用痕迹；玉戉具有礼法、陪葬的作用；青铜钺作为兵器、刑具，具有军事权力的象征意义。有人认为戉（钺）仅仅是生产工具，这种观点并无史实根据。[②]

在江苏金坛三星村遗址（约公元前4500—前3500年），于1993—1998年出土了两套磨制石戉，雕刻着完整的骨质戉冒（帽）饰和牙质敦，为江南地区首次发现，分别出于两座墓葬（M38、M531）。而这两座墓葬，规模却并非最大、随葬品也不算最多的。[③]

三星村遗址的这两座墓葬表明：原始石戉发展到一定程度，结构趋于复杂化，由刃具（弧形刃穿孔石斧）、柄（雕木杆或竹竿）、冒（帽饰、冠状饰、骨或象牙质）和敦（镦，柄端饰骨或象牙质）四部分结合而成。

江苏金坛三星村遗址出土了千余座墓葬，其中的M38墓主是一中年男性，单人仰身直肢一次葬，随葬品有石戉1套3件以及陶尊、陶罐、陶鼎、砺石、骨器、鱼骨等。其中石戉位于墓主左下腹处，木质柄残缺；石戉的冒（帽）饰为骨质，敦（镦，柄端饰物）为象牙质。刃部无使用痕迹。石戉平放在尸骨胸部，刃口朝外，墓主手握木柄中段，“镦”在下部，若加上木柄全长53厘米。石戉的石质部分稍显粗糙，高12.4厘米、宽9.4厘米、厚1.9厘米。石戉冒（帽）饰保存完整，侧面观呈鳄鱼首形，体扁薄，前部低矮，后部呈弧状凸起，后部偏上有一圆形大孔，器形前后端斜直，底边平直，在底边中部等距离分布四个半月

① 李艳红、张居中：《浅析新石器时代生产工具中的“仪式用斧”问题——兼论生产工具功能的分化》，载《东南文化》2009年第2期。

② 王琳、陈隆文：《试谈钺的用途——驳“生产工具”论》，载《唐都学刊》2002年第1期。

③ 江苏三星村联合考古队（王根富、张君）：《江苏金坛三星村新石器时代遗址》，载《文物》2004年第2期。

形穿孔。器体两面纹饰对称分布，分前后两部分，前半部斜向分布三组圆圈纹，每组由三小排构成，排列规整；后半部有弧形凹纹，长 10.5 厘米、高 5 厘米、厚 0.75 厘米。象牙质敦（柄端饰）雕刻精致，通体呈鼓状，上下端平整，侧面外鼓，纹饰分四组，前后左右对称分布，前后是巨目枭首正面纹，左右为喙部外凸的立体鸟首纹，尤以眼部传神逼真，上端中部有一圆形凹坑便于容纳木柄，并有一小圆形销孔贯通前后，器表磨光，高 3 厘米、宽 5.2 厘米。

M531 墓主是一青年男性，单人仰身直肢一次葬，随葬品有石戉 1 套 3 件、陶鼎 1 件、玉块 1 套 2 件。石戉的组合结构和出土位置与 M38 相同，全长 45 厘米。石戉呈环刃舌形，顶部弧平，中上部有双面锥孔眼，通体磨光，刃口多完好，未见使用痕迹。M531 出土的套装石戉与 M38 中出土的完全一致，帽饰、镦的纹饰稍简单，戉身为扁薄环刃舌形，器表精磨并抛光，高 14.8 厘米、宽 12.7 厘米、厚 1.25 厘米；骨质戉帽饰的形状特点及纹饰与 M38 戉帽饰一致，长 12.3 厘米、高 4.6 厘米、厚 0.4—0.5 厘米；骨质镦呈贯通的圆管状，两端平整，骨壁较厚，内外壁均经加工并磨光，外壁上部刻有六道等距凹槽纹，下部刻有相对应的半月形纹一组，通体经抛光，高 3.3 厘米、直径 3.5—3.9 厘米。

江苏金坛三星村出土的这两套有完整组合关系的石戉，其复杂结构特点相同，帽饰、镦饰雕刻的纹饰生动，应是代表墓主人生前拥有权力、地位的标志物，完全证实了它是重要的礼器，更与良渚文化玉戉相似，说明这种石戉早在玉戉之前已成定制。

发展到良渚文化时期的玉戉、商周时期的青铜戉，前后渊源非常清晰：石斧是石戉的前身，石戉应是玉戉的直接前身。①

甲骨文“戉”是“越”的字源，这个字源以及考古出土文物都表明：远古长江中下游的古越族先民，已发明了“石戉”。

石戉的分布范围

在木－石器时代，石戉的分布范围较广，南到广东曲江石峡，东临海岸，北

① 王根富：《农具的分化与文明的起源》，载《农业考古》2005 年第 1 期。

到山西、河北，西到甘肃、青海皆有发现，但分布不均，可把石戉的主要分布划分为三个区域，即长江下游江浙皖（河姆渡至良渚文化）一带，黄河下游山东（大汶口文化）一带，以及黄河中游（甘肃齐家文化）等。

长江下游地区

长江下游的江苏、浙江、安徽一带，是目前发现石戉最多的地区，它的起源和演变序列也比较清楚。在这些地区，最早的圆盘形石戉，主要发现于河姆渡文化（浙江余姚河姆渡文化，距今约 6400 年）晚期和太湖地区马家浜文化（距今约 5700 年）中期，数量不甚多，器形厚重，制作不精，刃部使用痕迹明显，崩裂的豁口都很大，为砍劈用的生产工具。这类石戉在长江下游发现最早，代表了石戉的原始状态。在马家浜文化遗址中还出现了少量器形比较扁薄的梯形石戉和长方形石戉。

在崧泽文化时期，上海青浦崧泽中层、江苏吴县草鞋山第六层、张陵山下层、常州圩墩上层等，石戉的数量和质量有进步，圆盘形石戉几乎不见，梯形石戉继续存在，且出现了亚腰形石戉。这时期石戉磨制精细，且大多发现于墓葬中，刃部多无使用痕迹，石戉已逐渐由实用工具演变为武力、权力的象征物。

到了良渚文化（距今约 4700—3900 年）早期，江苏吴县张陵山上层、海安青墩中层、吴县草鞋山第四层，以及与其同时期的安徽潜山薛家岗文化，石戉表现出的非生产工具性质更为明显，它继续向更宽更薄发展，亚腰形石戉大批出现，刃角尖锐、上翘，制作更为精美，在部分石戉上还有朱绘花果形图案，带有神秘色彩。这时还出现了短“内”（音同“纳”，是榫状长条锋刃）石戉。

在典型良渚文化时期，以江苏吴县草鞋山第二层、常州武进寺墩为代表，梯形石戉、长方形石戉和亚腰形石戉仍然存在，但刃部加长，有内石戉数量增加，出现玉戉。

从圆盘形石戉到梯形长方形石戉，再到亚腰形、有内形石戉的序列，呈现了石戉演变的规律。尤其值得注意的是，良渚文化“有内石戉”的出现，开了商周时代青铜钺的先河。

黄河下游山东一带

黄河下游山东一带的石戉，与长江下游相比，有很大差别。这个地区初期的北辛文化（约公元前 5300 年—前 4100 年，位于滕州官桥镇北辛村北，薛河旁的高地处，是 7000 年前一个氏族部落的聚居地）中尚未发现石戉，只从大汶口文化（位于山东泰山南麓泰安，约公元前 4000—前 3000 年）早期才出现石戉；在江苏邳县刘林墓地、大墩子早期墓地和山东交州王因墓地中，发现的石戉以梯形石戉为主，也有长方形石戉，器形都比较厚重、粗糙，几乎每件石戉的刃部都有较大的崩裂豁口。在大汶口墓地、曲阜西夏侯墓地、临沂大范庄遗址中，仍然是以梯形和长方形石戉为主，但器形扁薄，刃口锋利，仅少数有使用痕迹。

到了龙山文化早期（公元前 3000 年左右），石戉很少发现，且制作也不精细，器形一般比较窄长，也比较厚重，不见长江下游的那种宽薄形石戉；从形制组合上来看，它也没有长江下游的那种亚腰形和有内形石戉。在龙山文化中，石戉数量减少，所发现的也多为石斧那样实用的生产工具，未见更高的形式。目前只在山西襄汾陶寺龙山文化墓葬（公元前 2200 年左右）中发现了磨制较精、没有使用痕迹的石戉。这一地区至今也未发现亚腰形和有内石戉。黄河下游与长江下游相比，应分属于两个不同的系统。

黄河中游一带

黄河中游的石戉，又区别于上述两个地区。这里的石戉最早出现在仰韶文化的半坡类型（距今约 6700 年）中，仅有胆形石戉一种。据《宝鸡北首岭》一书统计，此遗址仅出土 5 件石戉，都在墓葬中发现，地层中未见。仰韶文化（早期约公元前 4700 年）遗址中还有梯形石戉，做工粗糙，使用痕迹明显，有的因使用而变成斜弧刃，已没有刃口。在黄河上游，马家窑文化（约公元前 3190—前 1715 年）马厂类型的石戉，数量极少，到了齐家文化（约公元前 2400—前 1600 年，位于甘肃广河）时期，石戉数量增加，且多发现在随葬品较丰富的墓中。

目前，形制和演变比较清楚的是以上三个地区。

至于长江中、上游和广东地区的石戉，在形式上与长江下游相接近，较早的石戉发现于大溪文化遗址（位于四川巫山，约公元前3800—前2400年）中，一部分还作生产工具使用；屈家岭文化时期（公元前3100年—前2700年，分布于湖北、湖南和江西北部），石戉已基本上不作生产工具。武汉新洲阳逻香炉山的屈家岭文化遗址出土一件穿孔石戉，长15.8厘米，器身扁薄，平面呈梯形，上窄下宽，弧刃上部穿一孔，孔浑圆，为绑附用。它作为礼器，代表军事统帅权。现藏武汉博物馆。广东仅有石峡遗址发现石戉。[①]

玉　戉

木-石器时代玉戉，已在多处发现遗物。从20世纪80年代开始，在安徽潜山县薛家岗遗址墓葬中出土多件。[②]其中一件长10厘米、宽11厘米、厚0.6厘米、另一件长13厘米、宽11.5厘米、厚1厘米；玉料多呈青色，作扁平的梯形，背平直并较刃端窄，刃由两面磨成且较背宽凸，近背部的中央有一或两个由两对锥穿透的圆孔，无使用痕。（原报告此类器材为石质，实为较次的玉，器名原称“铲”，但称“戉”为宜。）[③]

在湖北竹山县溢水镇东川曾采集到一枚玉戉，长8.2厘米、高10.7厘米，平顶、弧刃、上部中心有一锥孔、对锥。今藏十堰市博物馆。

1978—1980年，在山西襄汾县陶寺龙山文化晚期（约公元前2000年左右）墓葬中，出土一批玉戉、石戉。器均呈长方形，扁平，通体磨光，中部锥一孔，以便供缚柄用，两面磨刃。如M3015墓出土一件玉戉，料呈褐绿色，一侧单面锥孔，上下缺角，另一侧双面磨弧凸刃，长11.2厘米、宽6.4厘米。这批出土的玉戉、石戉，原误定名玉铲，后经对其出土部位逐一观察，发现此墓中柄是横向放置，因此，推测原来与柄系扎时是戉为横向而柄是垂直。这种系扎关

① 傅宪国：《试论中国新石器时代的石钺（戉）》，载《考古》1985年9期。

② 张弛：《安徽史前考古的一部补白之作——潜山薛家岗》，《文物》2005年第12期。

③ 唐杰平：《安徽潜山薛家岗遗址第六次发掘简报》，载《江汉考古》2002年第2期。

系，与玉铲与柄系扎时两者都作垂直的情况形成鲜明的对比，从而更正它应是玉戉而非玉铲。M1364 墓石钺上还留有涂饰红彩的木柄痕迹，显示它的珍贵性，使这一推测得到证实。又，从这种器物的造型看，大多刃部很钝，不见使用痕迹，有的薄而窄长，属仪仗器之类的玉戉。①

1982 年江苏常州武进寺墩 M3 墓出土可复原完整的玉戉一套，位于墓主上半身左侧，由戉身、冠饰、端饰及木柄等 4 部分组成，通长 68 厘米。戉身为狭长梯形，弧形顶，侧边平直，双面弧刃，近顶部有一穿孔，通体精磨抛光，长 19.5 厘米、宽 13 厘米、厚 0.6 厘米。M3 墓主是一位 20 岁左右的青年男性，出土随葬品 124 件，以玉琮、璧、戉等最具特色，另外有少量的石质生产工具和陶器。②

上海福泉山共出土玉戉 14 件，出于 7 座墓中，其中 1 件 3 座、2 件 2 座、3 件 1 座、4 件 1 座。戉位于墓主右侧，各墓的随葬品较为丰富。具备戉身、冠饰、端饰的有 3 套。戉身呈扁薄长方梯形，双面弧刃，刃口完好。近顶中部有穿孔便于装柄固定，通体精磨抛光。

山东大汶口出土玉戉 2 套（原报告称为玉铲，不确），分别出于两座墓葬中，由戉和骨雕筒组成，木柄残缺，通长约 60 厘米。戉身为扁平长方形，三面刃，刃口完好，通体精磨抛光，近顶中部有一穿孔便于装柄，厚 0.7 厘米。骨雕筒即为柄端饰，利用动物骨骼制成，外表磨光并雕刻有花纹。

从玉戉出现一开始，就为非实用品，而是供贵族或部落首领使用的兵仪器，最晚在木－石器时代的晚期是这样。玉戉的造型作扁平体，形如四周或平或弧凸和内凹的不甚规则的梯形，有的刃两角略呈弧圆或弧尖，除刃由两面磨成外，另两侧边也多磨成钝刃状。玉戉多肩窄刃宽，近肩处有一或两个，个别有三个圆孔以供与木柄捆结加固用，其穿孔，有的由一面穿，有的由两面穿透，所穿孔之孔径均大小不等或有不正之感。③

玉戉发现最多且重要的，当为良渚文化遗址。1986 年，在浙江杭州余杭县

---

① 徐文宁：《象征王权的古玉》，载《艺术市场》2007 年第 5 期。

② 汪遵国、李文明、钱锋：《1982 年江苏常州武进寺墩遗址的发掘》，载《考古》1984 年第 2 期。

③ 杨立民：《史前玉钺的形上观察》，载《华夏考古》2013 年第 1 期。

长命乡反山和瑶山墓地中发现一批玉戉，包括戉身、冠饰和端饰。[①]

其中反山共计发现玉戉5组，分别出自5座墓，都在墓主一侧，大致认定玉戉的柄端握于死者左手，戉身在左肩，通长约70—80厘米。出土玉戉的都是大型墓葬，随葬品丰富，以玉制礼仪用器最具特色，足以说明墓主是部族显贵，拥有神权、财富和军事统率权。玉戉身高17.9厘米、宽14.4—16.8厘米、厚0.8厘米。虽然玉戉木柄已腐朽，但玉戉上端有玉冠饰，柄末端有玉端饰，从镶嵌在木柄上的小玉粒可确认全长为70余厘米，已腐朽的木柄位置上有朱砂涂痕，并嵌96颗小玉粒在木柄上；另一面弧凸并有光泽，木柄相接面琢磨榫头，两侧中部各有一个与卯眼相通的插销小孔。榫卯合于一体，能用插销加固。这5组玉戉，均无使用痕，偏肩的面上有一或两个圆孔，由两面穿榷而成，可见两道斜上方的捆扎痕和横向的密集擦痕。戉身的上端插入木柄的凹槽卯榫内，并捆扎加固。其冠饰尚有琢饰精美的纹图。

瑶山共有玉戉6件，出土于6座墓，每墓仅出一件，也是大型墓，形制特点与反山玉戉相同，从墓出土的玉戉复原，可估计木柄通长80厘米。[②]

1987年，在浙江杭州余杭县安溪乡瑶山良渚文化祭坛遗址中，出土玉戉6件，均出自祭坛的南列各墓。玉戉出土时每墓各一件，置于随葬品的东侧偏南处。其中M7墓一件，玉戉身为白玉制成，平面作扁平梯形，刃弧凸，由两面磨成，近肩处有一由两面对锥而成的圆孔，孔两侧有向后侧延伸的索状系扎痕迹，表明戉身的顶端原嵌入木柄，再以筋条或高强度的线状物作斜向系扎加固。玉戉身长16.3厘米，上端宽10.3厘米，刃端宽13厘米，孔径约1.5厘米。

玉戉出土时，有玉冠饰和玉端饰各一件，三者组成带柄的完整玉戉一组，虽原来的木质木柄已腐朽无存，但仍能量出其总长度为80厘米。在承接木柄的一端有椭圆形榫头，并开槽（有横向凹槽），凹槽中有长方形卯孔，以便安装。横断面呈橄榄形，表明木柄后端较粗壮厚实，两侧带有装饰图案。

---

① 王明达：《浙江余杭反山良渚墓地发掘简报》，又见《余杭瑶山良渚文化祭坛遗址发掘简报》，载《文物》1988年第1期。

② 杨晶：《长江下游地区玉钺之研究》，载《东南文化》2002年第7期。

这些玉戉精品，尚有其他嵌饰物，常见有已腐朽的木质柄和系扎的绳索，镶嵌在木质柄上下两端的玉戉冠饰，玉戉端饰和镶嵌在柄上的小玉粒等。玉戉与木柄系扎时，柄与尸体平行置左右侧，而玉戉与柄横向呈“十字形”交叉捆结，其中肩朝人体一方，刃朝外，端饰握于手上，玉戉和冠饰在尸体一侧或颈部上侧，玉戉木柄一般长 70—80 厘米，玉戉本身一般长 10—20 厘米，最宽 15 厘米左右，厚 0.4—1 厘米。

这些玉戉出现的地点，多在长江的下游和黄河流域，而在边远的地区，目前尚无典型玉戉出现。玉戉至夏、商和西周仍有制作和使用。

石戉的装柄方式

在木 - 石器时代的墓葬中，凡随葬有石戉，大多横置于墓主身体两侧（多在头部）或胸部之上。山西襄汾陶寺龙山文化墓地 M1364 中随葬的一件石戉，横置于头部右侧，并且出土时穿孔的一头尚留有涂饰红彩的木柄痕迹。山东莒县陵阳河遗址出土的一件陶缸上也绘有装柄的石戉图形。山西夏县东下冯遗址发现的一件石戉，孔上方有一横向凹痕，也应是横向装柄，凹痕是在使用过程中磨出的。出土实物说明：这种器物是横向装柄作砍劈用的石戉，而不是竖向装柄作挖掘用的石耜或石斤。

迄今发现的石戉，多数只有一个穿孔，也有上下并列两孔，或呈三角形排列的三孔，孔用于穿绳以捆缚加固石戉与木柄。石戉都是横向装柄，通过穿孔进行系结捆缚。根据这些资料，可对部分石戉进行装柄复原，就目前所知，石戉的装柄捆缚方式有以下诸种：

（1）单孔且孔距背部稍远的石戉，是在木柄之一端凿一浅槽（或在木柄上缘挖两三个凹槽），把石戉上端嵌入其内，浅槽上方锥两个或三个孔，与石戉上的孔呈三角形排列，用以穿绳，木柄与石戉固定在一起。江苏海安青墩遗址发现的一件有柄陶戉模型，为这种石戉的装柄方法提供了物证。“有内石戉”的装柄方法与此相同。

（2）单孔且孔靠近背部的石戉。与第一种装柄法不同，它是把孔置于木柄部一端的凹槽内，同时在木柄上锥一个孔，与石戉上的孔相对应，然后捆缚固定。

（3）单孔且靠背部有缺口的石戉。是在木柄一端凿一透銎[①]，把石戉套入銎内，使石戉的孔与木柄的孔相对应，或把孔置于木柄下缘，然后通过穿孔和缺口捆缚固定。

（4）三孔石戉。它的上两孔应是置于柄部凹槽内，在柄上横穿两个与石戉上两孔相对应的孔，然后穿绳捆缚固定。

（5）上下并列两孔的石戉。是把上面一孔置于木柄凹槽内，下一孔则在凹槽外，经穿孔捆缚系结固定。

石戉和商周青铜钺

山东和黄河中游地区的石戉，未见亚腰形和有内形石戉，所以它与商周青铜钺较少相似；而长江下游地区的石戉，在形式上与商周青铜钺似乎一脉相承。

河南郑州二里岗商城遗址（上限为公元前 1620 年左右，商代中期）出土了青铜钺；1954 年在湖北发掘盘龙城遗址（商代早期城址，约建于公元前 15 世纪）的李家嘴 2 号墓出土一件青铜钺；1989 年在江西新干大洋洲发掘了一座商代大墓，出土一件双系带銎青铜钺。可见商代青铜钺的分布颇广。

湖北盘龙城遗址发现的一件青铜钺，内较窄，钺身较长，亚腰，素面，钺身中间有一圆形大穿孔，肩部有两个长方形穿孔。四川石棉县发现的一件青铜钺，形制与盘龙城所出相似，但钺身中间的圆形穿孔较小。这些青铜钺都还保留着良渚文化“有内石戉”的特征。

作为礼器的青铜钺，已不像石戉那样通过圆形穿孔进行捆缚系结固定，而是通过靠肩部的两个长方形的“穿”进行捆缚固定。所以，青铜钺身上圆形孔都比较大。

商代青铜钺上的圆形孔，应是木－石器时代石戉上的穿孔的退化形式。

---

① 銎（qióng），是斧石戉上装柄的孔［the hole on axe for installing a handle］。《说文解字》曰：“銎，斤斧穿也。”段玉裁注：“谓斤斧之孔所以受柄者。”后泛指农器上的孔。

（五）从甲骨文看原始石乐器

本节专论木石复合乐器——考古新发现的原始方孔石磬、圆孔石磬与绳索的关系。

所谓“方孔石器”最先出土于山东岳石文化遗址，迄今发现有 110 件，当时学术界前所未见，错认这些石器作岳石文化特有的掘土农具，实为一大误解。考古调查表明，出土这种方孔石器的遗址集中在泗水、临沂和邹平古城一带。岳石文化（属于蓝夷一族）遗址的年代在公元前 2000 年至前 1500 之间，相当于夏代与商代早期。

与此紧密相关的河南郑州小双桥商代遗址，位于郑州西北小双桥村，最初发现发掘遗址中段有夯土台基，并发现了人祭、牲祭两种祭祀坑。经 1990 年试掘，1995 到 1997 年和 1999 到 2000 年的三次大规模发掘，出土方孔石器达 78 件，有的两边还涂有红色带状纹，制作精良，当时不知其来由，称其为“长方形穿孔石器”。[①]

经专家认定：郑州小双桥遗址，也许是商王敖隞（都）或商王宗庙祭祀遗址。这是意义重大的发现，学者们达成共识：小双桥遗址的方孔石器，应该是第十位商王仲丁（约公元前 1400 年）征蓝夷凯旋带回的战利品。[②]

先后三次考古发掘主要在小双桥遗址的中心区域，发现有夯土墙、大型高台夯土建筑基址、宫殿建筑基址、小型房基、大型祭祀场、祭祀坑、奠基坑、灰沟、与冶铜有关的遗存等遗迹，出土了大批文化遗物，包括丰富的陶器、铜器、原始瓷器等。小双桥遗址面积大，具有都邑的规模；地处黄河南岸古“敖”地范围内，属白家庄文化期，连接郑州商城，合于“仲丁迁隞”的史料记载；遗址中又出现大量岳石文化因素，可以和“仲丁征蓝夷”的史实相对应。[③]

所以，小双桥遗址可能是处于郑州商城和安阳洹北商城之间的唯一的商代都邑——敖（隞）。由此，2009 年正式得出结论：这些方孔石器极其珍贵，是从

① 河南省文物考古研究所：《1995 年郑州小双桥遗址的发掘》，《华夏考古》1996 年第 3 期。

② 任相宏：《郑州小双桥出土的岳石文化石器与仲丁征蓝夷》，载《中原文物》1997 年第 3 期。

③ 张国硕：《商王伐东夷事件之考古学佐证》，载《中国文物报》1998 年 2 月 4 日。

山东岳石文化（远古蓝夷族）地区得来的石磬。[1][2]

甲骨文中所呈现的远古乐器

对于华夏远古原始的打击乐器——石磬，以及与它相关的“声”“壴（鼓）”“青”“南”等甲骨文字，下面来追溯它们的字源。

A.“声”的字源解读

“声”字历史悠久，是华夏远古甲骨文造字时的一个字根，并非后来的“简化字”。相反，“聲”才是后起的繁体字。

甲骨文声  = （厂，石）+ （中，绳结悬挂）+ （耳），表示倾听敲击悬挂的石块所发出的乐音。《说文解字》曰：“声，音也。从耳，殸声。”

先民选择合适的石块，只有在空中悬挂起来，敲击后，方能听到清脆悦耳的声音，而悬挂必须用绳索。可见，这是华夏远古先民对于音乐的最初感知。

B.“青”的字源解读

甲骨文青  = （中，绳结悬挂）+ （石质打击乐器），表示用绳索吊起来悬挂乐器。这个“青”字与“磬”同音，可能是“磬”的本字。

C.“磬”的字源解读

甲骨文磬  = （中，绳结）+ （悬吊石磬）+ （手持棒敲）。本义为悬挂敲击的石乐器。比照出土的实物，方孔是为架住石磬而凿的，石磬的方孔和方形木榫并未结合得很牢靠，如果太固定，石磬的音质反而下降。当方孔与木榫套合时略有间隙，敲击石磬方能使它悦耳动听。籀文  将甲骨文的绳结  写成 ，将甲骨文的石块  写成 “穴”。

《说文解字》曰：“磬，乐石也。从石、殸。象悬虡之形。殳，击之也。”《诗经·小雅·鼓钟》曰：“笙磬同音。”《诗经·商颂·那》曰：“依我磬声。”《淮南子·泛论》曰：“语寡人以忧者击磬。”

---

① 刘效彬、李素婷、杨忆、宋国定、王昌燧：《郑州小双桥遗址出土长方形穿孔石器的岩相特征》，载《华夏考古》2009 年第 2 期。

② 索全星：《方孔石器是古代乐器石磬》，载《中原文物》2009 年第 5 期。

山东岳石文化遗址出土的 110 件方孔石磬，与河南郑州小双桥商代遗址出土的 78 件方孔石磬，两者有一个共同的来源——东夷的蓝夷一族，其历史至少在 3500 年以前，甚至可能更古远。

山西襄汾陶寺遗址（碳 14 测定距今 4200 年左右）出土的石磬，是迄今发现的最早的实物资料。偃师二里头遗址（距今约 3800—3500 年）3 号祭祀坑也曾出土 1 件石磬。到商代，一些贵族墓用石磬随葬表示身份。如妇好墓（殷墟中期商王武丁之妻）出土 5 件长条形石磬，制作精细，石磬上刻有文字和虎纹。看来商王室把这种方孔石磬规定为宗庙祭祀的礼乐器。西周以后，礼乐专制化，将石磬统一为圆孔曲尺形。秦汉以来因袭不变。古代在庆典、祭祀、筵宴、娱乐、集会等场合，长期用石磬为礼乐器。《诗经 · 商颂 · 那》曰“既和且平，依我磬声”，是指用石磬伴奏乐舞;《诗经 · 周颂 · 执竞》曰“钟鼓喤喤，磬筦将将”，是说宗庙祭祀、祭祖时用石磬为礼器。

商代的磬有石质、玉质、青铜质等，并出现了编磬，一般是三枚一组。编磬是后世“编钟”的前身。

D.“南”的字源解读

甲骨文南  = （绳结）+ （南方的一种乐器），像绳索从上面悬吊乐器。

有的甲骨文  为使意为乐器的  区别于“凡”字——甲骨文  、（造房时打地基的夯具），就将字形  加两横写成  。金文  在乐器  中加 （木槌）。《诗经 · 小雅 · 鼓钟》曰:“以雅以南。”《礼记 · 文王世子》曰:“胥鼓南。”《诗经》中的《周南》《召南》通称“二南”，也就是南方民歌，即“南音”，伴奏的音乐称为“南”。

E.“壴（zhù）”的字源解读

华夏先民使用的打击乐器，从“壴”到“鼓”，有一个漫长的发展过程。“壴”是原始形态，以器皿“豆”为乐器。后来的“鼓”，发展为用皮革蒙盖鼓面，在宫廷演奏音乐时与“钟”“编钟”相匹配，在战场上作为“军乐”。

甲骨文壴  = （豆，以器皿为乐器）+ （中，左面的绳结）+ （中，右面的绳结）+ （中，上面的绳结）。甲骨文反映了远古“壴”的原型：在打击乐器 （最初借用器皿“豆”）的上面和两侧各有一个绳结，从三面将乐器固定。

有的甲骨文  省去左右两个绳结，只留上面一个绳结。金文  将甲骨文  的“绳结”  写成 。《说文解字》曰：“壴，陈乐，立而上见也。从中从豆。凡壴之属皆从壴。”

F.“鼓”的字源解读

甲骨文鼓  =  + （用鼓槌敲击），金文 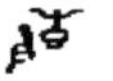、，篆文 ，都承继甲骨的文字形。“鼓”从“壴”发展而来。《说文解字》曰：“鼓，郭也。春分之音，万物郭皮甲而出，故谓之鼓。从壴，支象其手击之也。”《诗经・唐风・山有枢》曰：“子有钟鼓，弗鼓弗考。”《诗经・邶风・击鼓》曰：“击鼓其镗。”《周礼》把鼓分为六类：“雷鼓八面，灵鼓六面，路鼓四面，鼖（fén）鼓、皋鼓、晋鼓皆两面。”

西周以后的“鼓”，用皮革蒙盖鼓面。《汉书・律历志》载：“皮曰鼓。”《释名・释乐器》曰：“鼓，廓也。张皮以冒之，其中空也。”战争中用作军鼓的史例有：《左传・庄公十年》载：“公将鼓之。”又载：“夫战，勇气也。一鼓作气，再而衰，三而竭。”《左传・哀公十七年》曰：“鼓噪而进。”

结束语

继本书作者首次论证绳索和穿孔的历史作用之后，本章又详细讨论了绳索和穿孔系结技术在木石复合工具和乐器中的重要地位。①

晚期智人的重要符号运作“结绳记事”，其前提就是绳索的发明。甲骨文乙、己、午、十、廿、冬、丩的字形都是远古细线的象形。绳索与磨制穿孔石的结合，构成木石复合工具的重要形式。木质和石质材料结合的木石复合工具中，非常重要的一个环节就是绳索。原始人在狩猎、采集和点播时期使用的穿孔石刀、穿孔石刈、投石索以及穿孔圆石等，都是木石复合工具。木杆石纺轮，是先民最初的重要纺织工具，本章首次阐明了甲骨文“叀、專（缚）、專（专）、傳（传）、轉（转）”的字源都从纺轮衍生。由大型穿孔石斧发展而来的远古礼兵器

① 陈明远、金岷彬：《历史观的新突破》，山西人民出版社 2014 年，第 54—76 页。

“石戉”，其结构由4部分组成。考古新发现的原始方孔石磬以及圆孔石磬，都与绳索有密切联系，甲骨文“磬”以及“声”“壴（鼓）”“青”“南”等字的字源，都指的是木石复合乐器。

从甲骨文看史前的种植与耕作

【提要】 本章讨论木石工具的第四个时期，即复杂的木石工具时期（Complex Wood-stone Tools Period）精加工的耒耜、石臿、木犁、杵臼、连枷等木石复合农具和纺锤、网罟、沟渠等；论证“农业革命”的主体是以木质为基本部件的“木石复合农具”，而并非单纯的“磨制新石器”。甲骨文所见的史前农具“（耒）、（方）、（耜）、（舂）、（杵）、（振）、（辱）”等是以木制为主，证实了“磨制新石器”并不是农业革命的决定因素而是辅助因素，实际上并没有一个单纯“石器锄耕”或单纯耒耜耕作的阶段。本章首次指出，在殷商的甲骨文和商周金文记录中，对史前史的狩猎和采集活动以及“第一次农业革命”都有形象的反映。原始人采集活动表现为采（採）字；狩猎活动表现为狩、獸（兽）等字。农业革命的起步四阶段也有所刻画：（1）火耕或“火燎杖耕”，表现为（焚）、（弋）、（木杖）等字；（2）耒耜耕作（过去称为石器锄耕）表现为“耒、耜、乂（刈）、方、午（木棒）、臿、振、辱”等字，以木质或木石复合农具为主；（3）复合农具系列的改进阶段，表现为“舂、杵、弗、、攴、襄、秦”等字，此外还有许多设施，如开溝（沟）、水井、桔槔、灌溉等组合；（4）牛耕表现为“厄、軛（即）、物、耕”等字。甲骨文中的谷类主要指禾、粟、黍、稻、麦。从甲骨文发展史可以看出：先民最初从野生植物中培育的谷类是禾、粟（狗尾草即“莠”的驯化）；然后陆续增添新的作物品种，甲骨文里面有黍、稷、麦（来）、稻，未见“菽”字。有了农耕，才说得上农田。本章对甲骨文“田、苗、邦、圃、囿、畴”等字的字源作了解读，并找到华夏最早的关于果木的记录：（果）、（杏）、（栗）、（杞）、（梅）、（李）等字。另外，还特别注意到（蚕）、（丝）、（桑）等字，可以证实出土文物反映的人工养蚕。

（一）甲骨文中揭示的农业起源

原始人类起初以狩猎和采集食物维持生存，除了用木矛、投枪猎杀野兽，还将树枝加工成棍棒，采集树上的瓜果、挖掘地下的树根块茎，作为营养的来源。这就是说，原始人一开始就是同时混合采用木质、石质工具，后来逐渐发展为木石复合工具。①

经过百万年后，在北非、西亚、南亚、东亚，以及稍晚的南北美洲，先民把活捉的禽兽带回住处驯养，把采集的野生谷物种子撒播栽培。于是，在欧亚大陆的两河流域肥沃新月地带（麦作农业）、华夏中原（粟黍旱作农业、稻作农业）及长江中下游（仙人洞、吊桶环、彭头山、八十垱等地，稻作农业）、

① 陈明远、金岷彬：《史前农业革命的主要农具是木石复合器——全盘修正“史前史三分期学说”之二》，载《社会科学论坛》2012年第9期，收入《历史观的新突破》一书，山西人民出版社2014年，第21—45页。

印度（稻作农业）、美洲南北温带（玉米农业）等地区，各自起源的原始农畜业就先后产生了。[①]

在人类史前史上，农业的起源是漫长的、渐进的过程。原始农业起初仅作为采集、渔猎活动的补充而已，在先民生活中并不占有突出的经济地位。

在甲骨文中，这些历史时期都有形象的反映——原始采集活动以 （采）字为代表，狩猎活动以 （狩）、（兽）等字为代表。

后来木石复合农具提高了农业生产力。柴尔德（Childe V. G.）和布雷伍德（Robert Braidwood）把史前农业的产生称为“第一次革命”（食物生产的革命）和“农业革命”，首先指出农业在史前史上具有决定性意义。[②③]

农业的起源，可追溯到原始社会木石复合工具（农具）时期。20 世纪历史考古学家称具为“伟大的第一次农业革命”，是人类摆脱野蛮（半开化阶段）走向初级文明社会的基础。

然而这个“农业革命”不是一下子产生的突发事件，而是由量变到质变的长期积累。许多学者在考古与历史研究中把“农业革命”与“新石器”两个不同的事件加以联系。由此产生一个重要问题：最初的农具究竟跟石器有多大关联？远古农业常用的专门的“农具”究竟是怎样的？是否真有一个单纯的“石器锄耕”阶段？单纯“新石器”是否为农业革命的决定性因素——主要农具，即主力？

农业起步的四阶段

原始农业的初步发展，可分为四个阶段:（1）火耕点种或“火燎杖耕”；（2）以木质耒耜耕作为主（过去称为锄耕），往往一器多用，或为木石复合农

---

① ［美］斯塔夫里阿诺斯（L.S.Stavrianos）:《农业的起源与传播》，中译文载《农业考古》1988 年 1 期。

② ［英］柴尔德（Childe V.G.），Man Creates Makes Himself，《人类创造了自身》，中译本原名《远古文化史》，上海三联书店 2012 年，第 53 页、第 64 页。又见柴尔德:《远古东方之新探索》（New Light on the Most Ancient East），1928 年初版，1954 年再版，第 23 页。

③ ［美］罗伯特 J. 布雷伍德（Robert J. Braidwood）、陈星灿:《农业革命》，载《农业考古》1993 年第 1 期。又见 Braidwood R.J.：*The Agricultur al Revolution.*（农业革命），Scientific American 203, p.130–141, 1960.

具；（3）改进复合系列农具，进行农畜业的复杂分工；（4）进一步利用畜力，牛耕、犁耕。

在甲骨文中，对这起步四阶段都有形象反映。

（1）距今约1万年前，华夏先民实行火耕或“火燎杖耕”，先用木柄石刀、石斤、石斧砍伐荆棘丛林藤条，然后放火烧荒（焚 ）；之后利用雨后土湿、地软的有利时机，以焚烧后的草木作为肥料，用硬木棍（弋 ）戳地点种，将种子点入孔穴，栽培作物。这是原始农耕文化的雏形，后世《旧唐书》称为“刀耕火耨”，或称“火燎杖耕”。“第一次农业革命”初期，华夏农作物的品种是由野生（如狗尾巴草、野生稻之类）逐步选种、逐步栽培、逐步发展起来的。开始，远古农业主要种植禾（谷子）和粟类，考古出土的黄河流域谷物遗存中，以粟最多，后来才进一步培植其他品种。

德国学者利普斯在《事物的起源》一书中写道：“人类最古老的木质工具是掘土棒，是人们每天采集食物时不可缺少的助手。它是一根简单的有尖端的树枝，有时呈叉状，尖端用火烧过使其坚硬。木矛从掘土棒演化出来，用于原始人另一种取得食物的活动——狩猎之中。木矛尖端放在火上烧得非常坚硬，有时超过燧石矛尖，甚至超过金属矛尖。亚洲的方法是把竹矛放在油中浸泡，并放在热灰里烘干，做出的矛尖像金属一般坚硬。”①

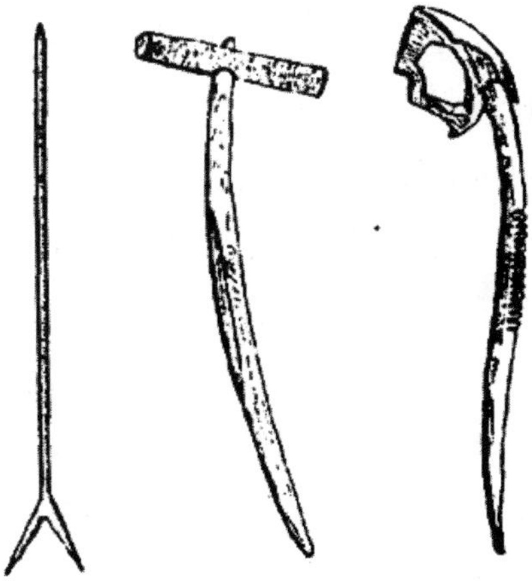

图7-1　南美洲格兰查诺和北美洲印第安人的掘土棒

民族学调查表明：直到20世纪上半叶，我国仍有十多个少数民族还在从事“火燎杖耕”的农业生产。如云南西部怒江地区的怒族仍然广泛地实行“火燎杖耕”。②

云南佤族在阿佤山的耕地有旱地、水田、园地和轮歇地之分，旱地都是山

① ［德］利普斯（Julius E. Lips）著：《事物的起源》，汪宁生译，贵州教育出版社2010年，中译本第85页。
② 李根蟠、卢勋：《怒族解放前农业生产中的几个问题》，载《农业考古》1983年第1期。

地，耕作十分粗放。有一种“火燎杖耕”的方法，是把山坡上的树木灌丛砍倒烧光，不犁不挖，即行点种。播种时，男子走在前面，用木矛（或竹矛）在地上戳穴，妇女随后在穴内放入种子；种一年后，丢荒七八年至十年不等。西双版纳景洪的基诺人，放火烧荒是其务农的主要手段，一年一季，不选种，戳穴点种。在平缓的坡地上，也有撒种的。①

甲骨文中对火耕点种或“火燎杖耕”的表现以“焚 、弋 ”等字为代表，焚 为“火燎”、弋 为“杖耕”。

法国的社会学家和人类学家也认为，原始的农具来源于采集（特别是挖掘）所用的器具，最初是简单的尖利木棍，多年以后演变为铁臿或镢头。②

（2）耒耜耕作（过去称为锄耕，此“金”字偏旁不妥，因耒耜为木制或木石复合农具，而非金属）。距今8000—7000年前，黄河、长江流域一些地区，如河南裴李岗遗址、浙江河姆渡遗址（第四文化层距今约7000—6500年，第三文化层距今约6500—6000年）等地，原始农畜业逐渐成为主要的生产方式。儒家经典《礼记·礼运篇》如此追忆远古人类的生活状况：“昔者……冬则居营窟，夏则居橧巢。未有火化，食草木之实，鸟兽之肉，饮其血，茹其毛……”就是说：尚未开化的原始人以捕猎和采集野果维持生存，不会做熟食，只能连毛带血地活剥生吞禽兽。汉代《白虎通》说古之人“饥即求食，饱弃其余，茹毛饮血”，“古之人，皆食禽兽肉，至于神农，人民众多，禽兽不足，于是神农因天之时，分地之利，制耒耜，教民农作”。

图7-2 山东武梁祠画像石的神农和大禹执耒耜图

① 范楚玉：《试论我国原始农业的发展阶段——兼谈犁耕和牛耕》，载《农业考古》1983年第2期。

②［法］马塞尔·莫斯（Marcel Mauss）爱弥尔·涂尔干（Emile Durkheim）亨利·于贝尔（Henri Hubert）原著，［法］纳丹·施郎格（Nathan Schlanger）编选，（北京大学）蒙养山人翻译：《论技术、技艺与文明》。北京，世界图书出版公司，2010年。第137页，最初的农具是木棍。

耒　和耜　等农具提高了生产效率，几千年间对我国产生重大影响。《新语 · 道基》曰：“至于神农，以为行虫走兽，难以养民，乃求可食之物，尝百草之实，察酸苦之味，教民食五谷。”这说明，“第一次农业革命”的产生，主要是因为远古人类受生计所逼迫。人口增多以后，光是依靠猎杀野兽，远远不够众人吃饱肚子——“人民众多，禽兽不足”，“行虫走兽，难以养民”，这才开始尝试“分地之利，制耒耜”，“乃求可食之物，尝百草之实，察酸苦之味，教民食五谷”。

石兴邦先生在《半坡氏族公社》一书中写道：“半坡人用的农具，最初是掘土棒之类的竹木工具，后来将木棒的一端弄尖削平，做成可以掘地翻地的木锹（引者按：即木耒耜）。这些木制工具在原始农业生产方面起着很重要的作用。因为黄土地带，土质松软，易于挖掘，很适宜于木质工具的耕种。”①

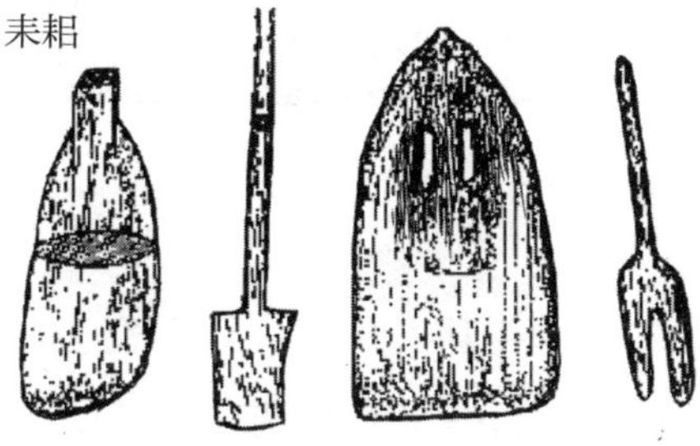

图 7-3　河姆渡遗址出土的远古木制农具

在临潼姜寨的仰韶文化遗址里，也发现了考古编号 T42H33 坑壁上留下的耒齿插土掘坑留下的痕迹。②

甲骨文中对耒耜耕作的表现以“耒　”和“振　、辱　”等字为代表。

（3）改进复合系列，农具复杂分工。可粗分为农耕、浇灌、收割、脱粒等四大类，形成翻地、播种、耕耘、收获、加工、水井、沟渠灌溉等系列分工。木石复合农具的改进阶段，有耤　等系列，以及舂　、舂杵　、弗　、支　、秦　等脱粒加工的农具，还增加了许多设施组合（如开沟　、井　等），此外，先民还发明了木石复合的汲水灌溉农具桔槔等，兹不详举。浙江河姆渡遗址（根据碳 14 测定，第二文化层距今约 6000—5500 年，第一文化

① 石兴邦：《半坡氏族公社》，陕西人民出版社 1979 年，第 11 页、第 10 页。

② 西安半坡博物馆、陕西省考古研究所、临潼县博物馆：《姜寨》，文物出版社 1989 年。第 348 页，史前耒齿痕迹。

层距今约 5500—5000 年），已拥有较为发达的耜耕农业、并采用榫卯技术的干栏式建筑。

图 7-4 古埃及的木制农具木犁等

（4）牛耕、犁耕，利用畜力。周代初步有金属耕犁出现，但更多仍为木质或骨质（有些文章强调出现了铁制农具，但初期实际推广程度很有限）。役使畜力犁耕，以“厄（軛）、（即）、物、耕”等字为代表。

从瓦维洛夫（N. I. Vavilov）1935 年对农业起源中心区的研究文章发表以来，西亚地区一直被学术界公认为欧洲农业的故乡。①

考古资料表明：人类农业最早使用的犁，上千年间主要是“木犁”，而非“石犁”。

在西亚和北非，原始的木犁起源于两河流域和古埃及尼罗河中下游。犁是一种耕地的农具，由在横梁端部的厚重的刃构成，通常系在一组牵引它的牲畜上，也有用人力来拉动的，用来破碎土块并耕出槽沟，从而为播种做好准备。

早在 5500 年前（公元前 3500 年）或更早，两河流域和埃及的农民就开始使用木犁。早期的犁是用 Y 形的木段制作的，下面的枝段雕刻成一个尖头，上面的两个分枝则做成两个把手。②

---

①［俄］瓦维洛夫（N. I.Vavilov），首倡农业起源多中心学说，分世界作物为八大起源中心，到 1940 年，他又扩大为 19 个起源地。1945 年 Darlington 等修正为 12 个中心；1955 年 Kopzovy 主张改为 10 个起源地区；1968 年 Kukojiskiy 分世界为 12 个基因中心；1970 年 Zohary 主张 10 个中心。1971 年 Harlan 另提出 3 个中心及 3 个非中心。

②［英］海伦 · 斯德拉德威克（Helen Stradwake）主编：《古埃及百科全书》（*Encyclopeidia of Ancient Egypt*），中译本第 17 页，上海科学技术文献出版社 2008 年。

将犁系上木轭与绳索用牛拉动，尖头就在田里扒出浅沟，农民扶住把手驾驭犁。在埃及、西亚、华夏等地的干旱、沙质或松软的田野上，早期的犁便于开垦农田，提高收成，增长人口，最初的城市日益发展。[①]

德国学者利普斯在《事物的起源》一书中写道："犁的发明和利用畜力（主要是牛，后来还有马）拉犁，使人们可能开发大片耕地，作为真正的农业生产的基础。犁本身是应用了臿和一种特殊的铲形刃（引者按：在华夏是耒耜）的掘土棒的机械原理，其最早的证据可以上溯到公元前第 3000 年。多瑙河地区所谓'带纹陶文化'时期的农民已知用犁，同一时期它也为印欧部落所使用。犁耕文化仅发生在历史上某一时期，在它散布到其他地区前仅发生在世界某一个地区。这个最早地区可能是有发达文化的美索不达米亚和埃及。犁的最早形式是由树杈形木头做成，虽然最古老的新石器时代的犁表明，犁铧部分是石制的。这并不奇怪，因臿本身也装有石刃或蚌刃。甚至今天仍有某些地区使用木犁，例如欧洲东部和东南部就是如此。"[②]

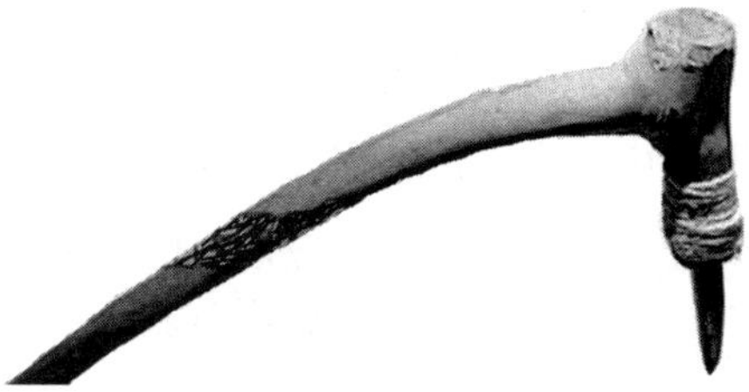

图 7-5　古代西欧的木石复合农具

到公元前 3000 年左右，古埃及的木犁得到改进，把尖头制成犁铧，增加了底板。据埃及古王国史料记载，约公元前 2686 年至前 2181 年，已有农民使用双牛牵引的木犁耕地；大约公元前 970 年，古埃及人创作了牛拉木犁的壁画，跟公元前 3500 年制造的犁相比，基本上没有多大变化。但埃及历史进入铁器时代则是在公元前 730 年左右。

约在公元前第四千纪，近东的一些先进技术传入史前的欧洲，包括犁、有轮的运输工具等。史前欧洲最原始的犁，称为"刮犁（ard）"，"由一个木制尖头犁铧破开土表"，它能碎土但不能翻地。[③]

① 参见［美］哈维兰（Haviland, W.A）：《当代人类学》，第 332—334 页，上海人民出版社 1987 年。

②［德］利普斯（Julius E. Lips）著：《事物的起源》，汪宁生译，贵州教育出版社 2010 年，中译本第 79 页。

③［英］简・麦金托什（Jane McIntosh）著，刘衍钢、张元伟等 6 人译：《探寻史前欧洲文明》，商务印书馆 2010 年，第 67 页、第 178 页，近东技术传入欧洲，两处介绍刮犁。

华夏的犁是由耒耜发展演变而成。最初仍名为“耒耜”。用牛牵拉耒耜以后，才渐渐使犁与耒耜分开，有了“犁”的专名。有人推测：犁可能出现于商朝（未成定论）。早期的犁，形制简陋。石犁和青铜犁都稀少且未得到实用，在农业上青铜农具很少得到发展。

徐中舒《甲骨文字典》里没有“犁”字头，但是在“物”字头名下，有两个字形系由“牛”的符号和“耒”的符号，以及附加的小点子符号组合而成（二期“遗714”、二期“戬6.4”）。[①] 这是会意字符号，参照汉字的楷书释读为“物”，是一家之言；依据其构字部件的组合，认为是“会意”的“犁”字，也可作为一种解释。

西周晚期至春秋时出现木柄铁犁，有人认为此时正式用牛拉犁耕田。无论如何，战国时期冶铁业兴起，使农具产生了一大变革：铁制木柄农具代替了木、石复合农具。秦汉以后的农具大多是木心铁刃，即木耜、木臿、木犁套上铁制的锋刃，大为提高生产效率。从考古发掘出的实物看，当时初步使用的V字形的铁犁头，减少了耕地的阻力；木柄铁臿（锸、铲）增加翻土深度；木柄铁耨锄草、培土很有效；脱粒农具连枷（弗），为后世长期沿用。木柄铁刃农具，是华夏进入文明社会以后的进一步改革。

A.“农（蕽、莀、農、穠、辳）”的字源解读

甲骨文 （蕽）= （林）+ （辰，蜃制农具）+ （丮，握）。蜃是坚硬锐利的大贝壳。

金文  = （田地）+ （辱，荷蜃割草肥田）。《说文解字》曰：“農（农），耕也。从 ，囟声。”又曰：“辰者，农之时也。”，亦古文“农”，从林；籀文农，从林。

远古先民“日出而作，日落而息”，于是手执农具的“辰”字，也延伸为拂晓开始劳动的时辰的“辰”，还以“辰”字为基础，加进“日”这个表意元素造出“晨”字。

B.“焚”的字源解读

甲骨文 （焚）= （屮、艸、野草）+ （火），本义为烧荒垦田。

---

① 徐中舒主编《甲骨文字典》，四川辞书出版社2011年，第83页，“物”字头。

有的甲骨文 = （林）+（火把）+（手），意为手持火把，为垦地耕作而引火烧林。这就是火耕或“火燎杖耕”，后世《旧唐书·严震传》又载为“刀耕火耨”。①

篆文 将甲骨文 字形中的（又，抓持）写成（𠬤，即两个“又”），于是将甲骨文字形中的“林”写成了“棥”。《说文解字》曰：“樊，烧田也。从火、棥，棥亦声。”

刀耕火种，是最原始的农业垦荒耕作。先以石斧（后来用铁斧）砍伐地面的树木荆棘等，草木晒干后用火焚烧。经过焚烧的土地变得松软，不用翻地，利用地表草木灰作肥料，播种后不再施肥，通常播种一年收获后换一块荒地，收成可达种子的30—50倍，亩产只有百斤（50千克）左右。②

C.“弋”的字源解读

甲骨文（弋），象形字。弋是直木、树干的形象，表示原始人最早使用的简单点种农具，是原生态的字根。《说文解字》曰：“弋，橛也，象折木斜锐着形，象物挂之也。”

D.“振（辰）”的字源解读

甲骨文 （辰），象蚌蛤之形，“蜃”（大贝壳）之初文。古人食蜃肉，用食剩的蜃壳磨制成农具，以割取瓜果草籽。《韩非子·五蠹·第四十九》：“上古之世……民食果蓏蚌蛤。”

甲骨文 （振）=（辰，大贝壳制的农具）+（手）+（止，下地）。本义为晨起手握农具（摩，即磨蜃）下地劳动（而耨）。又，甲骨文辰 、 =（刃或石刀）+（丮 ，双手握）。本义为手握农具，日出而作。《说文解字》曰：“辰者，震也。三月，阳气动，雷电振，民农时也，物皆生。”此处字根“辰”衍生出“辱、蓐、蜃、耨”，意皆为大蚌壳制的割草农具，详见下文。

---

①“刀耕火耨”为时隔两千年的后世的追记，出自《旧唐书·严震传》：“梁汉之间，刀耕火耨。”参看牛继清：《清代扬州学者对旧唐书的整理研究》，载《宁夏师范学院学报》2007年第5期。

② 李根蟠、卢勋：《刀耕农业与锄耕农业并存的西盟佤族农业》，《农业考古》1985年第1期，第365—366页。

E. “辱、蓐、耨”的字源解读

甲骨文  （辱）= （辰）+ （手）+ （把握），本义为握住“蜃”（大贝壳制的割草农具）劳作。[①]

《说文解字》曰：“辱，耻也，从寸在辰下。失耕时，于封疆上戮之也。辰者，农之时也。”这是以农立国的意识形态反映。派生字“蓐”，《说文解字》曰：“蓐，陈草复生也，从草，辱声。”卜辞曰：“今日蓐田”“在蓐亦焚”。辱，即“蜃（shèn，蛤蜊）”，俗称大蚌壳，远古用作割草的农具，手持，用来割草（采集籽食）或除草作肥料。衍生“耨”字（nòu），远古用作割草的农具。《礼记·掌蜃》郑注曰：“大蛤曰蜃。”《淮南子·卷十三·氾论训》曰：“古者剡耜而耕，摩蜃而耨。”《吕氏春秋》曰：“人耨必以旱，使地肥而土缓（松软）。”《旧唐史》载“刀耕火耨”。

割草农具“辱”的刃部也常用大蚌壳制造，古代称为“耨”（辱、蓐、蜃、耨），捆绑在木柄上使用。“辱、耨（即蜃）”的字根来自“辰”，原义之一是蛤蜊、大蚌壳。[②]

商代二里岗遗址曾出土蚌辱（蚌镰），长 14.9 厘米、宽 3.8 厘米。

在河南安阳殷墟遗址中出土的蚌辱（蚌镰）比石质刈（石镰）多，主要形制有弯背凹刃和弯背直刃两种，刃部均呈锯齿状，制作比较粗糙，出土的蚌辱，长度都在 10 厘米以上，以 13—14 厘米的居多。在商代遗址的考古发掘中，又曾于一个窖穴内发掘出 400 多把蚌辱。商周时期出现青铜辱，但罕见；战国以后，铁辱逐渐取代石辱（耨）、铜辱。西汉以后，石辱（耨）逐渐消失。但作为收割农具的铁辱（铁镰刀），仍用木柄，自汉代以后基本定型，沿用至今变化不大。

［作者按］辨音：辰（chén），振、震（zhèn），辱（rǔ），蓐（rù），蜃（shèn），耨（nòu）等，上古皆为同音字，意义相近相通，但后世各自不同音，意义产生分歧，各自并不相通，可见历代语音、字义演变之剧烈。录此备考。

---

① 考古出土的“蚌镰”应称为“蚌辱、蚌耨（耨、蚌壳质）”或“蚌刈”，不应称“镰”，因为它不是金属制造，而是大蚌壳制造的木柄复合农具。

② 参看马如森：《殷墟甲骨文实用字典》第 25 页，上海大学出版社 2008 年。

F.“木、林、森”的字源解读

甲骨文木 、，像树干 上部有开叉的枝 ，下部是扎在地里的根 。篆文 承续甲骨文、金文字形。《说文解字》曰:“木，冒也。冒地而生。……从屮，下象其根。”

甲骨文林 像两棵树木并排。金文 、篆文 承续甲骨文字形。《说文解字》曰:“林，平土有丛木曰林。从二木。”

甲骨文森 并列三（众多）木 ，表示森林里多树木。有的甲骨文 写成上下结构。篆文 承续甲骨文字形。《说文解字》曰:“森，木多貌。从林从木。”这时的磨制石斧主要用来伐木取材，而很少直接用作耕种的农具。

G.“屮、艸、卉、草”的字源解读

甲骨文屮 、，“屮（chè）”是“艸”的本字，而“艸”又是“草”的本字。卉 的形象是三个 （屮，草）连成一片。本义为草的总称。篆文 承续卉 的字形。楷书 将 “艸”简写成 “艹”。《说文解字》曰:“艸，百卉也。从二屮。”《说文解字》又曰:“卉，草之总名也。从艸、屮。”

H.“禾”的字源解读

甲骨文禾 、 、 = （木）+ （谷穗），象形，在“木” （植物）的末稍，画出下垂的谷穗 。有的甲骨文 将下垂的谷穗形象 （谷粒）画成一曲笔。本义为谷类作物的总称。金文 、，篆文 基本承续甲骨文字形。隶书 变形。《说文解字》曰:“禾，嘉谷也。二月始生，八月而熟，得时之中，故谓之禾。禾，木也。木王而生，金王而死。从木，从 省。 象其穗。”广义的禾指谷物，狭义指粟（小米，即谷子），是殷商时期的主要食粮。[①]

I.“私（厶）”的字源解读

甲骨文私（厶） 、 、 ，与“以” 相通。篆文 = （禾）+ （厶）。《说文解字》曰:“私，禾也。从禾，厶声。北道名禾主人曰私主人。”可见，古代以粮食为主要的私有财产，习惯上把禾谷主人称为“私主人”。

---

① 陈梦家《殷墟卜辞综述》，科学出版社 1956 年，第 525—533 页；又见裘锡圭《甲骨文中所见的商代农业》，载《农史研究》第 8 集，1989 年。

J.“秀（莠）”的字源解读

篆文秀（莠） = （禾）+ （草）+ （乃）。本义为狗尾巴草，结出的草籽，穗子像谷穗，也像狗尾巴。《尔雅》曰：“荣而实者谓之秀。”《广雅》曰：“秀，出也。”《诗经·大雅·生民》曰：“实发实秀，实坚实好。”狗尾巴草，就是野生的粟类。

K.“厄、轭”的字源解读

金文厄 像卡住家畜的脖颈，予以驯服。套牛或套马的牛轭或马轭，形象为 、 （即 ）。《说文解字》曰：“厄，木节也。从卩厂声。”又曰：“扼，把也。从手，鬲声。”清段玉裁《说文解字注》曰：“轭，辕前也。自其横言之谓之衡。自其扼制马言之谓之轭。隶省作轭。毛诗韩奕作厄。……木部曰槅，大车枙也。枙当作轭。”

L.“奇（骑）”的字源解读

甲骨文奇 = （人）+ （牛马的背）+ （缰绳），像一个人 骑坐在牛马背上，手执缰绳，以驯服牛马，使之服役。《说文解字》曰：“骑，跨马也。从马奇声。”

M.“物”的字源解读

甲骨文 （物）= （牛）+ （勿，刃）。本义为役使牛马，一说为役牛拉犁。

有的物写成上下结构 = （勿）+ （牛），金文 。

《说文解字》曰：“物，万物也。牛为大物；天地之数，起于牵牛，故从牛，勿声。”

郭沫若在《奴隶制时代》一书里，有对殷人发明牛耕的论述：“殷人已经发明了牛耕。卜辞中有很多犁字，作 或 ， 即象犁头，一些小点象犁头启土，辔在牛上自然就是后来的犁字。”①

N.“耕”的字源解读

金文耕 = （禾）+ （农人）+ （耕具，犁）+ （牛）

《说文解字》曰：“耕，犁也。从耒井声。一曰古者井田。”按，人耕曰耕，

① 郭沫若：《奴隶制时代》，人民出版社1972年第二版，第21页，甲骨文里的“犁”字。

牛耕曰犁。《山海经·海内经》曰:“稷之孙曰叔均,是始作牛耕。”此为汉代以后的传说,未能得到考古证实,故存疑。《孟子·公孙丑上》曰:“自耕稼……无非取于人者。”

(二)甲骨文中所见的史前农具

甲骨文“刀、力、方、利、耒、耜”等,都来自原始人在采集狩猎阶段利用简单的木石复合工具(石刃装木柄)的劳动图像。

A.“刀”的字源解读

甲骨文刀 、、 像有锋刃的木柄石质工具,一器多用,可用于挖掘植物块根或耕地,也可用于狩猎、切割兽肉、兽皮等。本义为有锋刃的切割器具。篆文  写成弯柄形。

《说文解字》:“刀,兵也。象形。凡刀之属皆从刀。”许慎所言兵器,非为最初的本义。

B.“力”的字源解读

甲骨文力  像伸展向下的手臂,是右手 (即“又”)或  的变形;有少数甲骨文写为左手“又” 。本义为强壮有劲的手臂。由于手工劳动而强壮有劲,造字者遂以手臂代表力气。有力的男子为 ,有力的女子为 。金文  承续甲骨文字形 ,突出了手指的形象。有的金文  将甲骨文的手臂写成弯曲形状。《说文解字》曰:“力,筋也。象人筋之形。治功曰力,能圉大灾。凡力之属皆从力。”

一说:“力”字形里的短画“一”象踏脚的横木,直接用作“耕地”义。在甲骨文中“力”“耒”同源,起初都是原始农业的挖土工具,即挖掘植物块根或点种用的尖头木棒,“力”是“单头耒”的象形。

[作者按]“力”的本义为后人所忽视、误导,以为专指耕地的农具,但是在多个含有“力”字的合体字中,“力”为手臂之本义一直明显存在。如劝、劲、功、动、勒、肋、夯等。尤其“肋”字,体胸旁就是两肋对称之处,定位并印证,手臂旁就是肋胁(有肋骨的部位)之处。如果“力”仅为农耕工具,无法解

释肋和夯的字理。一件农具和一块田，无法会出“男子”之意。

C.“方”的字源解读

甲骨文方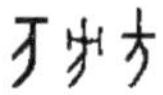，本义为一种翻土工具，类同“耒耜”。孙常叙认为“方……原来是一种双尖耒。”①

《说文解字》曰：“方，并船也。象两舟省、总头形。”此处许慎实为臆会，非造字本义；又一说，表示流放者，或披枷的罪人，或剔发的罪犯，皆不确。“方”与“耒”同源，“方”是“双头耒”的象形，金文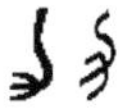是“三头耒”的象形。

甲骨文“方”的本义是垦土的耒耜农具，从这一角度就能理解商朝周边方国的称谓。如，土方（甲，948）、大方（粹，1152）、勹方（缀，184）、基方（乙，6692）等。②华夏诸族进入农耕阶段后，以族群开垦的农田作为建“方”的根本，以农立国（域），有了田地，方可建立族群的“方（国、域）”。

D.“耒”的字源解读

甲骨文耒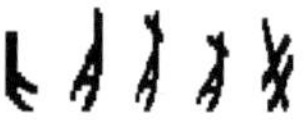，《说文解字》曰：“耒，手耕曲木也，从木推丰。古者垂作耒耜，以振民也。”耒，数千年间在华夏广为使用，形式众多，皆为远古通行的农具。其同源字刀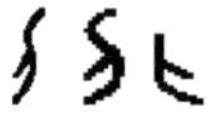，力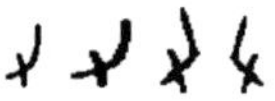，方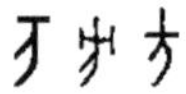等，皆为木质或木石复合农具，而以木质部件为主，没有纯石制的垦土农具。

耒是从挖掘根茎块状的尖头木棒“弋”和“刀”发展而来。最初的耒，就是从硬木头“弋”上折一根较粗的干支，用石斧削尖；先民在尖木棒一端，以藤皮或绳索横绑一根短木棍，便于脚踏入土翻地。这种加上横木棍的尖头木棒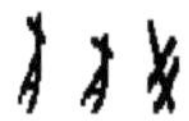，就是古老的耒。先民又用木叉做成两个或三个尖头的“双头耒”（即“双齿耒”）和“三头耒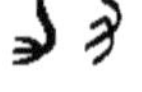”（即“三齿耒”）。

---

① 孙常叙：《耒耜的起源及其发展》，第 15 页，上海人民出版社 1959 年。转引自马如森：《殷墟甲骨文实用字典》，第 202 页，上海大学出版社 2008 年。

② 吴浩坤、潘悠著：《中国甲骨学史》，上海人民出版社 1985 年，第 262、263 页。

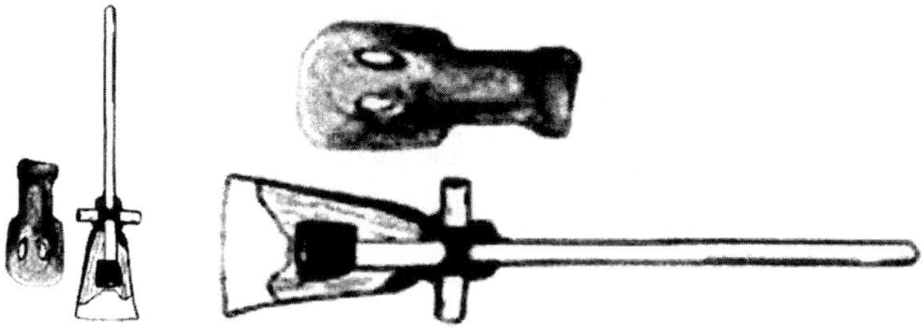

图 7-6　华夏古农具耒耜出土复原图

徐中舒先生是最早系统考证农具耒耜的专家，他认为：甲骨文中“耒”形诸字，皆为木制农具。《周礼 · 地官 · 山虞》及《易 · 系辞》曰：“耜亦用木制。”古代确有木制之耒、耜。直到汉代《盐铁论 · 水旱篇》中还记有：“盐铁价贵，百姓不便。贫民或木耕手褥，土覆淡食。”西汉时锻冶与耕农，都已发展到很高的程度了，而民间还有木耕的习俗，则“古者剡耜而耕，摩蜃而耨”（《淮南子 · 氾论训》），也都为事实。《考工记 · 车人》云：“坚地欲直庛（cì），柔地欲句庛，直庛则利推，句庛则利发，句据磬折，谓之中地。”即指用木制之“庛”，为推、发，不必再有接于庛上的耜了；且耕稼初兴，除天然树枝或木棒外，更有何物可供人类利用？[①] 木制歧头之耒，乃是最自然最适宜的农具，后来的两刃臿，就是模仿这种树枝式木制歧头之“耒”的形式。我们可以断定耒的历史演变为：由木制变为金属制，由歧头变为平刃。《周礼 · 天官 · 鳖人》：“以时籍鱼、鳖、龟、蜃。”郑司农注谓：“以杈刺泥中，搏取之也。”郑以杈刺释籍，“籍”“措”古字通用，“籍鱼鳖龟蜃”，即以杈刺泥中，与措田以杈刺地状况正同，故耒亦得称“叉（杈）”，即臿（插）。董作宾先生说：“今河南通行之杈，揉桑木为之，长可六尺，极坚实，用以耕措，似无不可。”由此可见，以木为耒，刺地而耕，亦属实际情况。[②]

在河北磁山遗址一些窖穴壁上还发现有可能属于耒的工具使用痕迹。[③]

① 徐中舒：《耒耜考》，载《农业考古》1983 年第 1 期。

② 徐中舒：《耒耜考》，载《农业考古》1983 年第 1 期。

③ a. 邯郸市文物保管所等：《河北武安磁山新石器时代遗址试掘》，《考古》1977 年 6 期；b. 河北省文物管理处等：《河北武安磁山遗址》，《考古学报》1981 年 3 期。

仰韶文化中可用于松土翻地的石铲（应作耒或臿）有梯形、舌形、心形和有肩长方形等多种形式，为木石复合农具；在一些遗址（如姜寨）的灰坑壁上还发现有挖掘时留下来的长条形农具使用痕迹，或为古代所谓的耒留下的痕迹。在陕西临潼姜寨遗址、山西襄汾陶寺遗址、河南偃师二里头遗址、安阳殷墟遗址等发掘中，均发现双尖（双齿）木耒在文化层遗留的痕迹。①

此外，山东武梁祠画像石的“神农执耒图”中，神农氏所持的是双尖木耒。

民族学的调查，也可作为古代木耒的旁证。如西藏门巴族和珞巴族使用的掘土工具就是单尖木耒，云南陇川拱瓦寨农民使用单尖木耒，云南怒江地区独龙族农民使用树杈制作的双尖（双齿）木耒。②

A.“耜”的字源解读

前人认为：甲骨文中似乎未见单独的“耜”字。又有一说：原始“耜”的合体字源“”象形即为甲骨文或、（巳），原为“木”字旁，为木制，不是“耒”字旁。

甲骨文合体字 = （木）+（巳），或 = （木）+（巳）。③

徐中舒先生认为“耜” = （耒）+（吕），且“耜”的异体字甚多，甲骨文或作（似“相”）字，或作“抬” = （厶）+（吕）。

耜由耒发展而来。单尖木耒的刃部发展为扁平的板状刃，就成为“木耜”，功效扩大了。早期的耒耜都是木制的，《周易·系辞》有“斫木为耜，揉木为耒”的记载。

《说文解字》曰：“耜，臿也。”《淮南子》高诱注训耜为锸（臿）。如此看来，耜、臿似为一物。其实它们是有区别的：耜和耒一样有踏脚横木，而臿则无。石

① 西安半坡博物馆、临潼县文化馆、姜寨遗址发掘队：《陕西临潼姜寨遗址第二、三次发掘的主要收获》，《考古》1975年第5期，第283页；中国社会科学院考古研究所山西工作队、临汾地区文化局：《山西襄汾县陶寺遗址发掘简报》，《考古》1980年第1期，第19页；中国科学院考古研究所资料室：《中国科学院考古研究所1960年田野工作的主要收获》，《考古》1961年第4期，第215页；中国科学院考古研究所安阳发掘队：《1958—1959年殷墟发掘简报》，《考古》1961年第2期，第61页。

② 穆祥桐：《耒、耜与耒耜经》，载《农民日报》2011年4月21日。

③ 参看马如森：《殷墟甲骨文实用字典》第145页、第330页，上海大学出版社2008年。又据李孝定《甲骨文字集释》第1992页，“中央研究院”历史语言研究所，1965年；郭沫若《卜辞通纂》第89页，科学出版社1978年。

质、骨质的耜，刃宽一般较窄。《考工记》谈及“耜广五寸”（周尺 1 尺约合今 2 厘米，一说约合今 23 厘米；5 寸约合今 11 厘米）。考古发现的石质耜刃的宽度，正在此数上下，或比之稍窄。因为石质厚重，耜刃不可能太宽。安上木柄后，两边余地不多，难以踏脚，故需另绑一根可踏脚的小横木。（这一情况只有在铁制的耜逐步推广以后才能改变，铁刃可以比石刃加宽变薄，又可取消踏脚横木，以方肩为踏脚之处。于是，铁制的耜实际上就变成铁锸了。）考古报告中所说的殷周的青铜“锸”，实际是耜，但青铜耒耜数量很少。

甲骨文还载有一个方言字“芣”。《说文解字》曰：“芣，两刃臿也。从木、丫，象形，宋魏曰芣也。”

用耜的挖土工效比耒高，但其制作也比耒复杂，需要用石斧将整段木材劈削成圆棍形的柄和板状的刃。后来，先民把磨制得比较锋利的“耜”绑牢在木棒下端，作为耒的尖刃。如此耒与耜两者结合，便于开垦荒地、掘地翻土、挖沟开洫，用途更加广泛，同时还加宽了耕垦幅度。“耒耜一体”成为华夏农业早期的主要生产工具。[①]

华夏“犁”的原型来自远古的耒耜和臿，由厚重的锋刃在一根木制横梁端部构成，基本作用是在耕作时松土、碎土。本质上“犁”是“复合工具体系”之中的一种耕地农具，按历史时代演变为“木石、木铜、木铁复合”而始终以木制为主体部件。

《诗经》中屡见“木耜”，如《小雅·大田》：“以我覃耜，俶载南亩，播厥百谷。”又见《周颂·载芟》和《良耜》等。木耜除用于耕播外，又用于挖沟。如《考工记》提到以“二耜为耦”“为沟洫”。

上古耒耜能广泛使用，与自然条件有关。黄河中下游的华夏农业起源地绝大部分覆盖着原生或次生的黄土，由极细的土沙组成，土层深厚，而且平原开阔，林木稀疏，极便于手推足踏式的木耒、木耜开垦。先民主要利用耒耜耕种许多农田；又用耒耜修建大规模的沟洫灌溉体系，奠定了文明的物质基础。

在长江流域中下游，土质松软水分多，并不坚硬，也适合木质耒耜耕种。

而石耜、石铲（臿）都是在木耜、木臿之后才发展起来的木石复合农具。

---

① 徐中舒:《耒耜考·续》，载《农业考古》1983 年第 2 期。

有些情况下，先民又用石片、骨片、蚌片等，代替木质平刃，起初是纯木质的耜，后演变为复合工具。考古发现的所谓石耜、骨耜、骨铲（臿）、蚌铲（臿）、石铲（臿）等，绝大部分实际上是捆绑木柄的复合耜刃。当木耜发展为复合工具以后，尤其是刃部包以金属（铁）刃时，仍然把入土的刃部称为“耜”。如《国语·周语》记有“野无奥草，民无悬耜”，韦昭注，“入土曰耜”。

多元复合农具不仅有石耜，还有骨耜。1974年初在浙江余姚河姆渡遗址第四层（距今7000年）出土了76件骨耜遗物，一般长20厘米、刃长11厘米、柄部宽1.5厘米。木柄下端似劈为两半，夹住耜冠两侧的浅槽。浅槽两边还有两个长孔，用来穿绳，捆绑多道，使耜柄固定。骨耜柄部两边均有刻槽，向内凹。刻槽和长孔之间有一定距离，也用来捆绳。经过上下两道捆绑，木柄和骨相联结十分牢固。①

在河姆渡遗址考古出土的不仅有大量骨耜，也有木耜。发掘报告称，第一期文化层（距今约5500—5000年）就有使用后磨损骨耜154件，河姆渡遗址第二层、第三层（第二文化层距今约6000—5500年，第三文化层距今约6500—6000年）各出土一件木耜，“扁薄铲形，单面平刃稍宽，两侧向上内弧收。耜面中上部有浅槽，槽中部之两侧凿有长7厘米、宽1.5厘米的孔各一个。后端有细柄残痕。”②

但也有学者认为：考古发掘的新证据，说明骨耜是用来深掘灰坑和柱洞的，它与干栏式建筑密不可分。③

华泉认为把在河姆渡遗址出土的骨制耕具全部定名为“骨耜”是值得商榷的，还没有达到“耜耕农业”的阶段。④

汪宁生否认河姆渡骨耜为翻土工具，认为骨耜只能用于土壤表面，故认为是一种刀耕火种农业。⑤

---

① 宋兆麟：《河姆渡遗址出土骨耜的研究》，载《考古》1979年第2期。

② 浙江省文物考古研究所：《河姆渡——新石器时代遗址考古发掘报告》，文物出版社2003年。骨耜：第85–88页；木耜：第325页。

③ 蔡保全：《河姆渡文化“耜耕农业”说质疑》，载《厦门大学学报·哲社版》2006年第1期。

④ 华泉：《对河姆渡遗址骨制耕具的几点看法》[J].《文物》，1977年第7期。

⑤ 汪宁生：《河姆渡文化的“骨耜”及其相关问题》，载《东南文化》1991年第1期。

这些农学专家的观点，动摇了河姆渡文化“耜耕农业”发展阶段说。目前有直接考古证据的骨耜，是用来深掘灰坑和柱洞的，和干栏式建筑密不可分。第四文化层为什么出现那么多骨耜？这说明地处沼泽区的河姆渡人要避免高温湿热，构筑房屋的需求比稻作区还要高，同时房屋建筑面积非常大，柱洞、灰坑数量非常多，需要大量直向柄的取土工具，骨耜的数量当然就多了。

春秋战国时期的《管子·渔王》载“耕者必有一耒、一耜、一铫（臿）”，说明当时耒耜依旧是主要的农业生产工具。战国后期，在开始牛耕的地区，木质耒耜才逐渐被铁犁取代；但在没有条件使用铁犁牛耕的地区，仍惯用木质耒耜；甚至到了汉代，铁犁牛耕已普遍推广，成为农耕的主流形式，但木质耒耜还是没有绝迹。大约到三国以后，耒耜才逐渐退出历史，演变为其他农具，如铁铲（臿、锸）。

从民族志和考古学材料看，最初的耜是木耜以及木石复合的石耜、木骨复合的骨耜；后来虽有铜耜但数量有限，很少用于耕翻。只有用铁质农具以后，铁耜（臿、锸）才作为插地起土的工具，广泛用于农业生产和兴修水利。而木耒耜变为铁耒耜，成了铁制农具的祖型。后世一些主要铁农具，如铁锄、铁锹、铁铲、铁犁等，均可溯源于耒耜。①

新疆哈密五堡的史前墓地，考古发掘出一件木耜、两件木耒，不见其他任何石质或金属工具。据测定数据，当在距今4000—3000年左右。硬质木杆，与人高比例相称，微显弯曲，便于直立劳动，尖部光滑锐利，扶手也因长期使用较为光洁。

在五堡所见木耜（原报告中称其为“方头木铣”，不确），通高90厘米，长28.5厘米、宽16.5厘米、厚1厘米，刃部锐薄，偏上部见对称两孔，便于安装木柄。这类木质农具，在天山阿拉沟古墓区也有出土。在民丰县汉代尼雅遗址中也发现木耜（原报告中称“木铣”，不确），矩形，长49厘米、肩宽22.5厘米，上部有两孔，便于安装木柄。说明当地在汉代仍在使用木耜。②

---

① 陈明远、金岷彬：《历史观的新突破》，山西人民出版社2014年，第31—32页。

② 王炳华：《新疆农业考古概述》，载《农业考古》1983年第1期。又见：《新疆阿克塔拉遗址的调查》，《考古》1977年第2期；《东疆和南疆地区考古新发现》，《考古》1979年第1期；《新疆东部几处新石器时代遗址》，《考古》1964年第7期；史树青：《新疆文物调查随笔》，《文物》1960年6月。

B.“臿”的字源解读

甲骨文臿 = （直木棍）+ （双手），金文臿 = （双手）+ （弋，直木）+ （器皿，或土坑）。臿（chā）起初为直插式的工具，最早的臿为木制，通常用于筑沟渠。《说文解字》曰：“梠，臿也。”说明臿从“梠”发展而来。

但“梠”有横木供踏足用，“臿”没有踏板，通常石臿有肩，利于绑固。段玉裁《说文解字注》曰：“臿，古今字也。周礼廪人，大祭祀则共其接盛。接即臿之假借。凡谷皆得云臿也。如农器刺地者曰锹臿。”后来头部加上石刃，成为木石复合农具，考古出土的“石铲”应为“石臿”。一器多用，它还“与舂同义”，引申为舂捣。

C.“利”的字源解读

甲骨文利（㓞） 、 = （禾，庄稼）+ （刀），像用刀收割庄稼 ，刀 与庄稼 之间的两点 ，表示振落的庄稼籽实。本义为收获、得利。有的甲骨文 省去两点。金文 承续甲骨文 字形，有的金文 承续甲骨文 字形。篆文 承续金文 字形。《说文解字》曰：“利，铦也。从刀。和然后利，从和省。”此说不确，“和”来自“禾”即农作物。一说：甲骨文“利”字为后世“犁（犂，即牛耕）”的字源。公元前3000年的乌鲁克使用的农具阿得犁为全木料制作。

D.“犁”的字源解读

金文犁 = （年，收成）+ （刀，耕具）+ （牛）。本义为用牛拉动带刀刃的耕具，翻耕土地。篆文犁 将金文的“年” 写成“黍” ，将金文的“刀” 写成“爪” 。隶书犁 将篆文中的“牛” 写 成 ，失去牛角形象。《说文解字》：“犁耕也。”或作“犁缺”。

E.“耤”的字源解读

甲骨文耤 = （人）+ （止，踩踏）+ （又，抓握）+ （耒）， = （人）+ （左手）+ （右手）+ （耒）。本义为手扶耒，脚踩踏板耕地。金文 = （人手扶耒）+ （耒）+ （土块）+ （踏板）。篆文  将金文双手扶犁的形象  写成“耒” ，将金文的  写成“昔” 。《说文解字》曰：“耤，帝耤千亩也。古者使民如借，故谓之耤。从耒，昔声。”《礼记·月令》曰：“天子亲载耒耜……躬耕帝耤。”远古一年一度的重要典礼“耤”，就是天子象征性地带领百姓耕种田地。古昔天子征用民力犹如“借”，因此称为“耤”；字形用“耒”作边旁，用“昔”作声旁。

篆文再加“艸”组成会意兼形声字“藉”，表示供人祭拜时站、跪的草垫。

F.“男”的字源解读

甲骨文男 、 = （田，田野，庄稼地）+ （力，体力）。本义为在田间出力的男性劳动者。金文 、篆文  基本承续甲骨文字形。造字的古人看来，妇女主内，男子主外，正所谓“男耕女织”。《说文解字》曰：“男，丈夫也。从田，从力。言男用力于田也。”《诗经·小雅·斯干》曰：“乃生男子。”

G.“乂、刈”的字源解读

甲骨文乂 、、（即艾、刈，音 yì，几千年后的“镰刀”），最初表示原始人采集狩猎时期（尚未进入农业革命以前）用来割取野生禾籽（如狗尾巴草）、野生果实的刃器，本来是用禽兽的牙齿骨骼加工制作的，所以通常“石刈”带有锯齿形。

《说文解字》曰：“乂，芟（shān）草也。”又曰：“芟，刈（yì）草也。”意为用类似“殳（shū）”的农具割草。大约在汉代才开始把“乂 、刈”称为“廉（镰）”，汉末刘熙《释名·释器》曰：“缣，廉也，体廉薄也。其所刈，稍稍取之，又似廉者也。”廉即汉代的镰刀，引申为剪刀。

“刈”，形制为长条弧刃，用来收割庄稼。

大约 1 万年前河姆渡人就发明了木石复合农具石刈。[①]

在考古发掘河姆渡遗址墓葬时，出土了大量的石刈和稻谷化石。上海青浦福泉山良渚文化遗址出土的双孔石刈呈弯条形，单面斜刃，琢有两个圆孔，可将这

① 考古出土的“石镰”应称为“石刈”，不应称“镰”，因为它不是金属制造，而是木石复合农具。

一端嵌入木柄上端凿出的条形槽内，再用绳索穿过双孔捆绑结实。形制同如今仍在使用的木柄铁镰刀近似。

在7000年以前，黄河中下游已经普遍种植粟类。木石复合农具石刈的后部用木柄捆紧，先民一手持木柄，一手把田里的粟秸攥成一束，割断粟秸。为增加木石刈的切割能力，常把刃部加工成锯齿状。

2008年7月，甘泉龙山文化遗址出土木石刈，由麻砂岩通体磨制，呈半月形，弧背，刃口略有弧度，正中对钻一孔，长11厘米、最宽处4.5厘米、厚0.3厘米，用于绳索捆绑。其距今约4000多年。

河北易县燕下都遗址亦见出土石刈。山东安丘王家庄遗址出土的石刈，表面呈灰色，通长29.5厘米、宽7.5厘米，石质坚硬，刃部锋利，有明显的使用痕迹。

古埃及壁画描绘了当时的农夫只收割禾谷的穗头，而把直立的禾秆留在地里。[①] 这种收割方式，使用蚌刈或者陶刈，只能一次割下一个穗头，功效很慢。采用锐利的石刈，可发挥人的体力，连穗带秸秆一同收割，运回场院再脱粒。

H.“攴”的字源解读

甲骨文攴  = （卜、杖）+ （又、抓握）。本义为手持杖敲打，是用来打谷脱粒的农具。篆文  将  写成 （杖）。《说文解字》曰：“攴，小击也。从又卜声。”[②] 甲骨文“攴”后来发展为“右手执鞭、棍”的符号，如“牧”字、“教”字。

I.“弗、棉”的字源解读

甲骨文弗 、、、、、 = （绳索）+ （一排木杆或竹竿），本义为脱粒农具。甲骨文弗（fú）字中有两竖画的，也有三竖画的，其横画可以是平直的，也可以是斜作缠绕状的，像绳子捆一排竹柄及敲杆，类似

---

①［英］海伦·斯特拉德威克（Helen Stradwake）主编，刘雪婷等编译：《古埃及百科全书》（*Encyclopeidia of Ancient Egypt*），上海科学技术文献出版社2008年，第372页，只割穗头的收割方式。

② 冯好、徐明波：《甲骨文所见商代击打式脱粒农具及相关问题——兼释攴、殳》，载《农业考古》1999年第3期。

如今的“连枷、梿枷”。金文 、篆文 承续甲骨文字形。《说文·木部》曰:“棉,击禾连枷也。”《说文解字》又曰:“弗,挢也。从韦省。”《方言·第五》曰:“佥,或谓之棉。”郭璞注:“今连枷,所以打谷者。”《尔雅·释诂下》曰:“弗,治也。”劳作时,上下挥动竹柄,使敲杆绕轴转动,敲打麦穗使表皮脱落。

篆文“枷” = (木) + (力) + (口)。《说文解字》曰:“枷,棉(今音 fú)也。从木,加声。淮南谓之柍。”汉末刘熙《释名·释器》曰:“枷,加也。加杖于柄头,以挝穗而出其谷也。或曰罗枷,三杖而用之也。或曰丫,丫杖转于头,故以名之也。”

古埃及大金字塔的建造者胡夫法老,其雕像手执连枷(Flail),即王权的象征。此外,一些神祇的画像塑像,也手持权杖——连枷。这种谷物脱粒的农具连枷,在古埃及演化成为表示最高权力的象征[①]。

J.“襄”的字源解读

甲骨文 [②],金文襄 = (农夫) + (种籽) + (容器)。本义为撒籽播种。农夫囊中装了种子, 指事,将种子播撒在田里。甲骨文 省去几点指事符号。金文 = (口袋) + (容器) + (手) + (土) + (发芽的种子);有的金文 = (容器) + (土) + (攴) + (发芽的种子)。《说文解字》曰:“解衣耕谓之襄。从衣, 声。 ,古文襄。”《周书·谥法》曰:“辟地为襄。”

K.“井”的字源解读

甲骨文井 、 、 、 ,象形字,两纵两横,构成方框护栏。本义为为了浇田,开凿一个有方形护栏的水源。金文承续甲骨文字形,有的金文 在方形框架 中加一点指事符号(丼),表示坑中有水。《说文解字》曰:“井,

---

① 胡夫手执连枷(Flail)的雕像及说明文字,见于[英]海伦·斯特拉德威克(Helen Stradwake)主编、刘雪婷等6人编译:《古埃及百科全书》(*Encyclopeidia of Ancient Egypt*),上海科学技术文献出版社2008年,第33页。神和法老手执连枷的形象,可参看第117、118、123、134、139、161页。

② 王本兴编著:《甲骨文字典》第185页,北京工艺美术出版社2010年;又见马汝森:《殷墟甲骨文实用字典》第362页,上海大学出版社2008年。

八家一井。象沟韩形。”《易·井》曰：“改邑不改井。”至于甲骨文象形字“井”和井田制有什么关系，迄今在学术界仍有争议。

L.“溝（冓）”的字源解读

金文溝（冓、沟）＝（流水）+（冓，连通），亦作（鱼）+（鱼）+（流水）。本义为灌溉农田用的水沟，宽四尺、高四尺，连通不同洼地的地面水道。《说文解字》曰：“溝，水渎。广四尺，深四尺。从水冓声。”

M.“水、渠”的字源解读

甲骨文水 ＝（水）+（土坑），像凹凸不平的坑或山涧里流动的 水汶。金文 承续甲骨文字形。本义为从凹凸不平的土坑里引来流水。不同于川，也不同于黄河长江的水。

金文巨是“渠”的本字。金文巨 ＝（工具）+（沟）+（农夫），金文渠 ＝（水）+（土坑）+（巨、大）+（木、木槽）。本义为引水源的大木槽以制造水道。

《说文解字》曰：“渠，水所居。从水。”即调引水源的人工水道，由木槽制成人造水道。《广雅·释水》曰：“渠，坑也。”《礼记·曲礼》曰：“门闾沟渠必步。”《吕氏春秋》曰：“量力不足，不敢渠地而耕。”甲骨文、金文有溝（冓、沟）、有巨即“渠”，说明当时已经有初步的沟渠，以灌溉农田。

甲骨文川 与“水” 字形相似而结构相反。两道折线 表示岩壁耸立的两岸，中间的虚线 表示急湍的水流。

图 7-7 古代华夏复合农具复原图

（三）甲骨文中的田畴

有了农耕，才说得上农田。但是迄今还没有发现甲骨文的“阡”“陌”“陇”等字，甲骨文里也未见“亩”字。

A.“田”的字源解读

甲骨文田 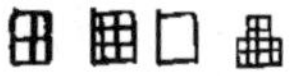 。本义为纵横的农耕土地。《说文解字》曰:“田，陈也。树谷曰田。象四口。十，阡陌之制也。凡田之属皆从田。”

在《孟子》之前，没有关于井田制度的记载。胡适在《井田辩》一文中就认为孟子所讲的井田制是传说加想象。范文澜也否认井田制:“西周领主们的土地疆界纵横交错，像无数的井字，但并没有一井九百亩的那种划分，与邑密切相关的井，也不是孟子所说的井。”“井田”一词，还见于《穀梁传·宣公十五年》:“古者三百步为里，名曰井田。”

郭沫若承认有井田制，认为“周制百步为亩，一夫百亩，称为一田，是井田的基本单位”，但他认为孟子所说的井田“完全是孟子的乌托邦式的理想化”。《孟子·滕文公》载:“方里而井，井九百亩。其中为公田，八家皆私百亩，同养公田。公事毕，然后敢治私事。”《周礼·地官·小司徒》载:“乃经土地而井牧其田野，九夫为井，四井为邑，……以任地事而令贡赋，凡税敛之事。”可见井田制乃西周或春秋时期的一种土地制度，但是并不像孟子所说的那样整齐划一为“一井九百亩”或“九夫为井”。甲骨文中未见“亩”字。

B.“苗、邦、甫、圃”的字源解读

甲骨文苗  =  +  ，义为培植在田里的成片禾苗。《说文解字》曰:“苗，草生于田者。从艸从田。”

甲骨文邦  =  +  ，义为种植在地界上的草木，引申为城邦、邦国。《说文解字》曰:“邦，国也。”《诗经·小雅·节南山》曰:“以畜万邦。”《书·尧典》曰:“协和万邦。”《书·五子之歌》曰:“民为邦本，本固邦宁。”《周礼·天官·大宰》曰:“大宰之职，掌建邦之六典。”《周礼·天官·大宰》曰:“以佐王治邦国。”《易·益》曰:“利用为依迁邦。”由此可见，原始农业乃是城邦、邦国的经济基础。

甲骨文甫 = + （中，植物），义为培育在田圃里的良种。甫是“圃”的原字。《诗经·小雅·车攻》曰：“东有甫草，驾言行狩。”

金文圃 = （即 、口）+ （中），义为小菜园、苗圃，殷商写为“甫”，“圃”是周代的后起字。《说文解字》：“圃，种菜曰圃。”《周礼·太宰》曰：“二日园圃毓草木。”《诗经·豳风·七月》曰：“九月筑场圃。”《左传·僖公三十三年》曰：“郑之有原圃，犹秦之有具囿也。吾子取其麋鹿以闲敝邑，若何？”《左传》所讲述的“圃”和“囿”，都是放养野兽动物的狩猎专用区。

C.“囿”的字源解读

甲骨文囿 = （口，篱栅）+ （卉），亦作 （中）+ （中）+ （田）+ （中）+ （中），表示种植蔬菜花草的田园。有的甲骨文囿 = （口，墙垣）+ （林）+ （林），表示有围墙的园林。

金文 = （口，墙垣）+ （手）+ （肉，猎物）。篆文 承续金文字形。

《说文解字》曰：“囿，苑有垣也。从口，有声。一日禽兽曰囿。 ，籀文囿。”一说：囿是有矮墙围护的苑圃；另一说：“囿”是可供游猎的大林园，草木茂盛、禽兽繁生的庄园。

D.“畴·壽（寿）”的字源解读

甲骨文中以壽（寿） 代“畴”，以时间的延伸，代表空间的延伸。有的甲骨文畴 = （即连绵不断，表示长生）+ （田）。本义为连绵的田垄。

篆文 将两个甲骨文字形综合为一。有的篆文 为“寿”加“老” 加“口” ，所以广田为“畴”。《说文解字》曰：“畴，耕治之田也。从田，像耕屈之形。”

（四）甲骨文中体现的植树造林

农畜业不能忽略植树造林，林木可大量提供木材、生产水果，又有经济价值，还能够维持水土、调节气候、护卫庄稼。

本书从殷商甲骨文中，找到华夏最早的种植果木记录，由此对于我国的果木林业史作一些初步研究。

A.“采”的字源解读

甲骨文采  = （手抓）+ （木，树）+ （果实）。本义为采集野果实。金文 、篆文  承续甲骨文字形 。原始人采集野果、野菜、籽实填饱肚子。《说文解字》曰:“采，捋取也。从木，从爪。”

B.“果”的字源解读

甲骨文果  像树木  上结满球状的籽实 。本义为草木结出的球状籽实。金文  将甲骨文的三颗籽实省略成一颗 ，并画出籽粒。篆文  将金文的籽实形状  简化成 。隶书  将篆文的“木”  简化成 。《说文解字》曰:“果，木实也。从木，象果形在木之上。”

C.“杏”的字源解读

甲骨文杏  = （木）+ （口）。《说文解字》曰:“杏，果也。从木，可省声。”

D.“杞”的字源解读

甲骨文杞  = （木）+ （纪），金文  承续甲骨文字形，篆文  调整为左右结构。

《说文解字》曰:“杞，枸杞也。从木，己声。”《诗经・小雅》曰:“南山有杞。”《左传・昭公十二年》曰:“我有圃生之杞乎。”枸杞，是落叶小灌木，结卵圆形红色浆果，即枸杞子。远古先民将其捆扎成束，晾干以备食用。

E.“栗”的字源解读

甲骨文栗  像树上结满刺球状的果实。本义为带刺壳的果实。

有的金文将甲骨文的刺球状  写成包袱状的 。金文 、篆文  基本承续甲骨文字形。《说文解字》曰:“栗，木也。从木，其实下垂。”

《诗经・鄘风・定之方中》曰:“树之榛栗。”《春秋公羊传・文公二年》曰:“练主用栗。”《论语》曰:“周人以栗。曰使民战栗。”《伪尚书・尧典・皋陶谟》曰:“觉而栗。”

F.“桼、漆”的字源解读

甲骨文桼  = （木）+ （液滴），金文桼  = （木）+ （液滴），篆文 。“桼”是“漆”的本字。又，金文漆  = （水）（木）+ （液滴）。篆文 。《说文解字》曰：“桼，木汁。可以 （漆）物。象形，桼如水滴而下。凡桼之属皆从桼。”

G.“某、楳、每、梅”的字源解读

甲骨文每（梅） = （生）+ （母），金文某（楳） 或  = （甘，甜味）+ （木），梅、楳两字意义相同。《说文解字》曰：“梅，楠也。可食。从木，每声。”《说文解字》又曰：“某，酸果也。从木从甘。”

H.“李”的字源解读

甲骨文李  = （木）+ （子），本义为木所结的果子。金文 、篆文  承续甲骨文字形。《说文解字》曰：“李，果也。从木，子声。”

I.“枣”的字源解读

金文枣  = （朿，荆刺）+ （朿），篆文枣  承续金文字形。《说文解字》曰：“枣，羊枣也。从重朿。”羊枣亦称“羊矢枣”，果名。君迁子之实，长椭圆形，初生色黄，熟则黑，似羊矢，俗称“羊矢枣”。《孟子·尽心下》云：“曾皙嗜羊枣，而曾子不忍食羊枣。”《尔雅·释木》：“遵，羊枣。”郭璞注：“实小而圆，紫黑色，今俗呼之为羊矢枣。”即黑枣。

可见，在殷商时代，还只有栗、杏、李、梅、枸杞等比较初级（从采集野果培育得来）的原始果木，以及“漆”这样的涂料作物（用来制作漆器）。尚未见“桃、梨”，更不用说苹果、葡萄、香蕉、橘子、山楂、荔枝、枇杷、槟榔等。

（五）甲骨文和出土文物反映的人工养蚕

华夏先民特有的桑蚕柞蚕饲养，令先民专门栽种了蚕桑树和柞树，为养蚕提供优质的饲料。跟西方专门种植饲料来喂养家畜相似，华夏的蚕桑产业一直是规模宏大、成效卓著、影响深远的重要产业。

远古华夏在世界上最早养蚕、缫丝、织绸，这是不争的定论。①

蚕本为自然界的有翅亚纲鳞翅目全变态蛾类昆虫，属名蚕蛾属 Bombyx，种名 mori；食野生桑叶；蛾类幼虫在将进入蛹期时，会吐蚕丝作茧；蚕吐的丝就是蚕丝。

但关于养蚕的起源，多年来存在争论。神话传说黄帝妃嫘祖为养蚕始祖，《通鉴前编》载："西陵氏女嫘祖为帝之妃，始教民育蚕，治丝茧以供衣服，后世祀为先蚕"。1950 年，史学界正式对"嫘祖始蚕"说提出异议，认为黄帝妃嫘神话皆系后人编造，不可信。

华夏先民究竟从何时驯化野蚕、开始人工养蚕的呢？

华夏养蚕文化，是从黄河中下游和长江中下游两条干线发展起来，是南北分别创造的。②

人工养蚕最早出现于仰韶文化晚期或龙山文化早期，而江浙的人工养蚕时代不会晚于商代早期。考古专家在山西夏县西阴村木－石器时代距今 5000 多年前的遗址中，发现半个切割过的蚕茧。③

在良渚文化吴江梅堰（埝）袁家棣遗址内，发现 4700 年前一件带柄灰陶壶的腹下部，刻有 5 条蚕纹，形态与现代家养桑蚕酷似，可证明良渚文化时期已有桑蚕。1984 年，在河南荥阳青台村仰韶文化遗址中，发现了公元前 3500 年前用于裹尸的大量丝绸织物。近代出土的大量玉器上，更发现有丝织物锈蚀的印痕。据此，可确认史前华夏先民已发明养蚕。

其中最重要的证据是浙江吴兴钱山漾良渚文化遗址出土的 4200 年前的绢片、丝带和丝线。经鉴定，原料都属家蚕丝。出土丝织品的细丝带宽约 0.5 厘米，是由 30 根单丝分 10 股编织而成的圆形丝带。绢片的经纬密度为每平方厘米 48 根，可能是缫而后织的。这是我国迄今发现的年代最早的丝织品实物，说明早在 4200 年前的良渚文化时期，华夏丝织业已达到一定水平。

---

① 夏鼐：《我国古代蚕、桑、丝、绸的历史》，载《考古》1972 年 2 期。

② 中国农林科学院：《人工饲料养蚕》，载《蚕桑通报》1976 年第 4 期。

③ 卫斯：《我国栽桑育蚕起始时代初探——兼论西阴遗址和钱山漾遗址出土的有关标本》，载《农史研究》第 6 期，1985 年 7 月。

钱山漾残绢是缫而后织的，是家蚕丝织物，表明当时早已饲养家蚕。①

家蚕丝又称为桑蚕丝，与柞蚕丝、蓖麻丝不同（它们不属于家蚕丝范畴），是桑蚕化蛹前吐的丝，颜色洁白，有光泽，手感柔软。一只桑蚕能吐出800—1500米长度的天然纤维。它由丝朊（也叫丝素，是一种蛋白质）和丝胶（对丝朊起保护作用的蛋白质）组成。

现代家蚕比汉代以前的家蚕形体大得多，吐的丝也粗，平均纤度为2.4—3.2旦尼尔，马王堆一号墓出土的单根蚕丝纤度为0.78—96旦尼尔（英文写作denier，为一种细束蚕丝，人造纤维、尼龙纺织纤维的定长制的密度单位，是指9000米长的纤维在公定回潮率时的质量克数，单位为“旦”。旦是纤维细度的衡量单位。9000米长纤维重600克，该纤维称为600旦的纤维。9000米长纱线重600克，该纱线称为600旦的纱线。数字越大，纱线或纤维越粗）。

良渚文化时期家蚕的形体更小，所以钱山漾出土的蚕丝纤度偏细，通过增加经纬纱数以达到绢织物的密度，每平方厘米经纬密度为48根。这是迄今发现的用蚕丝织出的世界上最早的丝织品。②

在殷墟出土的甲骨文里，发现大量有关蚕、桑、丝、帛等的文字。祖庚、祖甲时的卜辞，把祭祀蚕神与祭祖并列；武丁时的卜辞有“戊子卜，乎省于蚕”；甲骨文记载殷商时期有“女蚕”之设，卜辞中载“五牢，蚕三祀三牢，八月”，殷墟出土的青铜器上有缣丝之痕迹。由此可判断：殷商时代，我国已经育蚕和缫织。③

---

① 周匡明：《钱山漾残绢片出土的启示》，载《文物》1980年第1期。

② 汪汲英、牟永抗：《关于吴兴钱山漾遗址的发掘》，载《考古》1980年第4期。关于“世界最早使用蚕丝和丝绸制作技术”的问题，迄今尚有不同的观点引起国际学术界争论。20世纪50年代以来，湖州钱山漾遗址两次考古发掘共出土竹编200多件，出土绢片、丝带、丝线等纺织物；这些物品表明，4000多年前的钱山漾人已有了较高的织布和丝绸制作技术。同时，印度学者通过显微形态对比的方法，证明了哈拉帕和昌胡－达罗遗址（公元前2450—2000年）出土的铜器表面残留有蚕丝纤维，提出了印度在4000年前已经开始使用蚕丝的证据。又，奥地利学者通过分析古埃及木乃伊卷发中的纤维物，确定其为蚕丝纤维，从而推断距今3000年前的古埃及已经开始使用蚕丝。2016年，据中国科学技术大学科技史与科技考古系龚德才教授的研究团队在国际学术期刊《Plos One》上发表的论文认为，河南中部贾湖史前遗址的两处墓葬人遗骸腹部土壤样品中，检测到了蚕丝蛋白的残留物。表明可能8000年前的贾湖居民似乎已掌握基本的编织和缝纫技艺。据这篇论文认为，贾湖遗址蚕丝蛋白残留物的发现，可能将中国丝绸出现的考古学证据提前近4000年。但是这一考古学年代难以确定，因此这一观点尚未得到国际学术界公认。

③ 参见章楷：《我国蚕业发展概述》索引，载《农史研究集刊》，1962年第2期。

以下是蚕、丝、桑等字的字源解读。

A.“蚕（蠶）”的字源解读

甲骨文蚕 像蛾的幼虫。篆文 另造会意兼形声字， = （朁，发髻）+ （虫），形容大量的蚕丝如同发髻。本义为一种能吐丝结茧的昆虫。《说文解字》曰：“蚕，任丝也。从䖵，朁声。”

B.“絲”（丝）的字源解读

甲骨文絲（丝） 像两端打结的蚕线 ，本义为从蚕茧抽出的、成缕成股的细线。有的甲骨文 省去两端的结头。金文 、 对甲骨文字形 有所省略。篆文 承续金文 字形。《说文解字》：絲（丝），蚕所吐也。从二糸。凡丝之属皆从丝。“丝”来自蚕茧，“线”来自麻皮，合线为“绳”，分线为“纱”。

河南荥阳青台遗址出土的 W164 人骨上，就发现有色泽的浅绛色绫罗的残迹，属于仰韶文化中期，距今约 5500—5000 年。①

C.“桑”的字源解读

甲骨文桑 像枝叶茂盛的桑树。篆文 将枝叶 写成“手” ，表示手摘桑叶。《说文解字》曰：“桑，蚕所食叶木。从叒、木。”《诗经・小雅・小弁》曰：“维桑与梓，必恭敬止。”《诗经・郑风・将仲子》曰：“无折我树桑。”《礼记・内则》曰：“以桑弧蓬矢六，射天地四方。”《易・否》曰：“系子包桑。”

殷商甲骨文未见“茧”字。籀文 = （细丝）+ （页，头部），表示“茧”丝来自茧的头部。篆文 = （廾，蚕须）+ （蚕丝外壳）+ （蚕丝）+ （蚕虫）。本义为蚕吐丝织成的软壳，蚕在其中化蛹。《说文解字》曰：“繭（茧），蚕衣也。从系，从虫， 省。絸，古文茧，从糸、见。”

从甲骨文“蚕、丝、桑”的字源解读和出土文物反映的人工养蚕，说明古代华夏的蚕桑业一直是世界上影响深远的重要产业。

① 张松林、高汉玉：《荥阳青台遗址出土丝麻织品观察与研究》，载《中原文物》1999 年第 3 期。

八

复合运输工具——轮和车·舟船的发明

【提要】 木制工具为主的农具，木制为主的车辆，木制为主的舟船，木制工具为主的纺织业与木制工具为主的捕鱼业等，都雄辩地证实了：复合工具以木制为主的成分，在许多方面高于石、铜为主的成分。直到现代化时期，木材的使用都保持着特殊的优越性。轮子是史前期木工的完美杰作，也是现代机械的先声。本章讨论复合工具的第五个时期：综合的复合工具时期（Comprehensive Tools Period），即越来越以木结构为主的机械系统——民用和军用车辆、大型舟船、复式纺织机、灌溉水车等。从原初的甲骨文（车）到后来的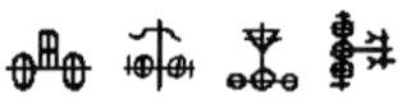，可以看出华夏车辆发展的历史轨迹。从原初的甲骨文（舟），以及后来的金文（舟）和金文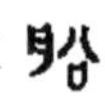（船），可以看出华夏舟船发展的历史轨迹。

（一）轮和车的发明

古人怎样发明了轮子？

轮子是史前期木工的完美杰作，它是现代机械的先声。最早的轮子很可能是木制的。然而木质轮子的原物不可能像石器那样长远保存，考古学家只能从那些耐久物质，如岩石残留的遗迹、陶器模型或远古壁画等，去了解远古的轮子。

跟轮子密切相关、以木制为主的复合工具大致有三种：一是纺线用的纺轮，二是制陶用的木板陶轮陶车，三是运输用的木制车轮。

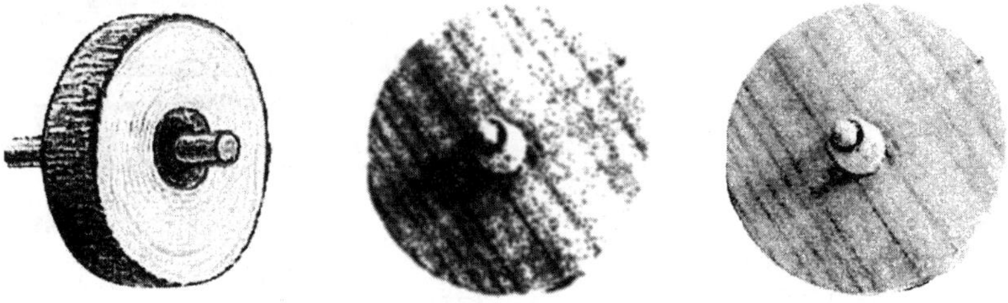

图 8-1　原始车轮是实心的圆木

纺轮出现得最早。远在木－石器时代早期，原始人就会用麻衣和兽皮做衣服；公元前 5000 年，各文明发源地就有了纺织品生产，例如北非尼罗河流域的亚麻纺织、华夏的葛纺织和丝绸纺织等。在半坡、仰韶、河姆渡（距今约 7000 年）等文化遗址里，考古出土了纺纱工具——纺轮，从河姆渡与草鞋山、钱山漾遗址出土的文物看来，华夏纺织起源于纺轮。[①]

纺轮是原始人发明的最早的轮子，它使先民学会怎样利用工具控制旋转的物体，从而领悟圆周运动的奥秘。若将纺轮放置在地面上，就会滚动向前。[②]

继纺轮之后，制作陶器的陶轮陶车出现了。在许多地区的木－石器时代晚

① 陈明远、金岷彬：《历史观的新突破》，山西人民出版社 2014 年，第 61 页。

② 周启澄、屠恒贤等编著：《纺织科技史导论》，东华大学出版社 2003 年，第 18—21 页。高汉玉、赵文榜：中国纺织原始文字记录，《中国大百科全书·纺织卷》，第 357 页、第 334 页。

期遗址中，如中国的河姆渡、仰韶、半坡文化，都出土了陶轮陶车；在西亚和古印度，使用陶轮制作陶器的历史如同轮车一样古老；在古埃及，陶轮的使用早于轮车。但在古希腊文明的克里特岛，四轮车的模型却要比最早的陶轮早 200 年。在欧洲阿尔卑斯山北部，陶轮制陶要到公元前 500 年以后才使用，尽管轮车在此地区 1000 多年前就出现了。

民族志表明，如今某些少数民族，手工制陶依然是妇女们的家庭手艺；然而，以轮制生产则是男人专门从事的一种职业。有证据表明，古代也确实如此。制陶业使用陶轮陶车，标志了劳动专门化的又一进步。①

陶轮仅在转动中带动泥坯作回旋运动，而车轮则在滚动中减轻车子对地面的摩擦，因此，纺轮、陶轮这类轮转工具可能是车轮的前身。

图 8-2　古埃及的木橇运输

轮子这三种最早的复合工具形式，有可能是分别独立产生的，它们不会经常一起使用。

在古两河流域苏美尔人（Sumer）的岩画中，就有一个在木橇底下加两个圆点的运载工具图形，这两个圆点代表圆木。大约公元前 1650 年，古埃及人还不会使用车轮，他们使用滚动的圆木树干装运巨石，来修建金字塔，直到亚洲的喜克索斯人赶着车辆入侵。

在轮子基础上，古人怎样发明车？

轮子是车上最重要的部件，春秋时期《考工记》曰：“察车自轮始。”汉代

① 金岷彬：《古代中国的机械及其制造材料——从汉字溯探古代中国的社会生产力（之二）》，载《陕西历史博物馆馆刊》第 18 辑，2011 年。浙江文物考古研究所：《河姆渡——新石器时代遗址考古发掘报告》，文物出版社 2003 年，第 26 页。中科院考古研究所、西安半坡博物馆：《西安半坡》，文物出版社 1963 年，第 15 页、第 27 页。

《淮南子·说山训》曰："见飞蓬转而知为车。""飞蓬"茎高约一尺，叶片大，根系入土浅。一有大风，很容易被连根拔起，随风旋转。古人可能是模仿飞蓬而发明车轮。这跟鲁班模仿锯齿草而发明锯子的传说类似，不过是传说而已。轮子在自然界是有原型的。

根据考古资料，车轮约在公元前 4 千纪（12 年 / 纪）出现在苏美尔人的艺术作品中，而在叙利亚北部也许更早；史前时代车的资料有三类：实物、模型（土制和陶制等）、图案（包括岩画）。

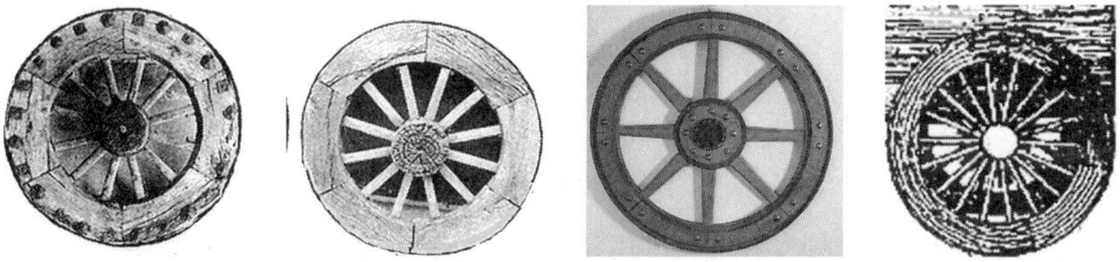

图 8-3 发展后的车轮开始有辐条

苏美尔遗址（约公元前 3500 年）发掘出带轮的车，是在橇板下面装上木轮而成。中东两河流域，在乌鲁克文化（Uruk 或 Erech，约公元前 3400—前 3100 年）时期的泥版上，出现了表示"车"的象形文字。从这些文字来看，当时的车是四轮的。用牛或驴牵引的四轮车，公元前 3000 年就出现在西亚，同时轮子被用于制造业；约公元前 2000 年，中亚出现了马拉的有辐双轮车，同时发明了骑马术，提高了大宗物品远距离运输的能力。

从公元前 2900 年的一座匈牙利墓穴中出土的车形陶杯，以及世界其他地区的文物显示，有轮车辆最早只在仪式和礼仪场合使用。

在叙利亚的耶班尔·阿鲁达（Jebel Aruda），1974 年发现了一只用白垩土做的轮子模型，直径 8 厘米，厚约 3 厘米，其年代当为乌鲁克文化时期。轮子两面都有突出的轮毂。从整个模型来看，它应是车轮的模型，这也是中东地区发现最早的车轮模型。

在土耳其东部阿尔斯兰特坡（Arslantepe）也出土过一只用泥土做的车轮模型，直径约 7.5 厘米，时代相当于乌鲁克文化时期，这个车轮模型的两侧同样有突出的轮毂。

图 8-4 早期苏美尔人的四轮车

轮子用于运输时，它首先将木橇变成了车：两轮或四轮的牛车、马车，以及独轮车、三轮车或多轮车，以至于成为后来的机车与汽车的直系祖先。不仅在运输方面，而且在传动技术、机床加工等方面，轮子都起了重要作用。①

在西方，车的演变有比较完整的发展序列：从四轮到双轮；从实心车轮到辐式车轮；从用牛（或驴）拉车到用马拉车（参看下图 8-5、8-6）。

大约公元前 2500 年，两轮车、四轮车在两河流域被普遍使用。最初苏美尔人的马车或四轮车轮子是实心的，由 3 块木质部件啮合起来，用皮箍扎紧，钉上铜钉；车轴连接轮盘，并用皮带捆牢在车下。如今巴基斯坦信德（Sindh）农村的牛车仍然是这种构造。

图 8-5 远古两河流域的木轮牛车

图 8-6 远古木轮牛车

① 陈明远、金岷彬：《没有陶器技术就没有青铜器时代——关于“陶器时代”的论证之一》，载《社会科学论坛》2012 年第 2 期，收入《历史观的新突破》一书，山西人民出版社 2014 年，第 79—109 页。

考古记录表明，在印度河流域，车轮的使用始于公元前 2500 年，几乎同时土耳其也有了车辆。公元前 2000 年左右，车轮出现于希腊克里特岛和小亚细亚，此后流传到东欧、中欧，基本形式为四轮、独辕，实心车轮。①

虽然车子出现时古人已驯养马匹，远在公元前 15000 年以前，石器时代的狩猎者就给马匹套上了笼头，那时人类刚刚驯化马不久。但早期的马不是用来拉车，主要作为骑乘；起初由牛拉车。

公元前 2000 年代后期出现了辐式车轮；西亚、欧洲都出现了双轮马车。

在欧亚大陆北部，从中亚到蒙古高原，发现了不少车辆岩画。在亚美尼亚西部秀尼克（Syunik）山上的几千幅岩画中，约有 50 幅是车辆岩画。这些车虽然都是独辕的，但类型甚多，有实心车轮的四轮车，有辐式车轮的四轮车，有实心车轮的两轮车，也有辐式车轮的两轮车。辐式车轮上的辐条基本上是四根。车岩画基本属于公元前 2000 年代。再往东，在哈萨克斯坦、塔吉克斯坦、吉尔吉斯斯坦、蒙古、中国新疆及内蒙古等地，也都发现了车辆岩画。从中亚到中国华北，车辆岩画具有这样的特征：越是往西，车辆的式样越是与西亚、欧洲的相类似；越是往东，车辆的式样则越是接近华夏式。

图 8-7　华夏古代已流行马车

在中国，偃师商城的车辙为最早的古车遗痕。华夏最古的车子实物遗迹，不早于公元前 13 世纪。关于车的渊源，有两种不同看法：一种认为中国古代的车

① [英] 柴尔德（Childe V.G.），Man Creates Makes Himself，《人类创造了自身》，中译本原名《远古文化史》，上海三联书店 2012 年，第 95—97 页。

不是在中国本土独立设计发明的，而是与西方的古车有着直接的发展传承关系；另一种看法，有学者通过古中国与古埃及、古希腊以及西亚古车的形制结构进行比较，认为在古车系驾法、车厢位置等方面，存在很大的差别，由此推测中国的车应是在中国本土独立设计制造的。但学术界根据大量考古资料以及远古岩画、出土文物仔细对比研究发现，从中亚到蒙古高原的车辆岩画具有明显的趋势：越是往东，时代越晚。学术界认定：公元前 3000 年代后半期至 2000 年代初期，西伯利亚南部已出现了车辆岩画，而蒙古高原车辆岩画的年代是在公元前 2000 年代末至公元前 1000 年代初。多数学者认为，最早的车发明于两河流域，然后向周围传播；两河流域初创的车驾与马车，在传入中国以后，肯定会有所发展、再创新，跟初创者有所不同甚至有很大差异，但应该承认一个历史真实：古中国的马车最初为西方传入的。马车的传播，是古代中国吸收外来先进文化的一个实例。[①]

殷商卜辞甲骨文留下了公元前 1300 年时候的车轮图像。

A. 甲骨文“車（车）”的字源解读

原初甲骨文車（车） = （圆轮）+ （圆轮），后起的甲骨文車（车） = （双轮）+ （车厢），又有  = （双轮）+ （车轭），表示畜力拉动。改进的甲骨文  = （车）+ （轭），有的甲骨文 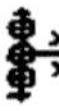 = （车）+ （轭），有的甲骨文  继续简化，以一轮  代两轮 。《说文解字》曰：“车，舆、轮之总名。象形。”车轮多用坚木制成，轮径多在 1.4 米上下。商代的车子都是独辕，辐条多为 18 根，车厢平面为长方形，面积较小，一般为 0.8 米 ×1.3 米，通常可立乘二或三人。衡，为长 1 米左右的直木棒，衡的两侧各缚一人字形车轭，用以架马。商代车马坑中大都埋一车两马，当时的车大多为两马驾辕，至商末周初始见四马驾车。[②]

《左传 · 闵公元年》曰：“车从马。”《国语 · 晋语》曰：“车斑内外。”《史

① 龚缨晏：《车子的演进与传播——兼论中国古代马车的起源问题》，《浙江大学学报》2003 年第 3 期；韦静雯：《中国古代车的渊源探究》，载《南京艺术学院学报》2012 年第 6 期。陈大元：《从背景因素谈中国古代车的起源问题》，载《忻州师范学院学报》2014 年第 1 期。

② 孟蓬生：《“车”字古音考——兼与时建国先生商榷》，载《古籍整理研究学刊》2002 年第 3 期。

记·秦始皇本纪》曰:“车同轨，书同文字。”

B. **甲骨文“舆”的字源解读**

甲骨文舆 = （双手推）+ （车）+ （双手拉），像四只手 合力推拉轮子。金文 = （双手推）+ （车）+ （双手拉）。篆文 承续金文字形。隶书 将篆文下面的双手 写成 。《说文解字》曰:“舆，车舆也。从车舁声。”舆是乘人的车厢。商代车舆比较小，周代车舆比较大，一般容乘三人。车厢平面皆为横置长方形，即左右宽广，进深较浅，车厢四周围立栏杆。

岩画　车和牦牛（青海天峻县露山，青铜时代）

古代双轮马拉战车

图 8-8　古代的两轮车

C. **甲骨文“軍（军）”的字源解读**

甲骨文軍（军） = （匀，韵）+ （兵车），有的金文 = （勹，包围）+ （兵车）。《说文解字》曰:“军，环围也。四千人为军。从车，从包省。车，兵车也。”可见，至少在殷周时代已经有兵车。

周代的青铜器铭文反映了公元前 1000 年时候的车轮使用情况。

D. **金文“輪（轮）”的字源解读**

金文輪（轮） = （车）+ （仑）+ （册）。《说文解字》曰:“轮，有辐曰轮，无辐曰辁。”《易·说卦》曰:“坎为弓轮。”《荀子·劝学》曰:“輮以为轮。”

E. **金文“軒”的字源解读**

金文軒（轩） = （车）+ （干），《说文解字》曰:“轩，曲輈藩车。

从车干声。”古代贵族用车时，前面架着横杆，用作扶手。[①]

F. 金文“陳（陈）、陣（阵）”的字源解读

金文陳（陈）、陣（阵）= （阜，山地）+ （土，旷野）+ （兵车），表示军队在野外布阵。“陈”“阵”同源，后分化。有的金文 = （山丘）+ （兵车），省去 字。篆文 = （阜，山地）+ （兵车）。

商代使用兵车的情况

我们可以从历史文献中找到商周两个时代使用兵车的文献记录。

大乙唐（商汤）伐夏，后世称为商汤逐桀的“鸣条之战”，最早见于《墨子·明鬼篇》载：“汤以车九两（辆），鸟陈雁行（布下鸟阵、雁行的阵势），汤乘大赞（地名），犯逐夏众，入之郊遂（近郊），王乎禽推哆、大戏（夏桀的部众）。”

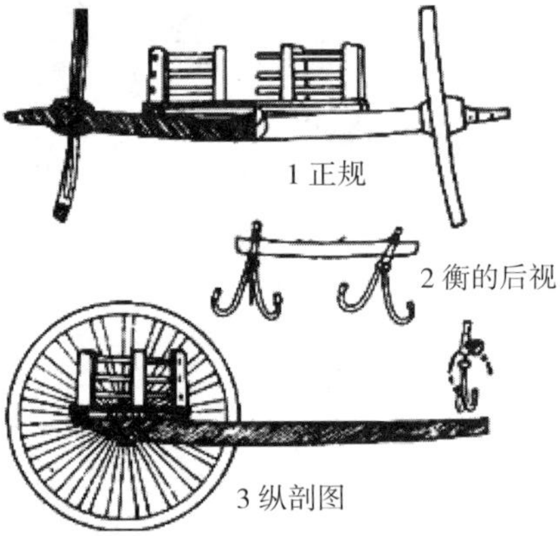

图 8-9　早期商代车的结构图

到了战国时期，《吕氏春秋·简选》载：“殷汤良车七十乘，必死士六千人，以戊子战于郕，遂禽（擒拿）推移、大牺（即推哆、大戏），登自鸣条，乃入巢门，遂有夏。”银雀山汉简《选卒》载：“汤以篡卒七千人逐桀，夺之天下。”汉代《淮南子·主术训》曰：“汤革车三百，困之鸣条，擒之焦门。”这几百年间的历史文献中，关于大乙唐（商汤）伐夏的鸣条之战，起初说“汤以车九辆”，后来夸大为“殷汤良车七十乘”，又夸大为“汤革车三百”，可谓层层加码。如今某些军事研究者倾向于认为：大乙唐（商汤）投入鸣条之战的兵力，充其量至多为 6000—7000 名步兵，至多 70 辆兵车，这在当时就是规模空前的兵力。

［附记］迄今可查阅的有关兵车的古典文献主要有：《书·汤誓序》载：“伊尹相汤伐桀，升自陑，遂与桀战于鸣条之野，作《汤誓》。”《史记集解》引孔安

① 王作新：《古车车名疏要》，载《文献》1994 年第 1 期。

国说，鸣条“地在安邑之西”，据说安邑即今山西运城一带（运城安邑、夏县之西），但无确证。相传商汤伐夏桀战于此地。《史记·夏本纪第二》云：“桀走鸣条，遂放而死。”不过，《书·汤誓》早已被证伪，并非可靠的信史。当然，如果前提是确实（而不是假想）存在过“夏”和“桀”，确实存在过（而不是虚构）“大赞”“鸣条”这样的地方，确实存在过（而不是小说）“推哆、大戏”这样的人……看来结论最多只能说“事出有因，查无实据”。

以下乃为考古有据的实况：商朝军队由车兵和步卒组成，以车战为主。兵车一般由两匹马驾辕，每车甲士 3 人，居中者驾车，居左者持弓，居右者执戈。车下步兵徒卒约 10 人。

又根据殷商甲骨文卜辞的实录，商王武丁在大规模战役里，投入的兵车通常不超过 300 辆。武丁不断向虎方、夷方、鬼方、羌方、周族等进行大规模征伐；战时需要“登人”（征兵），一次征发 1000、3000 或 5000 人，至多上万人。甲骨文卜辞记载：“王登人五千征土方。”[①] 武丁妻妇好攻打羌方时带兵最多，为 13000 人。全国动员兵力约 10 万人。

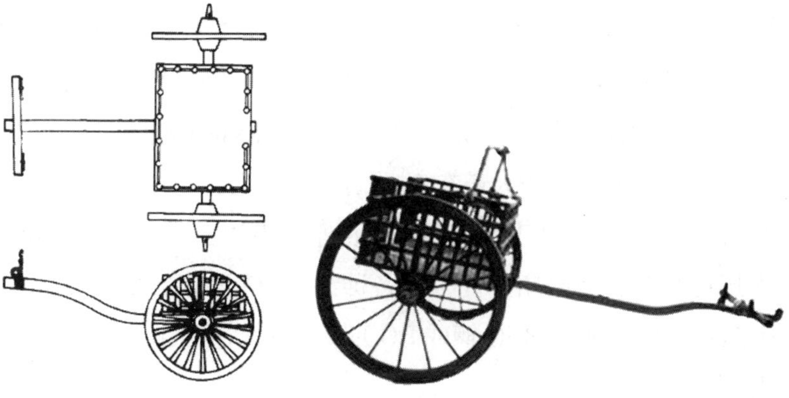

图 8-10　殷商时期战车

殷墟先后发掘出 18 辆兵车。根据安阳一处商王朝墓葬出土的兵车看来，是 5 辆一组，前三后二，每辆有 3 套作战武器，说明每辆有 3 名士兵；另一处车马坑

① 罗振玉：《殷墟书契后编·上》第 31 页第 5 片，中华书局 2006 年。

则集中埋葬25辆兵车。据此结合史料记载，商代的兵车编制应为5进位制。5辆为一队，5队25辆兵车组成的作战单位由“马亚”指挥；而出动100辆兵车时由“多马亚”指挥；出动兵车若超过200辆，就要由商王亲自指挥了。

周代使用兵车的情况

再看武王伐纣。春秋战国时期《墨子·明鬼篇》记载：“故于此乎天乃使（周）武王至明罚焉。武王以择车百两，虎贲之卒四百人，先庶国节窥戎，与殷人战乎牧之野。”就是说：武王动员了兵车百辆，勇士四百人。《史记·周本纪》载：“是时，诸侯不期而会盟津者八百诸侯。……于是武王遍告诸侯，曰：‘殷有重罪，不可不以毕伐。’乃遵文王，遂率戎车三百乘，虎贲三千人，甲士四万五千人，以东伐纣。”《书序》载：“武王戎车三百两、虎贲三百人，与受（商王纣）战于牧野，作《牧誓》。”《博物志》载：“武王伐殷，舍于几，逢大风焉。率舆三百乘，甲三千，一日一夜行三百里，以战于牧野。”《逸周书·克殷》载：“周车三百五十乘，陈于牧野，帝辛从。武王使尚父与伯夫致师，王既誓，以虎贲戎车驰商师，商师大崩。”《韩非子·初见秦》载：“武王将素甲三千，战一日，而破纣之国，禽（擒）其身。”《吕氏春秋·贵因》载：“故炫车三百，虎贲三千，朝要甲子之期，而纣为禽。”新发现的上博简（战国时期）《容成氏》更进一步记载：“武王于是乎作为革车千乘，带甲万人，戊午之日涉于孟津，至于共、滕之间，三军大范。武王乃出革车五百乘，带甲三千，以会诸侯之师于牧之野。”诸多历史文献，各有所不同，但各种记载分别表明：武王的兵力，八百诸侯共集中了兵车100辆或350辆或500辆，虎贲3000人，甲士10000人或45000人。

其中难免有逐渐渲染夸张、越说越多的成分，但也可见商周时期（比大禹的年代晚千年）大规模动员兵车和兵力的情况。

西周军队主要是车兵，兵车由4匹马驾辕，车载甲士3人，随车徒卒12人。西周军队也是以兵车为核心，一辆兵车及其配属的步兵合称“乘”。一乘兵车有甲士3名，至于配属的步兵，按照成书于战国时期的《司马法》的说法，每乘是甲士10名（3名上车作战，7名在车下作战），徒役20名。每5乘编为1队，每两队（10乘）由“官”指挥；每100乘编为“师”，由“师氏”指挥。据说西周共有14个师，分为左、中、右三军。

又按《周礼》载：“凡制军，万有二千五百人为军，王六军，大国三军，次国二军，小国一军。”此说不一定为实际情况。可能东周以后周王率兵总共75000人；每辆兵车载甲士3人、随车徒卒12人，共15人；兵车总共5000辆。每军兵车约800辆。但依照《说文解字》的解释，4000人为一个军，每军兵车约250辆。可能春秋战国军队编制各不相同。

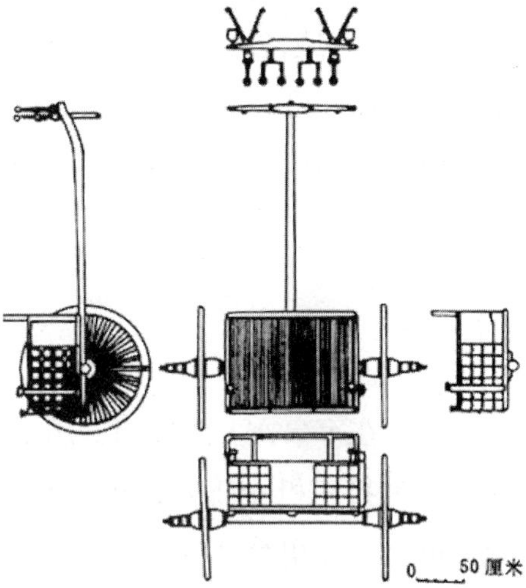

图8-11　春秋时期战车

车轮的制作

春秋时期，齐国人撰写的《考工记》就对制作车轮提出10条规范。[①]

《考工记》载：造车的工匠称为“车人”，车人又有分工，制造车轮和车盖的工匠称为“轮人”；轮人之间也有分工，先制成“三材”——毂（gǔ）、辐、牙。（1）毂，“毂也者，以为利转也”，指车轮中心的圆木，周围与车辐的一端相接，中有圆孔，可以插轴。（2）辐，“辐也者，以为直指也”，指辐条，是插入轮毂以支撑轮圈的细条。（3）牙，“牙也者，以为固抱也”，是车轮外围抱辐的大圆圈，也称“辋”。继而“三材既具，巧者和之”。制轮工匠先分工制成“三材”以后，接着由技术高超的巧匠将“三材”组装成车轮。

此外，“舆人”负责制车厢；“辀人”专管制曲辕（“辀”和“辕”为同义词，

① 刘杰：《中国古代车辆》，载《交通与运输》2008年第4期。

区别是双根称“辕”，单根称“辀”）；“鞄人”为“攻皮之工”（“鞄”，指皮革工匠，同“鞄”），负责制作各种缚扎车部件的革带和马的鞁具。其他如“攻金之工”，负责铸造各式铜饰件，“设色之工”负责绘画纹饰、髹（xiū）涂油漆。可见车的制作，是必须经过木工、金工、皮革工、漆工等集体精细分工、合作劳动的成果。所谓“一器而工聚焉者，车为多”，正是对当时制车业的真实写照。

投石车

车子在军事方面的使用，历史悠久，效果显著。东方和西方都有兵车。由兵车发展为投石机（Catapult）、投石车——石砲（炮），直到火药发明后，又出现了火炮，起初发射石球，后来使用球形铁制弹丸。火药应用于战争后，投石车更发挥了远投载体的功能。[①]

大型木-石复合武器——投石机，是远古遍及华夏、西亚、古希腊、古罗马的一种攻城武器，可把巨石投进敌方的城墙和城内，造成破坏。由此，古人造了“砲”（石砲）和“礮、礟”等字。投石机可以投掷一枚或多枚破坏性重物，如巨石、大树根等。

图 8-12 早期的投石机

迄今所知，世界战争史上记载的最早的投石机记录，是公元前 9 世纪亚述帝国的尼姆鲁德浮雕。[②]

当时攻城威力最强大的投石机是以巨大的木框为底座，上支坚韧的木杆，头端为容纳投射物的大勺，下端插入

① 陈明远、金岷彬：《历史考古的新观点（三）木石复合兵器——投石索、投石器、投石机》，载《社会科学论坛》2014 年第 3 期。

② 慕尼黑考古博物馆：《新亚述浅浮雕彩绘》（中译文），载《文博》2009 年第 6 期。

用马鬃和橡树皮纤维绞成的绳索。绳索两端系有摇柄，士兵绞紧绳索后，只要用力一拉后端的固定锁，木杆猛然上弹，就能射出石弹或者燃烧桶。对于两河流域（西亚）的泥砖城墙，这是致命的攻城武器。

华夏的攻城利器——大型投石机，是一种重型木制机械远程投石战具，应用于攻、防城墙的战斗中。最早出现于春秋战国时期，是一种木石结构，运用杠杆原理抛射石弹——较长的一头杠杆臂端，用绳索拴住皮套，容纳石弹，较短的另一头杠杆臂则系住多条绳索，便于人力拉拽。配置许多兵士在远离投石机之处，一齐牵拉连在横木杆（支点轴）上的杠杆短臂，带动长臂将石弹抛出。这种投石机结构分为单杠杆和多杠杆。

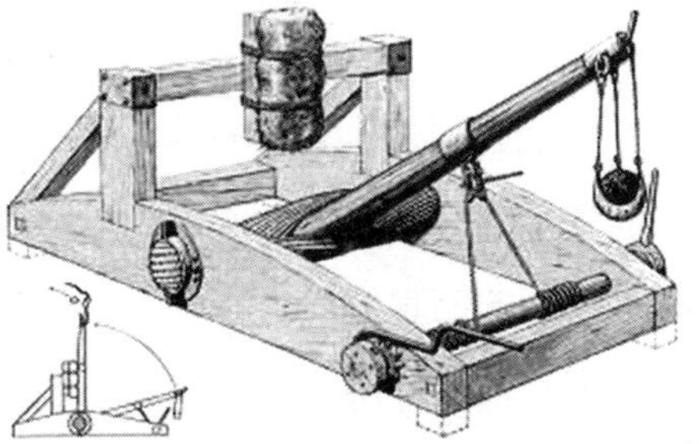

图 8-13　古代华夏的投石机

《说文解字》曰："礮（砲），建大木，置石其上，发以机，以追敌也。"春秋时期《范蠡兵法》记载："飞石重十二斤，为机发，行二百礮步。"西晋潘岳赋描述礮石发射情景曰："礮石雷骇。"隋唐时期，礮在军队中大量装备。隋末魏公李密令监造战礮三百台，名为"将军礮"；唐朝大将李光弼率部制造一种战礮，发射时要用 200 名兵士拉索，一次发射的石弹可杀敌数百人。唐代以后，历史文献中多以"砲"字取代"礮"字。

"砲"是用来远距离作战的，攻守双方都抛射巨石或燃烧桶等，摧毁对方城墙或工事设施，杀伤对方兵员。北宋初年《武经总要》中记录各种巨型木架制造的石砲，大致有三类：第一类是固定放置的；第二类砲架可以旋转，以改变投石方向；第三类木架下面装有车轮，可以随时移动位置，如砲车、旋风砲车、卧砲车、行砲车。[①] 像单梢砲、双梢砲、五梢砲、七梢砲这些砲，大多数都以"梢"的数量作为名称，"梢"是指砲杆的组成结构，若为一支砲杆则称为单梢砲，五支则称为五梢砲，复合组成的砲杆弹力较佳，容易将砲石投掷至远处。其中七梢砲威力最大，砲梢由七根巨大的梢材合成，长 2 丈 8 尺，需 250 兵士（一说

① 李新伟:《武经总要·纂修体例研究》，载《军事历史研究》2011 年第 1 期。

500 兵士）施放。

大型木石复合兵器——投石车（stone thrower），在隋唐以后成为攻守城的重要兵器。宋代，不仅用于攻城而且用于野战。古书中的“抛石”“飞石”指的就是投石车。1983 年在四川江油出土的宋代窖藏文物中，有两副宋徽宗时期的铜制象棋，其中一个棋子的正面雕刻楷书“砲”字，背面是投石机的图形，从这图形中，也可看出当时投石机的木石复合结构。①

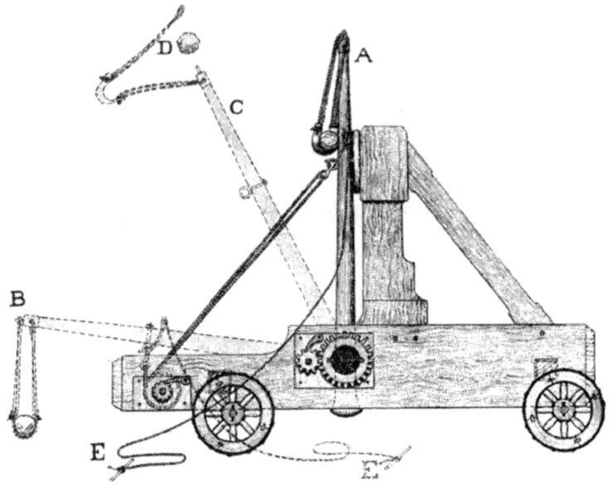

图 8-14 古代西方的投石机

古代投石车（demolisher）也是战场上主要的攻城手段之一，波斯人、希腊人都曾经大量使用它。中世纪时欧洲的投石车，动辄发射数百千克的石弹。土耳其军队攻占君士坦丁堡的时候，为了轰开数米厚的巨石城墙，苏丹下令建造了人类历史上最大的投石车，可以发射数吨的巨石。为了运送这庞然大物，1000 头牛充当了动力。

在 3000 多年的发展过程中，投石机凭借其自身优势，成为陆战及水战、进攻和防守必不可少的重要武器；其形制技术也由早期的单一、粗糙发展为后来的多样化、精细化，在世界兵器发展史上占据重要地位。②

古代机械式抛石机这种“砲”，从抛石动力的能量供给形式来看，可以分为三种类型：

1. 人力直接驱动的砲——由人力直接拉动抛石的杠杆短臂端，杠杆长臂摆动，得到很大的线速度将石头重物抛出。

2. 重砣势能砲——驱动力将抛石杠杆的发力重锤物举高，形成抛石发射的重力势能，然后释放管制杠杆的挂钩，重锤下落带动杠杆抛出石块。

---

① 黄石林、曾昌林：《四川江油县发现一批宋代窖藏》，载《考古》1990 年第 11 期；曾昌林：《宋代铜质中国象棋浅析》，载《四川文物》1995 年第 6 期。

② 张剑兵：《中国古代投石机研究》，载《郑州大学》硕士研究生专刊，2007 年。

3. 弹力势能砲——驱动力将具有弹性扭力的绳索绞紧，形成弹性绳索的扭转弹性势能，这种弹性势能在瞬间释放，带动抛石杆抛出石块。

其他形式的机械势能转化为抛石机的抛掷动力，还少有见到。直到火药的发明在军事上应用，才出现了最初的火炮——利用火药燃烧，瞬间产生高温高压的大量气体，将弹丸（石块）发射出去。火炮后来使用的铁制弹丸，仍然是球形，其力学原理与原始人的石球一样。

火药应用于战争之后，投石机、投石车更发挥了远投载体的功能。火药与投石机、投石车的相互结合，促进了武器的进步，并直接启迪了后世火炮的产生。在美国西点军校校园里，露天陈列着大量的欧美系列古炮。

（二）舟和帆船的发明

人类发明舟船的历史，从原始时期一直到工业革命前夕的几千年间，一直是以木制元器件为主的（工业革命产生的轮船、铁轨车辆等，除了木制元器件以外还采用了钢铁）。

过去所谓石器时代、铜器时代的石、铜材料，都不是制造舟船的主体。原因非常简单：只有木制材料便于浮在水面。木制为主的舟船，与木制为主的车辆、木制工具为主的纺织业、木制工具为主的捕鱼业、木制工具为主的农具等，都雄辩地证实了：复合工具以木制为主的成分，在许多方面高于石、铜为主的成分。直到现代化时期，木材的使用都保持着特殊的优越性。

现代学术界认为，世界五大文明发源地（古尼罗河流域、两河流域、爱琴海－地中海东岸、古印度河恒河流域和古黄河长江流域）之中，舟船航行的历史记载要数古埃及、古腓尼基、古巴比伦最悠久。①

远古华夏先民独立发明了木筏和独木舟。据甲骨文记载，殷商时期出现木板舟；青铜器铭文中出现了船。我国两大基本船型——北部的沙船和南部的福船，主要是由筏和独木舟演变发展而来。考古发掘的木桨（亦称楫）首先出土于华

① 陈明远：《质疑四大文明古国》，第 37 页，中央编译出版社 2011 年。

夏，后世发展的橹、艄、舵皆为木桨的衍生物。[①]

人类最初发明的独木舟和木桨

大约 9000 年前，独木舟在世界各地多处几乎同时被发明出来。考古不断有许多新发现。在英格兰、瑞士及其邻近地区，均出土了 10000—8000 年前的独木舟：在英格兰发掘出一条远古独木舟，长达 16 米、宽 1.5 米；在荷兰发掘出一条独木舟，年代约为公元前 6300 年；在苏格兰境内佩斯湖层里，也发掘出独木舟。

除此之外，印第安人的独木舟和公元前 2000 年前后南太平洋群岛波利尼西亚人的双体独木舟也较有名。印度有种独木舟，其船侧装有可以放置货物的横木板。新几内亚的独木舟可以几条横排在一起，上面用横梁固定，横梁上铺坐席，还装有风帆，可以航海。

迄今已知世界出土文物里面，最早的独木舟是在荷兰格罗宁根（Graningen）的庇斯（Pesse）地区发现的，碳 14 探测年代为公元前 6315 年 ±275 年。

图 8-15 荷兰出土的公元前 6315 年前后的独木舟

史前的原始独木舟、筏都需要驱动的工具——桨，这也是木质工具。在英国约克郡沼泽里，发掘出了一支公元前 7500 年的木桨。这支桨是用来划一种中间掏空的独木舟的，是迄今已知世界出土文物中最早的木桨。

近年在江苏淹城遗址出土了保存完整的古代文物独木舟，说明至迟约公元前

① 王敬南：《中国古代渔船源流的探讨》，载《中国航海》1994 年第 1 期。巩海方：《中国古代航海技术》，载《中国海事》2014 年第 1 期。

5000 年古代华夏已有独木舟。考古又发现了 6000 年前的独木舟，长 11 米、宽 0.9 米，是 1958 年江苏武进民工挖河发掘的。迄今我国各地考古先后出土的独木舟，已达 20 多只。

从这些远古遗物中可以看出，当时独木舟的形体大致有三种：一种是头尾方形，没有起翘，接近平底；一种是头尖尾方，舟头起翘，尾部平底；一种是尖头尖尾，都有起翘。后来的船型有方头方尾、尖头尖尾和尖头方尾之分，船底有平底和尖底之分，可能即是从它们演化而来的。

双体独木舟

迄今已知世界上最早的双体独木舟，是在公元前 2000 年前后由南太平洋群岛波利尼西亚人创制的双体独木舟。它们常出没于太平洋的海面，这类舟体在大洋航行比较平稳，挂上风帆亦不会倾覆。迄今南太平洋列岛仍在使用独木舟。

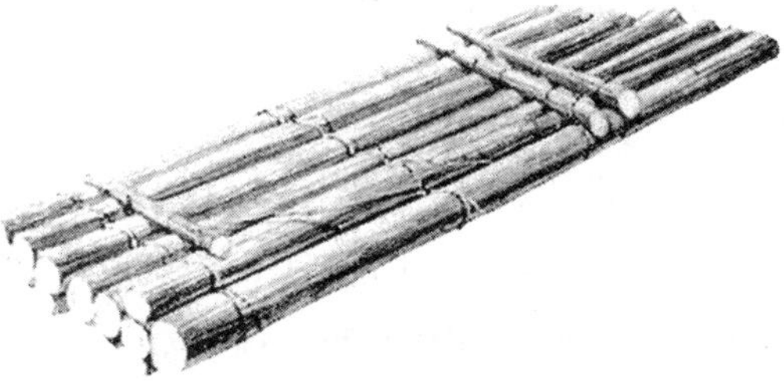

图 8-16　由独木舟发展而来的木筏

在独木舟的基础上，远古人类又发明了木筏。

甲骨文“舟”和金文“船”

最早以文字记载舟船的，是公元前 3300 年代殷商甲骨文的象形字“舟”。①

“舟”的早期字形有：殷商甲骨文的 （舟），青铜器铭文里的金文 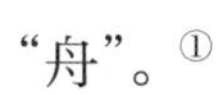（舟）。

甲骨文 （舟），象形，像一只木船，有船舷、船头和船尾。本义为渡河的木船。《说文解字》曰：“舟，船也。古者共鼓、货狄刳木为舟，剡木为楫，以济

---

① 马如森：《殷墟甲骨文实用字典》第 200 页，上海大学出版社 2008 年。

不通。象形。”

青铜器铭文的金文（舟）承续了甲骨文字形。有的金文画出船的侧影。篆文承续金文字形。隶书舟有所变形。古人称水上交通工具，狭长者为“舟”，宽大者为“船”。

A.“舩（船）”的字源解读

金文舩（船）=（舟）+（公，公共的），指公共之舟，负载量大于独木舟。本义为比舟大，用于渡河的公共水上交通工具。篆文承续金文字形。《说文解字》曰：“船，舟也。从舟，铅省声。”

除了“舟、船”以外，古代汉字里面还有“舫、艇”等字，表示不同形式的船。

B.“舫”的字源解读

后世的“舫”字，来源于甲骨文字根“方”；有的金文将木枷形状简写成一横“一”。篆文基本承续金文字形。远古时期人们受木筏制造的启发，造出了舫。《说文解字》曰：“方，并船也。象两舟省总头形。汸，或从水。”把两艘以上的船体并列连接起来，增加了船的宽度，提高了船的稳定性和装载量。“舫”也称“方”“枋”“汸”“方舟”“方船”“枋船”，有时也写作“航”。它的制作方法，起初是用绳索把两只船捆在一起；后来，又演进为用木板或木梁放置在两只船上，用木钉、竹钉钉在一起，两船之间保留一定间隔，而不一定要船舷跟船舷紧靠在一起了。后来加“水”旁衍生出“汸”字。篆文异体字承续甲骨文异体字的字形。篆文再加“凡”（方形木枷）另造“旁”字，或加“攴”另造“放”字。《说文解字》又曰：“舫，船师也。引礼明堂月令，舫人，习水者。”《正字通》曰：“舫人，犹言舟子。舫之为舫，犹舟之为舟。”《尔雅·释言》曰：“舫，舟也。注：并两船。”《史记》载：“舫船载卒，一舫载五十人。”

C.“艇”的字源解读

篆文艇=（舟）+（廷，直）。本义为小舟，尖直而细长的快船。《说文解字》曰：“艇，小舟也。从舟，廷声。”

华夏最早的木桨

有了舟船，随之必须发明划船的木桨。已知的华夏最早的木桨出土于浙江余姚河姆渡遗址（公元前 5000 年前后），它并不是世界最早的木桨。[①]（参看上文）

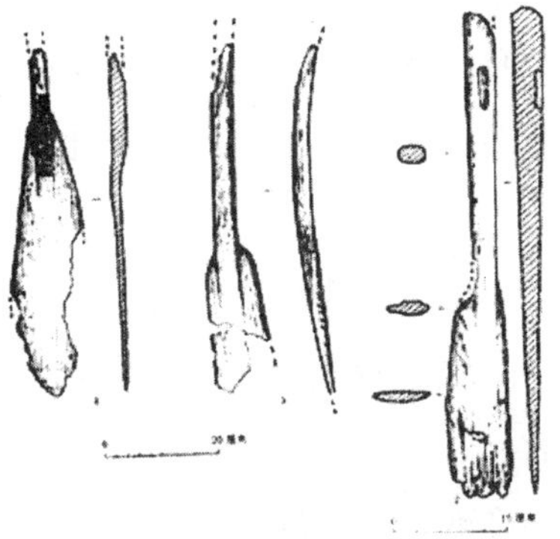

图 8-17　河姆渡早期遗址出土的木桨

1978—1980 年，浙江河姆渡早期遗址（公元前 60 世纪）出土一把雕花木桨，残长 63 厘米、桨面宽 12.2 厘米、厚 2.1 厘米。柄部残缺，呈长方形断面，可容手握。桨柄与桨叶结合处，阴刻有弦纹和斜线纹图案，做工精致。

距离浙江河姆渡早期遗址不远，在距今 5000 年左右的浙江杭州水田畈和吴兴钱山漾遗址中，也有木桨出土，说明当时独木舟已成为浙江地区水上重要交通工具。

图 8-18　中国河姆渡遗址出土的木桨雕花

广东佛山古椰贝丘遗址中，也发现距今 4000 年的船桨遗迹，方形木板上有数个人为钻出的孔洞。此外，“橹”是中国的独创，西汉已有橹，是由长木桨演变的，具有很高的推进效率。

① 牟永抗、魏正瑾、吴玉贤、梅福根：《河姆渡遗址第一期发掘报告》，载《考古学报》1978 年第 1 期；浙江省博物馆：《河姆渡各遗址第二期发掘的主要收获》，载《文物》1980 年第 5 期。

又经过几次考古发掘，河姆渡遗址共出土 8 支木桨，柄部与桨叶都由整块硬木材料加工而成。长 35.4 厘米、宽 13.9 厘米、厚 1.5 厘米，柄长约 35 厘米左右，柄上端一侧有一个长圆形凹孔。木桨平面近似长方形，单面平刃，刃部较宽，桨面中间有一浅槽，两侧各凿一长方形孔。桨叶多呈扁平的柳叶状，且自上而下逐渐减薄，制作都比较精细，外形和现在江南水乡农村小船上用的木桨基本相近。①

最早出现的木板船叫舢板，原名“三板”。它最初用三块木板，即一块底板和两块舷板组合而成。小舢板是一种船身是木制的小型船只，使用简便、作业灵活、制造方便，沿海养殖业地区几乎每家每户都有。其动力来源常常是左右两边的橹或者一根竹竿。

中国出土的东汉陶模船中已有锚

东汉陶模船的船前系锚，后有舵。船头两边安插桨架 3 根，舱内横加梁担 8 条，船尾有望楼。它是在广东出土的。

1954 年，吴越一带出土过一只有舵有帆的东汉陶模船，这种船本身是航行于内河兼浅海岸的客货两用船，分前中后三舱，前系锚，后有舵。

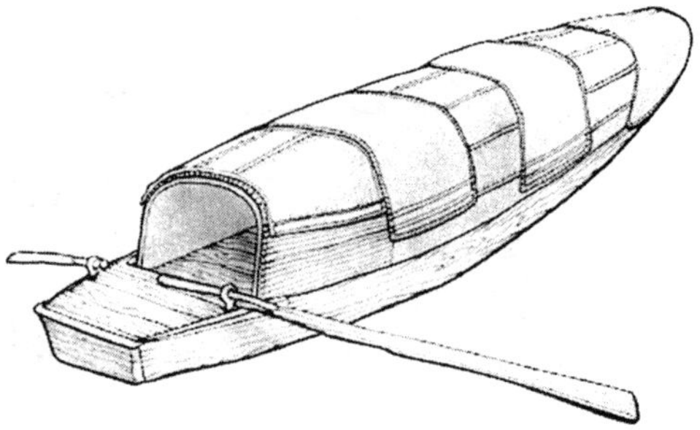

图 8-19 东汉陶模船

世界各地考古发现的木船

在成批出土的公元前 5500 年前后的利比亚墓葬中，一个陶瓶上画有两艘

① 文物考古研究所：《河姆渡遗址考古发掘报告（上下册）》第 67 页，第三章第一期文化遗存第一节插图，文物出版社 2003 年。

船的图形。这两艘船的尺度很大，每边有 58 支桨，在船中央部位有两间大的船舱，中间用桥楼连接。尾后每边有 3 支长桨用于船舶操纵，船首悬一物，很可能是碇。由船的两端看去，很像埃及尼罗河中的行船。船侧众多的三角形表示河附近的远处的丛山。这是已知最早的木船的图形。

A. 世界上最早的帆船

据史料记载，帆船起源于古埃及。

帆船利用风力这一基本动力在水上行驶，并由人来操控改变方向前进。船夫坐着，一手操作舵杆，一手操控悬挂于垂直船身上桅杆的帆面角度，来推进前行，这样的船被称为帆船。船夫站立在一块狭长的板子上，用双手操控可以随意改变方向的帆，这样的船被称为风浪板。8000 年前，古埃及尼罗河上，即有用芦草束成的船筏，它是现代帆船的前身。最早的文字记载见于 1900 多年以前古罗马诗人维吉尔的作品中。公元 2 世纪，地中海各国因军事需要，制造了配合小风力前进的战舰。

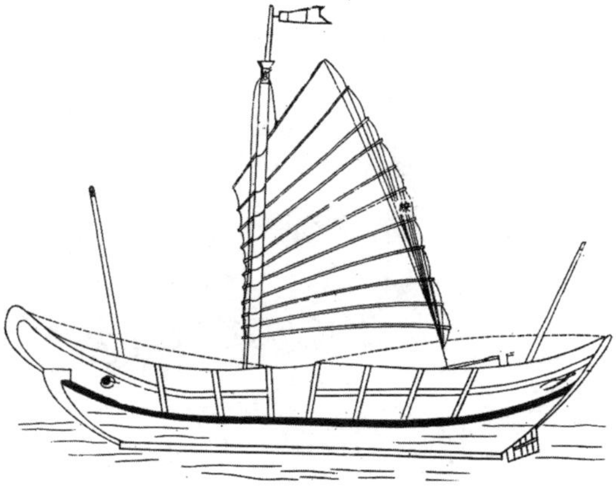

图 8-20 世界上最早的航海船模型

约在 4700 年前，已有木帆船航行于尼罗河和地中海，船体全由木料构建。

中国的帆船出现的时间比埃及晚 2000 年。

迄今考古学家发现的世界上最古老的航海船遗物，是在埃及红海岸边出土的距今约 4000 年的古埃及航海船，船上拥有船板、锚、成卷的绳索以及其他航海用具。世界上第二古老的航海船，也是在埃及发现的，但年代要晚 700 年。

B. 世界上最早的纸莎草船图

古代两河流域和古埃及相继进入青铜器时代，公元前 3500 年左右在尼罗河流域的村落发展成城市国家。当时两河流域因纯木材稀少，亦盛行用纸莎草（一名莎纸草）制作舟船。

1930年在两河流域乌尔遗址（公元前3000年）出土了一枚带船纹的图章，据考证，该船图是苏美尔人制造的纸莎草船的式样，与埃及船有极大差别。5000年前苏美尔人制造了纸莎草船，可能古埃及的纸莎草船来源于苏美尔人最初的发明。

古埃及是航海古国之一，古埃及尼罗河航运非常发达。[①]

图8-21 古埃及民间用纸莎草制作的船

公元前3000年以来，古埃及人利用纸莎草和木材（如黎巴嫩雪松木）制造航船。当时还没有钉子，纯用绳索捆绑。而车轮是西亚犹太人发明的，后来才传入埃及。

除了利用纸莎草之外，还有一些地区利用柔韧的柳条制作舟船。迄今所知世界上最早的柳条舟在公元前2133年—前1991年盛行于威尔士和爱尔兰地区，当地人发明了一种有骨架和包皮的柳条舟。

C. 世界最早的海战图刻石

在埃及涅伽达文化遗址（公元前3500年），发现了一把装饰有象牙的梳状燧石刀，刀上以单线条雕刻的画面呈现出世界上最早的海战。战斗双方用的是两种不同类型的船，一类船头尾较高，另一类船头尾较低。前者是典型美索

① 朱国强、贺国光：《地中海——远古航海之乡》，载《航海》1982年第3期。

不达米亚船，后者是典型的埃及船，由此可见交战双方为古埃及和古巴比伦。

在同期的另一埃及装饰陶瓶上绘有带帆和多桨的船图，该陶瓶高约46厘米，现藏英国不列颠博物馆。可见船是当时埃及人生活不可或缺的航运工具，船体和船桨全由木料构成。

图8-22　古埃及海上战船

D. 世界上最早的装有可收放人字桅杆的内河船画

埃及进入第三王朝的古王国时期，在开罗的尼罗河上游449千米处的右岸某山麓墓葬的壁画上，绘有埃及第三王朝时期的埃及河船图（公元前2686年—前2613年）。据估计，该船船长15米以上，是埃及最早的真实船图，它较之金字塔问世的时间还要早。

图8-23　埃及第三王朝时期的内河船

E. 世界上最早的埃及齐阿普斯法老船

1954年在埃及吉萨（Giza）的齐阿普斯法老（公元前2613年—前2498年）墓葬金字塔内，发现当时最古老的墓葬船残骸，它是该法老的随葬品之一，在法老墓东边发现有3艘，但只剩下一些木板和若干绳缆，在南边有2艘。

其中有一艘残长31.2米、宽3.6米、深3.6米，共出土407件船上部件，包括船壳板、横梁、桨、操纵桨、门及多种织物制的绳缆，还有一些散架的木构件和工具箱。

埃及齐阿普斯法老墓葬船复原后，可观察到它的原结构和舱室细部。

复原时发现船体由 1224 块木板和大构件组成，其中大部分大构件用黎巴嫩雪松制成，尚有 10%水容量的良好条件，几乎接近于一般干木的标准，而小构件大多由桑树或无花果树干打制，其中最长的船板有 22.71 米长、0.52 米宽、0.1 米厚，最短船板仅有 0.1 米长。壳板端部嵌接，其侧缘部用木（榫）钉连接。肋板与外壳板的连接是在两部件相连处所打孔眼处注入木碎片并进行胶合，在木碎片上的胶合堵塞物虽年代久远，但仍保持了它们的黏性。木料中的高树脂容量可以避免其完全干枯。

船上发现有 6 对桨，最长的一对桨长 7.8 米，最短的桨长 6.8 米，船上并无装桅和帆的迹象。该船经复原后，船体细长，有高高的两端，平龙骨，船长 43.6 米、宽 5.9 米，排水量 40 吨。

图 8-24　古埃及战船

由该墓葬船上雪松船材的大量使用证明，早在公元前 2600 年前后，埃及已从黎巴嫩和地中海地区运去大量木材，可能由陆上运去，更可能由海上运去。而大量木料的海上运输势必依靠海洋货船或制造坚固的桨船以拖运木材。可见，埃及船队在建造该墓葬船之前早已不仅航行于尼罗河，而且还远航地中海和红海。当时在埃及船上已经装帆是毫无疑问的。在萨格拉浮雕中，也展现了埃及造船场面。

F. 世界上最早的大型海船浮雕画

公元前 2494 年—前 2345 年，在埃及阿布·休（Abu Seir）的沙胡·拉

（Saha Re）法老墓葬神殿中的埃及海船浮雕，被认为是世界上最早的大型海船浮雕画，画里面的海船就是风帆船，可以推断，不晚于公元前3000年，古埃及就广泛使用帆船。

沙胡·拉法老墓神殿浮雕上，绘有一艘18米长、4米宽、1.2米吃水的埃及海船。当时沙胡·拉法老曾派遣了近2500艘埃及海船去叙利亚、索马里和东非。这类船尺寸不算大，与尼罗河船细长的首、尾伸出端相比，还要垂直上翘，减小了船的入水长度，从而减轻海浪对船体端部的压力。用一根强力缆绳自首至尾通过中间2根义形支柱把船身缚住，并用绞棒绞紧，防止船体在水波波峰打到船中部位时产生弯拱。使用双股绳，其中较细的一股可用来回盘旋的方式绕捆船体一周，这就是早先埃及船上所常常采用的加固船体的方法。所用的人字桅当船回到泊地后常被放倒。船体全由木料构成。

世界上最早的造船场面浮雕画，也出现于公元前2494年。在当时的孟菲斯古城附近高级官员泰（Ti）的墓碑的萨格拉（Sakkara）浮雕上绘有当时各种船的尺度和型式，某些为平底，有简单的端部型式，有的较细长，呈圆形。浮雕上绘有船的建造场面，诸如锯横梁、钻木钉孔、装配壳板、用类似斧子那样的工具再加工已完工的船体，由此，可以了解各种造船细节。当时埃及是世界上最大的造船业中心，其造船优势，一直保持到公元前1400年左右。[①]

G. 世界上最早的以帆作主动力的商帆船

公元前11世纪—前8世纪，腓尼基人大力发展商帆船，大致可分两种形式：一种是用于地中海东部当地贸易用的小型划桨帆船“高拉斯”（gaulus）；另一种是可以作更远距离航行的较大的商帆船“希波”（hippo）。

这两种船的原始形式均属带有单桅帆的划桨船，有风时可驶帆以代替桨手，使桨手们可以得到休息。随着远洋航海事业的发展，“希波”帆船有所发展，演变成双桅帆船，帆取代桨成了船舶推进的主动力，这是航海帆船的一大进步。这类商帆船的长宽比为3:1至4:1。

1914年，在黎巴嫩西顿古港出土的大理石石棺上有石刻船图，有些船已添

---

① 闫万钧:《地中海——古代航海的摇篮》，载《中国远洋航务》2002年第8期。

加了第二根桅杆，有的在船首正前方添加了一根高耸外伸的斜帆杠，其每根桅杆上都扯满一张风帆，上下两根横帆桁都用转帆索拉紧，使之能顺风使帆。船画上既无木桨，也无桨手用的任何设备，可见这些船在海上航行时已只用帆而不需要再用划桨作辅助，这对于那个时代来说，的确异乎寻常。

几个世纪的辉煌之后，面对当时富于冒险而好战的希腊海上强国形象的显现，腓尼基人立即意识到，要确保他们在地中海区域的贸易领主地位，必须要有强大的海上舰队，以扫清海上的希腊劫掠舰队。他们运用建造商船所积累起来的全部技艺并借鉴埃及战船的形制，又创制出船首装备有青铜或木制撞角（或鸟喙）的双层桨“加莱”（galley）战船。

H. 世界上最早的双挂首尾柱船刻石

在挪威诺德芙约德（Nordfjord）的刻石（公元前 1000 年前后）上，发现绘有一些具有双叉式首柱和尾柱的船艇，该刻石又称卡尔斯塔德（Karstad）石碑。

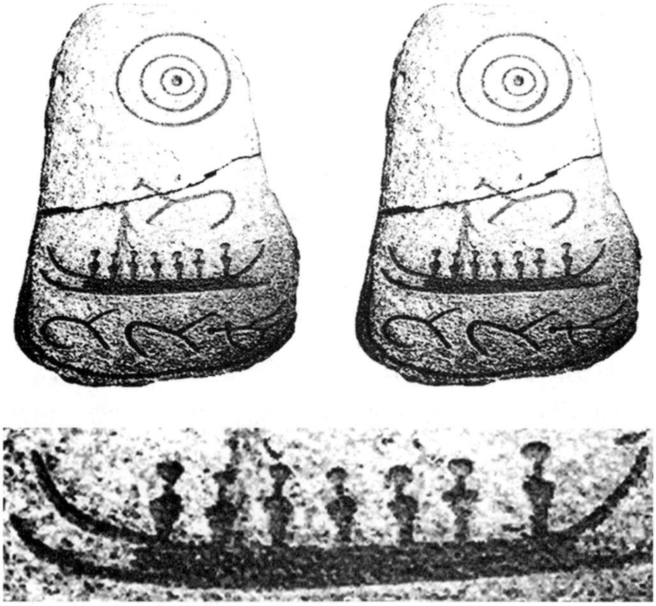

图 8-25　卡尔斯塔德石碑刻石上的具有双叉式首、尾柱的船艇（下图为细部）

结束语

直到现代化时期，木材的使用都保持着特殊的优越性。轮子是史前期木工的完美杰作，它是现代机械的先声。跟轮子密切相关的木石复合器械有三种：一是纺线用的纺轮，二是制陶用的陶轮陶车，三是运输用的车轮。

用于战争的兵车，历史悠久，作战效果显著。远古遍及华夏、西亚、古希腊、古罗马的一种大型攻城武器——投石机以及千年以后改进的投石车，对历史发展产生了重要作用。火药与投石机、投石车的相互结合，促进了军事装备的进步，并直接启迪了后世热兵器——大炮的产生。

人类发明舟船的历史，从原始时期一直到工业革命前夕的几千年间，一直是以木制元器件为主的（工业革命产生的轮船、铁轨车辆等，除了木制元器件以外还采用了钢铁）。

过去所谓石器时代、铜器时代的石、铜材料，都不是制造舟船的主体。原因非常简单：只有木制材料便于浮在水面。

九

甲骨文中的谷类及东西方谷物加工的比较研究

【提要】 农业革命为人类进入文明社会奠定了基础。柴尔德首先阐述了“农业革命”在人类历史上的重大意义，而随着考古学、遗传学的新发现和研究成果激增，“农业起源”再次成为文史学术界的热点。与20世纪中期柴尔德和宾弗德的看法有所不同，近来学术界认为：农业是一套“强化的行为系统”。世界谷物发源地主要分属三大摇篮：(一)西亚、北非、南欧三大洲交界处；(二)东亚－南亚，黄河、长江、恒河等流域；(三)西半球中美洲。这三大摇篮分布在北纬20°至45°之间。第一摇篮是小麦与大麦的发源地，第二摇篮是小米(粟稷)与稻米的发源地，由两者的差别，引发出东方文明和西方文明的种种遗传变易和异化。本章从殷周甲骨文中举出主要谷类作物的字源：禾、、与粟、稷(属于粟类)、黍、稻、麦(“来，”是“麦”的本字，后起的“牟麰”指大麦)等，粟稷是华夏本土培育，稻为南来，小麦、大麦为西来。本章还将对东、西方谷物加工进行比较研究。远古捣谷工具——杵、臼起源

很古，杵、臼二者往往配套使用。先民用来脱粒加工的主要农具是杵（木杵、石杵）和臼（土臼、木臼或石臼）等木石复合农具，而以木质农具为主。从文字发生学看来，甲骨文“稻”是后起的派生字，形态历经演化，它跟“杵、臼、舀、舂、其（箕）、穅（糠）、弗（𬃷）”等字密切相关。史前先民使用过三大类加工谷物的农具：石磨盘磨棒，木石复合杵臼，木制连枷。本章论述从远古的石磨盘到旋转手磨器的发展，特别指出：两河流域、埃及、南非与华夏远古脱粒农具“杵臼与弗（𬃷）即连枷”如出一辙，而连枷在古埃及为王权象征物。从采集渔猎方式向原始农业革命，有一个漫长的转变过程，可能历时千年。其间，出现广谱经济（混合经济）状态，相应地，从采集用具到原始农具，也有一个漫长的转变过程。

（一）世界农业的八大遗传中心

按照遗传学基因分析，世界农业有八大遗传中心。

关于华夏农业的始祖，古文献有几种传说：一说始自神农，如《易·系辞》曰：“神农氏作，斫木为耜，揉木为耒，耒耜之利以教天下。”一说始自垂，如《说文解字》曰：“古者垂作耒耜，以振民也。”一说始自后稷，如《尚书·尧典》曰：“后稷播时百谷。”不过，以上说法都属于传说的范畴，不能作为信史。只有以考古学和遗传学为研究手段，才可能解决华夏史前农业的一系列问题。[①]

苏联遗传学家尼古拉·瓦维洛夫（Николай Вавилов, Nikolai Vavilov，1887—1943）运用遗传学基因原理，在世界60国进行了大规模考察，搜集25万份栽培植物材料，进行综合分析，并做了一系列科学实验，总结出《栽培植物的发源中心》一书，首创“栽培植物发源中心学说”。后经过补充与完善，瓦维洛夫把世界划分为8个发源中心和3个亚中心：（1）华夏中心；（2）印度-

① 陈明远、金岷彬：《历史考古的新观点（八）·从甲骨文看史前的种植与耕作》，载《社会科学论坛》2014年第8期。陈明远、金岷彬：《史前农业革命的主要农具是木石复合器——全盘修正“史前史三分期学说”之二》，载《社会科学论坛》2012年第9期，收入《历史观的新突破》一书，山西人民出版社2014年，第21—45页。

缅甸中心；（3）中亚细亚中心；（4）近东中心；（5）地中海中心；（6）埃塞俄比亚中心；（7）中美洲中心；（8）南美洲中心。

尼古拉·瓦维洛夫论述了主要栽培植物（包括农作物、蔬菜、果树和其他近缘植物）600 多个物种的发源地。在北纬 20°—45° 之间，是主要的栽培植物发源地带，它们常和大山脉的总体走向一致。因沙漠、高山和海洋的阻隔，各自发展了独立的植物区系和人群，又培育了各自的农业文化。瓦维洛夫的理论迄今仍有很高的学术价值。①

1979 年荷兰育种学家泽文（A. C. Zeven）与苏联遗传学家茹考夫斯基（Л. М. Жуковский）在瓦维洛夫理论基础上合编《栽培植物及其近缘植物中心辞典》，认为在发源中心里面，以近东、东亚（中国－缅甸）和中美洲三区为农业的摇篮，对栽培植物的发源贡献最大。

农业发源地的三大摇篮

20 世纪一系列考古学发现表明：全世界的农业谷物（及其他栽培作物）发源地主要分为三大摇篮。

第一个摇篮在西亚丘陵地区，这里首先出现了农业的萌芽，是小麦与大麦的发源地，也是绵羊和山羊的发源地，后逐步转向种植和饲养；后期向两河流域冲积平原转移，由此产生了古苏美尔、阿卡德文明。②

根据目前所掌握的考古材料来看，"农业革命"最早发生于两河流域的北部扎格洛斯 Zagros 山地，从公元前 9000—前 7000 年，经历了大约两千年的漫长历程。

上古西亚居民最早驯化和栽培的主要是大麦、小麦、扁豆、豌豆等旱地作

---

① 任本明：《尼古拉·瓦维洛夫学说》，载《遗传》2003 年第 2 期。安志敏：《中国的史前农业》，载《考古学报》，1988 年第 4 期；又见严文明：《农业发源与中华文明》，国家图书馆文津讲坛，2008 年 4 月。

②［美］诺曼·哈蒙德（Norman Hammond）、杨建华：《关于西亚农业发源的几个问题》，载《农业考古》1988 年第 1 期。又见［美］V. 弗兰纳利（K.V.Flannery）著，潘艳、陈淳译：《美索不达米亚早期食物生产的生态学》，《南方文物》2008 年 4 期。

物。由此向西传播到尼罗河流域，产生了古埃及文明；向南传播到印度河流域，产生了古印度文明；继而扩展到爱琴海周围地区，传播到地中海一带，发展为古希腊、罗马文明。以上逐步形成西亚、北非、南欧三大洲交界区域、连为一片的西方古代文明。①

第二个摇篮在东亚和南亚，是小米和大米的发源地。这个摇篮包含华夏的黄河流域、长江流域以及南亚的恒河流域和东南亚地区，这一大片地区的农业发源与西亚、北非、南欧区域是各自独立发展的。青藏高原（包括南部喜马拉雅山）把西亚和东亚分隔开，古代人类很难越过这个天然屏障，只有河西走廊和新疆一长条地带，通过中亚与西方有断断续续的接触。至于南亚和西亚之间，在铜冶时代以前也是相对隔离的。具体地说，印度河流域属于西亚农业区，恒河流域则属于东亚、南亚农业区，在早期，西部的印度河与东部的恒河流域很少交往。

小米指粟、黍，主要在华北黄河流域，而长江流域是稻作农业的发源地之一。北方小米和南方稻米的两大片产区，一开始也缺乏联系，到后来才有了交流。②③

第三个摇篮在西半球中美洲，是玉米和马铃薯的发源地（玉米是在明代传入我国的）。新大陆美洲的农业是在与旧大陆隔绝的情况下独立发展起来的。约在两万年前，亚洲人从白令海峡进入美洲的阿拉斯加，有一部分人向南迁移到中美洲和南美洲，由此培育出印第安古代文明，如玛雅文明、安第斯文明、印加文明。④

人类较高级的发展阶段，如“酋邦、国家”以及“文明社会”，都建立在复合工具、农耕经济和陶冶技术的基础上。⑤

---

① 郑建明:《西方农业发源研究理论综述》，载《农业考古》2005 年第 3 期。又见张修龙、吴文祥、周扬:《西方农业发源研究理论综述》，载《中原文物》2010 年第 2 期。

② 胡效月、安成邦:《中国农业发源综述》，载《安徽农业科学》2007 年第 25 期。

③ 吉笃学:《中国北方现代人扩散与农业发源的环境考古学观察》，载《兰州大学研究生论文》，2007 年 5 月。

④［加拿大］L. 史密斯（L.Smith）著，玉美、云翔译:《农业发源与人类历史——食物生产及其对人类的影响》，载《农业考古》，1989 年第 1 期—第 2 期。

⑤［美］斯卡托・亨利（Scott Henry）著，晓石译:《农耕文化发源的研究史》，载《农业考古》1990 年第 1 期；又见潘艳、陈淳:《农业发源概念和理论的变迁》，载《中国文物报》2011 年 1 月 21 日。

新概念：农业是一套“强化的行为系统”

农业发源必须有栽培植物的产生，但是农业发源的概念，并不完全等于栽培植物发源的概念。农业发源主要从社会发展的角度，探讨人类在采集、狩猎的生活中，何以要发明农耕、走向种植，同时伴随着畜牧发源（驯化猪、狗、羊、牛等）的问题。而栽培植物的发源，主要探讨某一驯化植物（如番茄、黄瓜、春兰、秋菊）是如何被驯化而来，是由一种野生植物驯化而成，还是由几种野生植物在驯化中逐渐杂交选种、定向培育而成的。例如蔬菜类的豌豆，在地中海沿岸、中亚细亚、近东（小亚细亚）、埃塞俄比亚都可找到各自的发源地。Harlan认为遗传多样化中心不一定是发源中心，发源中心也不一定是多样性基因中心。有些物种的发源中心至今还无法确定，有的作物可能发源于几个不同的地区。

与20世纪前期戈登·柴尔德（G. V. Childe）和宾福德（L. R. Binford）的观点不同，近来国际学术界认识到：农耕的产生是漫长的过程，农业是一套系统。戴维·哈里斯（David Harris）考察了农业发生的特征，将其定义为：“农业是一种包含若干驯化物种的作物生产系统，每单位土地需要比较强化的人类劳动，尤其是系统的耕种。”同时，他将尚未达到这一标准的生产活动称为“野生食物生产”。[①]

根据这一“系统”的定义，农业被归结为人类食物生产达到比较成熟和系统水平的经济形态，因此后来相当一部分研究中的“农业”一词仅指强化的系统种植业。驯化物种在食谱中占50%以上的生计系统形态，才被视为农业。

同时，林多斯（D. Rindos）将农业定义为“一整套影响驯化植物生长环境的人类行为，其贯穿植物的整个生命周期”。这一定义的核心，在于着重表达了农业是一套“强化的行为系统”，是人与其他物种之间的一种关系。

民族学研究展示的传统农业多样性，有力地支持这种观点。目前农业负责世界90%以上粮食生产量系统，不能局限在如今的视野范围内来界定。过去的研

---

① [美] 哈里斯（Harris, D.）*Agricultural systems , ecosystems, and the origin of agriculture.* In Ucko , P.J. et al. eds. *The Domestication and Exploitation of Plants and Animals.* Chicago: Aldine, 1969, p.3–15.

究往往把狩猎、采集和农业划分成两种对立的生计形态，实际上，大量社群的经济系统构成，即“强化的行为系统”，恰恰处于这两者之间。[①]

甲骨文保存了华夏史前农业的直观图像

跟西亚、北非、希腊、罗马的拼音文字不同，华夏甲骨文来自原始图像，保存了先民对于事物的视觉和书面认识，由此，我们有可能从直观角度，研究华夏史前农业。

本章特别指出：殷商先民的主粮——粟类，在周族发展为稷（即小米、谷子），稷是粟类，不同于黍。

然而英语对于粟、黍均称“millet（小米）”，在西欧人们并不了解两者的区别，造成混淆。“粟”从野生的莠（狗尾草，音 yǒu）驯化而来，“黍”从野生的稂（狼尾草，音 láng）驯化而来。

“稻”是远古亚洲最早的栽培作物之一。世界上栽培稻分属两个种，一种是“亚洲稻”（O. sativa），另一种是“非洲稻”（O. glaberrima）。亚洲稻，又分为糯米和粳米。

在殷商甲骨文中，“稻”不是原生字，而是次生的后起字。从文字结构看来，甲骨文“稻  、 ”的形态比较复杂，与“臼  、 、 、 ，舂  、 ，舀  ，康（糠） ，其（箕） ”等字密切相关。稻谷种植时需要水田灌溉，而且加工时要用杵臼（木杵木臼或石臼）舂稻谷为大米，《易·系辞》曰：“断木为杵，掘地为臼，杵臼之利，万民以济。”还要用簸箕扬弃外壳的糠皮。

这也从文字发生学的角度表明：如今北方的“稻米”在殷商时代由南方传播而来。

---

① ［美］史密斯（Smith, B.D.）*Low-level food production.* Journal of Archaeological Research, 2001, 9(1): p.1–43.

（二）甲骨文中表示谷类的字

甲骨文中的谷类主要有禾、粟、黍、稻、麦等。从甲骨文发展史可以看出：先民最初从野生植物培育的谷类是 （禾）与 （粟）（狗尾草，由“莠”  驯化），然后陆续增添新的作物品种。如稷，是粟类的一个新品种；黍，指黏米，是比粟后起的谷物之一；还有南方传来的稻（又分为糯米和粳米）、西方传来的麦（又分为小麦和大麦）；等等。

“五谷”一词并非来自殷商，而是来自千年后东周战国时期成书的《周礼 · 夏官 · 职方氏》，书中云“谷宜五种”，郑玄注：“五种，黍、稷、菽（shū）、麦、稻也。”又战国时期《孟子 · 滕文公上》云“树艺五谷”，赵岐注：“五谷谓稻、黍、稷、麦、菽也。”这是东周战国时期的五谷说。请注意，其中未提及殷商最初的禾与粟，因商周时代“禾、粟”皆为谷类总称。但是赵岐（约 108—201）和郑玄（127—200）的生活年代都在公元 2 世纪，有“古语但称菽，汉以后方谓之豆”之说。

而甲骨文里未见“菽”（指大豆，泛指后来的豆类）字。战国时期《荀子 · 天论》云：“君子啜菽饮水。”《礼记 · 檀弓下》云：“孔子曰：啜菽饮水尽其欢。”“菽”字是后起字，指“草本植物籽实”。直到汉代才确立“大豆、豆子”在五谷里的地位。

而甲骨文里的“豆  ”是指器皿，并不指后来所说的食品豆类。东汉《说文解字》曰：“豆，古食肉器也。”《尔雅 · 释器》曰：“木豆谓之豆，竹豆谓之笾，瓦豆谓之登。”

［附记］农产品豆类古代原名“尗（菽）”，秦汉以后才称为“大豆”。据《广雅》（即增广《尔雅》之意，别称《博雅》，因避隋炀帝杨广名讳而改称）云：“大豆，菽也；小豆，荅（音 dá，古文𦭝）也，音答。又，𦭝音澍。”《说文解字》曰：“荅，小尗也。”《周礼 · 天官 · 大宰》注：“黍、稷、秫、稻、麻、大小豆、大小麦为九谷。”三国杨泉《物理论》云：“菽（尗）者众豆之名。”

甲骨文里面有黍 、稷 、麦 （来 ）、稻 ，而殷商甲骨文中为何未见尗（菽）字，尚未辨明其故。也许殷周时代还没

有把尗（菽）当作主粮种植。而甲骨文里的“豆”意为容器，并不是“尗（菽）”。

周人奉“后叕（稷）”为始祖农神，“周弃亦为叕（稷）。自商以来祀之”。

又，小麦和大麦，都是从西亚传入，起初统称为“来”。汉代以后称“大麦”为“牟”，通“麰”，是假借字。殷商甲骨文中亦未见“牟麰”字。

《黄帝内经》认为五谷即“麦、黍、粳稻、小豆、大豆”，恐不确，未得到公认；此外各种说法不一。明代李时珍将谷类与豆类分为两类，在《本草纲目》中记载：谷类有 33 种，豆类有 14 种，总共 47 种。

多年来学术界特别是农学界对于“五谷”众说纷纭，至今仍有争议。本章对于农学专门术语“五谷”的各家说法只予引证，不敢妄作评估。

A.“禾”的字源解读

甲骨文禾 = （木）+ （穗）。本义为谷类作物的总称。有的甲骨文 将下垂的穗子形象 简化成一曲笔。

金文 、 ，篆文 基本承续甲骨文字形。隶书 有所变形。《说文解字》曰：“禾，嘉谷也。二月始生，八月而熟，得时之中，故谓之禾。禾，木也。木王而生，金王而死。从木，从𠂹省。𠂹象其穗。”处四季之中，春华秋实，得阴阳之和，所以称它为禾（和）。

B.“年”的字源解读

甲骨文年 = （禾，庄稼）+ （农人）；有的甲骨文 = （禾）+ （农人）+ （耕具）。金文 将甲骨文字形中的“人” 写成“千” （千，即“迁”，迁移）。篆文 承续金文字形。隶书 和楷书 将“禾、千”连写，变形较大。秋冬谷物丰收叫“年”；秋冬谷物大量减产叫“歉”。

《说文解字》曰：“年，谷熟也。从禾，千声。《春秋传》曰大有年。”

《书・多士》曰：“尔厥有干，有年于茈洛。”《诗经・周颂・丰年》曰：“丰年多黍多年。”《穀梁传・桓公三年》曰：“五谷皆熟为有年也。”《穀梁传・宣公十六年》曰：“五谷大熟为大有年。”《左传・桓公二年》曰：“有年。”

C.“粟”的字源解读

甲骨文 （粟）= （禾）+ （籽粒）+ （手），表示饱满的庄稼

上方有一只手采摘籽粒。金文=（口袋）+（禾），表示用布袋装粮食。篆文=（口袋）+（米粒）。隶书将篆文的写成。《说文解字》曰：“粟，嘉谷实也。从卤从米。”

粟（学名：Setaria italica），今北方称小米、谷子，品种繁多，俗称“粟有五彩”，有白、红、黄、黑、橙、紫各种颜色的粟米。一说：粟就是粱，谷穗颗粒大的就是高粱；粒小的（直径 2 毫米）就是谷子。夏商属于“粟文化”，华夏最早的酒是用粟米酿造的。粟适合在干旱而缺乏灌溉的地区生长。其茎、叶较坚硬，可用来喂黄牛。

粟类曾是殷商先民的主粮。黄河中下游有关粟的考古资料，可追溯到 1931 年山西万荣荆村遗址的发掘。迄今考古发现表明：河南裴李岗地区是粟类的主要发源地，至少有 8000 年栽培史。在新郑沙窝李、许昌丁庄等遗址也有发现，年代与河北武安磁山遗址的粟化石大体同时，属于粟类考古的最早记录。①

华夏和印度很早开始驯化粟。为研究文明起源，狗、猪和人的遗骨提供了重要线索。动物遗骨中的同位素含量随年代而变化。驯化的粟含有同位素 C14，通过对中国北方黄土区 C14 植物稳定碳同位素 C13 的系统分析，2005 年研究人员发现：大地湾遗址在古人定居的第一阶段（公元前 5900 年—前 5200 年前）的多数狗遗骨具有同位素 C14 信号，表明当时古人以粟喂养狗；而猪遗骨只含有 C13 植物。但到了第二阶段（公元前 4500 年—前 2900 年），所有的人骨和狗骨以及大部分猪骨，都表现出了很强的同位素 C14 信号，说明当时这三个物种的食物中，都包含了大量的同位素 C14 驯化粟。这一发现表明，粟作物加速了仰韶文化的崛起。②

在黄河流域，河北武安磁山遗址、河南沙窝李遗址、郑州大河村遗址、山西夏县西荫村遗址、西安半坡遗址、甘肃永靖大何庄遗址、青海乐都柳湾遗址等均发现有粟类作物遗存。在新郑沙窝李遗址，考古发掘出约 1 平方米的粟的炭化

---

① 刘军社：《黄河流域史前粟作文化遗存的发现与研究》，载《农业考古》2000 年第 3 期。又见王吉怀：《新郑沙窝李遗址发现炭化粟粒》，载《农业考古》1984 年第 2 期。

② 王永吉等：《C3, C4 植物和现代土壤中硅酸体碳同位素分析》，载《科学通报》2000 年第 9 期。

颗粒。[①]

在许昌丁庄遗址，一方形半地穴中发现炭化粟粒，据鉴定，炭化粟粒为春谷。

木－石器时代，粟类作物自西至东分布于甘肃、青海、陕西、山西、河北、河南、山东，遍及黄河流域，东北至辽宁、黑龙江，西南至西藏、云南，都有种植，但多集中在黄河中游的甘肃、陕西、河南一带，长江流域则很少见。粟的野生祖本是狗尾草，甲骨文称为“莠”（yǒu）。野生狗尾草广泛分布于黄河流域，田间常见一种“谷莠子”，便是粟与狗尾草杂交的后代。西亚、中美等地都没有粟类作物，迄今发现欧洲最早的粟为公元前3000年。华夏的粟，为世界最古老的栽培粟类遗存之一。[②]

D.“莠（秀）”的字源解读

篆文莠（秀） = （禾）+ （草）+ （乃），为粟的伴生杂草。本义为狗尾草，穗子像谷穗，也像狗尾巴。《尔雅》曰：“荣而实者谓之秀。”《广雅》曰：“秀，出也。”《诗经·大雅·生民》曰：“实发实秀，实坚实好。”

E.“米”的字源解读

甲骨文米 = （许多粟籽）+ （穗梗），有的甲骨文 = （粟梗）+ （粟籽），字形像粟禾结的籽。篆文 将金文字形中的 连写成“十”字。隶书 。“米”原指粟籽，亦即“小米”；后来扩大指稻籽，亦即“大米”。

《说文解字》曰：“米，粟实也。象禾实之形。”《周礼·地官》曰：“掌米粟之出入，辨其物。”《礼记·明堂位》曰：“米廪有虞氏之痒也。”

F.“稷”的字源解读

金文 （稷） = （禾）+ （田）+ （八）+ （夂，“止”退走），

---

① 张之恒：《黄河流域的史前粟作农业》，载《中原文物》1998年第3期。又见石兴邦：《下川文化的生态特点粟作农业的起源》，载《考古与文物》2000年第4期；王星光、李秋芳：《太行山地区与粟作农业的起源》，载《中国农史》2002年第1期。

② 吴梓林：《古粟考》，载《史前研究》1983年第1期。又见卫斯：《试论中国粟的发源、驯化及传播》，载《古今农业》1994年第2期。何红中等：《古粟（Setaria italica Beauv.）研究综述》，载《中国粮油学报》2010年第4期。

籀文稷 = （禾）+ （田）+ （弯腰的农人）。

“稷”原是周族始祖“后爰（稷）”的名讳，“周弃亦为稷，自商以来祀之”，在西周“稷”始被尊与社并祭，合称“社稷”。根据《周礼 · 考工记》，社稷坛设于王宫之右，与设于王宫之左的宗庙相对，前者代表土地，后者代表血缘，“社稷”为国家的象征。《礼记 · 曲礼下》：“国君死社稷。”西周时“稷”被奉为农神，民间俗称五谷神。

《说文解字》曰：“稷，齋（jì）也。五谷之长。从禾，爰声。，古文稷省。”《尔雅 · 释草注》曰“稷，粟也”，认为稷是粟类（小米）的一种，也称为“谷子”。《诗经 · 小雅 · 楚茨》：“如几如式，既齐既稷。”《尚书 · 舜典》曰：“弃，黎民阻饥，汝后稷，播时百谷。”《庄子 · 庚桑楚》曰：“子胡不相与尸而祝之，社而稷之乎？”周代以来称稷为五谷之首，《礼记 · 月令》称稷为“首种”，《淮南子 · 时则训》则称其为“首稼”。稷用于周代祭祀，郑玄注称首种指稷（粟）是正确的。所谓首种或首稼，意指当时最重要的粮食作物。

在新郑裴李岗遗址发现炭化谷物，经鉴定为稷（即小米、谷子）。[①]

黍的伴生杂草称为稂（láng），粟的伴生杂草称为莠（yǒu）。“稂”是狼尾草，“莠”是狗尾草。古籍中既有黍稷连称，也有稂莠并举，如《诗经 · 小雅》：“不稂不莠”。所以稷是粟类，不同于黍。

G.“黍”的字源解读

甲骨文 （黍）= （禾，穗子）+ （酒水），是一种可酿酒的粮食，也称“黄米”“糜（méi）子”。有的甲骨文 突出禾穗下垂的样子，强调黍的成熟。

金文 简化字形。篆文 = （禾）+ （宀，屋）+ （水，酒），意即黍米放在屋里酿酒。本义为黍米，一种耐旱的庄稼，性黏，可酿酒。隶书 误将篆文字形中的“屋”形 写成 。《说文解字》曰：“黍，禾属而黏者也。以大暑而种，故谓之黍。从禾，雨省声。孔子曰：黍可为酒，禾入水也。”

---

① 中国社会科学院考古研究所河南一队：《1979 年裴李岗遗址发掘报告》，载《考古学报》1984 年第 1 期。

黍，黏米，是比粟后起的谷物之一。因在大暑时节播种，所以谐音称为“黍”。

甲骨卜辞中，“受黍年”很常见，“黍”字出现百余次，可见商代王公贵族非常重视黍的收成。但是史前考古出土的黄河流域谷物遗存中，以粟为最多。有人认为：殷商先民的主粮为粟（小米），周代的主粮为黍（黄米）。

《夏小正》记载了“种黍、糭（yōu）黍”。黍在《诗经》中出现的次数，亦占各种作物的首位。《礼记 · 月令》曰：“天子乃以雏尝黍。”《诗经 · 魏风 · 硕鼠》曰：“硕鼠硕鼠，无食我黍。”《论语 · 微子》曰：“止子路宿，杀鸡为黍而食之。”

在植物分类学上，粟与黍有区别：“粟”属禾本科的“狗尾草属”(Setaria)，学名 Setaria italica。“黍”属禾本科的“黍属”（Panicum），学名 Panicum miliaceum。两者是不同“属（genus）”的作物，“黍”的伴生杂草是狼尾草。但在栽培条件方面相似，地理分布主要在华北。

然而英语对于粟、黍均称“millet（小米）”，说明西方并不了解二者的区别，造成混淆。

黍、稷也同为“嘉谷”，但是黍与稷不同（稷是粟类的一种），不应混为一谈。[①]

黍的发源问题，较有争议，西方有学者认为在中亚及东地中海，考古最早出土的黍粒在希腊的 Argissa，时间距今 7950—6850 年。录此备考。[②]

H. “埶（艺）”的字源解读

甲骨文 （埶）= （生）+ （女人）+ （双手，捧着），本义为种植。

其中的 （执），表示一个人张开双手操作。

从甲骨文“埶黍稷”可看出，殷商时代农业种植一开始（造字初期）主要是女性从事的。

---

① 咎维廉：《正视我国古代的五谷》，载《农业考古》1982 年第 2 期。又见游修龄：《黍粟的发源及传播问题》，载《中国农史》1993 年第 3 期。杨晓燕等：《粟、黍和狗尾草的淀粉粒形态比较及其在植物考古研究中的意义》，载《第四纪研究》2005 年第 2 期。

②［美］J. M. Renfrew, 1969, *The archaeological evidence for the domestication of plants : methods and problems* 收入 *The Domestication and Exploitation of Plants and Animals* Edited by P. J. Ucko&G. W dimbleby, 1971.

有的金文 = （执，双手操作）+ （生）+ （中，草本），有的金文 = （执，双手操作）+ （木）+ （培土）。

《说文解字》曰："埶（艺），种也。从坴、丮，持亟种之。"《诗经》曰："我艺黍稷。"

《诗经·齐风·南山》曰："艺麻之如何？衡从其亩。"《诗经·唐风·鸨羽》曰："不能艺稷黍。"

《左传·昭公十六年》曰："艺山林也。"

I."来"的字源解读

"来"是"麦"的本字。

甲骨文 （来）= （禾）+ （叶子对生）+ （一撇，穗），像叶子对生 的麦子，顶部的一撇 像麦穗。有的甲骨文 略有变形，将中间一竖（麦茎） 穿透。本义为麦子，外来的禾作物。

金文 加 （彳，即"行"，迁移）、（止，"趾"），表示麦子由异域引进中原。

篆文 基本承续甲骨文字形 ，但误将对生的麦叶 写成 "从"。隶书 基本承续篆文字形。有的隶书 又将"从" 简化成两点一横 ，至此麦形完全消失。麦子是从西亚及南欧引进的作物品种，产量大大高于黍、粟等本土作物，古人将其命名为"来"——外来的作物。当"来"的"外来"本义消失后，甲骨文再加"夂" （倒写的"止"，脚，表示迁徙、引进）另造"麥（麦） "代替。

《说文解字》曰："来，周所受瑞麦来麰也。"《诗经·周颂·思文》曰："贻我来牟。"《诗经·周颂·臣工》曰："于皇来牟。"[①]

西亚先民早在公元前 9000—前 7000 年便种植小麦。此后逐步向中亚、东亚传播。在新疆孔雀河下游（1979 年发掘的）一批原始社会墓葬中，出土了大约 4000 年前的小麦籽粒；在甘肃民乐六坝乡东灰山遗址（1985 年发掘），又出土了 5000 年前的大粒型、普通型和小粒型的小麦数百粒。据此可知，在约公

① 罗琨：《甲骨文来字辨析》，载《中原文物》1990 年第 3 期。

元前 3000 年，华夏西部已开始种麦。而在青海、陕西、安徽、云南等地发现了属于公元前 2000—前 1000 年左右的麦粒、麦穗和麦草印迹；河南安阳殷墟妇好墓（公元前 1200 年，商王武丁的配偶）发掘时，在墓上墙泥中发现不少滑秸（麦秆）遗痕。这些出土文物，表明了由西向东传播的麦作种植发展史。

J.“麦”的字源解读

甲骨文 （麦）= （禾）+ （叶子对生）+ （表示麦穗一横）+ （夂，外）。

对于引进的作物“来”，甲骨文再加 （夂，倒写的“止”，表示外来）另造“麦 ”字加以区分。本义为从外域引进的作物。

金文 和篆文 承续甲骨文字形。隶书 将篆文的“来” 简写成“丰” 。俗体楷书 采用隶书字形。

《说文解字》曰:“麦，芒谷，秋种厚埋，故谓之麦。麦，金也。金王而生，火王而死。从来，有穗者；从夂。”《诗经 · 鄘风 · 桑中》曰:“爰采麦矣。”《诗经 · 鄘风 · 载驰》曰:“芃芃其麦。”①

K.“牟 · 麰（麳）”的字源解读

金文牟，假借字，通“麰（麳）” = + ，指大麦，或稞麦。牟麦（麳 ）也是由西亚传入华夏的，时代比小麦稍晚。《诗经 · 周颂 · 臣工》曰:“於皇来牟。”汉郑玄笺:“于美乎赤乌，以牟麦俱来。”明李时珍《本草纲目 · 谷一 · 大麦》释名:“牟麦之苗粒皆大于‘来’，故得‘大’名。牟亦‘大’也。通作麳。”集解引陶弘景曰:“今稞麦一名牟麦，似麦，惟皮薄尔。”牟麳，假借义指大麦。

牟 在牛 的头上加一短撇指事符号 ，原义为牛叫声；假借义为 麳 ，大麦。篆文 把短撇（指事符号） 写成 （厶，像牛鼻）。“牟”被假借为同音的“麳，或谋”，后人加“口”另造“哞”代替。《说文解字》曰:“牟，牛鸣也。”《说文解字》又曰:“来，周所受瑞麦‘来麳’也。”

L.“稻”的字源解读

甲骨文 （稻）= （簸箕）+ （米）+ （臼）。

---

① 陈文敏:《“麦”字本义与农业发源》，载《华夏文化》2009 年第 3 期。

有的甲骨文稻  = （用簸箕扬糠）+ （臼槽），或 （皿）+ （舂米的臼槽）+ （米糠）。本义为用臼舂米，用簸箕扬糠。

金文  = （舂米的臼）+ （米粒）+ （爪，舀）+ （扬糠）。本义为用臼舂米，从臼中舀出糠，让风吹走糠尘，留下大米粒。

有的金文  = （米）+ （爪，舀）+ （臼），本义为石臼舂出的米谷。

东汉《说文解字》曰："稻，稌（tú）也。从禾，舀声。"《周礼·职方氏》曰："其谷宜稻。"《诗经·小雅·白华》曰："浸彼稻田。"水稻较易脱粒（稻谷加工），用杵臼舂稻米，用簸箕扬弃外壳的糠皮。

先民收割时，往往连秆拔起，然后用手抓握在稻床（稻桶）上使劲掼打，使稻粒脱落在桶内或竹席上，南方农村长期采用此种方法。稻床（稻桶）、竹席等只能算是辅助性的脱粒农具。谷物脱粒后，还需将混杂在谷粒中的谷壳、茎叶碎片和尘屑等杂物清除，因此需要扬场工具，较早用簸箕或木锨簸扬，借风力吹掉杂物。

稻（Oryza sativa）是远古亚洲最早的栽培作物之一。中国分布有三种野生稻，其中"普稻"与亚洲栽培稻 (O. sativa L.) 具有共同的基因组。世界上栽培稻分属两个种，一种是"亚洲稻"，另一种是"非洲稻"。可见，"亚洲栽培稻"是由"普稻"基因变异而来。在世界农业史上，亚洲稻的重要性远大于非洲稻。亚洲稻，又分为糯米和粳米。

华夏南方是世界上稻作农业最早的发生地之一。1995 年在江西万年仙人洞和湖南道县玉蟾岩（蛤蟆洞）遗址，都发现了很可能是公元前 10000 年前后的稻谷花粉和硅酸体，玉蟾岩遗址还出土了几粒稻谷实物遗存。①

经过 2001 年两度发掘，萧山跨湖桥遗址被考古专家证实，碳 14 测定数据（树轮校正）时代为公元前 6000—前 5000 年，种植水稻比河姆渡早一千年；考古发现，距今 7000 年的河姆渡先民（公元前 4900—前 4000 年）开始种水稻，而马家浜一带，出土了同时期的稻作要素。有人认为：江浙的水稻是从鄱阳湖来的。

---

① 袁家荣：《玉蟾岩获水稻发源重要新物证》，载《中国文物报》1996 年 3 月 3 日。根据史前考古学研究和对古代植物遗存的分析鉴定成果，这是目前我国发现最早的稻作遗存，距今大约 10000 年左右。

在中原地区，水稻与粟、黍类作物，几乎同时见于七八千年前的裴李岗文化（公元前6000—前5000年）；其稻作农业的发生期，与长江中游大体同步。目前，河南考古发现的稻作遗存，主要见于裴李岗文化中的舞阳贾湖遗址。

贾湖稻作遗存有10枚稻壳印痕，以及1000多粒炭化稻米和水稻叶硅酸体等。有农业专家通过对贾湖遗址出土的较完整的43粒炭化米粒观察，认为贾湖古稻虽已初步驯化为栽培稻，但还与现代已彻底分化的栽培稻不同：贾湖古稻米比较原始，颗粒很小，是一种籼粳分化尚不明显，且含有野生稻特征的原始栽培稻。①

公元前5800—前4800年间，河南贾湖一带的环境适合稻作的栽培。淮河上游出现了野生稻，高于彭头山文化（公元前约6200—前5800年）的更原始稻作的水平。②

（三）甲骨文中呈现的脱粒加工农具

远古捣谷工具——杵臼起源很古，杵、臼二者往往配套使用。古代文献常将杵和臼连称。先民用来脱粒加工的主要农具是杵（木杵、石杵）和臼（土臼、木臼或石臼）等木石复合农具，而以木质农具为主。《易·系辞下》云神农氏"断木为杵，掘地为臼；杵臼之利，万民以济"，说的就是一对木杵和土臼。

A."杵"的字源解读

甲骨文"午"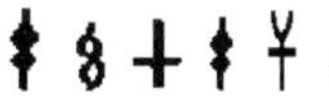，有多种写法、多重含义。

"午（wǔ）"与"杵（chǔ）"是同源字，远古同音。甲骨文（杵）= （左手）+ （午）+ （右手）；还有的甲骨文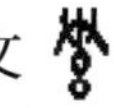（杵）= （左手）+ （午，木

① 河南省文物研究所：《舞阳贾湖遗址的试掘》，载《华夏考古》1988年第2期；河南省文物研究所：《河南舞阳贾湖遗址第2—6次发掘简报》，载《文物》1989年第1期。又见孔邵宸、刘长江、张居中：《河南舞阳县贾湖遗址八千年前水稻遗存的发现及其在环境考古学上的意义》，载《考古》1996年第12期。陈报章等：《舞阳贾湖新石器时代遗址炭化稻米的发现、形态学研究及意义》，载《中国水稻科学》1995年3期。

② 朱乃诚：《中国农作物栽培的发源和原始农业的兴起》，载《农业考古》2001年第3期；朱乃诚：《中国史前稻作农业概论》，载《农业考古》2005年第1期。

棒）+ （右手）。

《说文解字》曰："杵，舂杵也。从木午声。"注："舂捣粟，其器曰杵。"《礼记·杂记》曰："杵以梧。注：所以捣也。"《吕氏春秋》曰："赤冀作杵臼。"《世本·作》曰："雍父作臼、杵，舂也。"贾思勰《齐民要术》曰："择满臼，舂之而不碎。"

春秋时很多人名为"杵臼"（如晋国公孙杵臼），就是取"杵臼坚实不坏"的意思。

杵是舂谷物的木头棒槌。臼，甲骨文字形像舂谷物的器皿，中间的四点表示内有谷物。本义为中部下凹的舂谷子或捣物用的器具，多用木、石制成，中间凹下，样子跟盆相似。

杵还有一个重要的用途。在"版筑"这种传统土木施工法中，通过把土捣实，来修筑墙壁或打基础，而杵就是把土捣实的工具。许多古城墙，也多是采用"版筑法"修建。

浙江余姚河姆渡遗址（公元前4900—前3000年）出土了原始的木质农具——木杵。在河姆渡遗址发现的木杵较大，断面呈圆形，杵头粗大，长92厘米、头径8.8厘米、柄径5厘米。[①]

在湖南彭头山遗址（位于湖南澧县平原中部，约公元前6200—前5800年）出土了木杵，上有长柄、下有圆头。钱三漾遗址、临汾陶寺龙山文化期也发现了木杵。20世纪70年代末在山东滕县北辛文化遗址（约公元前5700年—前4700年）中出土了石杵。[②]

此外，在四川巫山大溪文化遗址、甘肃永靖县张家嘴遗址、临潼姜寨遗址也都出土了木杵或石杵。从大溪文化遗址发现的木杵印痕看，杵的两端为圆头，中部较粗，长约1.4米，形状和后来常见的木杵接近。

---

① 蔡保全：《河姆渡文化"耜耕农业"说质疑》，载《厦门大学学报（哲社版）》2006年第1期。又见汤圣祥等：《河姆渡碳化稻中普通野生稻谷粒的发现》，载《农业考古》1994年第3期；张文绪：《河姆渡—罗家角出土稻谷的外稃双峰乳突研究》，载《农业考古》1998年第1期。

② 中国社会科学院考古研究所山东队、山东省滕县博物馆：《山东滕县北辛遗址发掘报告》，《考古学报》1984年第2期，第174页。山东省文物管理处、济南市博物馆编：《大汶口——新石器时代墓葬发掘报告》，文物出版社1974年，第41页，图版29。

B.“臼”的字源解读

甲骨文字根  ，是独体象形字，表示“臼（jiù）”的不同发展阶段。甲骨文、金文 （臼）= ∪ +)(（齿状）。“臼”的图画表示 ∪ 形地穴，后来加工内壁有齿状槽纹。本义为舂磨谷子的地穴，古人掘地为臼，后来人们挖凿木、石为臼。臼中本来是粟米（谷子，即小米）。有的地穴挖凿成木臼、石臼，带有齿纹以增加摩擦力。篆文  变形，失去舂谷的特征。隶书  变形。《说文解字》曰:“臼，舂也。古者掘地为臼，其后穿木石。象形。中，米也。”

在木－石器时代早期遗址，发现有木杵、石杵，但没有发现“臼”，因此专家推断最初的臼确实为掘地而成：在地上挖一圆坑，夯实了，就成了臼。这是最原始的地臼。人类学调查表明：云南苦聪族人在屋角地上挖坑，以兽皮或旧布作垫，用木杵舂砸采集来的谷物。西盟佤族原先并没有木碓，只是在地上挖坑，用麻布或兽皮垫上，用木杵舂打谷物；也有用布将谷物包起来后，直接用木棍敲击的。云南景颇族就是将食品放在竹筒或杵臼内舂碎。

四川巫山大溪文化（公元前 4400—前 3300 年）遗址里，也发现了古籍中记载的这种地臼。它是一种呈锅底状的圆坑，坑壁坚硬光滑，在其附近还发现了木杵留下的痕迹。此外，在大溪文化的不少遗址里还出土了陶臼。1973 年在湖北宜都属大溪文化的红花套遗址，又发现两处保存较好的“地臼”遗迹，臼形为锅底状圆坑，以火烧硬，周壁坚硬光滑。一号地臼口径 44 厘米、深 29 厘米，东壁呈斜坡状；二号地臼口径 27 厘米、深 23 厘米。这是国内明确报道的地臼考古遗迹。在地臼的附近还发现了木杵的痕迹：长 140 厘米，中部较粗处直径 14 厘米。①

后来出现了木臼。海南岛黎族仍有人把带穗的旱稻放进木臼中，手持木杵舂打，脱粒与去壳同时进行。独龙族人和苦聪族人脱粒小米和稗子时，也是带穗舂的。《续修台湾府志》记载清代高山族这样加工谷物：“番无碾米之具，以大木为臼，直木为杵，带穗舂。”可见，将谷物脱粒与加工合为一的“带穗舂”，是相当原始的加工方法。

① 孟华平:《论大溪文化》，载《考古学报》1992 年第 4 期。

继木臼之后，大约在7000年前出现了石杵臼，加工谷物的工效当较木杵臼要高。商周时期，石杵臼仍然是主要的加工农具。杵臼一直使用到西汉才有了突破性创造，即发明了利用杠杆原理的踏碓，以及利用畜力、水力驱动的畜力碓和水碓。但是手工操作的杵臼并未消失，而是长期在农村使用。

臼不仅是粮食脱粒或粉碎的工具，还用来研磨颜料，前者尺寸较大而后者较小。陕西历史博物馆展出有临潼姜寨遗址出土的臼与杵，以及出土时还留存的颜料块。仰韶文化的标志彩陶，由臼与杵研磨颜料来作彩绘。由于杵臼效率比较高，逐渐取代了石磨盘的碾磨法，成为当时最重要的粮食加工器具。远古生产力低下，农耕技术也有限，主要的作物是粟、稷、黍等，因它们对环境要求不高，生长期较短，容易避过水旱灾害，加工谷粒主要是为了脱壳和碾米，因此，木杵和石臼组成的木石复合农具——“杵臼”配套使用就很相宜。

C.“舂”的字源解读

甲骨文 （舂）= （左手）+ （杵棒）+ （右手）+ （臼）。本义为左右两手持木杵捣石臼，使谷物脱皮去壳。也有的舂 = （左手）+ （杵棒）+ （右手）+ （臼），将杵棒 写成 ，将 写成“臼” 。金文、篆文 ，隶书变形，将 写成 ， 写成 。《说文解字》曰:“舂，捣粟也。从廾持杵临臼上。午，杵省也。古者雍父初作舂。”可见“舂”的原始意义是捣粟（小米），起初还不是“舂稻谷（大米）”，后来才转义为“舂稻谷（大米）”。“舂”像人在石臼上方手持杵棒。午，是“杵”的省略。传说远古的雍父最早发明了舂捣技术。

D.“舀、稻”的字源解读

甲骨文、金文 （舀）= （爪，抓、掏）+ （石臼），本义为从石臼中掏出舂好的谷物（稻米）。篆文 将金文的 （爪，抓）写成 。隶书 将篆文的爪 写成 ，将臼 写成 。

《说文解字》曰:“舀，抒臼也。从爪、臼。”《诗经·大雅·生民》曰:“或簸或舀。”《说文解字》曰:“稻，稌也。从禾，舀声。”说明甲骨文中“稻”字的读音为舀（上古音）。《周礼·职方氏》曰:“其谷宜稻。”这时才将“大米”称为“稻”。由此可见：粟（小米）是黄河流域土生土长的，“稻（大米）”是后来才从长江流域传播到黄河流域（如河南裴李岗文化的舞阳贾湖），而黄淮地带成了粟稻交汇的过渡区，构成“粟稻交错”的格局。

E.“臿、插”的字源解读

甲骨文臿 =（直棍）+（臼），金文 =（手）+（午，杵棒）+（臼），本义为用杵棒使谷物在石臼里脱去皮壳，意同“舂”。最早的臿（插）为木制，一器多用，亦可用于水利和灌溉的开筑。它还有一个很重要的含义：“从臼，从干，干所以臼之。与舂同意。”《说文解字》曰：“臿，舂去麦皮也。从臼、干所以臿之。”又曰：“插，刺肉也。”引申为舂捣。浙江余姚河姆渡遗址出土了原始农具骨臿和木臿（铲）。

F.“秦”的字源解读

甲骨文秦 =（左手）+（右手）+（杵）+（禾）+（禾），上部是双手持杵、，下部是成堆稻谷，本义为打谷脱粒。

金文、承续甲骨文字形。篆文将金文字形中的简化成。隶书将篆文字形中的（双手持杵）写成。《说文解字》：“秦，伯益之后所封国，地宜禾。从禾，舂省。一曰秦，禾名。”“秦”本义同“舂”，后来用作地名、国名，其地适宜种植禾谷。

G.“弗、栤”的字源解读

甲骨文弗、栤 =（绳）+（木条、竖画）。独体象形字，用绳子捆绑木条。有两竖画的，也有三竖画的，其横画可以是平直的，也可以是斜的、作缠绕状。本义为连枷，脱粒用的农具。

文献记载最早见于《国语・齐语》：“今农夫群萃而州处，察其四时，权节其用，耒耜耞（jiā）芟。”韦昭注：“耞，栤（fú）也，所以击草（禾）也。”《释名・释用器》曰：“枷，加也，加杖于柄头以挝穗，而出其谷也。或曰罗枷三杖而用之也。”《说文・木部》曰：“栤，击禾连枷也。”《方言・第五》曰：“佥，自关而西谓之棓，或谓之栤。”郭璞注：“今连枷，所以打谷者。”

先民采集谷穗的原始阶段，使用树枝敲打禾秸谷穗使之脱粒。连枷是从敲打谷穗的木棍发展而来。原为手工脱粒的农具，最初由两根木棍（或竹竿）组成，即在长杆一端系上回转的短杆，连续扑打谷穗使之脱粒。后来改进为由一个长木柄和一组并排的木条或竹条（敲杆）组成，用来拍打谷物、豆子、芝麻等，使籽粒掉下来。它也被称为“梿枷”，工作时上下挥动长木柄，使敲杆绕轴转动，敲打谷穗使表皮脱落。

人类学调查表明：如今一些少数民族仍然使用几千年来传统的木制连枷作为稻谷或稗籽的打场脱粒农具。如黑龙江的柯尔克孜族，收割后用连枷打场，挖地窖存粮。青藏高原的撒拉族迄今仍使用连枷，还保留着原生态舞蹈《连枷舞》的传承。[①]

云南泸沽湖畔的摩梭人，迄今还保留着“挥动连枷打稻谷，合着连枷节拍唱歌”的习俗。[②]贵州土家族收获时还使用连枷，保留着收获节的“连枷舞”。[③]

H.“康、穅”的字源解读

甲骨文穅（糠） = （斗）+ （用、桶）+ （米），有的甲骨文穅（糠） = （又，双手）+ （用、桶）+ （米），又有甲骨文 = （斗）+ （用、桶）+ （米）。

《说文解字》曰：“穅（糠），谷皮也。从禾，从米，庚声。康，穅（糠）或省。”

I.“其、箕”的字源解读

甲骨文其、箕 = （口，盛器）+ （盘子）+ （竹），有的甲骨文其、箕 = （口，盛器）+ （象形丌）+ （手柄）。

“其”是“箕”的本字，像竹篾编制的簸箕。《说文解字》曰：“箕，簸也。从竹，象形；下其丌也。”古人收获谷物后，用簸箕簸扬，借风力吹掉杂物。

J.“穀（谷）”的字源解读

金文穀（谷） = （生，庄稼生长）+ （倒写的“口”，表示打谷场上防止谷粒飞溅的扣罩）+ （禾，成熟的穗子）+ （攴，击打）。本义为耕种庄稼，收割脱粒。篆文 承续金文字形。隶化后，楷书“穀”误将“生” 写成“士”，误将倒写的“口” 写成“冖”。

① 引自网络文献：撒拉族原生态舞蹈《连枷舞》，2013年9月6日。

② 关纪新：《中国少数民族文学大观》，《民族文学研究》编辑部中国民族文学网2008年5月19日。

③ 金黔在线记者：《土家族连枷》，载《贵州日报》2014年4月11日。

《说文解字》曰:“穀（谷），续也，百谷之总名。从禾， 声。”由此看来“穀”的原义是“继续”，即用新谷接续旧谷，谷是百谷庄稼的总名。

［附·辨义］本字“谷”，甲骨文谷  = （水从山坡向下淌）+ （口，山口），本义为山涧水汇集的洼地。金文、篆文  承续甲骨文字形。作为农作物的“穀”产于河谷，因此古人借“谷”为“穀”。《说文解字》曰:“谷，泉出通川为谷。从水半见，出于口。”泉水汇入河川，群山夹水的地形称作“谷”。字形采用“水”作边旁，像河水半隐半现地出于山口。假借字“穀”。

K.“粮”的字源解读

金文粮  = （量，估测）+ （米，谷物）。本义为朝廷衡量官吏的功劳，作为薪俸发给谷物。篆文  将金文的上下结构调整左右结构。简体隶书  用同音的“良”  代替“量” 。《说文解字》曰:“糧（粮），穀也。从米，量声。”

（四）两河流域、埃及与华夏远古脱粒农具的比较

史前先民，从“农业革命”以前的采集经济开始，先后使用过三大类加工谷物的农具：石磨盘磨棒、木石复合杵臼和木制连枷。

远古的石磨盘、磨棒

采集野生谷籽或收获初期点种的谷物，大多是摘取或割取谷穗。在世界古代文化或近代一些部族中，常使用石磨盘、磨棒将采集物脱粒或磨碎为食。

例如：在上埃及的卡邦尼亚、伊斯那（Upper Egypt Amedeo Carboni sub，Eisner）、库姆温布（Temple of Kom Ombo），努比亚（Nubia）图什卡等遗址，年代约在公元前 16000—前 9000 年之间，都有磨盘和石镰之类的工具出现。

北美沙漠文化（公元前 7000—前 5000 年）时期，先民过着采集野生植

物食料的采猎生活，几乎没有农业，碾碎果实和植物种子用磨石磨盘，不会制陶，以筐盛物。北美科奇斯文化（公元前7500—前5000年）介于狩猎和农业文化之间，先民用平板砂石做磨盘。

图9-1 古代北非使用石磨盘
（源自利普斯《事物起源》）

日本绳纹文化（公元前10000—前3000年）时期是采集经济，以植物性食物为主，用磨盘和磨棒碾磨种子和薯类液汁来吃。中亚额尔齐斯河上的克捷米纳尔文化（公元前10000—前8000年）时期，以畜牧为主，出现燧石刀和磨盘。中东的纳吐夫（Natufian）文化时期，先民过采集生活，也用磨盘和磨棒。有名的耶莫文化（Jarmo Site，约公元前7000—前5800年）中，也有同类发现。这说明石磨盘、磨棒这类工具，起初主要是采集经济时期的生活用具。

居住在美国科罗拉多大峡谷里的印第安人，靠采集野果生活，也开始种植一些粮食作物。他们把向日葵和多种草本植物的谷籽带回营地后，把壳簸掉，将谷籽烤熟，然后用一块大石板做磨，用石磨将谷籽碾磨成粉末，并用这种粉末做饼或熬粥食用。①

20世纪七八十年代，裴李岗文化和磁山文化遗址出土或采集了大量的石磨盘、磨棒。常见的石磨盘，砂岩面，较平的鞋底形；磨棒则作长条圆形，或一面扁平。在北京东胡林、浙江小黄山等遗址，也有石磨盘、磨棒出土。

在史前极为简陋的石器工具条件下，一副磨棒、磨盘，要兼顾脱粒、脱壳、磨粉的任务。这是原始的粮食加工方式。②

---

①［美］韦斯利·鲍威尔（Jonh Wesley Powell）原著，雷立美译：《科罗拉多河探险记（*The Exploration of The Colorado River and Its Canyons*）》，花城出版社2007年，第38页。

②《神秘的石磨盘》，中央电视台科教频道《探索·发现》栏目2009年6月2日–4日播出，又见《合肥晚报》2009年6月2日。

图 9-2 华夏古代石磨盘

1978 年，中国社科院考古所实验室对裴李岗 - 磁山文化遗址的木炭标本进行放射性碳素测定，结果为：年代为距今 7885 年 ±480 年。早期谷物栽培（农业）的初级阶段，广谱经济（Broad-spectrum economy）仍然占有优势。[①]

刘莉等人的研究认为，木 - 石器时代晚期出土的石磨盘、磨棒，很可能跟加工粮食没有多少关系，而主要是加工坚果的工具。她根据淀粉粒分析和石器微痕的方法，对莪沟和石固遗址的磨盘等进行研究，认为它主要是加工橡子，还有很少部分的山药（Dioscorea opposita）、粟和黍等。[②]

中国科学技术大学张永辉的硕士论文，对裴李岗文化中比较有代表性的新郑裴李岗遗址、沙窝李遗址、岗时遗址、密县莪沟遗址、长葛石固遗址的 15 个石磨盘，进行了取样分析，结果显示："15 个石磨盘上共发现了 1800 多颗淀粉粒，可鉴定淀粉粒中比例最多的是橡子，占总数的 42. 80%，其次是小麦族（23. 89%）、粟黍或薏苡属（15. 15%）、根茎类（0. 27%）等。此外，还有一部分淀粉粒无法鉴定。"

他的研究结果表明：（1）裴李岗文化遗址的石磨盘的功能具有多样性；（2）野

---

① 刘莉、陈星灿、赵昊：《河南孟津寨根、班沟出土裴李岗晚期石磨盘功能分析》，载《中原文物》2013 年第 5 期。

② Liu Li（刘莉）: Judith Field, Richard Fullagar, et al. *What did grinding stones grind? New light on Early Neolithic subsistence economy in the Middle Yellow River Valley, China.* Antiquity, 2010,（9）: 816–833 又见 Liu Li（刘莉）, Judith Field, Alison Weisskopf, et al. The *Exploitation of Acorn and Rice in Early Holocene Lower Yangzi River, China.* Acta Anthropologica Sinica，2010，29（3）: 317–336

生橡子是当时先民的重要植物性食物来源之一。[①]

近年来，随着考古资料的积累，又发现广谱经济即混合经济一直延续，与史前栽培的稻作农业长期共存。木－石器时代晚期，由于人地关系不断紧张，采集自然食物的来源日趋减少。此时，早期农业的耒耜、舂弗、杵臼等复合农具得到大幅度改进，于是广谱经济即混合经济状态的原有地位才最终被驯化的粟、稻等作物取代。[②]

过去学者们往往把"狩猎采集"和"农耕种植业"划分成两种对立的生计形态，非此即彼。而实际上，先民社群的许多经济系统，恰恰处于"亦此亦彼"的两者之间的广谱经济或混合经济。例如，裴李岗时期的采集渔猎经济，在裴李岗先民的生产活动中，还占有非常重要的地位。在河南贾湖遗址（公元前7000—前5700年）出土的生产工具中，狩猎工具占一半，捕捞工具占一半，农具仅占四分之一。

河姆渡遗址（公元前4900—前4000年）经济形态以采集—渔猎为主，渔捞和稻作农耕为辅，多种经济并存，稻作至多仅占经济比例的四分之一。当时虽已初步进入农耕社会，但还处在农业革命的初级阶段、过渡时期。

以上分析也说明：从采集渔猎方式到原始农业革命，有一个漫长的转变过程，可能历时千年，其间出现混合经济状态。相应地，从采集用具到原始农具，也有一个漫长的转变过程。

从远古的石磨盘到旋转手磨器的发展

古苏美尔、古埃及的先民，种植小麦、大麦，脱粒磨粉后烤饼或烤制发酵的面包（用烤炉作炊具），用手直接拿着吃，称为"粉食性"的主食品。

古华夏的小米、大米等，脱粒脱壳后并不磨碎，是加水整粒煮（用鬲作锅）或者蒸，颗粒性的主食并不用手拿，而是盛在碗里用勺取用（殷商甲骨文无

---

① 张永辉：《裴李岗文化植物类食物加工工具表面淀粉粒研究》，载《中国科学技术大学硕士学位论文集》，2011年第5集。

② 裴安平：《史前广谱经济与稻作农业》，载《中国农史》2008年第2期。

"筷"字而有"勺"字），称为"粒食性"的主食品。

必须说明，在殷商甲骨文中，"亯"是最早表示"蒸煮食物"的字，而"煮、蒸"的原始本字，是"者、烝、曾"。

A."亯"的字源解读

甲骨文亯，义为蒸煮食物，有的还要表示在吊锅（豆）下面架火。甲骨文亯  = （豆）+ （火）+ （蒸汽），或作  = （豆）+ （火）+ （蒸汽）+ （悬挂）。

B."者"的字源解读

"者"是"煮"的本字。甲骨文者  = （木）+ （小火星）+ （火），或作  = （像木柴着火）+ （火），表示煮食。

C."烝"的字源解读

"烝"是"蒸"的本字。甲骨文烝  = （粟籽）+ （蒸汽）+ （炊具），表示将米粒蒸熟。有的金文  = （粟籽）+ （蒸汽）+ （蒸笼）+ （火）。

D."曾"的字源解读

甲骨文曾  = （蒸汽）+ （锅、垫圈）。金文  = （蒸汽）+ （锅、垫圈）+ （锅）。加一横指事，表示锅中有水。

古苏美尔、古埃及（西亚北非）和华夏（东亚）的两种不同的炊制方式和进餐方式，无论"粉食性"还是"粒食性"，从农田收割后，都要上场脱粒。然后，粒食性粮食需要脱壳，而粉食性谷物需要磨面。手磨棒配合磨石板（磨石盘），成为脱壳或者磨粉的最古老工具。

古埃及许多墓室发掘出来的雕像，表现了妇女在作坊中碾压谷子或过滤面粉。有些陶俑器的形象，表现妇女跪地、双手压住磨棒，在石磨盘上压碎麦粒。①

另一些古埃及的雕像里，妇女跪着用磨棒在马鞍型的磨板上碾压谷物，磨制麦面，以备制面包和酿酒。②

---

①［英］海伦·斯特拉德威克（Helen Stradwake）编，刘雪婷等译:《古埃及百科全书》，上海科技文献出版社 2008 年。第 372 页；第 393 页，木刈割下麦穗头浮雕；第 408 页说明文字："许多墓室发掘的雕像表现女人在作坊中碾压谷物或过滤面粉。"

②［美］琳达·怀特（Linda White）: *Pockets_Ancient Egypt.* DK Publtion, New York, 2003. 第 31 页，马鞍型的磨盘碾麦。

在纽约大都会博物馆里，有一组古埃及墓葬出土的古代面包作坊男女陶俑，展示了从揉面团到烤制面包的过程，且有书记员记录工作状况的场景，如实表现了古埃及的烤制面包流程。

古埃及尼罗河流域已进入农耕文明，不仅限于采集阶段才使用石磨盘磨棒。

旋转式石磨或石碾，是后世出现的粮食脱壳磨粉机械。最早的旋转式石磨出现于何时何地，目前还未见确切的考古报道。在古埃及的壁画和雕塑遗物里还没有见到旋转式石磨。

英国简·麦金托什（Jane McIntosh）在《探寻史前欧洲文明》一书里，对于史前石棒磨到后世旋转石磨的进展，有一段重要叙述："在史前欧洲大部分地区，一般以坚石手磨器和研磨棒磨制小麦，手磨器的外形有椭圆形与矩形，中间凹陷呈鞍形。至公元前 4 世纪，旋转手磨器投入使用。此类工具有一个固定的磨石底盘，上面是旋转的磨石。上面的磨石中间有一个洞，其作用为一个向下漏斗，碾磨时可使谷物慢慢流下。另外磨石底盘上有一部分被挖去，其作用为一出口，磨好的面从该地流出。磨石上还有一个小孔用来装旋转手柄。"①

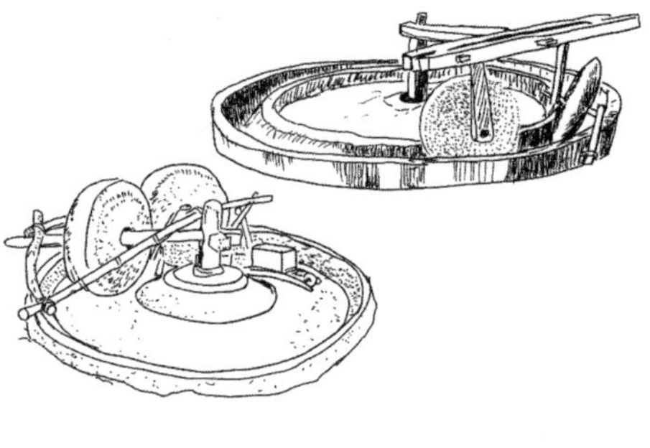
图 9-3　华夏古代的旋转石碾

世界性的复合工具杵臼

两河流域北部山地，是西亚大麦和小麦的原生带。远古最早的"农业革命""旱粮文化"，首先发生在这里的萨威克米·沙尼达（Zawi Chemi · Shanidar）文化遗址和卡里木·沙希尔文化遗址（在今伊拉克北部）。经碳 14 测定，时间在公元前 8900±300 年。

萨威克米在沙尼达（Shanidar）东南约 4 千米处，是个原始村落，其文化

① [英] 简·麦金托什 (Jane McIntosh) 著，刘衍钢译：《探寻史前欧洲文明》，商务印书馆 2010 年，第 542 页，石棒磨与旋转石磨。

遗址分为上下两层，其文化特征与沙尼达属于同一类型。[①]

特别重要的是在这一时期出现了复合工具杵臼等。

萨威克米·沙尼达是半定居的公社，在遗址中发掘出土了数以百计的研磨器、杵臼等。当时正处于采集—狩猎转化为农耕畜牧的过渡阶段。

图 9-4　非洲班图人用杵臼舂面做面团（源自利普斯《事物起源》）

卡里木·沙希尔文化遗址位于耶莫（Jarmo Site，约公元前 7000—前 5800 年）遗址的东北约 2 千米处，也是一个公社居址，发掘出的脱粒农具有磨石、杵臼等。

德国人类学家利普斯（Julius E. Lips，1895—1950）在《事物的起源》一书中，以图片描绘了非洲南部班图人使用杵臼舂麦子、加工面粉和揉面团的情景。[②]

史前的杵臼，发展出两种结构形式。一种为“直杆式杵”，两端是较粗的圆形杵头，中间手握部分稍细，便于人手拿握，木杵长度约 1.4 米。在大溪文化的不少遗址中，还出土了陶臼以及卵石做成的石杵。另一种为“丁字形”杵头，与手把构成丁字形，可以用脚踏杠杆一端，抬起另一端的丁字杵头，冲击石臼。后世水碓使用的杠杆式杵头，也由这种“丁字形杵”发展而来。

地臼的加工制作简易方便，容易被先民发明创造出来。受到地臼的启示，进而发展到使用石臼和木臼。最初的石臼会借助天然的石窝，在人的体力可胜任时，加大杵头的重量，并由石臼、石杵进一步发展出机械式的脚踏碓、水碓。我国在汉代发明了水碓。在唐代，浙东山区已有了使用滚筒式水碓的记载，一直使用到 20 世纪。

①［伊］素勒基（Suliki）：《北伊拉克沙尼达谷地的史前史》（*Prehistoryin Shanidar Valley, Northcrn Iraq*），《科学》第 139 卷（1963 年），第 179—193 页。

②［德］利普斯（Julius E. Lips）著：《事物的起源》，汪宁生译，贵州教育出版社 2010 年，中译本第 117 页。

广泛分布于两河流域、埃及与华夏的连枷

从采集时期以来，最原始的脱粒方法，是用手直接捋取禾穗上的谷粒，或者用手搓磨谷穗使之脱粒；也可用手抓握禾穗摔打，使之掉粒。稍后，人们使用木棍敲打谷穗使之脱粒，这木棍就是最早的脱粒农具，后来发展为连枷（flail）。

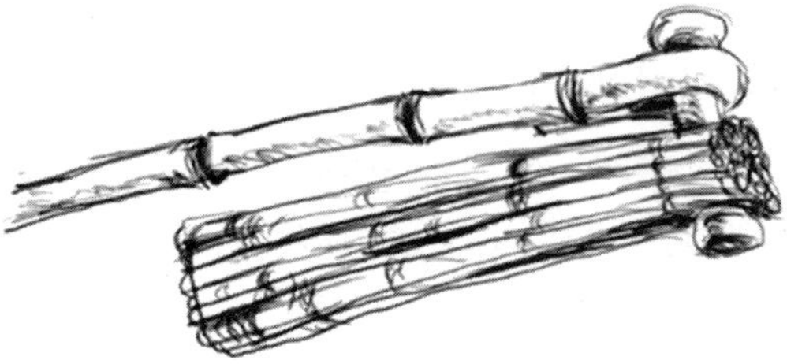

图 9-5　华夏古代脱粒用的连枷

据记载，这种连枷由一个长木柄和安在柄端上稍短的、能自由摇动的棍棒组成（有人译为双节棍、三节棍，不妥）。可见，其结构与华夏的“拂”类似。

连枷为木制（南方也有用竹子制作的），不易保存，在考古发掘中难以发现实物，只能在一些壁画上见到它的形象。如甘肃嘉峪关壁画中的“打连枷图”，敦煌莫高窟壁画中也有许多打连枷的场面（如 445 窟、205 窟等）。

图 9-6　古埃及法老的权杖——连枷

图 9-7　古代的农具连枷

两河流域早期也出现了脱粒农具连枷。更幸运的是，早在公元前 2500 年的古埃及壁画和塑像中，保存了许多连枷的纪实图像。大金字塔的建造者胡夫法老，其雕像手执的连枷，即王权的象征。法老手中的连枷，最常见的为三叉，又译为“三节棍”。此外，一些神祇的壁画、塑像，也手持权杖——连枷。这种谷

物脱粒的农具连枷，在古埃及衍生为表示最高权力的象征物。[①]

因为谷物脱粒之后，便会集中管制起来，从农田种植到粮食加工与管制，最后法老控制了粮食，也就控制了社会。从这个意义上可以说，连枷演化为“王权”的象征之一。

公元前 4000 年左右，“农业革命”从西亚经过地中海沿岸的东欧传到西欧。据记载，欧洲早期的耕种农具主要是木制的，用木石复合工具收割庄稼，用木质连枷脱粒。毫无疑问，这些农具是由西亚——埃及——希腊罗马传输过去的。[②]

---

① 胡夫手执连枷的雕像及说明文字，见于［英］海伦·斯特拉德威克（Helen Stradwake）主编、刘雪婷等译:《古埃及百科全书》(*Encyclopeidia of Ancient Egypt*)，上海科学技术文献出版社 2008 年，第 33 页（胡夫，公元前 2589—前 2566 年）。神和法老手执连枷的形象，可参看第 108 页（法老拉姆西斯）117 页（冥神欧西里斯）、118 页（冥神欧西里斯）、123 页（女神伊西斯）、134 页（孟菲斯主神布塔）、139 页（米恩神）、161 页（冥神欧西里斯）、162 页（女法老哈塞普苏）。

②［法］德尼兹·阿德伯（J.Aldebert）等著，蔡鸿滨等译:《欧洲史》，中译本第 28—30 页，海南出版社 2007 年。

野蛮社会、农业革命和三分期理论的修正

【提要】农业革命是文明之母，而在“新石器”与“农业革命”两个不同的重大事件之间，并没有必然的相关性。历史考古的实践表明：原始农具的主体并不是石器，而是木质农具或木石复合农具；农业发源地古埃及、古欧洲及古华夏的原始农业都以木质农具为主，古华夏的主要农具是木制的耒、耜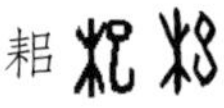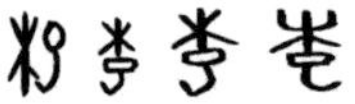和臿等。“石器时代”学说暴露了严重缺陷。必须认识到：史前几乎所有的文明要素，如弓箭的发明、农耕和家畜饲养业的出现、母系社会向父系社会的转化、陶器的发明、定居生活等，都是在“木石复合工具时期”奠定的。“木 - 石器时代（Wood-Stone Age）”至少可以分为 5 个时期：（1）木器与石器混合使用的时期（Wood and Tone Period），相当于摩尔根《古代社会》中所说的初级蒙昧社会。（2）简单的木－石结合时期（Simple Wood-stone Period），先民使用绳索捆绑或胶结的木石长矛、木石投枪等木－石结合工

具，相当于摩尔根《古代社会》中所说的中级蒙昧社会。（3）木石复合工具时期（Wood- Stone Composite Tool Period），即弓矢阶段（Bow and arrow Period），相当于摩尔根《古代社会》中所说的高级蒙昧社会。（4）复杂的木石工具时期（Complex Wood-stone Tools Period），相当于摩尔根《古代社会》中所说的初级半开化社会以及“早期智人”阶段。（5）综合的木石工具时期（Comprehensive Wood-stone Tools Period），相当于摩尔根《古代社会》中所说的中高级半开化社会以及“后期智人”阶段。这一时期，以木制为主的车辆、舟船、纺织业、捕鱼业、农具等，都雄辩地证实了：复合工具以木制为主的成分，在许多方面高于石、铜为主的成分。由此，必须加强“木石复合工具（Composite tool）时期”的研究。

（一）三分期理论的来龙去脉

现代考古学创始人丹麦汤姆森（Thomsen, C. J. 1788—1865）的三分期说于 1848 年被译成英文出版后，对欧洲考古学的发展影响巨大。英国丹尼尔·威尔逊的《苏格兰考古及史前学年鉴》（1851）首度使用“史前（Pre-history）”一词。

时隔半个世纪，1901 年术语“史前”传入中国。受西方史学思想的影响，梁启超首倡“新史学”，激烈批判中国传统史学，并拟撰写一部新的中国通史。在 1901 至 1902 年梁启超编的《中国史叙论》第五节“有史以前之时代”中，即介绍了当时正在欧洲臻于成熟的考古学理论——汤姆森的三分期说。梁启超写道：“1847 年以来，欧洲考古学会专派人发掘地中遗物，于是有史以前之古物学遂成为一学派。近所订定而公认者，有所谓史前三期：其一石刀期，其二铜刀期，其三铁刀期。而石刀期又分为新旧两期，此进化之一定阶段也。虽各地长短久暂，诸地不同，然其次第则一定也。”梁启超将石器、铜器、铁器三时代理论与中国古代神话传说相比附：“中国虽学术未盛，在下之层石未经发现，然物质上之公例，无论何地，皆不可逃者也。故以此学说为比例，以考中国史前之史，决不为过。据此种学者所称旧新石刀两期，其所历年代最绵远，其时无家畜、无陶器、无农产业，中国当黄帝以前。神农已作耒耜，蚩尤已为弓矢，其已经过石器时代，交入铜器时代之证据甚多，然则人类之起，遐哉邈乎，远在洪水之前者断然也。”[①] 梁启超相当全面地了解西方现代考古学的成果，但是他对于中国史前史尚缺乏正确的科学的理解。此后，留日返国的汪荣宝（1878—1933）著有《史学概论》，将“史前”这一概念确定为“书契之前”“书契之后”之分水岭。汪荣宝是把“考古学”一词介绍到中国的第一人。

英国考古学家卢伯克（Sir J. Lubbock，1834—1913）在《史前时代》一书中，依据考古发掘显示的石器制作方法的演变，进一步把石器时代细分为旧石器时期和新石器时期两个阶段，他首先提出“新石器时期（Neolithic Period）”这一范畴，指石器时代的最后一个阶段，以使用磨制石器（polished stone tool）为标志，跟使用打制石器为标志的“旧石器时期（Palaeolithic Period）”相区别。[②]

此外，法国考古学家莫尔蒂耶（G. de Mortillet 1821—1898，又译为莫尔提埃）等，将石器时代再划为早、中、晚几个阶段，又详分为四期，后来又改为五期或六期。学术界还有人提出了中石器时期、细石器时期等概念。百年来，各国学者曾作出许多修正，层出不穷，多有相互矛盾之处。

国际学术界对于“三分期理论”多次提出批评和建议

对于“三分期理论”，国际学术界多次提出批评、质疑和建议。美国学者摩尔根率先在《古代社会》一书中，对于“石器—青铜器—铁器三分期”提出尖锐的批评，主张“三分期理论”必须修正，提出与此不同的、更进一步的分期法。半个世纪以后，考古学家柴尔德和布雷伍德阐述了“农业革命”的观点。学术界公认：农业革命是文明之母。

摩尔根在《古代社会》一书中对于“石器—青铜器—铁器三分期”提出尖

---

① 梁启超：《饮冰室合集》第一册，第 96 页，中华书局 1989 年。

② [英] 卢伯克（John Lubbock）: *Pri-Historic Times*(《史前时代》), *as Illstrated by Ancient Remains and the Manners and Customs of Modern Savages.* London: Williams and Norgat. P. 416. 转引自 M. Harris 1968 *The Rise of the Anthropological Theory –A History of Theories of Culture.* Harger and Row, Publishers. P P. 151–152.

锐批评，他指出："丹麦考古学者提出'石器时代''青铜时代'和'铁器时代'等名称；……但由于知识的进步，就必须提出与此不同的、更进一步的分期法了。"①

摩尔根认为："三分期理论"的缺陷就是片面性和自相矛盾。他指出：人类经历了天然食物、鱼类食物、淀粉食物、肉类和乳类食物，最后通过田野农业获得有保障的食物等五个阶段，与这些物质方面进步相伴随的，是人类技术发明和社会制度的演化，而"石器时代"并不能全面概括这样的演化规律。摩尔根提出了著名的"原始社会分期理论"，并指出划分每一个阶段的具体标志，就是生产技术和工具的发明与发现。因此，摩尔根主张"三分期理论"必须修正，提出更进一步的分期法。他认为，原始社会分期大纲如下：

蒙昧时代（stage of savagery）。初级蒙昧社会：以野果和坚果为食物，这时期原始人通常不是肉食的猎人，而是被猛兽捕猎的目标；中级蒙昧社会：食用鱼类和使用火；高级蒙昧社会：发明了弓箭，促进狩猎。但摩尔根对于"蒙昧时代"的叙述很少。

半开化（或译为**野蛮**）时代（stage of barbarism）。初级半开化（野蛮）社会：陶器制作技术的产生；中级半开化（野蛮）社会：东半球始于动物的驯养，西半球始于用灌溉法种植玉米（原始农牧业）和使用土坯、石头来建造房屋（定居）；高级半开化（野蛮）社会：冶铁术的发明和铁器的使用。摩尔根提出的分期法，并没有把青铜器时代列为一种分界线，而是注重冶铁术的发明和铁器的使用。野蛮时代基本上是原始氏族社会成长、发展，直到鼎盛的时期。

文明时代（stage of civilization）。文明社会：标音文字的发明和使用，以及城市建筑。

值得注意的是：摩尔根的《古代社会》将"高级蒙昧社会"的特点定位于发明"弓箭"（并非单纯石器，而是木石复合工具 Wood-Stone Composite Tool）；接着将"初级半开化（野蛮）社会"的特点定位于"陶器制作技术"（略去了"青铜器时代"）；又将"中级半开化（野蛮）社会"的特点定位于"农

---

①［美］摩尔根（Morgan L.H.）：《古代社会》（作于 1877 年），杨东莼等新译本，第 8—9 页，商务印书馆 1977 年。

业”和“建造房屋（定居）”，将“文明社会”的特点定位于“标音文字的发明和使用以及城市建筑”。摩尔根经过多年深思熟虑才发表的这些明智观点，已包含了对于“石器时代片面性”的质疑，并预见到了（或感觉到了）原始社会“木石复合工具”的重要性、“陶器制作技术”的重要性、“农业生产”的重要性以及“定居生活”的重要性。由此，摩尔根以史前考古的四个重要发现（复合工具、陶器技术、农业生产、定居生活），试图弥补“三分期理论”的片面性缺陷。

马克思晚年仔细阅读《古代社会》，几乎逐篇记了笔记并加以评论。恩格斯在摩尔根的研究基础上写了著名的《家庭、私有制和国家的起源》一书。

半个世纪以后，澳裔英籍考古学家柴尔德（Vere Gordon Childe，1892—1957）也产生了进一步的观点。柴尔德在《人类创造了自身》一书中提出，农业的发明和家畜的饲养是人类发展历史上的一次“食物生产革命”（即所谓“新石器时期革命”），为日后农耕、家畜饲养和文明起源问题的研究奠定了理论基础。他认为，由农耕、畜牧而达到食物生产，是人类自掌握用火以来历史上一次“最伟大的经济革命”，这种革命唯有近代的工业革命可相比拟。①

由于他的开创性贡献，柴尔德被公认为20世纪前期最有成就的史前考古学家。

而美国考古学家布雷伍德（Robert J. Braidwood）又把“食物生产革命”和“新石器时期革命”概括为“农业革命”。他在《农业革命》（The Agricultural Revolution，1960）一文中写道：“可能在50000年前，现代体型的人类出现了。这和第一次出现的新型工具同时，即石叶工具，使用的质量较高，制作又精巧。新型的人使用新的工具，就能从事更有系统的食物收集，进行更有组织地猎获大兽，以代替前人的单纯采集和吃食腐肉。过了一些时候，人口增加了，人类能够适应形形色色的环境，不论是热带丛林，还是北极苔原。大概在30000年前，他们扩展到新世界。人类的公社对其不同的环境作有效的适应，就使文化发生更复杂的变异。最后，在11000年前和9000年前间，这些

---

①［英］柴尔德（Childe V.G.）：《远古东方之新探索》（*New Light on the Most Ancient East*），1928年初版，1954年再版，第23页。又见《人类创造了自己》（*Man Creates Himself*），中译本名《远古文化史》，上海三联书店，1954年，第64页。

公社有的就来到了食物生产阶段的门口了。”①

木－石器时代至少可以分为5个时期

本书作者认为，在“新石器”与“农业革命”两个不同的重大事件之间，并没有必然的相关性。“石器时代”学说暴露了严重缺陷。必须认识到：史前几乎所有的文明要素，如弓箭的发明、农耕和家畜饲养业的出现、母系社会向父系社会的转化、陶器的发明、定居生活等，都是在“木石复合工具时期”奠定的。

本书作者提出：“木－石器时代（Wood-Stone Age）”至少可以分为5个时期：

（1）木器与石器混合使用的时期（Wood and Tone Period），相当于摩尔根《古代社会》中所说的初级蒙昧社会。

（2）简单的木－石结合时期（Simple Wood-stone Period），先民使用绳索捆绑或胶结的木石长矛、木石投枪等木－石结合工具，相当于摩尔根《古代社会》中所说的中级蒙昧社会。

（3）木石复合工具时期（Wood- Stone Composite Tool Period），即弓矢阶段（Bow and arrow Period），相当于摩尔根《古代社会》中所说的高级蒙昧社会。

（4）复杂的木石工具时期（Complex Wood-stone Tools Period），相当于摩尔根《古代社会》中所说的初级半开化社会以及“早期智人”阶段。

（5）综合的木石工具时期（Comprehensive Wood-stone Tools Period），相当于摩尔根《古代社会》中所说的中高级半开化社会以及“后期智人”阶段。

这一时期，以木制为主的车辆、舟船、纺织业、捕鱼业、农具等，都雄辩地证实了：复合工具以木制为主的成分，在许多方面高于石、铜为主的成分。由此，必须加强对“木石复合工具时期”的研究。

---

①［美］布雷伍德（Braidwood R.J.）：*The Agricultur al Revolution.*（农业革命），Scientific American 203, pp.130—141，1960. 又见《近东研究杂志》（*Journalof Near Eastern Studies*），1973年Ⅰ—Ⅱ期，第34—39页。参看布雷伍德、陈星灿：《农业革命》，载《农业考古》1993年第1期。

（二）磨制石器与农业起源并没有直接关系

国际学术界公认：农业革命是文明之母。所谓“农业革命”的主要内容，是指人类从食物采集者转化为食物生产者，即由农耕、畜牧的起源而达到人工栽培粮食果蔬和驯养家畜家禽的阶段。因此必须开垦固定的田地，必须有木石建造的民居，必须有饮水、熟食的人造容器——陶器。在摩尔根和柴尔德等学者的影响下，苏联学者曾提出“新石器时期是从陶器的出现开始”以及“磨制的新石器造成农业革命”的观点。①

1926 年，布基（M. Burkitt）在所著《我们的祖先》（Our Early Ancestors）一书中将新石器时期的特征归纳为农耕、家畜饲养、制陶术和磨制石器四个方面。这种观点非常流行，由此形成一种所谓“传统观点”，许多历史考古学者开始将“农业的出现”看作是新石器时期开始的标志，将农业、家畜饲养业、制陶业和磨制石器制造业，并列为新石器早期文化的“四要素”和新石器时期开端的标志。

然而，本文两作者认为：这种“四合一”的观点乃为牵强附会，并非实事求是。从世界范围的考古发现来看，所谓“新石器时期”的各项因素或称特征，往往因地域或生态环境的不同，而出现的时间顺序各不一样。在有些地区，农业的出现早于磨制石器（新石器）的出现，而有些地区则恰好相反；有些地区虽已开始使用磨制石器，但经济类型仍处在采集和渔猎阶段；有些地区虽仍使用打制石器（旧石器），但经济类型上已过渡到以农业为主的生产性经济。至于陶器的发明和使用，更是有先有后，绝非一个“新石器时期”所能概括。

实际上，石器时代向所谓“新石器时期”的过渡，各个地区之间存在着很大的不平衡性。仅就技术和经济类型而言，新石器时期开始制造和使用磨制石器；这是它与旧石器时期、中石器时期、细石器时期的根本区别。然而，“打制石器向磨制石器的转化”“采集渔猎向农耕畜牧的转化”以及“陶器的发明”是三种

---

① ［前苏联］阿尔茨霍夫斯（Altzihoffs）等著、楼宇栋等译：《考古学通论》，第 46 页，科学出版社 1956 年。参看 C.B. 吉谢列夫、陈振藩：《评 A.B. 阿尔茨霍夫斯著“考古学通论”》，载《考古通讯》1955 年第 5 期。又见莫斯卡連科、李遇春：《评“考古学通论”》，载《考古通讯》1956 年第 6 期。

不同的重大事件，彼此缺乏相关性，并不同步，并没有因果关系。

特别在近年来，不断发现的大量真实史料表明：以磨制石器为标志的“新石器”，与“农业革命（出现原始农业和养畜业）”“定居生活方式”和“陶器的发明”之间，都没有什么必然联系。历史考古的实践表明：

（1）原始农具的主体并不是石器，而是木质农具或木石复合农具。

（2）农耕养畜业的出现和陶器的发明之间，有相互促进的联系。

（3）农耕养畜业和陶器，两者都与原始人群的定居密切相关。

（4）磨制石器与原始人群的定居生活并不相关。

（5）陶器的发明，与磨制石器也不相关。

古埃及原始农业以木质农具为主

农业的起源是漫长的、渐进的过程。最早的农作遗址是在北非埃及地区发现的，时代为公元前 19240±290 年—前 16960±200 年，远远早于新石器时期。

古代埃及人用于原始农业的工具有：木犁、木臿（锄头、铲）、木刈（镰刀）、木叉、木篮子、木筛子、沙杜夫（shaduf，即桔槔）和木船（skiffs）。农民也会使用牛、驴、羊等家畜来帮助耕作。埃及人使用的“木耒（鉏）”是由两块相同尺寸的部件用绳索系在一起的，其中一个部件用作锄柄，另一个部件用作耕刀。木臿通常用来平整土地和护理庄稼。木刈（割刀）是用锋利的木片做成，以便于割草或收割庄稼。沙杜夫是一种灌溉设施，可将水从沟槽引到田里。此外，小船（skiffs）是用木质莎草做成，埃及人划着它在尼罗河上捕鱼。

图 10-1　古埃及木制农具

古埃及人将谷物的耕作分为八个步骤：

1. 用木耒、木犁（原型为分叉树枝）来犁地，通常会用牛帮忙或单凭人力；实际上极少或几乎没有石犁。

2. 用手播种，同时让山羊在刚播种的田里走动，驱赶偷吃种子的鸟儿。

3. 谷物成熟时，农民准备收获。埃及人主要用木刈（木割刀）收割庄稼；这些木刈是用尖利的石片嵌装在木柄上，便于收割大麦和小麦。但是，罕见石镰刀收割。

4. 把收获的谷物用木质绳索捆扎起来，放在驴背上，驮到安全又干燥的地方存放。

5. 在打谷场上用木楸（锨）扬谷、打谷；或将收获的谷物铺在平地上，进行碾磨，使谷物与谷壳分离。在中王国时期，通常御使母牛来碾磨。

6. 妇女们用木叉将较轻的谷壳和稻草从谷粒中扫除。

7. 妇女们用木筛子（由芦苇和棕榈叶制成）过滤多余谷壳和杂草。

8. 最后，储藏谷物以备食用。①

以上这些步骤，常在古埃及的陵墓壁画中得到生动的表现。

可见，古埃及原始农业以木质农具为主、石刀等为辅，而很少有纯石器。即使包含石质成分，也属于“木石复合工具（Wood-Stone Composite Tool）”。

古代埃及农民还使用一种嵌入木质刀柄的锯齿状燧石刀片，收割大麦和小麦。这种木石复合工具十分有效，在法老时期仍然广为使用。②

当时使用的木材主要是尼罗河畔的大树，古王国时代开始，输入黎巴嫩杉木。古埃及加工木器的工具已出现拉锯、斧、锥、凿和手斧等，木制品种类有箱、棺、家具、雕刻品以及舟船、战车和其他木构建筑等大型制品。据墓葬浮雕画显示，这时已制作并利用木臿、木犁、木刈等木制工具。

古王国时期（约公元前 2686—前 2181）的壁画显示：当时农具有牛拉的木犁（并非石器），可用来碎土整地的木耙（并非石器），收割用的木刈，以及其他木石复合农具等，种植大麦、小麦、亚麻和各种蔬菜。这说明，史前古埃及的“农业革命”所用农具全部是木质或木石复合农具，跟磨制的新石器之间，并没有必然的联系。

---

① 苏梦薇编译：《尘封的古埃及》第 15—16 页，农村读物出版社 2006 年。

② [英] 海伦·斯德拉德威克（Helen Stradwake）主编：《古埃及百科全书》（*Encyclopeidia of Ancient Egypt*）中译本第 17 页、第 392—395 页，上海科学技术文献出版社 2008 年。

古代欧洲原始农业以木质农具为主

俄罗斯科学家瓦维洛夫（N. I. Vavilov，1887—1943）对农业起源中心区的研究文章发表以后，西亚地区一直被学术界公认是欧洲农业的故乡。最早的谷物和豆类作物栽培以及动物的驯养证据，来自公元前12200年左右的扎格罗斯（Zagros）山麓。而后，从公元前9000年—前7000年，农业聚落的中心逐渐北移到两河流域东部高地以及小亚细亚的低洼地区（即“农业起源的新月形地带”利凡特Levant、小亚细亚安那托利亚Anatolia）。

已知欧洲地区最早的农业遗存在希腊山脉之间的低洼地，年代大约为公元前6400—前6000年。[①]

科学界分析栽培植物的基因，显示它们来自西亚（近东）地区。接下来，传播到东欧保加利亚的斯特鲁马河 (Strouma) 流域，以及东欧巴尔干的瓦尔达尔—摩拉瓦河 (Vardar Morava) 流域。色雷斯河北部的低洼地带和多瑙河中下游的聚落数量迅速增加。

公元前4000年左右，“农业革命”从西亚经过东欧传到西欧。欧洲早期的耕种农具主要是木制的，称为“摆杆步犁（araire—plough）”，并没有石器的石犁，更没有金属犁铧；木制的步犁只能划破土壤的表层，不能深耕。

这种“摆杆步犁”固定在一根长木杆上，由水牛或驯鹿牵引；用木石复合工具收割庄稼，用木质连枷脱粒。原始的农具、粗笨的技术，使西欧农业生产水平长期处于停滞状态。土地的耕种采取粗犷的经营方式，广种薄收。实行“二田制”，耕地分为两块，一块耕种，另一块休耕，每年轮流进行。[②]

古华夏原始农业也是以木质农具为主

史料记载，华夏农业起源时期的主要农具是木制的耒、耜和臿（铲子），并

---

①［美］C. Perles, The Early Neolithic in Greece.The First Farming Communities in Europe. Cambridge University Press, 2001.

②［法］德尼兹·阿德伯（J.Aldebert）等:《欧洲史》，中译本第28—30页，海南出版社2007年。

非别的。正是耒、耜、臿的发明，开创了我国几千年来的农耕文化。而农具耒、耜、臿主要为木制，并非石器。

甲骨文耒 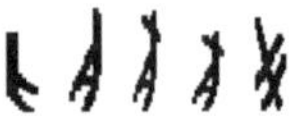，是象形字，形状像木叉，上端是直杆或曲柄，下端是尖头，分为两叉，旁边还有一只“手”。这是远古最常用的一种翻土农具，用以松土。篆文耒 。《说文解字》曰：“耒，手耕曲木也，从木推丯。古者垂作耒耜，以振民也。”

甲骨文耜 。《说文解字》曰：“耜，臿也。”《淮南子》高诱注训“耜”为“锸（臿）”。此后发展为现代木杆铁头的铲子。

甲骨文臿 。臿（chā）起初为直插式的工具，最早的臿为木制，通常用于筑沟渠。《说文解字》曰：“耜，臿也。”说明臿从耜发展而来。

还有一个“耤（jí）”字，甲骨文耤 ， = （人）+ （止，足踩）+ （又，抓）+ （耒）。本义为农夫手扶耒，脚踩踏板，耕田备播。金文耤  = （一人手耒）+ （土坡）+ （匀田踏板），明确农夫用耒耜耕田。篆文耤 ，左边是一把“耒”，右边一个人形，上部有“手”，下部是“足”的符号，刻画出商代木耒的大致形象：双齿之上有一横木，表明使用时以脚踏之，以利于耒齿扎入土中，也即古人所说的“跖（脚踏）耒而耕”。《说文解字》曰：“耤，帝耤千亩也。古者使民如借，故谓之耤。从耒，昔声。”《礼记·月令》曰：“天子亲载耒耜……躬耕帝耤。”远古一年一度的重要典礼“耤”，就是天子象征性地带领百姓耕种田地。古昔天子征用民力犹如“借”，因此称为“耤”。

《诗经》中多处说起“耜”，如《小雅·大田》云：“以我覃耜，俶载南亩，播厥百谷。”又见《周颂·载芟》和《良耜》等。耜不仅用于耕播，还用于挖沟。如《考工记》谈到以“二耜为耦”“为沟洫”。据《考工记》所载，“耒”通高为六尺六寸（周制），合今1.4米左右。当时的耒耜，主要是木制的。《考工记》中制耒的是“车人”，不属专司青铜农器的“段氏”所管。《周礼·地官·山虞》：“仲春斩阳木，仲夏斩阴木，凡服（车箱）耜，斩季材，以时入之。”郑玄注：“季犹稚也。服与耜宜用季材，尚柔忍也。”以上都是以木制耒耜的明证。

1955 年陈梦家在《殷墟卜辞综述》一书中初步认为:“殷代的农业生产工具，可知者有以下各种:(1) 耕地具——木耒;(2) 收获具——蚌刀、石刀;(3) 薅草具——蜃。它们使用的方法，耒是用足踏的，蜃和蚌刀是手握的，石刀(镰刀)可能安置了短木柄。……这些粗简的农具，如石刀，还往往堆积于宫室所在的小屯集中管理。金属(铜)的农具，也不会是一般直接耕种者所用的。”①

殷墟小屯石刀(即石镰)出土的情形如下: 1928 年秋第三次发掘，在小屯村北一次出土了上千的石刀; 1932 年秋第七次发掘，与甲骨、白陶……同时出土的有石刀 444，石斧 1，蚌器 78。这和卜辞所卜的“穫(获)”是相应的。

本书作者在《史前农业革命的主要农具是木石复合器——全盘修正“史前史三分期学说”之二》一文中作了总结:“农业革命”时期，农具的种类分为农耕用具、浇灌用具、收割脱粒用具和加工用具等四大类。农耕类有耒、耜、臿(铲锄)等，浇灌类有井、枸、甬、桔槔(jié gāo)等，收割类有刀、攴、至、刈(镰)、柯等，加工类有舂、杵、臼、栤等，它们有些是木制，有些是石制，而大多演化为木石复合工具。在石器时代遗址中已发现了一批留存在远古土层中的木制农具的痕迹(如河南庙底沟遗址曾发现双齿木耒的痕迹)，而且，近年来出土了远古农具耒耜等考古实物。②

考古实物：近年来出土远古农具耒和耜

考古学并不是对于历史文物的全面、通盘普查，而是随机地抽样调查、抽样统计。所能抽取到的样本，受到历史与环境条件的种种局限。远古木制农具最容易腐朽以至于在时光流逝中销形匿迹。还有一个重要的人为因素，那就是史前的木质农具在损坏或者使用失效之后，很可能被先民当作燃料而烧掉。直到当代仍然靠烧柴草为主要生活能源的地区，废弃的木器当作燃料烧掉仍是平常事情。近

---

① 陈梦家:《殷墟卜辞综述》，科学出版社 1956 年，第 549 页。

② 陈明远、金岷彬(B.Jinmin):《史前农业革命的主要农具是木石复合器——全盘修正“史前史三分期学说”之二》，载《社会科学论坛》2012 年第 9 期。

百年来史前史考古中难以挖掘到木质农具，并不等于远古未存在过木制农具。然而考古的生命力在于实证，有多少证据说多少话。由此，多年来我们对于史前史上的木制农具未置一词。

幸好，近年来对远古文化遗址的发掘，出现了新的进展。

（一）目前所知，在木－石器时代（即所谓“中石器时期”）的遗址中，已发现一些留存在远古土层中的木耒的痕迹。

在北方，河北武安磁山遗址、西安半坡遗址、三里桥龙山文化遗址、河南偃师二里头遗址、临潼姜寨遗址、庙底沟遗址、山西襄汾陶寺遗址、甘肃齐家坪遗址、山东茌平尚庄龙山文化灰坑等处，分别发现了木耒或木耜的痕迹。

在安阳殷墟发掘中曾发现清晰的双齿木耒的痕迹。

小屯西地 305 号灰坑，留存大型木耒痕迹，齿长 19 厘米、齿径 7 厘米、齿距 8 厘米。

大司空村 113 号灰坑，留存小型耒痕迹，齿长 18 厘米、齿径 4 厘米、齿距 4 厘米。

安阳武官屯村北地 M260 号墓地，墓壁留存一些双齿木耒痕迹，齿长 20—25 厘米、齿宽 3—4 厘米、齿距 6—8 厘米，同时还发现了镢头痕迹。

齐家文化遗址，曾发现三齿耒的痕迹。

河南偃师二里头的一些灰坑，房基、墓葬壁上，见到单齿木耒和平刃木臿痕迹。

河南柘城孟庄商墓遗址，窖穴壁面上见到木耜痕迹。

在长江中游的大溪文化遗址，也发现了许多木质和竹质工具的痕迹。[①]

（二）近十几年来，在木－石器时代的遗址中，又发现一批木制耒耜等农具遗物。

首先，彭头山遗址发现木耒，年代为原始农业的初期。这件木耒是利用一节树杈制成的，长约 90 厘米，上部有利用树杈制作的斜扶手；下部有斜状单刃，刃宽约 10 厘米。[②] 这种带有斜状刃的木制农具，初次提供了史前农具耒的实物

---

① 引自石器时代网站：《中国农具的起源》，互联网资料，2010 年 5 月 13 日。

② 裴安平：《彭头山文化的稻作遗存与中国史前稻作农业再论》、《农业考古》1989 年第 1 期。

资料。

浙江余姚河姆渡遗址发现木耜、木齿镰；[①] 慈湖遗址发现三件木耜，还有若干件两端带尖的“点播棒”（笔者按：就是耒）；[②] 鲞架山遗址和鲻山遗址各发现了木耜；[③] 常州于墩马家浜文化遗址发现了“木铲”（作者按：就是木耜）；[④] 山西临汾陶寺也发现了龙山文化期的尖木棍（作者按：就是耒）。[⑤]

本书作者还曾见到如下报道：“湖南澄县八十挡遗址距今约 8000 年，在这里发现的木耒，是一种用双手操作的工具，长约 90 厘米，利用一节树杈制成，上部有斜的扶手，下部有斜的单刃，刃宽约 10 厘米。”

“河姆渡氏族遗址位于浙江杭州湾南岸一条狭长的河谷平原上，是 1973 年在农田水利建设中发现的。当年在第四文化层发现木铲（就是耒耜，或臿），铲面较窄，两侧及刃部较薄，中间稍厚，上部有一近方形小板，长 16 厘米、宽 5.3 厘米、厚 1.5 厘米。另一件木铲发现于第二文化层的一号井中，铲头近似长方形，弧肩，单面平刃，刃部较宽，中部有一浅槽，两侧有长方形孔，柄部已残，长 36 厘米、宽 16.5 厘米、厚 1.5 厘米（就是耒耜，或臿）。河姆渡第二期文化遗存中发现的一件木铲，铲头（板）与柄连为一体，系用一块整木削成，柄上端有三角形手把，铲头被火烧残，残长 20.3 厘米、铲头宽 6 厘米、厚 1 厘米，很像后世园圃中常用的除草培土小铲（也就是耒耜）。这件小铲制作比较讲究，说明此类农具是受到重视的。河姆渡出土的‘木耜冠’，已具有相当规整的几何形状，制作也比较精致，这种‘耜’实际上已经应该称为‘锹’，而且当时的社

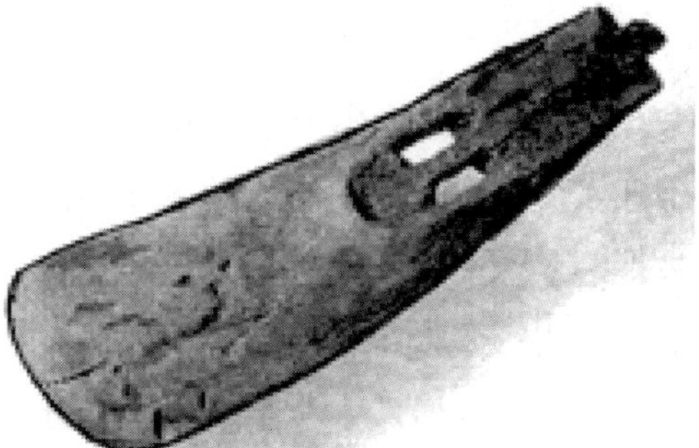

图 10-2　马家浜遗址出土的木耜

① 俞为洁：《河姆渡的谷物收割与加工》，《农业考古》1992 年 3 月。

②《宁波慈湖遗址发掘简报》，《浙江文物研究所学刊》，科学出版社 1993 年。

③《鲞架山遗址调查报告》，《考古》1997 年第 1 期。

④ 吴汝祚：《太湖文化区的史前农业》，《农业考古》1987 年第 2 期。

⑤ 高天麟：《龙山文化陶寺型农业发展状况初探》，《农业考古》1993 年第 3 期。

会存量也绝不会仅仅是这一件，一定已具有相当的数量。”“河姆渡文化的宁绍平原，共出土木耜 5 件，除河姆渡遗址水井中出土的 1 件为弧尖背外，其余 4 件均为方背，平面有长方形、梯形两种，正面中间起脊、稍厚，不甚光滑。而背面却较光滑，是因为翻土时摩擦所致。……1994 年在余姚鲞架山遗址还发现了一件类耜的木器，与今日温州地区常用的木平田器相似，可能是同类器物（就是耒耜）。”

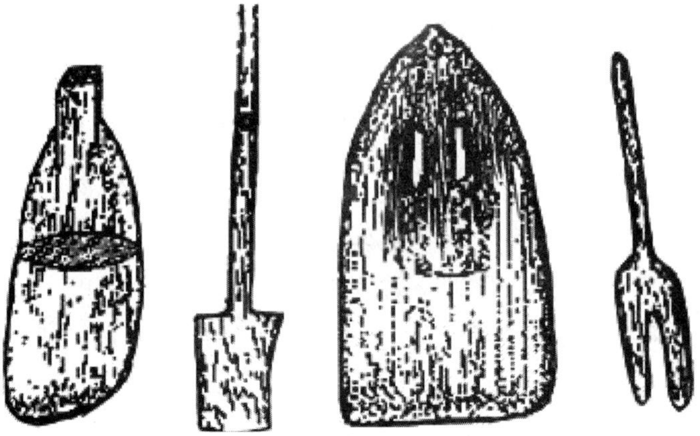

图 10-3　河姆渡遗址出土的木制农具（右：木耒，左：木耜）

河姆渡遗址中出土了 2920 多件木器，其种类有耜、镞、凿、针、匕等。其中，木柄骨耜是河姆渡人的主要生产工具，它是用偶蹄类动物的肩胛骨制成的。其上端厚而窄，是柄部；下端薄而宽，是刃部。柄部凿一横孔，刃部凿两竖孔。横孔插入一根横木，用藤条捆绑固定。两竖孔中间安上木柄（即耒），再用藤条捆绑固定。这样，一件骨耜就制造出来了。使用时，手持骨耜上的木柄，用脚踏插入横孔的木棍，推耜入土，然后手腕一翻，就能掀起土来。骨耜比石器轻便灵巧，而且表面光滑，不容易沾泥，适宜在江南水田里使用。①

此外，在新疆孔雀河原始公社墓地发现单尖木耒，处于原始农业的末期。还有：“哈密五堡原始墓地发现的头部呈三角形的两件木耒、一件木锹，锹头很似

① 挚宾：《原始的农耕生活 · 河姆渡出土的骨耜和装有木柄的骨拓复原图》，载《中小学教材教学》2003 年第 26 期。

现代铁锹，长 28.5 厘米、肩宽 16.5 厘米、刃长 13.5 厘米、厚 1 厘米，偏上部有对称的两孔，用以捆柄，出土时孔内尚有残存的毛线绳。在孔雀河也发现一件木锹、一件木耒，耒通长达 90 厘米，尖部光滑锐薄，手握部分也很光洁，证明为长期使用之物。类似木质农具在新疆天山阿拉沟古墓也有发现。”①

民族学为研究耒提供的旁证资料

近年来，民族学资料不断丰富，为揭开耒耜之谜提供了不少“活化石”式的旁证资料。

民族志表明，耒耜一类直插式农具是从原始人采集、点种用的尖头木棒演变而来的。例如四川省甘洛县的藏族（自称“耳苏人”）在营农之初曾使用尖头竹木棒戳土点种，后在尖头木棒上安了扶手，使戳土便利，由此得到启发，加上一根踏脚横木，手足并用发土，就成了木耒。由于直耒操作费劲而效率低，反复实践后改为弯柄（内角约 130°），这就是斜尖耒，耳苏人现在使用的脚犁，乃是一种斜尖耒。

西藏珞巴族，近代（几十年前）还使用尖木棒戳穴播种，所用的木棒（有的也用竹竿）长约 150 厘米，粗细不等，以手握方便为宜，一端削尖，播种时人拿木棍将尖端插入土中，再向一旁一掀，随手将种子抛入穴中，拔出尖木棒，土就自动将种子覆盖，如覆盖不严，再用脚踩一下即可。②

这很明显就是木耒的活化石。珞巴族的青杠木耜，长约 120 厘米，刃片呈叶形，长约 40 厘米、宽约 15 厘米，正面平直，背面圆凸起脊，其上有一踏脚横木，柄端有握手的横梁。

图 10-4　云南怒江地区独龙族使用的双齿木耒

西藏错那县门巴族翻地用的木棒，也是典型的古代耒耜的活化石。这种耒用质地坚硬的青杠木制作，因此又叫青杠杈。虽说

① 王炳华：《新疆农业考古概述》，《农业考古》1983 年第 1 期。

② 杜耀西：《珞巴族农业生产概况》，《农业考古》1982 年第 2 期。

叫杈，实际上是一根尖头木棒，长约170厘米，最粗直径10厘米，下端削成正面平滑、背面圆凸起脊的尖锥。距离尖端约60厘米处用绳缚一段长约15厘米的横木，左侧伸出较长，以便于踏脚。使用时双手握柄，左脚踏横木，木杈与地面成60—70度角刺入土中，一般刺深20—30厘米，随后双手向下压杈柄，能起到翻土的作用。[①]

云南景颇族使用的尖木棒则是斜尖式，木棒长约40厘米，短者仅20厘米左右，使用方式与西藏门巴族很相似。[②]

海南黎族近代所用的播种农具也是尖头木棒。一般用硬木制作，粗细在5厘米左右，长180厘米左右，一端有尖。木棒并不完全笔直，而是原有树枝那样不规则的弯曲。播种方式多是一个男子在前面戳穴，一个女子紧跟着点种覆土。

云南西盟佤族的农业活动中，也有过与此十分相似的农具（耒耜）与播种方式。[③]

聚居在我国云南边疆地区的独龙族、傈僳族、怒族、佤族、苗族、苦聪人与景颇族、纳西族，海南岛的黎族，广西壮族等少数民族，在原始形态中的一些农业操作，就是拿木棍戳穴点种作物。而木棍上往往套上或缚上一个带孔的砾石。其实，现今仍为采集、狩猎经济的南部非洲的桑人，至今还使用一种圆形钻孔的石头，装在削尖的木棒上，来挖掘可食的植物块根。布须曼人的卡拉哈里部落也用同样的工具来进行采集。这种装有穿孔砾石的尖木棒，就是原始农业工具。越南的山地民族也是如此，只是劳动方式不是一男对一女，而是一群男子在前方戳穴，一群女子在后面往穴里点种。

耒耜从木制发展为木石复合工具

原始农业只能是广种薄收，且经多次种植的田地日趋贫瘠，收获量每况愈下。这时，部落只有整体或部分迁徙，前往新的田野披荆斩棘，烧荒垦土，刺穴播种，以取得足够的收成。

---

① 胡德平：《从门巴、珞巴族耕作方式谈耦耕》，《文物》1980年第12期。

② 罗钰：《云南景颇族的旱地农业及农具》，《农业考古》1984年第2期。

③ 李根蟠等：《刀耕火种与锄耕农业并存的西盟佤族农业》，《农业考古》1985年第1期。

耒耜为华夏古代主要的农具。耒为木制的双齿掘土工具，由一根尖头木棍加上一段短横梁构成。使用时把尖头插入土壤，再用脚踩横梁使木棍深入，然后翻出。改进的耒有两个尖头，或有省力曲柄。

耜类似耒，但尖头成了扁头（耜冠），类似今天的铲子、锹。其材料从早期的木制，发展出木石复合的农具，就是木质的长柄加上石制或骨制的石耜、骨耜。

在松软土地上翻地的木耒，尖头被做成扁形以后，成为板状刃，叫“耜”。“耜”的刃口在前，破土的阻力大为减小，还可以连续推进。但是木耜的木制板刃不耐磨，容易损坏。人们又逐步将它改成石制或骨制等耐磨的板刃外壳，损坏后可以更换，这就是犁的雏形了。为了适应不同的耕、播农活，先民又将耒耜的主要组成部分制成可以拆装的部件，使用时，根据需要进行组合。

人们用石片、骨片、蚌片代替了木质平刃，原先是纯木质的耜，于是演变为复合工具。考古发现的所谓“石耜”“石臿（铲）”“骨耜”“骨臿（铲）”和“蚌臿（铲）”等，实际上就是绑在木柄上的复合耜的刀片。当耜发展为木石或木骨复合工具以后，习惯把入土的刃体部分称为耜。如《国语·周语》所载“野无奥草，民无悬耜”，韦昭注，“入土曰耜”。

实际上，华夏先民并非依赖什么“新式石器农具”，而是在木制农具耒耜的基础上，提高了陶器时代的耕作效率。耒耜也就是后来犁的前身，所以有人仍称犁为耒或耒耜。《说文解字·耒部》曰:“耒，手耕曲木也；从木推丰。古者垂作耒耜以振民也。”“耕，犁也；从耒井声。一曰古者井田。”在《说文解字》成书的汉代，已经有了役牛的犁耕，所以许公用“犁也”来解释“耕”字，就是翻掘土地之意。从《说文解字》把“耒”解释为“手耕”之“曲木也”，证实了在汉代古人的意识里，最早的土地耕作农具是木质的。在原始的木制农具耒耜（吕）的基础上，发明了木石复合农具“石耜”，而“石耜”的使用情况并不普遍。

总而言之，远古华夏先民发明了以木制为主的耒耜，从此才有了真正意义上的“耕”和耕播农业。耒耜在我国农业发展史上占有特别重要的地位。它起源甚早，使用范围很广，使用时间很长，后代一些主要农具如铁锹、铁犁，都可溯源于耒耜。耒耜在上古时代之所以广泛使用，与我国主要农业起源地之一黄河流域的自然条件有关。黄河流域绝大部分地区覆盖着原生的或次生的黄土，黄土由极细的土砂组成，土层深厚，土层形成柱状节理，而且平原开阔，林木较稀，极便于在使用简陋的工具的条件下进行垦耕，手推足跖式发土的耒耜在这里可充分发挥它的作用。先民主要使用耒耜垦辟了大规模的农田，奠定了进入文明社会的生产力基础；在进入文明社会以后，又使用耒耜修建了大规模的农田沟洫体系。耒耜成为井田制的主要农具。

（三）“石器时代”的学说并不实事求是

笔者多次指出，“石器时代”的学说存在严重的缺陷：

（1）各家的一些说法相互冲突、矛盾百出，无法自圆其说。

（2）片面以“石质工具”作为主要研究对象，忽视对木质工具、木石复合工具的研究。

（3）片面地以生产工具作为主要研究对象，而忽视了生活用具特别是木质器皿和陶器在人类进化史上的重要作用。

（4）片面地以欧洲的考古材料为分析重点，由此得出标准框架，在世界各地的考古工作中套用。

（5）主观想当然断定“新石器是农业革命的基础”，“磨制石器是农畜业的主要工具和农具”。实际上，考古资料证明：原始农具的主体并非石器，而是木质农具或木石复合农具。

从以上分析可以看出：百年来对于石器时代的分期，都是西欧学者根据当时欧洲（主要是英法地区）考古材料作出的片面结论，并没有看到世界各地区的全部复杂情况。20 世纪以后，各国学界纷纷从西欧引入考古学，于是教条式地照搬了“石器时代三分期”的总框架。

通过上述讨论，可以看出过去的“石器时代说”存在一些严重的缺陷，必须进行修正。

早期农具毫无疑问属于复合体系，但是各部件相结合的构造方式中，木质元素始终是这些复合体系的主要构架；四大类（农耕类、浇灌类、收割类、加工类）农具里面，如农耕类的耒、耜、臿（铲锄）等，浇灌类的井、构、甬、桔槔（jié gāo）等，收割类的刀、支、至、刈（镰）、柌等，加工类的舂、杵、臼、梻等，有些是木制，有些是石制，少量为骨、蚌等制成，但大多演化为木石复合工具，其中各元素各有其特殊的功能与效用。但在各类复合农具中，木质成分多为基本要素，而石质成分则不一定是基本要素。万年以来，从木－石体系农具、木－铁体系农具到木－钢体系农具，石质成分在历史上所占的时间并不算太长久，很快就被淘汰；而木质成分，却表现出极古远又极坚忍不拔的生命力，甚至一直沿用到今天。

本书作者建议用“木－石器时代（Wood-Stone Age）”的术语，代替旧石器与中石器时代（Palaeolithic and Mesolithic Periods）和细石器时代（Microlithic Period），下接陶冶时代（Pottery Age）。特别需要指出的是，中石器和细石器时代用于狩猎和采集的木石投枪（矛）、匕首刃器、木石刀具、投石器、斤斧、木石臿、缶臼以及各种木弓、箭矢等，都属于“木石复合工具 Wood-Stone Composite Tool”的范畴，但并不是纯粹石器。

我们必须认识到：几乎所有的文明要素，都是在“木石复合工具”时期奠定的。由此，必须加强对于“木石复合体系（包括弓箭、农具）”的研究。

经过漫长的历史年代，木质容易腐烂，木器或工具的木质部分不可能像许多石器那样完好地保存下来，所以，木质工具遗物或遗迹的留存很少，但是这并不等于没有。

考古学终于提供了原始社会曾使用木质工具的一系列证据。在非洲早更新世（约公元前 300 万—前 100 万年）的静水堆积中曾发现木质工具。当时只有粗糙的石片为工具，还没有石制手斧。非洲坦葛尼湖南端卡兰博瀑布（Kalambo Falls）附近，曾发现一批保存完好的旧石器时代早期经加工成单尖或双尖的木棒和短木槌，这是迄今所知最早的木质工具遗存。卡兰博木器遗物的发现，表明非洲古人类在距今几百万年前已掌握木质工具制作，并使之成为一种有效的、原始日用制品。[①]

---

①［荷兰］G. 莫赫塔尔（Mokhtar）主编（联合国教科文组织）:《非洲通史》中译本，第 249 页，中国对外翻译出版公司 1984 年。

到木－石器时代中期，木质工具的制作和利用获得进一步发展，东非桑戈文化的大型手斧、高背刨刀、侧刮器等石制品被认为是当时加工木器的配套工具。于是可证明：木质工具的制作利用习俗，早在非洲旧石器时代中期已广泛流行。

猿人（直立人）时期，还只会使用简单的木器和石器。我们知道，公元前200万—前175万年的“能人”，刚会以石块、木棒为工具，以采集生活为主，不会打猎；约170万年前，主要是60万年前到20余万年前，才演化为直立人（Homo erectus），学会用火、食肉、打猎。

远古人类用火以后才从草食到肉食

远古人类如何战胜凶猛的野兽？他们若是单凭瘦小的身躯、薄弱的体力，都难以成为虎豹豺狼的敌手；相反，作为古猿的同类，先民一直是野兽垂涎的猎物。距今100万年前的野兽巢穴里，发掘出几百具南方古猿（人类祖先）和狒狒的骨骼化石，其中许多化石上都有狮、虎、豹或鬣狗的齿印或爪印。阿尔法南猿身高约1米到1.5米，体重45千克，牙齿细小，靠吃植物、水果为生。尽管它被归类为“原始人类”，但更接近于黑猩猩。阿尔法南猿的细小牙齿显示，它根本不是肉食动物。如果它不能吃肉，只能食草，它们为何要打猎？

化石证据显示，6%到10%的原始人类都死于掠食动物之口，这一死亡率和如今的猴子、羚羊相似。其他化石证据也清楚显示：原始人并不善于狩猎，而是被猛兽捕猎的目标。譬如6%原始人化石的骨头上，都有牙齿和利爪的痕迹，包括尖锐虎牙戳出的大洞。

丛林法则唯有“弱肉强食”。身边只有石块和树枝的古人，是几乎“赤手空拳”的弱者，绝不是食肉类猛兽的对手。

人类祖先在走出非洲丛林的时候，是诚惶诚恐的猎物。经过与豺狼虎豹等野兽长期斗智斗勇，先民才苟且偷生。对野兽的恐惧感，不仅遗传到如今，甚至可以说，人类的进化就是被这种恐惧逼出来的。原始人不是捕猎猛兽，而是想尽一切办法逃避它们。为了生存，原始人开始群居生活。

原始人成为真正意义上的猎人并且食肉，是在学会使用火和用木石工具打猎之后。

在非洲，以及全世界，距今140万年到70万年之间的化石很稀少。在肯尼亚、埃塞俄比亚和厄立特里亚，出土了一些这时期的古人类头骨或残肢的部分，但这几百万年间究竟发生过什么，缺乏足够的资料。这些支离破碎的化石之间实在很少关联，难以找到完整的骨架，而多见被野兽啃咬过的残躯、遗迹。

交流技能和群居生活这些进化特征，是原始人用来抵抗狮子、豺狼、鳄鱼和老鹰袭击的生存方法。研究认为，正是由于互相协作，人类祖先直立人才能有效地逃脱猛兽捕食，从而繁衍进化出现代智人；而其他原始人，最后全被猛兽捕杀绝种。

海德堡人只能使用石＋木工具

约70万年前，古人类化石忽然略微增加。海德堡人（Homo heidelbergensis）出现了，留下很多遗迹。

海德堡人最早于1907年在德国被发现，但其起源仍然是在非洲，证据是在埃塞俄比亚Bodo发现的头盖骨。海德堡人几乎在整个旧大陆都能找到，南非、欧洲，甚至东亚。他们使用的石器仍然十分古老，这说明非洲古人类的文化发展缓慢。

至少在50万年前，法国南部的Terra Amata拥有海德堡人最古老的庇护所遗迹。而在德国出土了同时期的木制工具，虽然木质很难保存。一些2米长的木制长矛重心靠前，应是投掷用的，就是先民狩猎的工具。与这些古人类使用的石器相比，这些木制工具显然要复杂得多。难怪考古学者感叹：从出土的木制长矛应该看出，仅依靠石器来判断先进程度，是多么的不可靠！

在距今20万年前的克拉克当遗址（遍布英法北部、德国东部、匈牙利等地）中，也出土了木矛；在距今15万年前莫斯特文化遗址中（遍布欧洲各地、西亚、中亚和东北非），发现更多的木矛；在西亚的卡尔迈勒山，发现了一具距今10万年前的被木矛致伤的遗骸，更提供了原始社会使用木矛的证据。学术界公认：至少在距今20万年前，欧亚大陆各地先民普遍使用木制长矛。

北京猿人也只能使用石＋木工具

参观过北京猿人遗址的人们，如果看到猿人使用的几厘米长的石器，都会产生这样的疑问：单凭这样短小、简陋的石器，怎样狩猎？怎样对付近距离的猛兽、猛禽？出土文物表明，北京猿人在距今70—20万年的漫长时期内陆续居住于周口店地区，过着以野外采集为主、狩猎为辅的生活。其早期距今约70—40万年，中期距今约40—30万年，晚期距今约30—20万年。在这几十万年间，北京猿人的生活习性、状态尚无很明显的变化。北京猿人若用简陋、粗短的石器，实在无法对付近距离的猛兽、猛禽，他们必须使用长硬棒和尖木棍，在较远距离内打猎。

人类史前已有石刀。直到20万年前，在周口店北京猿人遗址中发现了许多近似长方形、椭圆形、菱形、三角形的石刀，可能带有木柄，尚待证实。这些早期的石刀既是劳动工具，也是随身携带的武器。

北京猿人洞穴里挖掘出土的动物有鹿（肿骨鹿、斑鹿）、野猪、羚羊、剑齿虎、老鼠、马、鬣狗、水牛、猕猴、鸵鸟等，不下百种。最值得注意的是肿骨鹿和斑鹿的化石特别多，个体各有2000多头，并且这些骨头有烧过的痕迹，表明北京猿人肯定吃这些动物，说明北京猿人善于打猎、烤肉熟食。在他们的食物里，肉类占有相当重要的地位。

北京猿人使用的石器以小石器为主，尺寸只有1厘米到几厘米，试问：使用这样短小的石器、以很近的距离，怎么可以捕猎大型野兽鹿（肿骨鹿、斑鹿）、野猪、羚羊、剑齿虎等呢？如果只是近身的肉搏，仅以石块为战，他们根本不是对手。由此推知，北京猿人肯定采用木质长矛、木投枪、长硬棍棒等狩猎工具。这时期人类处于“石器与木器并用”的阶段。

因此，只能认为：以北京猿人为代表的“直立猿人（Homo erectus）”使用的工具为“木石并用”，但是还没有抽象思维能力，没能设计和制造出“木－石复合工具”。

1955年，裴文中先生对当时国内发现的旧石器作了全面总结，在谈到北京猿人文化时，他说：“北京猿人是开始使用石器的人类。使用的石片没有定型……总观中国猿人使用的石器，只采用了本地出产的原料（如石英、绿砂岩等）；无论打石片或打砾石，没有一定的严格的方式方法，更由于技术的不熟练，也不能打成一定的形状。使用的时候，不作第二步加工，只是任选一片，即行使用。因之，石器的形状一致性很差，不能分别成有意义的类型。这就是中国猿人使用石器的特点，也代表了人类使用石器的最初阶段。”[①] 就是说，距今 70—20 万年的漫长时期内，中国猿人的文化进展非常缓慢。[②]

木石复合工具——从手斧到石斧的演化

原始社会的先民最初在狩猎时将木器与石器并用，后来发展到同一件工具上将石质与木质材料相结合，构成“木石复合工具”。实际例证之一就是从手斧到石斧的演化。

带木柄石斧于 1977 年 8 月在江苏溧阳沙河遗址出土 3 件，石斧部分成方柱形，顶面比器身略小，除刃部外斧体未经磨光；两面刃至今还很锋利，有使用遗下的缺口；石质部分长 11 厘米、宽 2.8 厘米、厚 3 厘米。出土时石斧即安装在圆形木柄上，木柄比较直，头部粗大，握手处较细；木柄部分长 29 厘米，头部最粗径 5.5 厘米。此后，吴县澄湖发现 1 件带木柄石斧，浙江湖州良渚（距今 5000—4000 年）文化遗址也发现了带木柄石斤（锛）。

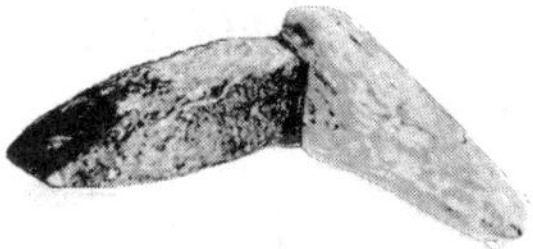

图 10-5　江苏沙河遗址和浙江良渚遗址出土的木柄石斧

安装在木柄上的有段石斤，长条形石斤断面为方形，背面的“段”牢固卡住木柄一端。石斤长 15 厘米、宽 4.5 厘米、厚 3 厘米；柄长 32 厘米，粗径 6 厘米。

大约公元前 20 万—前 15 万年，非洲、亚洲、欧洲各地的早期智人普遍使

---

① 裴文中：《中国石器时代》第 16—17 页，中国青年出版社 1963 年。

② 杜水生：《中国旧石器考古史上的两次大讨论》，载《文物春秋》2006 年第 6 期，第 1—6 页。

用“手执石斧”，非洲北部、亚洲（直到东海）、欧洲（从地中海直到不列颠）各地出土的带刃石斧惊人地相似。远古时代，石斧是直立人和智人最先用于砍剥兽肉、削劈兽骨、刮削树枝、砍伐木材等多种用途的石质木柄工具。

手执石斧早期是用石片打制而成，形状粗糙厚重、不规整，使用时用绳索将其绑在木棍的一端。后来采用磨制技术，并在石器上打孔，用绳索穿过斧头尾端的小孔绑在木棍上。木柄石斧是最初的木石复合工具，石斧后来演变成一种祭祀用具。随着人类活动的演变，木柄石斧也被用于战争。

类似地，装有木质把柄的石刀、石耜、石凿、石斤（石锛）、石臿（石铲）等，也都是木石复合工具（Wood-Stone Composite Tool）。

细小石器是随着木石复合工具的发展而兴盛起来的，如果没有时代更早的木石复合工具的发明，也就不可能有为镶嵌使用的细小石器出现。木石复合工具有：用细小石片镶嵌在木柄上的刀刃石刀（stone knives)、匕首 (stone dagger)、枪头（spear-head）、箭头 (arrow-heads)、刮刀 (scrapers)、刻刀 (gravers)、木石锥子 (awls)、木石锤（hammers）、尖形器（points)、石锥（awls）或钻孔器（borers）、刮削器刮刀（scrapers）、沉网石（网坠 net-sinking stone，是木－石器时代用以系于渔网上使之下沉的）。

弓箭是原始人类的一大发明创造，也是木石复合工具（Wood-Stone Composite Tool）的一个典型器物；原始纺织器械是木石复合工具的又一个例证；捕鱼业中装有石网坠的渔网，以及用细石器组成的倒刺和尖头的鱼叉，也属于木石复合工具之列。而先民建造的木制住房与车船交通工具等，为人类文明打下了坚实的基础，一直影响到现代。

总之，人类的第一个时代是木－石器时代，先民进化到智人（包括早期“古人”和晚期“新人”）以后的数十万年间，“木石复合工具”起了重大历史作用。①

过去所谓的“旧石器时代”对应于能人—猿人等时期。而“木－石器时代”的木石复合工具高级阶段，对应于“现代人”（modern Homosapiens）即晚期智人类型，例如山顶洞人头脑已经高度发达，双手更加灵巧（说明：周口店山

---

① 陈明远、金岷彬（B.Jinmin）：《人类的第一个时代是木－石器时代——“全盘修正史前史三分期学说”之一》，载《社会科学论坛》2012 年第 8 期。

顶洞人的年代，从前只能大致定为旧石器时代晚期，最初估计为距今 10 万年左右；经碳 14 测定，则距今约 2 万年）。

与山顶洞人文化时代大致相当的下川文化，已具有进步的细石器工艺，由细石器构件与木质构件，组合为高级的木石复合工具。

结束语

本书作者提出："木－石器时代（Wood-Stone Age）"至少应分为 5 个时期：（1）木器与石器混合使用的时期（Wood and Tone Period），相当于摩尔根《古代社会》中所说的初级蒙昧社会；（2）简单的木－石结合时期（Simple Wood-stone Period），先民用绳索捆绑或胶结的木石长矛、木石投枪等木－石结合工具，相当于摩尔根《古代社会》中所说的中级蒙昧社会；（3）木石复合工具时期（Wood-Stone Composite Tool Period），即弓矢阶段（Bow and arrow Period），相当于摩尔根《古代社会》中所说的高级蒙昧社会；（4）复杂的木石工具时期（Complex Wood-stone Tools Period），相当于摩尔根《古代社会》中所说的初级半开化社会以及"早期智人"阶段；（5）综合的木石工具时期（Comprehensive Wood-stone Tools Period），相当于摩尔根《古代社会》中所说的中高级半开化社会以及"后期智人"阶段。

"农业革命是文明之母。"但在"新石器"与"农业革命"两个不同的重大事件之间，并没有必然的相关性，磨制石器与农业起源并没有直接的因果关系。

石兴邦先生访谈录

西安WS语言文化研究部研究员　林川

多年以来，我们对于“历史考古学的三分期理论”提出一些质疑和修正意见，在《社会科学论坛》2012年第2—10期连载了“关于陶器时代的论证”和“全盘修正史前史三分期学术”等系列论文，并于2014年将这些论文汇集为专著《历史观的新突破》出版。此后，我们继续深入探讨“复合工具”与“火技术陶冶体系”的学术问题。

2015年9月陈明远从北京到西安，筹办“西安WS语言文化研究部”，并专程拜会了石兴邦前辈，向石老请教，相谈甚欢。同时，在西安福莱特基金的鼎力支持下，陈明远、林川合作的《文明拂晓：复合工具体系》和《现代系统论与世界体系：火技术与陶冶体系》两部专著，将由语文出版社正式出版印行。

2016年9月8日，笔者拜访石老，向石老呈送陈明远、林川新近在《社会科学论坛》月刊上发表的3篇系列论文“系统论与世界体系”，石老很高兴地收下看了。笔者向石老提出，敬请石老担任西安WS语言文化研究部的名誉导师，指导研究部的学术研究，石老欣然同意。

2016年9月12日，笔者代表北京陈明远及西安WS语言文化研究部向石兴邦前辈正式呈递名誉导师聘书，石老愉快地签字接受了聘请。

历史考古学泰斗石兴邦前辈，是突破性的中国现代考古学家。他师从夏鼐，执着考古60多年，被誉为“新中国主持发掘大型史前考古聚落遗址第一人”。石兴邦青年时期为浙江大学人类学研究所研究生，1950—1963年在中国科学院考古研究所工作，1976—1984年在中国社会科学院考古研究所任研究员，1984年后在陕西考古研究所工作，担任陕西社会科学院副院长、陕西考古学会会长、陕西文物局学术委员会主任。他的田野考古，不乏破天荒大手笔，研究探讨的多为学科前沿或古而弥新的重大问题。石老发表的《略谈新石器时代晚期居住遗址的发掘》一文，被视为总结半坡遗址发掘考古的经验之作。

石老是半坡遗址发掘工作的主要组织者，也是专著《西安半坡》的执笔及统稿者。石老听说我们研究部正在继续关注“制陶慢轮”的问题后，认为这就抓住了专门点，应深入进去；这样的研究很好！《西安半坡》出版后30年来，几代历史考古学家持续努力，对史前陶器制作技术，特别是带有机械装置性质的史前生产工具逐步深化了认识。此前，考古学界对史前陶器的研究着重于复原器物、研究出土陶器的形制、制陶工艺和陶窑设备等。这些研究非常必要，但都还限于陶器自身的制作和用陶器作为考古断代的参考物这两个层面，而没有着重思考和探究史前陶器技术推进社会进步的重大作用这一问题；而弥补这个学术上的短板，需要西安WS语言文化研究部等后继者加以完成。

陶器技术是史前先民的“火技术，即用火与控火的陶冶体系”的体现。半坡制陶的慢轮已进化到机械结构性质，远比石斧石刀之类的结构复杂；陶窑等新设备的技术等级，比手持式打制石器、磨制石器的等级高得多；陶器是火、水与土的陶冶体系的结晶。“火技术”在人类的发展历程里，始终是社会进步的巨大动力。石老赞同我们的观点，并且说，以后西安WS语言文化研究部有什么需要他帮助的地方，都可以去找他。

石老关注西安WS语言文化研究部的学术汇报，表示肯定并且乐意进一步指导。因此，石老欣然为陈明远与林川合作的《文明拂晓：复合工具体系》和《现代系统论与世界体系：火技术与陶冶体系》两部专著写序：“今有原中国科学院研究人员、北京语言大学陈明远和西安WS语言文化研究部研究员林川，提出史前复合工具和陶冶体系这两个新概念。我认为这作为历史考古领域的一家之言，可以参加学术讨论，特此介绍。石兴邦（签字）。”

林川执笔，2016年9月15日，西安

后　记

《文明拂晓：复合工具体系》和《现代系统论与世界体系：火技术与陶冶体系》两部专著，经过多年修订终于问世了。这是继《历史观的新突破》(2014)以后，又一次全面深入阐述我们对于“历史考古学的三分期理论”的修正意见。我们总结了连载在《社会科学论坛》2012年第2—10期的“关于陶器时代的论证”和“全盘修正史前史三分期学说”，以及在2014—2016年间连续发表的“系统论与世界体系”等20多篇系列论文，继续深入探讨有关“复合工具”与“火技术陶冶体系”的学术问题。

这两部书稿酝酿并讨论三年，反复修改，三易其稿，写成于2014—2016年。但实际上我们的探讨还远远不够，在本书写作过程中，经常发现许多重要问题有待补充、修订。

(1)

关于“人类”存在几种不同的定义，人类古生物学领域就有两种定义：一些学者认为，人类是“会制造工具的高级灵长类动物”，开始于距今约250万年前；另一些学者认为，人类是“两足直立行走的高级灵长类动物”，开始于距今约450万年前。但到21世纪学术界发现：人类进化到有语言能力是在约25—10万年前，进化到有较完备的有声语言系统是在约10—5万年前(大致如此)。此后人类的语言和智力仍在不断发展中。

古生物学意义的“人类Homo”跟人文科学意义的“人类—Real Human真

人”即“掌握有声语言，能够思维，通过语言进行思想交流的高级灵长类动物”之间，相距 400 万年以上。

那么，我们就必须对木 - 石器时代到真人时代的史前史进行重新认识：原来，使用石器的直立人——猿人几百万年间并不能够说话，缺乏抽象思维能力，因此至多称其为“形成过程中的半人”而非“真人”！

恩格斯在《自然辩证法》一书里主张：“语言和劳动一起，成了两个最主要的推动力，在它们的影响下，猿的脑髓就逐渐地变成人的脑髓；……语言是从劳动中并和劳动一起产生的，这是唯一正确的解释。”恩格斯认为：在语言和劳动的“一起”推动下，猿的脑髓就变成人的脑髓。因此，“语言和劳动”是古猿转变到人的“两个最主要的推动力”。

问题在于：（1）猿的发声器官变化，导致语言的产生，这过程需要多少年?（2）猿脑发展为人脑，语言中枢是如何形成的？这过程又需要多少年？语言和劳动两者是否同步？由于时代的局限性，恩格斯没有能够看到劳动（制造工具）和形成有声语言两者之间相隔数百万年的差距。

最新科学研究发现了人脑的独特基因——LAMC3，以及控制语言能力发展的 FoxP2 基因；人类的 FoxP2 基因突变，是猿人变成真人的一个飞跃，从此人类才学会了使用抽象思维和符号解决问题，并有了复杂的语言。只有大脑产生了语言和抽象思维系统，才变成了真人——Real Human。

那么，“人的历史”究竟从单独劳动开始，还是从掌握语言开始？应该说：“人的历史”不仅在于劳动，而且在于掌握语言。按照这样的观点，严格说来，史前史应该从掌握了抽象思维能力的木 - 石复合工具时期才算“正式开始”。

（2）

人类起源研究开始于欧洲，欧洲“旧石器时代”的考古记录被当作人类早期（猿人）行为和非欧洲人的对比标准。而首要的证据，就是木石复合工具的创造。人类历史上不会说话的“旧石器时代”时间跨度最长，占 99% 以上。最早发现木石复合工具的过硬证据，是在 25 万年前至 6000 年之前的东非。在所谓旧石器时代晚期（4.5 万年前至 1.2 万年前），欧洲首次出现了智人化石和木石复合工具技术，还有雕凿的骨制工具、复杂的投射武器（投枪、弓箭等）、先进的用火技术、洞穴艺术、珠链和其他个人装饰品。类似的行为普遍存在，与现代人类逐步接近，因此考古学家将这些行为作为人类“行为现代性”（behavioral modernity）的证据。

真正的现代人行为中最重要的是认知行为，而最有代表性的就是象征符号。早期的象征符号包括两种：身体的装饰品（如穿孔贝壳、身体彩绘等）和居住环境的装饰品。这些装饰品的出现，表明人类对于世界的认知已经发生了本质变化。这些符号的象征意义，即附加在符号上的人的思维。象征符号的出现，说明人类已有能力将这些意象在大脑里重新组合，这就意味着人类已在头脑中有了自己所认知的世界。于是，人类思想的最基本要素之一——抽象思维逐渐形成。

“人类革命”指的是人类从生理到心理、行为上的根本性改变。学者们以“行为现代性”为标准，将早期的“古代”非洲人、亚洲人和旧石器时代晚期智人进行对比，来解释二者之间在“人类革命”中的差异。“木石复合工具”的出现，是人类“行为现代性”的最重要的标志，是“人类革命”的划时代成就。

（3）

“人类的第一个时代是木 - 石器时代”。长久以来“石器时代”这个片面说法容易导致人们忽视木制和木石复合工具在人类进化史上的重要作用，只见石质残骸而忽视全体真貌，导致历史观念的偏斜，失去了认识的完整性和深刻性。学者们的着眼点片面集中在“石”上面，仅关注考古出土的石质器“石斧、石斤、石刀、石矢、石簇”而忽视了非石质的“木柄、木杆、木耒、木矢、木弓、矢杆、箭弦、木架投石器”以及大量木石复合工具的关键意义。

从现代系统论的观点看来，1 ＋ 1 大于 2，即组成有机的整体——复合系统，并非各元素（木 - 石构件）的简单相加，而是能够发挥各元素在孤立状态下所无的整体功能。这就是说，人类能够得心应手地使用有木柄的石斤、石斧、石戉等，比直接手持单个石块具有高得多的效益性、安全性，并能大为扩展其社会功能，如有段石斤可用于斫造独木舟、凿木为屋；石戉可作为神权王权的象征，供礼仪、墓葬用；等等。木石复合工具能够具备元素复合性、结构复杂性、多样实用性和外观审美性这四个特点，正是因为“智力进化”使人类掌握了抽象思维能力，而不仅限于劳动或制造简单工具。

（4）

华夏最古老的文字——甲骨文，是具有特殊考古作用的“文字化石”。甲骨文反映了史前一系列劳动工具（如耒、斤、斧、网、羅等）和武器（如干、戈、兵等）的出现及其进化过程，有力地证实了史前“木-石时代”的长期客观存在。殷商甲骨文成熟之前有一个漫长的预备过程，即由图画到纪事到符号到意向表达与交流的过程，而这些预备过程跟“行为现代性”“智力进化”是同步的。

任何文字都是有智力表现的、反映现实的符号系统。甲骨文也不例外，表达、反映了史前人类智力进化的情况。甲骨文里“皿”部的“豆、盂、盘”等字表现了远古主要使用木器为饮食工具；甲骨文里的“缶”字表现了远古制作陶器的过程，而“鬲、鼎、爵、盧（卢）、徹（彻）、员（圆）”等字描画了远古使用陶器的形象；甲骨文里的“王”字反映了王权，“示”部字表示神权、信仰，“卜”部字反映了占卜，“巫”部字反映了巫术，甲骨文里的“贝”部字，说明远古华夏直到周秦仍使用贝为货币。甲骨文里罕见“金”和金部字，说明华夏文字起源时，金属器时代（铜器时代）尚未到来；而甲骨文“易”（“锡”的本字）、“铸”二字形象地记录了史前融金属铸铜器的生产过程。金文里多见“金”和金部字，说明殷周进入了文明史初期的铜器时代。……于是，我们建议广泛深入运用甲骨文、金文的原始记录资料，将其作为可信的史前考古学依据。由此，可建立一门新的学术分支：“甲骨文、金文考古学”。

系统的甲骨文成熟于公元前14世纪，但它忠实反映了更早的史前社会。甲骨文对于我们探讨史前史的价值，远远高于半真半伪、“层累构成”、掺杂臆想与假象的神话传说。从事史前史的研究必须具备实事求是、去伪存真、还历史以本来面目的基本功。

鉴于上述原因，《文明拂晓：复合工具体系》和《现代系统论与世界体系：火技术与陶冶体系》只是引玉之砖，本身也有待继续修正、补充、扩展和不断完善。我们欢迎读者提出质疑和修改意见，以备今后再出修订版。

作者衷心感激历史考古学泰斗石兴邦前辈和文字学家周有光老师为本书写序，衷心感激曾给予教诲与帮助的夏鼐先辈、顾颉刚先辈、甲骨文专家陈梦家先辈，以及其他专家学者，在他们的热心支持下，本书得以面世。

两位作者还要专门感谢西安福莱特热处理公司总经理杨鸿飞先生，他的义重资助，促成了本书的出版。

陈明远　林川（金岷彬 B.Jinmin）

2016年圣诞节于北京　普林斯顿

跋

自从我们正式提出“修正史前史三分期学说”，并于2010—2012年在《质疑四大文明古国》一书和《社会科学论坛》陆续发表12篇系列著述以来，已有六年过去了。这六年间，“修正史前史三分期”这个论题逐步引发了国内外读者的关注和讨论。迄今为止，我们发表的评论和综述已被《中国学术期刊网络出版总库》《知网空间·学术百科》《百度文库》等十多种网站转载，累计阅读量达数千次，下载量总计百余次。其间，许多读者陆续给出了认真的评论与建议，令我们充满感激且倍受鼓舞。

将“石器时代”修正为“木-石器时代”这一观点，作为“一家之言”看来已经得到了许多赞同，而负面理由难以成立，所以基本上可以站得住了。讨论中许多读者达成这样一个“共识”:“木-石器时代”的观点比单独的“石器时代”更正确地反映历史真实，更全面、更客观，能够自圆其说，合乎逻辑，很少有反对意见，应该可得到广泛的接受。但是“陶冶时代”的说法，引起一些争议，启发我们反复思考。

诚然，“史前木质工具跟石质工具同等重要”的论断是不错的，“史前农业革命的主要农具是木石复合器”而并非单纯的“磨制新石器”是不错的，“没有陶器技术就没有青铜器时代”的论证是不错的;“陶器促进史前社会分工——手工业与农业分离”等观点也是可以成立的；但是出现了一个情况:“陶冶时代”长达一万五千年以上，它的前期和“石器（细石器）时代、新石器时代”在时间段上有所重叠；另一方面，“陶冶时代”的后期和“金属（青铜器与铁器时代）”在时间段上也有所重叠。这个问题怎样看待?

从工具史、材料史和社会发展史的角度看来，社会越是进化，人类所掌握的工具、器材越是趋向复杂化、多元化；多种适用的工具、器材越来越可以共存，而显得不再适用的工具、器材逐渐被淘汰，退出历史舞台。

问题的关键在于：在人类进化链的各个特定的历史时期，是哪一种或几种工具起主要作用？是哪一种或几种技术更先进，更有社会效用？

人类进化到智人以后的几万年间，“木石复合工具”起了重大历史作用。实际上，在木-石器时代后期，出现了技术含量较高的陶器技术，保障了先民的日常定居生活，由此进入“陶冶时代”；在制陶技术的工艺基础上，紧接着出现了技术含量更先进、社会效用更重要的冶炼、制作铜器的工艺；最初“铜器时代”一词是由丹麦国家博物馆汤姆森（Christian Jurgensen Thomson，1788—1865）所创，他给出的定义是“以红铜或青铜制成武器和切割器具的时代”。

在长达一万五千年以上的岁月中，人类先民是将木-石器与陶器同时并用的；在铜器工艺产生之后，先民仍然将木-石器、陶器与青铜器同时并用。它们都具有各自的社会效用和地位。“铁器时代”到来之后，石器工具很快就消亡，完全被淘汰了；铜器工具也趋向消亡，大多被铁器取代。但值得注意的是，木器与陶器却都在新形势中延续了下来——木质与铁质组成新结构“木铁复合工具”，陶器进一步发展为瓷器，二者都一直沿用至今。由此可见，“木-石器时代”和“陶冶时代”的提法，是有充分根据的，是有长远生命力的。

回顾史前史，公元前一万多年到人类进入初级文明阶段，这一时代可以说是“陶冶时代”或“陶冶（高温加工）时代”，在某种程度上也可以说是“新石器晚期”，这些说法各自也有理由，因为当时人类也开始了初级的“多样化、多元化时代”。而“木-石器时代”和“陶冶时代”的提法，看来更符合史前史的特征，从而更有道理一些。

陈明远　林川

2017 年 6 月